HANGIL
GREAT BOOKS

인류의위대한지적유산

HANGIL
GREAT BOOKS
153

수동적 종합

1918~1926년 강의와 연구원고

에드문트 후설 지음 | 이종훈 옮김

한길사

HANGIL
GREAT BOOKS
153

Edmund Husserl
Analysen zur passiven Synthesis.
Aus der Vorlesungs- und Forschungsmanuskripten 1918-1926

Translated by Lee Jong-Hoon

Published by Hangilsa Publishing Co., Ltd., Korea, 2018

1920년대 연구실에서 자료를 검토하고 있는 후설
후설은 『이념들』 제1권(1913) 출간 이후
『형식논리학과 선험논리학』(1929)을 낼 때까지
어떠한 연구 성과도 발표하지 않았다.
하지만 그 기간 선험적 현상학의 토대를 굳게 다지는 데 전력을 다했다.

1920년대 프라이부르크대학교 전경. 그리고 후설(가운데)과 제자들

후설은 1916년 프라이부르크대학교에 취임했다.
이후 '선험논리학' '선별한 현상학 문제' '논리학의 근본문제'를 주제로 강의했는데,
이 강의들은 그가 죽은 후인 1966년 『수동적 종합』으로 출간된다.

<EINLEITUNG
DIE SELBSTGEBUNG IN DER WAHRNEHMUNG>

<§ 1. Originalbewußtsein und perspektivische Abschattung der Raumgegenstände>

5   Die äußere Wahrnehmung ist eine beständige Prätention, etwas zu leisten, was sie ihrem eigenen Wesen nach zu leisten außerstande ist. Also gewissermaßen ein Widerspruch gehört zu ihrem Wesen. Was damit gemeint ist, wird Ihnen alsbald klarwerden, wenn Sie schauend zusehen, wie sich der objektive Sinn
10 als Einheit <in> den unendlichen Mannigfaltigkeiten möglicher Erscheinungen darstellt und wie die kontinuierliche Synthese näher aussieht, welche als Deckungseinheit denselben Sinn erscheinen läßt, und wie gegenüber den faktischen, begrenzten Erscheinungsabläufen doch beständig ein Bewußtsein von dar-
15 über hinausreichenden, von immer neuen Erscheinungsmöglichkeiten besteht.
     Worauf wir zunächst achten, ist, daß der Aspekt, die perspektivische Abschattung, in der jeder Raumgegenstand unweigerlich erscheint, ihn immer nur einseitig zur Erscheinung bringt. Wir
20 mögen ein Ding noch so vollkommen wahrnehmen, es fällt nie in der Allseitigkeit der ihm zukommenden und es sinnendinglich ausmachenden Eigenheiten in die Wahrnehmung. Die Rede von diesen und jenen Seiten des Gegenstandes, die zu wirklicher Wahrnehmung kommen, ist unvermeidlich. Jeder Aspekt, jede
25 noch so weit fortgeführte Kontinuität von einzelnen Abschattungen gibt nur Seiten, und das ist, wie wir uns überzeugen, kein bloßes Faktum: Eine äußere Wahrnehmung ist undenkbar, die ihr Wahrgenommenes in ihrem sinnendinglichen Gehalt erschöpfte, ein Wahrnehmungsgegenstand ist undenkbar, der in einer abge-
30 schlossenen Wahrnehmung im strengsten Sinn allseitig, nach der Allheit seiner sinnlich anschaulichen Merkmale gegeben sein könnte.

EDMUND HUSSERL

—

AKTIVE SYNTHESEN:
AUS DER VORLESUNG
"TRANSZENDENTALE LOGIK"
1920/21

ERGÄNZUNGSBAND ZU
"ANALYSEN ZUR PASSIVEN SYNTHESIS"

HERAUSGEGEBEN VON

ROLAND BREEUR

KLUWER ACADEMIC PUBLISHERS

『수동적 종합』의 첫머리(왼쪽)와 이 책의 보충판인 『능동적 종합』의 표지
이 책은 『논리연구』(1900)에서 시작해 『이념들』 제1권(1913)을 거쳐
『형식논리학과 선험논리학』(1929) 및 『위기』(1936)에 이르기까지
후설현상학 전체를 올바로 파악할 수 있게 해준다.
특히 후설현상학을 '객관적 실재론 대(對) 주관적 관념론'
'정적 현상학(분석) 대 발생적 현상학(분석)' '감성(pathos) 대 이성(logos)'이라는
단절된 도식의 틀로 이해하는 오류를 정확히 비로잡는다.

후설아카이브가 설립될 시기의 연구원들
1939년 루뱅대학교에 설립된 후설아카이브는 후설의 유고를 정리해 『후설전집』을 발간하고
독일의 프라이부르크대학교와 쾰른대학교, 프랑스의 소르본대학교,
미국의 뉴욕 뉴스쿨에 지부를 설치했다.
『수동적 종합』은 『후설전집』의 제11권으로 출간되었다.

수동적 종합

1918~1926년 강의와 연구원고

에드문트 후설 지음 | 이종훈 옮김

한길사

수동적 종합
1918~1926년 강의와 연구원고

제4장   의식의 흐름의 '그 자체의 존재'

일러두기

1. 이 책은『후설전집』제11권 *Analysen zur passiven Synthesis. Aus der Vorlesungs- und Forschungsmanuskripten 1918~1926.* M. Fleischer 편집(Den Haag, Martinus Nijhoff, 1966)에 '본문'과 '보충논문' 1편을 완역한 것이다.

    28개 '부록'은 중복된 내용에다 분량도 많을 뿐만 아니라, 나머지는 이 책의 보충판인『후설전집』제31권 *Aktive Synthesen. Aus der Vorlesung "Transzendentale Logik" 1920~21.* R. Breuer 편집(Dordrecht, Kluwer, 2000)을 번역할 때 함께 묶는 것이 더 좋다고 판단했다.

2. 번역하는 데 영역본 *Analyses concerning passive and active Synthesis. lectures on transcendental Logic.* A.J. Steinbock 번역(Dordrecht, Kluwer, 2001)도 참조했다.

3. 원전에서 겹 따옴표(" ")로 묶어 강조한 부분은 홑 따옴표(' ')로, 격자체나 고딕체로 강조한 부분은 고딕체로 표기했다.

4. 인명, 중요한 전문용어나 원어를 밝혀야 할 문구는 우리말 다음에 원어를 병기했고, 필요한 경우 독자의 이해를 돕기 위해 간략한 주석을 달았다.

5. 긴 문장 가운데 중요한 용어나 합성어 그리고 일부의 내용을 부각시켜 문장의 흐름을 파악하는 데 도움이 된다고 판단한 부분은 원전에 없는 홑따옴표(' ')로 묶었으며, 관계대명사로 너무 길게 이어지는 문장은 짧게 끊거나 그것이 수식하는 말의 앞과 뒤에 사선(—)을 넣었다.

6 본문에 괄호 ( )는 원전의 것이며, 문맥의 원활한 흐름을 위해 또는 독자의 이해를 돕기 위해 필요한 말은 옮긴이가 꺾쇠괄호 [ ] 안에 보충했다. 그리고 너무 긴 문단은 그 내용을 고려해 단락을 새롭게 나누었다.

7. 본문의 각주는 독자의 이해를 돕기 위해 옮긴이가 붙인 것이다. 단 저자가 단 각주에는 '—후설의 주', 편집자가 단 각주에는 '—편집자의 주'라고 표시했다.

지각이 수용되고 파악되는 발생의 근원

이종훈 춘천교육대학교 교수·윤리교육과

후설과 현상학 운동

후설현상학의 이념과 방법

현상학의 창시자 에드문트 후설(Edmund Husserl)은 1859년 4월 8일 독일 메린(당시 오스트리아 영토)의 프로스니츠(현재 체코 프로스초프)에서 유대인으로 태어나 1938년 4월 27일 프라이부르크에서 79세의 나이로 사망했다. 할레대학교 강사(1887~1901), 괴팅겐대학교 강사(1901~1906)와 교수(1906~16), 프라이부르크대학교 교수(1916~28)를 역임한 후설은 죽는 날까지, '철학자로 살아왔고 철학자로 죽고 싶다'는 유언 그대로, 스스로 길을 묻고 개척해가며 잠시도 안주하지 않는 진지한 초심자의 자세로 끊임없이 자기비판을 수행한 '철학자'였다.

본래 철학은 어떤 사실을 소박하게 전제하거나 신화 또는 주술로 설명하는 데 만족하지 않고, 자유로운 이성(Logos)에 기초해 보편타당하고 절대적으로 확실한 앎(이론)을 구하고, 이 이성에 근거한 자율적 삶(실천)을 살아가기 위한 근본적인 것을 탐구하려는 이념을 갖는다.

그러나 이 이념은 근대 이후 정밀한 실증과학이 이룩한 놀라운 번영에 가려져 위축되고 희석되었다. 객관적 수학과 자연과학에서 학문의 전형을 찾는 실증주의는 자기 자신과 세계를 반성하는 주체인 인간 이성을 제거했고, 이성이 모든 존재에 부여하는 의미의 문제를 외면했다. 그 결과 철학은 근본적 위기에 직면하게 되었다. 이성에 대한 신념이 붕괴된 이 위기는 곧 참된 앎(학문)의 위기이자, 진정한 삶(인간성) 자체의 위기다.

후설은 바로 이 위기를 극복할 수 있는 길이 모든 학문의 근원과 인간성의 목적을 철저히 반성함으로써 철학의 참된 출발점을 근원적으로 건설하는 데 있다고 파악했다. 있는 '사실의 문제'만 소박하게 추구하고, 어떻게 있어야 하고 살아야 하는지에 대한 '이성의 문제'를 해명하지 않는 사실과학(事實科學)은 단순한 사실인(事實人)을 만들 뿐이다. 그러나 참된 인간이 단순한 사실인일 수만은 없다. 그렇기 때문에 후설은 다음과 같이 역설한다.

우리는 이론적 작업을 수행하면서 사태와 이론, 방법에 몰두한 나머지 그 작업의 내면에 관해 아무것도 모르고, 그 작업 속에 살면서 그것을 수행하는 삶 자체를 주제로 삼지 않는 이론가(理論家)의 자기망각(自己忘却)을 극복해야만 한다.
•『형식논리학과 선험논리학』, 20쪽

따라서 후설현상학의 이념은 보편적 이성을 통해 모든 학문에 대해 타당할 수 있는 조건과 근원을 되돌아가 물음으로써 궁극적 자기책임에 근거한 이론(앎)과 실천(삶)을 정초하려는 '엄밀한 학문'(strenge Wissenschaft)으로서의 '제일철학'(Erste Philosophie), 즉 '선험철학'(Transzendentalphilosophie)이다. 그리고 이것을 추구하기 위해서는 기존의 철학에서 정합적으로 형이상학의 체계를 구축하는 것이 아니라, 모든 편견에서 해방되어 의식에 직접 주어지는 '사태 자체'(Sachen selbst)를 직관해야 한다. 이러한 이념과 방법은 후설현 상학이 부단히 발전해나가는 과정에서 조금도 변하지 않았다(물론 그 방법에는 차이가 있는데, 초기 저술에서는 정적 분석이, 후기 저술이 나 유고에서는 발생적 분석이 드러난다. 그러나 이 둘은 서로 배척되는 것이 아니라, 마치 어떤 건물에 대한 평면적 파악과 입체적 조망처럼, 상 호보완적이다).

현상학은 20세기 철학에 충격적 사건으로 등장해 '현상학 운동'으 로까지 발전하면서 실존주의, 인간학, 해석학, 구조주의, 존재론, 심 리학, 윤리학, 신학, 미학, 사회과학 등에 깊은 영향을 미쳐왔다. 셀러 (M. Scheler), 하이데거(M. Heidegger), 야스퍼스(K. Jaspers), 가다머 (H.G. Gadamer), 마르쿠제(H. Marcuse), 인가르덴(R. Ingarden), 마르 셀(G. Marcel), 사르트르(J.P. Sartre), 메를로퐁티(M. Merleau-Ponty), 레비나스(E. Levinas), 리쾨르(P. Ricoeur), 슈츠(A. Schutz) 등은 직접 적으로, 그다음 세대인 하버마스(J. Harbermas), 데리다(J. Derrida) 등은 간접적으로, 후설과 밀접한 관계 속에 자신의 철학을 형성시켜 나갔다.

그러나 이들은 모두, 암묵적이든 명시적이든, 선험적 현상학을 비 판하거나 심지어 거부했다. 후설의 충실한 연구조교였던 란트그레 베(L. Landgrebe)와 핑크(E. Fink)조차 후설이 죽은 다음에는 점차 선 험적 현상학을 떠났다. 후설도 이들이 현상학적 방법으로 풍부한 결 실을 얻을 수 있다는 점을 알았고 그 성과를 높게 평가했지만, 이에 만족하지 않았다.

후설은 선험적 현상학을 결코 포기하지 않고 끝까지 견지했다. 왜 그럴 수밖에 없었을까?

후설현상학은 방법론인가, 철학인가

오늘날 현상학은, 새로운 방법론으로 간주되든 독자적 철학으로 간주되든, 인문·사회과학 분야에서 전혀 낯선 존재가 아니다. 우리나라에도 관련된 논문이나 입문서가 적지 않으며, 후설의 저술도 여러 권 번역되었다. 그러나 안타깝게도 후설현상학에 대한 이해는 극히 보잘 것 없다.

그 이유로는, 첫째, 후설현상학의 주제가 대부분 추상적이고 그 분석이 매우 치밀하며 문장구조가 아주 복잡해 간단히 접근하기도 이해하기도 어렵기 때문이고(그러나 일단 후설의 논지를 파악하면, 애매한 신비적 개념들로 뒤엉킨 다른 사상보다 명확하게 이해할 수 있다),

둘째, 그의 사상 전체를 제대로 파악할 수 있는 방대한 유고(유대인저서 말살운동으로 폐기될 위험에서 구출된 약 4만 5,000여 장의 속기 원고와 1만여 장의 타이프원고)가 1950년 『후설전집』이 출판되기 시작한 이후에야 비로소, 그것도 조금씩 세상에 모습을 드러냈기 때문이다.

후설의 주장과는 전혀 상관없이, 아니 어떤 경우는 정반대로 그의 현상학이 해석되는 것도 주요한 이유다.

이러한 왜곡은, 첫째, 흔히 후설현상학이 '기술적(記述的) 현상학→선험적(先驗的) 현상학→생활세계(生活世界) 현상학' 또는 '정적(靜的) 현상학→발생적(發生的) 현상학'으로 발전했다고 구분하는 데서 발생한다. 이 구분은 나름대로 근거와 의의가 있지만 이 구분에만 얽매이면, 여러 가닥의 생각이 부단히 떠오르고 가라앉으며 '의식의 흐름'을 형성하듯이, 각 단계의 특징이 서로 뒤섞여 나선형의 형태로 발전해나간 후설현상학의 총체적 모습을 결코 밝힐 수 없다.

둘째, 그의 현상학은 의식의 다양한 관심영역(층)에 주어지는 사태 그 자체를 분석하는 일종의 '사유실험'(Denkexperiment)이기 때문에, 이에 접근하는 관점에 따라 제각기 해석되기도 한다. 그래서 후설현상학은 대부분 그 자체로서보다, 이들 각자가 비판한 (동시대인이면서도 단지 후학後學이라는 이유 하나만으로 정당화된) 일방적 견해를 통해서만 단편적으로 평가되고 있다.

그 결과 '판단중지'(Epoche)와 '환원'으로 선험적 주관성을 해명한 '선험적 현상학은 관념론(합리론·주지주의)'으로, 직관적으로 주어진 경험의 심층구조를 분석한 '생활세계의 현상학은 실재론(경험론·주의주의)'으로 파악되었다. 심지어 '실천이 모든 진리의 규준'이라는 마르크스-레닌주의식 사회철학이 학계를 주름잡던 1980년대 출간된 한 사전은 '실천을 떠난 부르주아 사상' '주관적·관념론적으로 왜곡된 플라톤주의의 현대판'(한국철학사상연구회 엮음, 『철학대사전』, 동녘, 1989, '후설' 및 '현상학' 항목 참조할 것)으로까지 규정한다.

정말로 후설은 아무런 이유를 대거나 견해를 표명하지도 않고 어제는 선험적 현상학에, 오늘은 생활세계의 현상학에 엉거주춤 두 집살림을 차렸는가? 도대체 선험적 현상학은 무엇인가?

후설이 생애 마지막 저술 『위기』에서 '생활세계'를 문제 삼은 것도 그것이 '선험적 현상학'(목적)에 이르기 위한 하나의 길(방법)이었기 때문이다. 방법(method)이, 어원(*meta+hodos*)상 '무엇을 얻기 위한 과정과 절차'를 뜻하듯이, 목적을 배제하면 방황할 수밖에 없다. 후설현상학 역시 마찬가지다. 그리고 '관념론(주관주의)인가 실재론(객관주의)인가' 하는 논의는 후설현상학을 총체적으로 파악하는 문제 훨씬 이전에 그 출발점이자 중심문제인 '의식의 지향성(Intentionalität)'에 대한, 즉 인식하는 주관은 인식되는 객체(대상)와 본질상 결코 분리될 수 없는 상관관계(Subjekt-Objekt-Korrelation)

를 형성한다는 점에 대한 기본적 이해조차 전혀 없음을 스스로 입증할 뿐이다. 물론 후설이 '부르주아'라는 용어를 사용하거나, 그렇게 해석될 수 있는 문구를 (적어도 아직까지 발견된 바로는) 쓴 적도 없다. 의식을 강조하고 분석한 것이 '주관적 관념론'이고 '부르주아 사상'이면, 불교의 가르침도 그러하다. 그러나 불교계 안이든 밖이든 누구도 이렇게 주장하지 않는다. 마지막으로 '실천을 떠난 이론'이라는 비판도 그가 선험적 현상학을 추구한 근원적 동기에 공감할 수 있으면 자연히 해소될 수 있다.

결국 후설현상학(선험적 현상학)의 참모습은, 원래 파악하기도 쉽지 않지만, 근거 없는 비난 속에 파묻혀 간단히 외면당하고 말았다. 유대인인 그로서는 아우슈비츠 수용소에서 비참하게 희생당하지 않은 것만으로도 커다란 위안을 삼아야 할지 모르겠다. 그러나 우리는 이미 현대의 고전(古典)이 된 후설현상학의 참모습과 의의를 올바로 규명할 필요가 있다.

후설현상학의 발전

심리학주의 비판: 수학에서 논리학으로

라이프치히대학교와 베를린대학교에서 수학과 철학을 공부하고 변수계산(變數計算)에 관한 박사학위 논문을 취득해 수학자로 출발한 후설은 빈대학교에서 수학한 브렌타노(F. Brentano)의 영향으로 철학도 엄밀한 학문으로 수립될 수 있다고 확신한다. 실제로 그는 1887년 교수자격 논문 「수 개념에 관해(심리학적 분석)」에서 심리학의 방법으로 수학의 기초를 확립하고자 했다(이것은 1891년 『산술철학』으로 출판되었다). 이러한 심리학적 방법의 활용은 자극의 조건-반사 관계를 탐구한 파블로프(I. Pavlov)의 생리학과 정신현상을 감각요소로 설명한 분트(W. Wundt)의 실험심리학이 풍미하던 당시의 지배적 경향이었다.

그 당시 지배적이었던 수학과 논리학의 관계에 대한 견해들을 살펴보면, 우선 가우스(K.F. Gauss), 리만(G.F.B. Riemann) 등이 비유클리드 기하학을 발견해 큰 충격을 가했다. 그때까지 가장 확실한 학문의 전형으로 간주된 기하학에 균열을 낸 것이기 때문이다. 이후 많은 학자가 수학의 기초를 산술(특히 집합론)에서 찾았으나, 칸토르(G. Cantor) 등이 역설을 제기함으로써 모두 실패했다. 다만 수학의 기초를 논리학에서 찾으려는 프레게(G. Frege)와 러셀(B. Russell)의 논리주의, 수학을 형식화된 체계로 파악해 모순 없음을 증명한 힐버트(D. Hilbert)의 형식주의, 수학의 근거와 본질을 명증적인 직관에서 찾은 브라우어(L.E.J. Brouwer)의 직관주의가 남아 논쟁했다. 이러한 시도들은 나름대로 성과를 거두었으나 성공하지 못했다. 후설은 이 가운데 어느 하나를 선택하지 않고 오히려 '보편수학'(mathesis universalis)으로서의 논리학에 관심을 품었다.

어쨌든 그는 이러한 방법이 충분치 못함을 곧바로 깨달았다. 그의 시도를 '심리학주의'라고 지적한 프레게와 나토르프(P. Natorp), 주관적 판단작용과 객관적 판단내용을 구별해 순수 논리학을 추구한 볼차노(B. Bolzano) 때문이었다. 그러면서 수학과 논리학의 형식상 관계를 밝히려는 후설 자신의 문제의식도 확장되었다. 즉 수학을 정초할 수 있는 근거가 논리학에 있다고 파악한 그는 1900년 출간한 『논리연구』 제1권에서 심리학주의를 비판하고, 학문이론으로서의 순수 논리학을 정초하고자 했다.

1) 근대 이후 논리학에 관한 대립된 견해
논리학주의는 논리학이 순수한 이론학(理論學)으로 심리학이나 형이상학에 독립된 분과라고, 심리학주의는 논리학이 판단과 추리의 규범을 다루는 실천적 기술학(技術學)으로 심리학에 의존하는 분과라고 주장했다.

후설에 따르면, 두 측면은 서로 대립된 것이 아니라 긴밀한 관계를 맺고 있다. 이론학은 사실(事實)의 법칙을, 규범학(規範學)은 당위(當爲)의 법칙을 다룬다. 그런데 가령 '모든 군인은 용감해야만 한다'라는 실천적 당위의 명제는 '용감한 군인만이 훌륭한 군인이다'라는 아무 규범도 지니지 않는 이론적 사실의 명제를 포함한다. 거꾸로도 마찬가지다. 따라서 규범학 속에 내포된 이론적 영역은 이론학을 통해 해명되어야 하고, 이론학 역시 실천적 계기를 배제하는 것이 아니기 때문에 규범적 성격을 지닌다. 그러나 규범의 기초는 이론에 근거하므로 규범학이 학문적 성격을 지니려면 이론학을 전제해야 한다는 점 때문에 논리학은 본질적으로 이론학에 속하고 부차적으로만 규범적 성격을 띤다.

그런데 논리학을 올바른 판단과 추리를 결정하는 규범학으로만 인정할 경우, 그 과정들이 심리활동의 산물이기 때문에 논리학뿐만 아니라 모든 정신(인문)과학의 기초가 심리학, 특히 인식의 심리학에 있다고 주장하는 심리학주의에 빠지게 된다.

2) 심리학주의의 주장

논리법칙이 심리적 사실에 근거한 심리법칙이기 때문에 논리학은 심리학의 한 특수분과다. 따라서 논리법칙은 심리물리적 실험을 반복해 일반화한 발생적 경험법칙으로서 사유의 기능 또는 조건을 진술하는 법칙이다. 이때 모순율은 모순된 두 명제(가령 '화성에는 생명체가 없다'와 '화성에는 생명체가 있다')를 동시에 참으로 받아들일 수 없는 마음의 신념, 즉 판단작용의 실재적 양립 불가능성을 가리킨다.

3) 후설의 비판

순수 논리법칙은 대상(예를 들어, 가능적으로도 존재하지 않는 '둥근 사각형'이나 현실적으로 존재하지 않는 '황금산')의 존재를 함축하거나 전제하지 않는다. 그것은 실재적으로 판단하는 주관의 다양한 작용과는 무관한, 이 작용들을 통해 통일적으로 구성된 객관적 내용이다. 모순율도 모순된 명제들이나 상반된 사태들의 이념적 양립 불가능성이다. 따라서 확률적 귀납을 통한 맹목적인 확신으로 마음이 심정적으로 느낀 인과적 필연성과 명증적인 통찰을 통해 직접 이해된, 어떠한 사실로도 확인되거나 반박되지 않는 보편타당한 논리적 필연성은 혼동될 수 없다.

그런데 심리학주의 인식론에서 진리의 척도가 개별적 인간인 개인적 상대주의의 '어떠한 진리도 없다'는 주장은 '어떠한 진리도 없다는 진리는 있다'는 명제와 똑같은 진리치를 갖는 가설로 자가당착에 빠진다. 그 척도가 인간 종(種)인 종적 상대주의의 '동일한 판단내용이 인간에게는 참인 동시에 다른 존재자에게는 거짓일 수 있다'는 주장도 모순율에 배치된다. 물론 진리를 인식할 수 있는 조건이 곧 진리가 성립함을 입증하는 것도 아니다.

이와 같은 심리학주의의 상대주의들은 보편타당한 논리법칙을 제한적·우연적인 경험의 사실을 일반화해 도출하기 때문에 항상 귀납법적 비약이 포함될 수밖에 없고, 따라서 개연적 근사치만 얻을 수 있을 뿐이다. 그리고 사실들이 변하면 원리도 변경할 수밖에 없기 때문에 자신의 주장마저 스스로 파괴하는 자기모순과 회의주의의 순환론에 빠진다.

이러한 심리학주의 비판은 후설현상학의 출발인 동시에 그 이후 다양하게 발전해나간 그의 사상 전체의 기본적 얼개다.

기술적 현상학: 논리학에서 인식론으로

후설은 철저한 심리학주의 비판을 통해 '심리학주의에 결정적 쐐기를 박은 객관주의자'라는 평가와 함께, 철학자로서 확고한 명성을 얻었다. 비판의 핵심은 이념적인 것(Ideales)과 실재적인 것(Reales) 그리고 이념적인 것이 실천적으로 변형된 규범적인 것(Normales)의 근본적 차이에 대한 인식론적 혼동(metabasis)을 지적한 (물론 주관적 심리학주의뿐만 아니라, 주관에 맹목적인 객관적 논리학주의도 비판한) 것이다. 이들의 올바른 관계는 경험론의 추상이론을 포기해야만 분명히 드러날 수 있다고 파악한 후설은 경험이 발생하는 사실 자체가 아니라 객관적으로 타당하기 위한 권리, 즉 '어떻게 경험적인 것이 이념적인 것에 내재하며 인식될 수 있는지'를 해명할 필요가 있었다. 이제 그의 관심은 순수 논리학을 엄밀하게 정초하기 위해 인식론으로 전환되었다.

후설은 곧이어 1901년 출간한 『논리연구』 제2권에서 다양한 의식체험을 분석해 그 본질구조가 인식하는 주관과 인식되는 대상 사이의 불가분한 상관관계를 통해 대상의 의미를 구성하는 활동인 '지향성'(Intentionalität)임을 밝혔다. 이어서 의식의 지향성을 전제해야만 체험을 이해할 수 있는 표현을 분석했다.

표현에는 의사소통을 통해 알리고 알아듣는 '통지(通知)기능', 표현에 의미를 부여하는 의미지향과 이것을 직관하는 의미충족으로 이루어진 '의미(意味)기능', 표현된 대상들과 관계 등 대상성을 지시하는 '명명(命名)기능'이 있다. 그런데 의미를 통해 표현된 대상성은 비록 가상(假象)이라 하더라도 그 표현을 무의미하게 하지 못하기 때문에 표현에서 의미기능은 본질적이고 통지기능은 보조적이다. 즉 표정·몸짓·독백 같이 통지기능이 없어도 의미는 있을 수 있지만, 의미기능이 없는 표현은 불가능하다.

또한 의미기능에서 의미지향은 의미충족이 원천적으로 불가능한 것('둥근 사각형') 또는 상상으로만 가능한 것('황금산') 그리고 과거의 역사를 통해서만 의미충족이 가능한 표현('현재 프랑스의 왕')도 유의미한 것으로 이해하기 때문에, 표현의 의미를 구성하는 데 의미충족보다 더 본질적이다. 하지만 진리는 의미지향과 의미충족이 일치하는 데 있다(이러한 의미론은 상상·동화·문예작품에서처럼 지시하는 대상이 현존하지 않거나 상상으로만 현존하는 의미지향도 표현의 의미를 확보할 수 있어 비트겐슈타인L. Wiigenstein의 '그림이론'이나 논리적 실증주의의 '검증원리'보다 더 포괄적이고 설득력이 있다).

그러나 이와 같이 의식의 작용들을 기술하고 분석하는 작업은 순수 논리학보다 체험심리학이나 인지심리학에 적절한 일로 비쳤다. 그래서 동시대인들은 주관성으로 되돌아가 묻는 후설의 시도를 다시 심리학주의로 후퇴한 것, 심지어 '단순한 의식철학', 추상적인 '주관적(절대적) 관념론'으로까지 해석했다. 그는 이러한 오해가 (비록 의도적이었지만) 선험적 태도에서 다시 소박한 자연적 태도로 돌아갔기 때문에 발생한다는 점을 여러 번 해명했지만, 이미 깊게 뿌리내린 편견을 해소할 수는 없었다.

경험의 대상과 그것이 주어지는 방식 사이의 보편적 상관관계의 아프리오리(Apriori)에 대한 생각이 처음 떠오른 것(『논리연구』가 마무리된 1898년경)에 깊은 충격을 받아, 그 이후 나는 이 상관관계의 아프리오리를 체계적으로 완성하는 작업에 전 생애를 바쳤다. ……선험적 환원으로 새로운 철학을 체계적으로 소개하는 첫 시도는 『이념들』제1권(1913)으로 나타났다. 그 후 수십 년간 철학은―이른바 현상학파의 철학도―구태의연한 소박함에 머물곤 했다. 물론 이 철저한 전환, 즉 삶의 자연적인 방식 전체를 총체적으로 변경하는 것이 맨 처음 등장하기란 매우 어렵기 때문에 충분히 근거지어 서술될 수는 없었다. 특히 ……자연적 태도로 다시 전락함으로써 일어나는 끊임없는 오해들이 발생하는 경우 더욱 그러했다.

· 『위기』, 169~170쪽 주

결국 후설의 심리학주의 비판은 심리학 자체를 거부한 것이 아니다. 경험의 대상과 그것이 의식에 주어지는 방식 사이의 보편적 상관관계를 체계적으로 밝히는 것, 즉 심리학이나 그 밖의 학문을 통해 이성에 관한 참된 학문의 길을 제시하는 것은 후설에게 변함없이 중요한 핵심문제였다.

선험적 현상학이 싹트게 된 중요한 계기

후설은 『논리연구』 제2권 출간 이후 『이념들』 제1권이 출간되기까지 10여 년간 논리적·실천적·가치설정적 이성 일반을 비판하는 데 집중했으나, 그 성과를 발표하지 않았다. 그러나 이 기간에 선험적 현상학이 싹트는 중요한 계기를 경험한다.

첫째, 1904~1905년 강의 '현상학과 인식론의 주요문제'다. 이 강의를 정리한 책 중 『시간의식』은 순수한 감각자료가 시간적으로 구성되는 과정과 그 구성의 기초인 내재적 시간 자체가 지속적으로 구성되는 의식의 심층구조를 발생적으로 분석한 것이다.

둘째, 1905년 여름 스위스의 휴양지 제펠트에서 젊은 현상학도들과 연구한 초고다. 연장선에서 1907년 4월 26일부터 5월 2일까지 강의한 총론을 엮은 『이념』은 선험적 현상학의 중심개념인 '환원'(Reduktion)과 대상의 '구성'(Konstitution)에 관한 문제를 처음 다루었다.

셋째, 1910년 크리스마스 휴가부터 다음 해 초까지 작성해 『로고스』(*Logos*) 창간호에 발표한 『엄밀한 학문』이다. 이 논문은 다른 저술에 비해 매우 짧지만, 현상학이 구상하고 있는 것을 일반인에게 아주 선명하게 제시한 선언문이다.

1) 수동적 종합의 근원인 내적 시간의식의 흐름

지속하는 시간의 객체가 근원적으로 산출되는 원천이자 시점을 '근원적 인상(印象)'이라 한다. 시간의식의 끊임없는 흐름은 매 순간 '지금'이 과거에서 미래로 부단히 이어지는 '가로방향의 지향성'과 그 '지금'이 지나갔지만 사라지지 않고 변양된 채 침전되어 유지되는 '세로방향의 지향성'이라는 이중의 연속성을 띤다. 이 연속성 때문에 의식의 흐름은 방금 전에 체험한 것을 현재화해 의식하는, 즉 1차적 기억으로 지각하는 '과거지향'(Retention), '지금'의 근원적 인상인 '생생한 현재', 미래에 일어날 것을 현재에 직관적으로 예상하는 '미래지향'(Protention)이 서로 연결되는 통일체를 이룬다.

시간의식의 지향적 지평구조는 다음과 같이 이해할 수 있다.

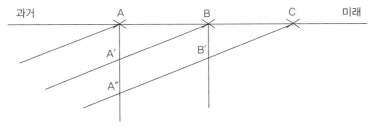

지평선: '지금의 계기들'의 계열
사 선: 나중의 '지금의 계기'에서 파악된 동일한 '지금의 계기들'의 음영
수직선: 바로 그 '지금의 계기'의 계속적 음영

이렇듯 시간의식의 끊임없는 통일적 흐름은 이미 알려진 '과거지향'과 아직 명확하게 규정되어 알려지지 않았지만 과거의 경험을 통해 친숙한 유형으로 알려질 수 있는, 즉 미리 지시하는 '미래지향'이 생생하게 드러나도록 함축된 '지금'의 지평을 이룬다. 가령 전혀 생소한 동물을 만났을 때 우리는 그것이 이제까지 경험했던 '개'와 비슷한 유형이기 때문에 아직 드러나지 않은 그 이빨의 모양이나 행동거지, 꼬리의 형태 등이 '개'와 비슷할 것이라고 예상하면서 주시한다. 또한 처음 만난 사람도 그의 음성·눈빛·자세 등을 보고 그의 성격이나 직업, 곧 이어질 행동 등을 예상하면서 살펴본다. 즉 이것은 일종의 '예언가 같은 의식'이다.

2) 선험적 현상학으로 전환하게 된 기폭제

후설은 1907년 강의를 엮은 『이념』과 같은 시기에 작성한 한 유고에서 "선험적 현상학은 구성하는 의식의 현상학이며, 어떤 객관적 공리도 여기에 속하지 않는다. ……참된 존재(Sein)와 인식작용(Erkennen)의 연관을 명백하게 설명해 '작용'·'의미'·'대상'의 상관관계를 탐구하는 것이 선험적 현상학(또는 선험철학)의 과제"라고 밝힌다. 즉 그는 현상학적 환원을 통해 선험적 고찰방식을 터득함으로써 대상이 구성되는 의식 자체로 되돌아갔다. 후설현상학을 선험적 현상학이라 부르는 이유다.

후설은 '선험적'(transzendental)이라는 용어를 칸트에게서 받아들였는데, 점차 칸트와 다르게 또한 그 의미를 더 확장해 사용한다. 즉 그는 "칸트가 인식과 인식대상성의 상관관계의 참된 의미, 즉 '구성'이라는 특수한 선험적 문제의 의미를 파고들어가지 않았기 때문에, 칸트와 일치하는 것은 단지 외적인 것일 뿐"이라고 주장한다. 따라서 후설에게 '선험적'은 인식이 가능한 형식적 조건을 문제 삼거나 존재를 정립해 소박하게 받아들이는 자연적 태도를 넘어 그 타당성을 판단중지 함으로써 궁극적 근원으로까지 되돌아가 묻는 철저한 반성적 태도를 뜻한다.

> 나는 이 '선험적'이라는 말을 가장 넓은 의미에서 데카르트가 모든 근대철학에 의미를 부여한 ……원본적인 동기에 대한 명칭으로 사용한다. 그것은 '모든 인식이 형성되는 궁극적 원천으로 되돌아가 묻는 동기이며, 인식하는 자가 자기 자신과 자신의 인식하는 삶(Leben)에 대해 스스로 성찰하는 동기'다.
> • 『위기』, 100쪽

즉 칸트나 신칸트학파에게 '선험적'과 대립하는 말은 '경험적'(empirisch)이지만, 후설에게 그것은 '소박한'(naive) 또는 '세속적'(mundan)이다. 이 점을 분명하게 파악해야 일반적 방법론으로서의 현상학과 전통적 의미의 철학을 심화시킨 새로운 철학(선험철학)으로서의 선험적 현상학을 정확하게 구별할 수 있다.

3) 엄밀한 철학의 이념을 왜곡시킨 자연주의와 약화시킨 역사주의

자연주의는 모든 존재자를 단순한 물질과 오직 이것에 의존해서만 경험되는 심리로 구별하고 이 심리물리적 자연 전체를 수량화(數量化)해 정밀한 자연법칙으로 규정한다. 그래서 구체적 시간성이나 실재적 성질이 전혀 없는 이념적인 것을 자연화(自然化) 또는 사물화(事物化)한다. 예를 들어 '안중근' 의사가 순국했을 때 죽은 것은 그 이름을 지닌 사람이지 그 이름의 의미가 아니다. 즉 본질은 그것을 표상하는 주관이나 사고하는 작용의 수(數)에 따라 증감하지 않는다. 연장선에서 자연주의는 의식을 자연의 한 부분으로만 간주해 의

식의 본질인 '지향성'을 보지 못하게 차단한다.

결국 자연주의는 이론상 자기모순이다. 자연주의자는 이념적인 것을 부정하는 이론을 주장하는데, "이 이론 역시 객관성과 보편성을 요구하는 이념적인 것이기 때문에 곧 자신의 행동에서 관념론자이자 객관주의자"(『엄밀한 학문』, 295쪽)다. 또한 자연주의는 실천상 가치나 의미의 문제를 규범과 인격의 주체인 인간 삶에서 소외시켜 "영혼(Seele), 즉 '심리'(Psyche) 없는 심리학(Psychologie)"(『이념들』 제1권, 175쪽)이 될 뿐이다.

한편 역사주의는 내적 직관으로 정신의 삶에 정통하게 되면 그것을 지배하는 동기들을 '추후로 체험'할 수 있고, 이렇게 함으로써 그 때그때 정신이 이룩한 형태의 본질과 발전을 역사적 발생론으로 '이해'할 수 있다고 본다.

그러나 역사주의는 사실과 이념을 인식론적으로 혼동한 오류를 범해 결국 각 역사적 관점을 모두 부정하는 극단적인 회의적 상대주의에 빠지게 된다. 가치를 평가하는 원리는 역사적 사실을 다루는 역사가(歷史家)가 단지 전제할 뿐이지 결코 정초할 수 없는 이념적 영역에 놓여 있다.

세계관철학은 자연을 발견한 세계에 대한 경험과 역사의 중요한 가치인 공동의 정신을 발견한 교양과 지혜, 세계와 인생의 수수께끼를 상대적으로 해명하고 설명하는 세계관을 강조한다. 그리고 궁극적으로 인식의 목표를 실증적 개별과학의 타당성에 두기 때문에 확고한 과학에 기초한 학문적 철학이라고 자임한다.

그런데 각각의 역사적 사건은 그 시대에서 인간 정신의 발전에 중대한 역할을 하기 때문에 모두 똑같이 타당하다는 세계관철학은 보편타당성을 상실한 상대주의적 회의론의 산물일 뿐이다. 그 결과 학문이 추구하는 진리는 단순한 사실들의 혼합물로 해체된다.

요컨대 현대철학은 객관적 사실만 맹목적으로 믿고 이론이 허용하는 범위보다 더 강렬하게 실천적 동기의 힘에 복종하는 데 문제가 있다.

거부되어야 할 것은 이성이 아니라 소박한 자연과학의 영향 아래 이성이 추구한 잘못된 방법이며, 현대의 절박한 학문의 이념을 이상적으로 실현하는 것은 여전히 최고의 권위를 지닌 이성 자신이다.

·『엄밀한 학문』, 296, 339쪽

실증적 자연과학이 제공한 실재성만 믿음으로써 현대가 맞닥뜨린 총체적 위기, 즉 객관적 자연과학이 왜곡한 학문(인식)의 위기와 삶의 의미가 공동화(空洞化)된 인간성(가치관)의 위기는 오직 새로운 학문으로만 치유되고 극복될 수 있다. 그것이 곧 선험적 현상학이다.

선험적 현상학(현상학적 철학)의 추구: 방법론에서 철학으로

1) 선험적 현상학의 방법과 문제

후설은 현상학에 대한 급증하는 관심과 요구에 따라 그 통일적 모습을 밝힐 필요를 느꼈다. 그래서 1913년 자신이 공동편집인으로 창간한 『(철학과 현상학적 탐구) 연보』에 순수 의식(이것을 그는 '이성' '선험적 주관성(자아)' '순수 자아' 등으로 부른다)의 본질구조를 밝혀 선험적 현상학의 방법과 문제를 구체적으로 제시한 『이념들』 제1권을 발표한다.

'판단중지'는 자연적 태도로 정립된 실재 세계의 타당성을 괄호 속에 묶어 일단 보류한다. 예를 들어 빨간 장미꽃을 보고, 그것에 관한 과거의 경험이나 편견에 따라 판단하는 것을 중지하는 것이다. 그러나 그 꽃의 실재를 부정하거나 회의하는 것은 아니다. 다만 그것을 바라보는 관심과 태도를 변경해 경험의 새로운 영역을 볼 수 있게 한다.

'형상적 환원'은 개별적 사실에서 보편적 본질을 끌어낸다. 즉 빨간 장미꽃을 보고 이를 상상으로 자유롭게 변경함으로써 빨간 연필, 빨간 옷 등을 떠올리고, 이들이 서로 합치하는 것을 종합해 '빨간색'이라는 본질, 즉 형상(形相)을 직관한다. 이 본질은 어떤 신비적인 형이상학적 실체가 아니라, 의식으로 보편화된 새로운 대상, 즉 경험을 구조적으로 밝힐 수 있는 최소한의 필요조건이다.

'선험적 환원'은 의식의 작용들과 대상들에 통일성을 부여하고 그 동일한 의미를 구성하는 원천인 선험적 자아와 그 대상영역, 즉 주관성 또는 주관적인 것(Subjektives)을 드러낸다. 경험적 자아와 선험적 자아는 동일한 자아의 서로 다른 기능과 양상이다. 다만 경험적 자아는 구체적으로 존재하는 세계와 일상적으로 교섭하는 사실적 자아인데 반해, 선험적 자아는 자연적 태도의 경험들을 판단중지 하고 남은 기저 층(層)으로 환원을 수행하는 자아의 구체적인 체험의 흐름일 뿐이다.

2) 현상학적 환원의 과정과 그 의의

우선 본질을 직관하는 이념화작용(Ideation)의 과정은 다음과 같다.

첫째, 어떤 임의의 대상에서 출발해 상상 속에(im Phantasie) 자유롭게 변경해(freie Variation) 많은 모상(模像)을 만들고,

둘째, 모상 전체에 걸쳐 서로 겹치고 합치하는 것을 종합·통일하며,

셋째, 변경 전체를 통해 영향받지 않는 불변적 일반성, 즉 본질을 이끌어내 직관하는 능동적 동일화를 수행한다.

이러한 과정은 칸트의 『순수이성비판』에 나오는 '순수오성 개념의 연역'과 매우 유사하지만, 가장 큰 차이점은 그 과정이 조작(操作)이 아니라 임의성(任意性)의 형태를 취한다는 데 있다. 즉 그 임의성에는 확고한 한계가 설정되어 있다. 가령 자유로운 변경은 장미꽃의 빨간색이 노란색으로 넘어갈 수 있지만 어떤 음(音)으로 넘어갈 수 없듯이, 일정한 류(類)의 범위 안에서만 수행된다. 따라서 모상들의 서로 중첩되는 일치, 즉 본질은 자유로운 변경을 통해 비로소 산출되는 것이 아니라 처음부터 수동적으로 미리 구성되어 있다(passiv vorkonstituiert). 형식논리학도 이 한계 안에서만 사실이든 상상이든 '세계 속에 있는'(in der Welt sein) 참된 존재자를 유의미하게 판단하는 철학적 논리학일 수 있다. 이 임의성에 부과된 일정한 한계가 곧 후설이 말하는 아프리오리다. 바로 이것 때문에도 후설현상학을 절대적 관념론으로 해석할 수 없다.

즉 형상적 환원은 이미 주어졌지만 첨단 기계장비의 노예가 된 인간이 점차 사용하지 않아 퇴화된 상상력의 참된 가치를 일깨워준다.

그리고 판단중지는 자신이 보고 싶은 것만 보고 그것도 자신이 선호하는 측면으로만 해석하는 자기중심의 편향된 경향성과 안일한 타성에 젖은 매너리즘을 극복하게, 즉 관점을 바꾸어 생각해보게(易地思之) 한다. 다른 사람을 진정으로 이해하고 배려해 복잡한 연관 속에 주어진 사태 전체에 더 다가섬으로써 새로운 가능성을 찾아가는 구체적인 방법인 것이다.

후설은 그 방법이 어떻게 가능한지 제시하는 것에 그치지 않고 아무리 힘들어도 왜 해야만 하는지 그 목적을 역설한다. 그것은 인간성을 근본적으로 개혁하는 것이 인격적 주체가 스스로 져야만 하는 책임이기 때문이다.

또한 선험적 환원은 객관적 자연과학의 눈부신 발전에 현혹되어 인간 삶의 가치와 의미를 추구하는 자세조차 완전히 망각한 현대인에게 잃어버린 마음(선험적 주관성)을 찾을 수 있는 방법을 제시하는 동시에 그 당위성을 강조한다.

후설은 "현상학적 환원의 교훈은 현상학적 환원이 우리가 태도변경을 파악하는 데 매우 민감하게 하는 데 있다"고 그 의의를 밝힌다.

3) 선험적 현상학의 이념을 추구한 발자취

이처럼 후설은 궁극적 근원을 찾아 형식논리를 비롯한 모든 인식의 근원인 순수 의식을 분석하는 선험논리의 영역을 파고들었다. 그 결과 보편적 이성을 해명하는 선험적 현상학은 '주관적 관념론'이라는 평가와 함께 자아 속으로 파고들어가 빠져나오지 못하는 '독아론'(獨我論)으로 간주되었다. 하지만 그는 모든 세계의 객관적 타당성과 존재의 의미는 선험적 주관성에 근거해서만 성립되고 이해될 수 있다고 확신했다.

더구나 『이념들』 제1권은 본래 3부로 계획된 것 가운데 제1부에 불과하다. 이미 그 당시 완성된 초고와 그 후 계속된 수정안을 편집해 1952년과 1953년 출간한 『이념들』 제2권과 제3권은 다양한 세계의 구성 및 학문의 토대의 문제를 다룬 것으로, 본래 구상의 제2부에 해당한다. 결국 제3부 '현상학적 철학의 이념'은 다루지 못한 것이다.

그 후 후설은 이 이념을 밝히고자 계속 노력했는데, 그 흔적은 우선 1922년 6월 런던대학교에서 한 강연 '현상학적 방법과 현상학적 철학'에 나타난다. 이것을 확장해 1922~23년에는 '철학입문'(이것은 유고로 남아 있다)을, 1923~24년에는 '제일철학'(이것은 1956년 『제일철학』제1권 '역사편' 및 1956년 제2권 '체계편'으로 출판되었다)을 강의했다. '제일철학'이라는 고대의 명칭은 독단적 '형이상학'을 극복하고 이성을 비판하는 철학 본래의 이념을 복원하려는 의도를 함축한다(이 명칭은 1930년대 들어 점차 '선험철학'으로 대치된다). 후설은 여기서 제일철학에 이르는 길로 데카르트가 방법적 회의를 통해 자의식의 확실성에 도달한 것 같은 직접적인 길 이외에, 심리학이나 실증과학 비판이라는 간접적인 길들을 모색한다. 이는 1927년 제자 하이데거와 공동으로 집필을 시작해 세 차례 수정작업을 거치면서 결별하게 된 『브리태니커백과사전』(*Encyclopaedia Britannica*, 제14판, 제17권, 1929) '현상학' 항목에서 찾아볼 수 있다.

그러나 그는 어떤 것에도 만족할 수 없었다.

은퇴 후에도 계속된 선험적 현상학(현상학적 철학)의 이념 추구

후설은 1928년 봄 하이데거에게 후임을 넘기고 프라이부르크대학교의 교수직을 은퇴했다. 그러나 학문적 작업에서까지 손을 뗀 것은 아니었다. 오히려 더 왕성한 의욕을 품고 새로운 출발을 모색했다.

그는 그해 11월부터 1929년 1월까지 약 2개월간 『형식논리학과 선험논리학』을 저술해 발표했다. 이 책은 술어적 판단 자체의 진리와 명증성은 판단의 기체들이 주어지는 근원적인 술어 이전, 즉 경험의 대상적 명증성에 근거하기 때문에, 형식논리학은 선험논리학으로 정초되어야만 참된 존재자(세계)에 관한 논리학이 된다고 밝힌다. 『논리연구』제1권 이래 오래 침묵했던 순수 논리학의 이념을 더 명확하게 해명한 것이다.

1929년 2월에는 프랑스학술원이 주관해 소르본대학교 데카르트기념관에서 선험적 현상학을 데카르트의 전통에 따라 체계적으로 묘사한 '선험적 현상학 입문'을 강연했다(레비나스와 코이레A. Koyre가

번역한 강연의 프랑스어판 '요약문'은 1931년 프랑스어판으로 출간되었다).

이를 통해 후설은 현상학을 방법론으로만 받아들인(선험적 환원은 배제하고 본질직관의 형상적 환원만 수용한) 셸러와 (선험적 자아를 이념적 주체로 규정하고, 이 주체로는 현존재Dasein의 사실성과 존재론적 성격을 파악할 수 없다고 주장한) 하이데거를 통해 간접적으로 전파된, 따라서 선험적 현상학을 추상적 관념론이나 독아론으로 오해해 받아들인 프랑스에서 자신의 철학을 직접 해명할 수 있었다. 후설이 볼 때 이들의 현상학은 여전히 소박한 자연적 태도를 품은 심리학적·객관적 인간학주의로서 '세속적 현상학'일 뿐, '선험적 현상학'에는 이르지 못한 것이었다.

후설은 '파리강연'을 독일어판으로 확장해 출판하는 것을 필생의 작업으로 간주하고 수정작업에 몰입했다(이 수정원고는 1973년『상호주관성』제3권으로 출판되었다). 이러한 가운데 칸트학회의 초청으로 1931년 6월 프랑크푸르트대학교, 베를린대학교, 할레대학교에서 '현상학과 인간학'을 강연했다(이것은 1989년 출간된『논문과 강연들』(1922~37)에 수록되었다). 여기서 철학을 인간학적으로 정초하려는 딜타이(W. Dilthey)학파의 생철학과 셸러, 하이데거의 시도를 비판하고, 철저한 자기성찰과 자기책임에 입각한 선험적 현상학의 이념을 데카르트의 성찰과 관련지어 설명했다. 이 강연의 예기치 않은 성황에 힘입어 '감정이입·타자경험·상호주관성'의 문제를 중심으로 '파리강연'을 다시 수정했는데, 이것 역시 만족할 수 없었다.

그래서 1932년 8월 핑크에게『선험적 방법론』저술을 위임했다(이 자료는 1988년『제6성찰』제1권 및 제2권으로 출간되었다). 완성된 원고를 검토한 후설은 그 내용이 선험적 현상학의 이념에 충실함을 인정하면서도, '완전히 다른' 책이 될 수 있다고 판단했다.『이념들』제

1권 이래 추구한 '데카르트적 길'을 설명하면서, 상세한 예비논증 없이 단 한 번의 비약으로 선험적 자아에 이르도록 서술해, 결국 선험적 자아를 가상적이고 공허한 것으로 만들었기 때문이다. 따라서 소박한 자연적 태도를 벗어나지 못한 사람들은 선험적 현상학을 오해할 수 있다고 생각해 출판을 보류했다.

더구나 1934년 8월 프라하의 국제철학회가 후설에게 '우리 시대에 철학의 사명'이라는 주제로 강연을 요청했다. 마침 나치정권이 등장해 철학이나 정치·사회 전반에 걸쳐 합리주의에 대한 반감과 유럽 문명에 대한 불신이 짙게 감돌던 때였다. 이 강연에 힘을 쏟을 수밖에 없었고 자연스럽게 '파리강연'을 독일어판으로 완성시키려는 계획을 유보하게 되었다(이 자료는 1950년 『성찰』로 출간되었다). 또한 1919~20년 강의 '발생적 논리학'과 관련 수고를 정리하던 작업도 관심 밖으로 밀려났다(란트그레베가 위임받은 이 작업은 1939년 『경험과 판단』으로 출간되었다).

선험적 현상학으로의 새로운 출발: '생활세계'를 통한 길

후설은 그 연구결과를 1935년 5월 빈문화협회에서 '유럽 인간성의 위기에서 철학'으로, 11월 프라하의 독일대학교과 체코대학교에서 '유럽 학문의 위기와 심리학'으로 강의했다. 또다시 '선험적 현상학'을 소개한 제1부에서 유럽 인간성의 근본적 위기로 표현되는 학문의 위기를 논하고, 제2부에서 갈릴레이 이래의 객관적 근대 과학의 문제점을 비판한 후 데카르트에서 칸트까지의 근대철학사를 목적론을 바탕으로 해석했다(이 강연은 유고슬라비아 베오그라드에서 1936년 창간된 『필로소피아』*Philosophia*에 실렸다).

후설은 이 강연들도 정리해 출판하려 했으나, 1937년 8월 병들었을 때 제3부 '선험적 문제의 해명과 이에 관련된 심리학의 기능'(이것은 다시 'A. 미리 주어진 생활세계에서 되돌아가 물음으로써 현상학적 선험철학에 이르는 길'과 'B. 심리학에서 현상학적 선험철학에 이르는 길'로 나뉜다)의 수정을 마치지 못한 상태였다(제3부는 관련 자료와 함께 1954년 『위기』로 출간되었지만, 이 역시 본래 5부로 저술하려했기 때문에 미완성이다).

『위기』는 무엇보다 '생활세계'(Lebenswelt, Life-world)를 본격적으로 밝힘으로써 현대철학에 큰 충격을 주었다. 이것은 후설현상학을 총체적으로 이해하는 데 결정적인 역할을 할 뿐 아니라, 선험적 현상학을 거부하던 철학과 인문·사회과학의 새로운 탐구영역이 되었다.

생활세계는 수학과 자연과학으로 이념화된 세계나 일반적 의미의 일상세계가 아니다. 논리 이전에, 즉 술어로 규정되기 이전에 미리 주어진, 그 유형을 통해 친숙하게 잘 알려진 술어 이전의 경험세계다. 그런데 그것은 『위기』에서 비로소 등장한 개념이 결코 아니다. 심리학주의·자연주의·역사주의·세계관철학에 대한 인식비판과 소박한 형식논리학에 대한 경험비판을 통해 후설이 일관되게 강조한 '사태 그 자체'로 되돌아가 직접 체험하는 직관의 세계 이외에 다른 것이 아니기 때문이다.

그러나 생활세계에 대한 후설의 분석은 다양한 스펙트럼으로 제시되기 때문에 전체적 모습을 간명하게 파악하기란 쉽지 않다. 세속적·자연적 의미의 생활세계(경험세계)와 선험적 의미의 생활세계(선험세계)를 엄밀하게 구별하지 않고 동일한 명칭으로 다루기 때문에 더욱 그러하다.

1) 자연적 의미의 생활세계(경험세계): 방법론으로서 현상학

객관적 학문의 세계는 구체적 경험을 통해 직관할 수 있는 생활세계에 추상적 '이념과 상징의 옷'을 입힌 것이다. 자연을 '수학적 언

어로 쓰인 책'으로 파악한 갈릴레이 이래 자연과학은 이 생활세계를 수량화하고 기호로 이념화한 객관적 자연을 참된 존재로 간주한다. 그 결과 자연은 발견했지만, 객관성에 의미를 부여하고 해명하는 주관성은 망각했다. 이 점에서 갈릴레이는 '발견의 천재인 동시에 은폐의 천재'다. 이후 데카르트가 사유실체(의식)와 연장실체(사물)를 구분함으로써 의식도 객관적 자연과학의 방법으로 탐구되었다.

따라서 실증적 자연과학이 추구하는 '객관적 인식'(Episteme)은 '그 자체의 존재'가 아니라 그것에 이르는 하나의 방법에 불과하다. 오히려 단순히 주관에 상대적이기 때문에 낮은 단계의 모호한 명증성을 지닌 것이라고 경멸했던 '주관적 속견'(Doxa)이야말로 술어적으로 충분히 확증될 수 있는 진리의 영역, 즉 참된 이성의 직접적인 최초 형태로서, 그 타당성의 의미와 정초의 관계에서 볼 때 객관적 인식보다 원천적인 영역이기 때문에 선험철학의 태도에서는 반드시 되돌아가야 할 궁극적 근원이다.

그런데 후설은 생활세계가 구체적인 경험에 미리 주어진 '토대'(Boden)라고도, 주관이 구성한 '형성물'(Gebilde)로서 지평과 관심의 세계라고도 설명한다. 따라서 실재론적 해석도, 관념론적 해석도 가능하다.

하지만 이 주장들은 서로 배척하는 것이 아니라 부단히 상호작용한다. 즉 일단 형성된 의미는 문화와 기술, 도구 등 보편적 언어의 형태로 생활세계 속으로 흘러들어가 침전되고, 이것은 지속적 타당성을 지닌 습득성(Habitualität) 또는 관심(Interesse)으로서 현재의 경험에 동기를 부여하고 규정하는 배경(토대)이 된다. 그리고 상호이해와 의사소통으로 자명하게 복원되거나 수정·폐기되면서 다시 그 의미가 더욱 풍부하게 형성되는 생생한 발생적 역사성과 사회성을 지닌다. 이 구조는 차바퀴가 헛도는 것 같은 폐쇄된 악순환이 아니라,

생소한 외국어 문장을 해석할 때 그 문맥과 단어에 대한 상호이해를 통해 점차 본래 뜻에 접근하는 것 같은 개방적인 나선형의 순환구조다. 그것은 상호주관적으로 경험하고 언어적으로 논의하며 해석할 수 있는, 우리 모두에게 공통적인 동일한 역사적 환경세계, 우리가 그 속에 자연스럽게 살고 활동하며 존재하는 인격적 환경세계다.

결국 생활세계로 되돌아가는 것은 경험된 세계를 단순히 받아들이는 것이 아니라, 그 속에 이미 침전된 역사성을 근원으로까지 소급해 지향적 지평구조의 본질을 분석하는 것이다.

2) 선험적 의미의 생활세계(선험세계): 철학으로서 현상학

그런데 후설은 단지 생활세계로 되돌아가기만 하는 것은 '세계가 미리 주어져 있다는 것'을 소박하게 전제하는 자연적 태도이기 때문에 철저하지 못하고, 따라서 '그것이 왜 그렇게 주어질 수밖에 없는지'를 되돌아가 묻는 선험적 태도가 필요하다고 주장한다.

이렇게 철저한 선험적 태도로 되돌아가 물으면 다양한 생활세계의 모든 상대성에도 불구하고 그 자체는 상대적이지 않은 보편적 본질구조와 유형이 드러난다. 이것은 '선험적인 것(또는 선험성)' '주관적인 것'으로도 부르는 '선험적 (상호)주관성', 즉 주관과 객관의 불가분적 상관관계를 뜻하는 '의식의 지향성'에 대한 심층적 표현이다. 이것을 밝히는 '생활세계 존재론'은 곧 다른 전통과 문화세계들을 이해할 수 있고 자신의 생활세계를 발전시킬 수 있는 원천이자 근거다.

후설은 이와 같이 생활세계 의미의 근원적 연관과 정초 관계를 밝힘으로써, 객관적 인식만을 추구하는 실증적 자연과학이 주관적 속견을 배제해 자신의 고향을 상실하고 본래의 의미를 잃어 야기된 학문의 위기를 극복하고자 했다. 학문에서 발생한 위기는 학문을 통해서만 극복할 수 있다. 그것은 '묶은 자가 해결해야 한다'(結者解之)는 당연한 이치다. 그 학문은 곧 의식에 직접 주어지는 사태와 문제 자체에서 출발하는 참된 근원에 관한 학문, 진정한 실증주의로서의 선험적 현상학이다.

더구나 후설은 인격과 가치규범의 담지자인 자아(선험적 주관성)가 이성에 대한 신념을 상실한 위기에 빠졌다고 파악했다. 따라서 현대의 총체적 위기를 진정으로 극복(진단인 동시에 처방)하기 위해서는 생활세계를 분석하는 경험적 현상학(방법)에 머물 수 없고, 선험적 주관성을 해명하는 선험적 현상학(선험철학)에 도달해야만 한다고 역설했다.

후설현상학의 의의

선험적 현상학과 이에 이르는 길들

후설은 선험적 현상학에 이르는 길로 '생활세계를 통한 길' 이외에 '심리학을 통한 길'(『심리학』『브리태니커백과사전』『위기』 제3부 B)을 제시했다. 이 길은 '경험적 심리학/현상학적 심리학/선험적 현상학'의 정초관계를 밝혀 소박한 자연적 태도의 심리학주의를 철저히 극복함으로써 선험적 주관성을 규명하고자 한다. 그런데 '생활세계나 심리학을 통한 길'은 실증적 자연과학과 긴밀한 관련을 맺고 있기 때문에 일반인이 쉽게 접근할 수 있고(즉 선험적 현상학은 실증과학을 포기하거나 이들의 성과를 부정한 것이 아니다), 모든 학문의 궁극적 정초라는 엄밀한 선험철학의 이념을 구체적으로 밝히고 실행할수도 있다.

따라서 이 길은 '데카르트적 길'과 배척되는 것이 아니라, 상호보완 관계에 있다. 즉 선험적 현상학에 오르는 지름길은 거리가 가깝지만, 가파르고(그 의미를 이해하기) 힘들다. 우회로는 평탄하고 도중에 아기자기한 정경(情景)을 제공하지만, 거리가 멀기 때문에 정상에서 전개될 새로운 세계(선험적 주관성)를 망각하거나 포기하기 쉽다.

이 새로운 세계, 곧 선험적 주관성(자아)은 일반적 의미의 대상과 대립된 주관이 아니라, 자아 극(Ichpol)과 대상 극(Gegenstandpol)을 모두 포함하는, 세계와 의식 사이에 미리 주어진 본질적인 보편적 상관관계다. 그것은 다양한 체험을 통일적으로 파악하는 동일한 극(極)이고, 개인이나 공동체의 기억과 습득성을 지닌 기체(基體)이며, 생생한 현재뿐 아니라 과거와 미래의 지평까지 넘나들고 서로 의사소통하면서 자기 자신을 구성하는 모나드(Monad)다. 그리고 그 자체로 완결되고 폐쇄된 독아론적 자아가 아니라, 사회성과 역사성으로 감정을 이입해 타자를 경험하고 상호주관적 공동체 속에 구성되는 상호주관성(Intersubjektivität)이다.

요컨대 선험적 자아는 인간이 인간다움(인간성)을 실천하려는 의지이자 정상적으로 기능하는 신체와 이성의 통일체인 '의식의 흐름'이다. 즉 '나뿐 아니라 너·우리·그들'의 마음이요, 몸과 정신을 포괄하는, 부단히 파도치는 표층의식의 근거가 되는 '심층의식'이다. 물론 이것이 나나 다른 사람의 손, 발, 머리 같은 구체적으로 경험되는 실재적 의미의 자아(eine Ich)는 아니다. 그렇다고 이념화된 추상적 자아도 결코 아니다. 오히려 그때그때 다양하게 기능하는 경험적 자아들을 통일적 상관관계 속에서 이해하고 유지하는 근원적 자아(Ur-Ich)다. 따라서 경험적 자아와 선험적 자아는 다른 자아가 아니라 동일한 하나의 자아의 표층과 심층이다.

그렇기 때문에 선험적 자아를 강조하는 후설현상학을 흔히 '의식철학' '이성(합리)주의'라고 한다. 그러나 후설현상학은 전통적 의미에서 경험론에 대립되는 합리론과 근본적으로 다른 '초(超)합리주의'(Überrationalismus)다. 왜냐하면 후설이 말하는 '이성'은 '감성'이나 '오성'과 구별되는 것이 아니라 이들을 포괄하는 '보편적 이성', 즉 지각·기억·기대 심지어 침전된 무의식까지 포괄하는 '생생한 의식'이기 때문이다. 그것은 단순히 계산하고 판단하며 도구를 다루는 기술적·도구적 이성에 그치는 것이 아니라, 과거의 경험을 바탕으로 가까운 미래를 예측하면서 현재에 느끼고 판단하며 욕구하는 '이론적·실천적·가치설정적 이성 일반'이다.

결국 선험적 주관성이라는 새로운 세계를 발견하려는 선험적 현상학은 인간성의 은폐된 보편적 이성(선험적 주관성)을 드러내 밝히는 자기 이해의 철학이다. 왜냐하면 후설에게 철학은 이성이 자기 자신을 실현해가는 역사적 운동의 장소이기 때문이다. 그리고 이 속에서만 인간성의 자기책임이 수행되기 때문이다. 그래서 그는 선험적 주관성을 해명하는 『성찰』의 결론에서 선험적 현상학을 통해 "델포이 신전의 신탁 '너 자신을 알라'(gnothi sauton)는 말이 새로운 의미를 획득했다"고 주장하고, 이어서 아우구스티누스의 경구를 인용한다.

밖으로 나가지 말고 너 자신 속으로 들어가라. 진리는 인간의 내면에 깃들어 있다(in te redi, in interiore hominie habitat veritas).

즉 후설에게 철학을 함(Philosophieren)은 곧 선험적 주관성의 자기구성과 그 원초적 영역(세계구성)을 해명해 자기 자신과 세계를 궁극적으로 인식하려는 현상학을 함(Phänomenologisieren)이며, 학문과 인간성의 이념에 부단히 접근해야 할 목적을 지닌 보편적 이성에 대한 현상학적 이성비판이다.

왜 선험적 현상학까지 가야만 하는가?

선험적 주관성의 깊고 풍부한 세계를 해명하는 길은 너무도 멀고 힘들다. 그렇기 때문에 소박한 자연적 태도에 안주해 진정한 삶의 의미와 목적을 외면하거나, 현대 문명의 엄청난 성과와 편리함에 빠져 실험을 통해 증명된 것만 '사실'로 받아들이는, 실증과학의 세례를 철저히 받은 사람들의 눈에 선험적 자아는 분명 군더더기다. 그래서 이성을 부정하는 실존주의자들, 특히 사르트르는 "선험적 자아는 곧 의식의 죽음"이라고까지 단언했다. 또한 포스트모더니즘을 선도하거나 무조건 추종하는 사람들은 "지금이 어떤 시대인데, 아직도 이성타령인가?" 하며 이성을 즉결재판에 부치고 있다.

그러나 선험적 자아(마음)는 버선목처럼 뒤집어 볼 수는 없지만, 분명 실재하는 것이다. 그것을 부정한다면, 나뿐만 아니라 다른 사람, 공동체의 역사적 전통이나 관심, 습관을 전혀 이해할 수 없다. 물론 이것들을 유지하고 새롭게 발전시킬 주체도 확보되지 않는다. 마음이 다르면, 동일한 사물이나 사건에 대한 이해 역시 근본적으로 다르다. 마음이 없으면, 느끼고 보아야 할 것도 못 느끼고 못 보며, 따라서 '어디로 향해 나아가야 하는지' '왜 많은 어려움에도 불구하고 그것을 실현하기 위해 노력해야 하는지' 알 수 없다. 목적과 가치를 알 수 없는 일에 실천을 강요할 수는 없다. 그렇다면 마음이 없는 철학을 무엇 때문에 해야 하는가? 목적을 성취하는 보람과 희망이 없는 세계에 살고 싶을까?

후설은 보편적 이성에 정초해 궁극적으로 자기책임을 지는 앎과 삶의 주체인 선험적 주관성을 해명하기 위해 선험적 현상학을 시종일관, 심지어 연구를 심화시켜나갈수록 더욱더 철저하고 생생하게 추구했다. 또한 이러한 작업이 종교적 개종(改宗)과 같이 어렵더라도 반드시 수행되어야 한다고 강조했다. 그래서 그는 단지 자신이 본 것을 제시하고 기술할 뿐이지 가르치려고 시도하지 않는다면서도, 자신의 철학이 "말로만 매우 급진적인 태도를 취하는 사람들의 철학보다 훨씬 더 급진적이며, 훨씬 더 혁명적이다"라고 주장했다.

이러한 주장의 근거는 무엇인가?

후설이 본 것, 즉 '선험적 주관성'은 의식의 지향적 통일성 속에서 인격적으로 자기 동일성을 확보하고, 의사소통을 통해 자기 자신과 다른 사람, 다른 사회공동체, 다른 문화를 이해하며, 새로운 삶을 창조해야 할 이성적 존재로서의 자기책임을 실천하는 주체다. '먹어보고' '만져보고' '들어보고' 아는 것처럼, 보는 것은 아는 것의 기초다. 그리고 알면 알수록 더 많은 것을 보게 된다. 물론 그럴수록 더 사랑(실천)하게 되고, 그러면 더 많이 보고 더 알게 된다. 즉 이들은 개방된 순환구조를 지닌다. 따라서 유가(儒家)가 모든 것의 근본을 격물치지(格物致知)에, 불가(佛家)가 팔정도(八正道)의 첫 항목을 정견(正見)에, 도가(道家)가 도통(道通)의 첫 단계를 관조(觀照)에 둔 것과 마찬가지로, 아는 것은 자아를 실천하는 첫걸음이다. 단지 후설은 선험적 주관성을 현대적 의미에 더욱 적합하고 구체적이며 생생하게 분석했을 뿐이다.

선술어적 경험의 수동적 종합

진리를 판단의 형식적 정합성인 무모순성에서 찾는 형식논리학의 법칙은 공허한 형식 속에 삽입된 판단의 기체(대상)에 대한 실질적 내용은 다루지 않기 때문에 진리의 소극적 조건을 넘어서지 못한다. 판단이 목표로 삼는 존재자에 관한 참된 인식에 도달하려면, 판단의 대상이 스스로 주어지는 사태 자체를 파고들어야 한다. 그것은 어떻게 규정되기 이전의 궁극적 기체(tode ti), 즉 곧바로 경험되고 직접 해명될 수 있는 개체다. 따라서 최초의 경험은 이 근원적 대상이 스스로를 원본적으로 부여하는 지각이다.

지각이 수용되는 보편적 구조

배경에서 촉발되는 모든 대상은 모호한 형태로 알려지는 수동적 속견(passive Doxa)을 지닌다. 이 대상을 술어 이전에 파악하는 지각 작용은 이미 인식작업이 수행된 가장 낮은 단계의 능동성인 수용성(Rezeptivität)으로서, 이것을 술어로 대상화해 지속적인 인식의 소유물로 확립하려는 판단작용의 자발성(Spontaneität) 이전의 것이다.

자아가 전혀 능동적으로 주의를 기울이지 않는 비정립적 의식에 수동적으로 지각이 주어지는 수용성의 구조에는 '시간의식'과 '신체'가 있다.

1) 시간의식

후설은 지향적 의식체험의 복잡한 다층적 표층구조를 표상(지각·판단), 정서, 의지의 영역으로 구분하고, 이 다층적 표층구조의 각 영역에 공통으로 포함된 표상작용을 가장 기본적인 1차적 지향작용, 즉 모든 의식작용을 정초하는 근본토대로 간주했다. 이 표상작용은 인식작용(noesis)이 주어진 감각자료에 의미를 부여해 통일적 인식대상(noema)을 구성함으로써 작동한다. 그런데 주의를 기울여 방향을 전환하면, 인식작용과 인식대상의 상관관계나 인식대상의 핵심은 변하지 않지만, 그 핵심이 파악되는 양상은 비활동성으로, 즉 지금 지각해 원본적으로 주어진 활동성의 배경으로 물러나게 된다. 이 인식작용은 여러 단계의 기억이나 상상으로 변양되고, 주의를 기울여 대상을 정립(정립성)할 뿐 아니라 주의를 기울이지 않은 채 유사-정립(중립성)할 수도 있기 때문에 긍정·부정·회의·추측 등 다양한 단계와 성격의 신념을 지니며, 그에 따라 인식대상의 존재방식도 변한다.

그러나 인식대상이 구성되기 이전, 즉 시간 자체가 구성되는 의식의 심층구조에서는 이러한 인식(파악)작용과 인식(파악)대상의 상관관계가 해소되고, 모든 체험이 통일적으로 구성되는 터전인 내적 시간의식의 끊임없는 흐름만 남는다. 이 의식흐름은 '지금'이 과거에서 미래로 이어지는 계열인 '가로방향의 지향성'과 '지금'이 지나가 버렸지만 흔적도 없이 사라진 것이 아니라 변양된 채 '무의식' 속에 원근법적으로 침전되어 여전히 유지되는 계열인 '세로방향의 지향성'이라는 이중의 연속성을 지닌다. 이 연속적 통일체에 근거해 의식의 흐름은 이미 알고 있는 것(과거지향)을 활용해 아직 알려지지 않은 것(미래지향)을 생생한 '지금'의 지평구조 속에서 친숙한 유형을 통해 미리 지시하고, 미리 해석해서 예측하는, 즉 '귀납추리' (Induktion)를 한다. 예를 들어 지하철역에 들어섰을 때 기다리는 사람이 많다면 열차가 곧 온다고 예상한다. 물론 이 예상은 신체를 움직이거나 시간이 흐르면 확인될 수도 수정될 수도 있다.

그리고 분리된 기억들은 감각된 것들의 동질성과 이질성에 따라 시간적으로 변양된 표상들을 연상을 통해 일깨우는 내재적 발생의 짝짓기에 근거해 하나의 시간적 상관관계 속에 직관적으로 질서 세워진다. 이 근원적 연상(Assoziation)을 통한 '합치의 종합'은 동등한 것과 유사한 것의 감각적 통일과 현실적 직관 및 과거 속으로 가라앉은 직관의 서로 다른 위치를 결합하는 하부의식 속의 통일이 수동적으로 미리 주어지기 때문에 가능하다. 따라서 연상은 내적 시간의식에서 가장 낮은 단계의 종합 위에 계층을 이루고 올라간 '수동적 종합'(passive Synthesis)이다. 모든 개별적 의식체험은 시간적으로 발생하는 '역사', 즉 '시간적 발생'을 지니는데, 시간의식의 통일은 모든 시간의 객체가 통일적으로 직관될 수 있는 동일한 대상으로서 지속·공존·계기하기 위한 보편적 질서의 형식이자 객관적 시간성이 구성되기 위한 필수조건이다.

2) 신체

지각의 대상이 가능한 모든 측면에서 주어질 수 있는 것은 신체 (Leib)의 운동감각(Kinasthesis) 때문이다. 신체는 직접 자유롭게 운동할 수 있는 의식 주체의 의지적 기관으로서, 항상 필연적으로 지각의 영역 속에 있다. 메를로퐁티가 지적하듯이, '심장이 몸속에 있는 것처럼, 신체는 세계 속에 있으며, 익명적으로 활동하며 지각을 연출하는 지향성'이다. 사물들이 음영을 이루며 원근법적으로 나타나는 조망은 신체를 지닌 관찰자의 공간적 위치를 가리킨다. 즉 신체는 '모든 방향이 정해지는 영점'으로, '모든 거기에 대해 절대적 여기'다. 그리고 지각은 인상을 단순히 수동적으로 받아들이거나 촉발하는 것이 아니라, 스스로 움직일 수 있는 가능성을 능동적으로 수행할 때 직접 아는 것으로, 즉 '만약 ⋯⋯하면 ⋯⋯하다'(Wenn ~ , so ~)라는 자발적 운동감각의 체계로 동기 지어진 결과다. 따라서 세계는 자기 자신을 감각할 뿐만 아니라 개별적 사물과 세계도 함께 지각하는 운동감각의 '그 밖의 등등'(Undsoweiter)의 지평이다.

그런데 의식의 담지자인 신체는 정신을 매개하고 기초 짓는 토대이며, 정신은 동기부여를 통해 신체를 지배한다. 의식이 개입되지 않으면, 신체는 단순한 '물체'(Körper)일 뿐이며, '운동감각'도 그 기능을 전혀 수행할 수 없다. 또한 정상적 경험 속에 적절하게 일치되어 있고, 서로 의사소통할 수 있는 공동체의 세계는 정상적 유형으로 기능하는 최상의 지각 체계로서 신체를 전제한다. 그뿐 아니라 언어적 표현기관이기도 한 신체는 상호주관적 학문과 세계가 가능할 수 있는 조건이다. 물론 신체도 의식과 연관되어 그 자신의 침전된 역사성을 지닌다.

후설현상학에서 『수동적 종합』의 의의

『수동적 종합』은 후설이 프라이부르크대학교에서 1920~21년 '논리학', 1923년 '선별한 현상학의 문제', 1925~26년 '논리학의 근본문제'라는 제목으로 세 번 강의한 것을 엮었다. 첫 번째 강의는 그가 1918년 겨울학기를 마치고 그다음 해 4월 말까지 베르나우에서 휴가를 보내며 시간의식에 관한 자료를 검토하고, 지각·기억·상상·판단 등에 관한 연구를 심화시켜 『논리연구』 제1권에서 다룬 순수 논리학의 이념과 『이념들』 제1권에서 미처 다루지 못한 현상학적 철학의 이념을 더욱 치밀하게 추구하기 위한 토대를 왕성하게 마련하면서 자연스레 준비되었다.

우선 이 책의 큰 목차는 다음과 같다.

서론 지각 속에 대상이 스스로를 부여함
제1장 양상화(부정·의심·가능성의 양상과 수동적 및 능동적 양상화)
제2장 명증성(충족의 구조, 수동적 지향과 그 확증)
제3장 연상(수동적 종합·촉발·예상의 현상, 재생산의 연상)
제4장 의식 흐름의 '그 자체의 존재'(회상과 가상, 의식의 미래)

이와 같은 내용이 과연 '논리학'과 어떤 연관이 있는지 후설이 이 시기에, 즉 1919~20년에 함께 강의한 '발생적 논리학'(란트그레베가 『경험과 판단』으로 편집해 출간)과 연관해 살펴보자.

판단이 목표로 삼는 참된 인식에 도달하려면, 즉 '세계 속에 있는 존재자'를 파악하려면 판단의 대상이 언어로 규정되기 이전에 직접 지각되는 내용인 '사태 그 자체'를 파악해야만 한다. 결국 술어적 명증성은 판단의 대상들이 의식에 직접 주어지는 선술어적 명증성에 기초해야 한다.

그런데 모든 경험의 대상은 감각자료와 같이 단편적으로 고립된 것이 아니라, 친숙한 유형으로 미리 알려진 것의 지향적 지평구조 속에 총체적으로 주어진다. 따라서 지각이 수용되는 보편적 구조와 대상화되어 해석되는 단계들을 체계적으로 해명하는 선험논리학은 형식논리학을 근본적으로 정초하는 토대다. 후설은 칸트의 견해에 따라 시간·공간에 연관된 운동감각으로 경험이 구성되는 것을 해명하는 작업을 '선험적 감성론(Ästhetik)'이라 부른다. 이때 수동적 감성은 능동적 이성의 기초를 이루기 때문에 선험적 감성론은 선험논리학으로 상승하기 위한 예비기초다.

앞에서도 언급했듯이, 후설은 『이념들』 제1권을 출간한 1913년부터 『형식논리학과 선험논리학』을 출간한 1929년까지 가장 왕성하게 연구해 자신의 사상을 심화시켜갔지만 어떤 저술도 발표하지 않았다. 발생적 구성의 문제를 집중적으로 분석해 객관적 실재론을 종합한 것으로 평가받는 『이념들』 제2권은 제1권과 함께 1912년 초고가 완성되었지만, 1952년에야 비로소 『후설전집』 제4권으로 출간되었다. 심지어 『이념들』 제1권에서도 발생적 분석의 중심축인 내적 시간의식에 관한 '1904~1905년 강의'의 성과를 여러 차례 강조했고, 이 발생적 분석을 통해 다양하고 풍부하게 전개될 질료학(Hyletik)의 새로운 지평과 의의를 밝혔다. 하지만 선험적 현상학은 간단히 전통적 의미의 주관적 관념론으로 평가되었고 더 나아가 독아론(Solipsismus)으로 간주되었다.

후설은 이렇게 기나긴 시간 동안 근거 없이 비판받고 오해받았지만, 선험적 현상학을 더 심화시켜 체계적 모습으로 제시하기 위해 연구에 전력을 기울였고, 그 가운데 가장 주목할 만한 성과가 바로『수동적 종합』이다.

요컨대『수동적 종합』을 통해 (『이념들』제2권과 더불어, 아니『이념들』제1권도 제대로 읽으면 그 자체만으로도 충분하지만) 후설현상학을 '객관적 실재론 대(對) 주관적 관념론' 또는 '정적 현상학(분석) 대 발생적 현상학(분석)', 더 기본적으로는 '감성(pathos) 대 이성(logos)'이라는 단절된 도식의 틀로 이해하는 오류를 정확하게 바로잡을 수 있다. 또한 이 책은 후설현상학을『논리연구』에서『형식논리학과 선험논리학』과『경험과 판단』으로 이어주는 데 그치지 않고,『성찰』과『위기』, 즉 70세를 넘긴 후설이 여생을 즐기는 대신 선험적 현상학의 이념을 줄곧 추구해간 길목에서 던진 문제들의 위상과 의의를 정확하게 파악할 수 있게 해준다.

흔히 일상적으로 겪는 경험은 매우 단순하고 이미 잘 알려져 있다고 간주하기 때문에, 마치 감각자료가 그 자체로 직접 주어지는 것처럼, 최종적이고도 근원적이라고 생각한다. 그런데 후설은 이 경험 자체까지 문제 삼아 그것이 수용되고 파악되는 지각의 보편적 구조를 분석했다. 따라서 후설현상학은 이제까지 어둠에 가려지고 은폐되었던 곳을 밝힌 '여명(黎明)의 철학'이며, 과거의 철학들이 당연하게 간주한 것 자체를 문제 삼아 캐물은 '철학 가운데 철학'이다.

지각에서 스스로를 부여함[1]

1 원본적 의식과 공간적 대상들의 원근법적 음영

외적 지각은 그 고유한 본질상 자신이 수행할 수 없는 상태임에도 불구하고 수행하려고 끊임없이 부당하게 요구한다. 따라서 외적 지각의 본질에는 어떤 의미로 모순이 내포되어 있다. 이것의 의미는, 객관적 의미가 무한히 다양하게 가능한 나타남(Erscheinung) '속에'[2] 어떻게 통일체로 제시되는지 주의 깊게 살펴보면, 즉시 명백해

---

1) 흔히 'Selbstgebung'을 '자기부여'(自己賦與)나 '자체부여'(自體賦與)로, 'Selbstgegebenheit'를 '자체 소여성'(自體所與性), 'Gegebenheit'를 '소여성'(所與性)'으로 번역해왔다. 그러나 후설현상학의 핵심적 작업인 '구성'(Konstitution)을 이해하는 데 매우 중요한 이 용어를 이렇게 번역하면 특히 한자(漢字)에 생소한 대학생에게는 매우 낯설 수밖에 없다. 이것은 대상이 의식에 '스스로를 부여하는 것' '주어지는 것'을 뜻하기 때문에 말 그대로의 의미로 옮겼다. 이러한 맥락에서 가령 'Bekanntheit' 'Unbekanntheit'도 '기지성'(既知性), '미기지성'(未既知性) 대신 '[이미] 알려진 것' '[아직] 알려지지 않은 것'으로 옮긴다.

2) 본문에 이 부분은 'in'으로 되어 있는데, 후설이 직접 강조한 것이 아니라『후설 전집』의 다른 편집자들이 보완한 문구와 마찬가지로 간주해 별다른 강조의 표기를 하지 않겠다.

질 것이다. 또한 그 동일한 의미가 '합치된 통일체'(Deckungseinheit)로 나타나게 하는 연속적 종합이 어떻게 더 상세하게 드러나는지 주의 깊게 살펴보고, 나타남은 사실적이고 한정된 방식으로 [시간을 따라] 경과하지만 어쨌든 그러한 사실적이고 한정된 나타남을 넘어서 항상 새로운 나타남이 가능하다는 의식이 어떻게 끊임없이 존속하는지 주의 깊게 살펴보면, 즉시 명백해질 것이다.

우리가 우선 주목하는 것은, 모든 공간적 대상은 필연적으로 나타나는 원근법적 음영(陰影)인 시각(Aspekt) 때문에 항상 오직 한 측면으로만 나타난다는 사실이다. 우리가 어떤 사물을 아무리 완전하게 지각하더라도, 그 사물에 당연히 속하고 그 사물을 감각적 사물로 형성하는 특성들의 모든 측면이 지각되는 것은 결코 아니다. 실제로 지각되는 대상의 이러저러한 측면에 관한 논의는 불가피하다. 모든 시각, 즉 개별적 음영들의 모든 연속성은 아무리 계속되더라도 여전히 어떤 측면들만 부여하며, 우리는 이것이 결코 단순한 사실(Faktum)이 아니라고 확신한다. 요컨대 지각된 것을 그 감각적 사물의 내용까지 남김없이 길어내는 외적 지각은 생각조차 할 수 없으며, 가장 엄밀한 의미에서 완결된 지각 속에 모든 측면, 즉 그 사물을 감각적으로 직관할 수 있는 징표들 전체가 주어지는 지각의 대상이란 생각조차 할 수 없다.

그러므로 본래 지각된 것과 본래 지각되지 않은 것의 이와 같은 근본적 구별은 외적 지각과 물체적 '대상'이 맺는 상관관계(Korrelation)[3]의 근원적 본질에 속한다. 어떤 책상을 보면, 우리

---

3) 후설은 "경험의 대상과 이 대상이 주어지는 방식들 사이의 보편적 상관관계의 아프리오리(Apriori)에 대한 생각이 처음 머리에 떠오른 것(『논리연구』가 마무리된 1898년경)은 깊은 충격이어서 그 이후 나는 이 상관관계의 아프리오리를 체계적으로 완성하는 것에 전 생애를 바쳤다"(『위기』, 169쪽 주)고 밝힌다. 핑

는 그 책상을 어떤 측면에서 보며, 이때 이 측면은 본래 보인 것
(Gesehenes)이다. 하지만 그 책상은 여전히 다른 측면이 있다. 그것
은 보이지 않는 뒷면과 보이지 않는 내면이 있으며, '책상'이라는 명
칭은 본래 다양한 측면, 즉 가능하게 '볼 수 있는'(Sichtigkeit) 다양한
복합체에 대한 명칭이다. 이것은 매우 주목할 만한 본질적 형세다.
왜냐하면 모든 지각의 고유한 의미에는 그 대상적 의미로서, 보인 책
상인 이 사물로서 지각된 대상이 속하기 때문이다. 하지만 이 사물은
지금 본래 보인 측면이 아니라, (지각의 고유한 의미에 따라) 여전히
다른 측면들——이 지각이 아니라 다른 지각 속에 본래 지각될 측면
들——을 지닌 '완전한 사물'(Vollding)이다.

지각은, 아주 일반적으로 말하면, 원본의 의식이다. 그러나 우리
는 외적 지각에서 다음과 같은 주목할 만한 차이를 본다. 그 차이
는 원본적 의식은 [첫째] 실제로 또 본래 원본적으로 측면을 의식하
는 형식으로만 가능하다는 것, [둘째] 바로 원본적으로 현존하지 않
는 다른 측면을 함께 의식하는 형식으로만 가능하다는 것이다. '함
께 의식한다'는 것은 보이지 않는 측면도 어쨌든 의식에 어떤 방식
으로든 '함께 현재하는 것'(mitgegenwärtig)으로 '함께 사념되어'
(mitgemeint) 현존하기 때문에 가능하다. 그렇지만 보이지 않는 측면
은 본래 나타나지 않는다. 가령 보이지 않는 측면을 제시하는 직관으
로서의 재생산적 시각은 거기에 없고, 언제나 단지 그와 같은 직관적
현전화(Vergegenwärtigung)[4]만 복원시킬 수 있을 뿐이다. 우리가 곧

크는 주체와 객체의 불가분한 본질적 상관관계를 지향적으로 해명하는 후설현
상학을 '상관관계주의'(Korrelativismus)라고 부른다.
4) 현전화는 기억이나 상상처럼 시간·공간적으로 '지금 여기에' 현존하지 않는
것을 의식에 현존하게 하는, 직접적 '현재화'(Gegenwärtigung)에 대립된 작용
을 뜻한다.

바로 원한다면, 책상의 앞면을 보면서 직관적 표상의 과정, 즉 그 표상을 통해 사물의 보이지 않는 측면까지 표상할지도 모를 시각을 재생산하는 과정을 연출할 수 있다.

이때 우리가 행하는 것은 〔어떤〕 지각에서 새로운 지각으로 이행하면서 항상 새로운 측면의 대상을 원본적 시각으로 보게 될 지각의 과정을 현전화하는 것뿐이다. 그렇지만 이것은 예외적으로만 일어난다. 실제로 보인 측면을 단순한 측면으로 특징짓는 것 그리고 이 측면을 사물로 간주하지 않고 실제로 보인 측면을 넘어서는 것 ─ 이 가운데 지각된 것만 곧바로 실제로 보인다 ─ 이 지각된 것으로 의식되게 하는 것은 비직관적인 '넘어서 지시하는 것'(Hinausweisen), 즉 〔간접적으로〕 지적하는 것(Indizieren)으로 성립한다는 사실은 분명하다. 곧 지각작용은, 인식작용의(noetisch)[5] 측면에서 말하면, 〔한편으로〕 원본적으로 제시하는 방식으로 제시된 것을 직관하게 하는 실제로 제시하는 것과 〔다른 한편으로〕 가능한 새로운 지각을 지시하는 공허하게 〔간접적으로〕 지적하는 것의 혼합물이다. 인식대상의 관점에서 지각된 것은 그때그때 주어진 측면이 동일한 대상으로 주어지지 않은 것, 즉 '주어지지 않은 다른 것'을 지시하는 방식으로 음영을 띠고 주어진 것이다. 이것을 이해하는 일이 중요하다.

우선 우리는 모든 지각, 인식대상으로 말하면, 대상의 각 개별적 시각은 그 자체 속에 연속성, 즉 실로 가능한 새로운 지각의 다양한 연

---

5) 이 말의 어원은 '사유·인식하는 주관·삶의 주체'를 뜻하는 그리스어 'nous' (지성)다. 플라톤은 『국가』(*Politeia*) 제6권 '선분의 비유'(519d~511e)에서 인식되는 대상을 '감각의 대상들'(ta aistheta)과 '지성으로 알 수 있는 것들'(ta noeta)로 나누고, 이에 상응해 인식하는 주관의 상태를 전자는 속견(doxa), 후자는 지성에 의한 인식(noesis)이라 부른다. 이러한 맥락에서 'noesis'는 '인식작용'으로, 'noema'는 '인식대상'으로 옮긴다.

속체, 다시 말해 동일한 대상이 언제나 새로운 측면에서 분명하게 보일 바로 그 연속체를 지시한다는 사실에 주목해야 한다. 그것이 나타나는 방식으로 지각된 것은 지각작용의 각 순간 그 연속체가 근거하는 나타남의 핵심과 더불어 지시하는 체계로 존재하며, 이렇게 지시하는 것 속에서 지각된 것은 우리에게 어떤 의미에서 다음과 같이 큰 소리로 말하고 있다.

여기에 여전히 주시해야 할 것이 더 있다. 어쨌든 모든 측면에서 나를 회전시켜라. 이때 시선으로 나를 훑어보며, 더 가깝게 다가와, 나 자신을 열어 젖히고, 나 자신을 쪼개라. 그래서 항상 새롭게 둘러보고 모든 측면으로 〔시선을〕 전환하라. 그러면 너는 나의 모든 본질에 관해, 즉 나의 모든 표면적 속성, 나의 내면적 감각의 속성 등에 관해 나를 〔직접〕 알게 될 것이다.[6]

우리는 이러한 암시적 논의가 뜻하는 바를 이해할 수 있다. 그때 그때 현실적 지각에서 나에게는 다름 아니라 바로 이러한 시각만 있으며 그 시각은 변화되는데 그것도 언제나 제한된 시각이 변화될 뿐이다. 각 순간의 대상적 의미는 사념된 대상인 대상 그 자체에 대해 동일한 것이며, 순간적 나타남이 연속으로 경과하는 가운데 합치한다. 그러므로 가령 이 책상은 여기에 있다. 그러나 이 동일한 것 (Identisches)은 끊임없는 X이며, 실제로 나타나는 책상-계기들의 끊임없는 기체이지만, 또한 아직 나타나지 않은 책상-계기들을 앞서

---

6) 현상학의 지향적 분석은 본질상 불가분의 '주체-객체-상관관계'에 대한 분석이다. 그러나 이것은 인식대상의 측면에서 보면 '객체-주체-상관관계'다. 따라서 우리말에서는 생소하지만, 이 인용문처럼 사물이 의인화되어 주어로 등장하거나 수동형으로 쓴 문장이 오히려 자연스러울 수 있다.

지시하는 기체다.

이렇게 '앞서 지시하는 것'(Hinweisen)은 동시에 경향, 즉 주어지지 않은 나타남들을 통해 계속 추진되는 '앞서 지시하는' 경향이다. 어쨌든 이것은 개별적으로 '앞서 지시하는 것'이 아니라, 전체적으로 '앞서 지시하는' 체계, 즉 그에 상응하는 다양한 나타남의 체계를 가리키는 '앞서 지시하는' 발산체계(發散體系)다. 실로 현실화되지 않은 나타남은 실제적인 나타남이나 현전화된 나타남으로 의식되지 않기 때문에, 그 나타남은 공허하게 가리키는 지침이다. 달리 말하면 본래 나타나는 모든 것은 다음과 같은 사실, 즉 본래 나타나는 것이 지향적인 '공허한 지평'(Leerhorizont)[7]으로 엮이고 침투되었다는 사실, 본래 나타나는 것이 나타남에 따른 공허한 마당(Hof)으로 에워싸여 있다는 사실을 통해서만 사물은 나타나게 된다. 그것은 무(無)가 아니라 충족시킬 수 있는 공허함, 즉 〔앞으로〕 규정할 수 있지만 〔아직〕 '규정되지 않은 것'(Unbestimmtheit)이다. 왜냐하면 지향적 지평은 임의로 충족될 수 없기 때문이다. 그것은 그 자체로 '무엇에 관한 의식'인 의식의 근본적 특성을 지닌 의식의 지평이다. 이러한 의식의 마당은 그것이 공허한데도 새롭게 현실화하는 나타남으로 이행하는 데 어떤 규칙을 지정하는 '미리 지시하는' 형식으로서

---

7) 후설의 분석에 따르면, 모든 경험은 스스로 거기에 주어진 핵심을 넘어서 처음에는 주시하지 않았지만 기억이나 예상으로 함께 주어지는 국면들을 점차 드러내 밝혀줄 가능성(Möglichkeit)을 미리 지시하는 생생한 지평을 지닌다. 그리스어 'horizein'(경계 짓다)에서 유래한 이 '지평'은, 자아의 측면에서 보면, 자아의 능력(Vermöglichkeit)이다. 요컨대 아직 규정되지 않았고, 따라서 알려지지 않았지만, 지속적 관심(Interesse)으로 구성된 친숙한 유형(Typus)을 통해 지각하고 규정할 수 있는 가능성의 활동공간이 '공허한 지평'이다. 이렇게 앞으로 상세하게 규정할 수 있고, 그 존재에 성큼 다가가 그 사태를 직관할 수 있는 영역이 곧 그가 말하는 아프리오리다.

의미가 있다.

〔예를 들어〕 책상의 앞면을 보는 가운데 그 뒷면, 즉 책상의 앞면에서 보이지 않은 모든 면은, 비록 적절하게 규정되지 않았더라도, 공허하게 앞서 지시하는 형식으로 의식된다. 그러나 규정되지 않았더라도, 어쨌든 그것은 어떤 물체의 형태, 어떤 물체의 색깔 등을 '앞서 지시하고', 이 미리 지시하는 테두리 속에 〔아직〕 '규정되지 않은 것'을 더 상세하게 규정하며 음영을 이루는 나타남과만 일치하게 통합될 수 있다. 이러한 나타남만 규정하는 동일한 X를 이것에서 새롭고 또 더 상세하게 규정되는 동일한 것으로 유지해갈 수 있다. 흐르는 지각작용에서 지각의 각 국면, 즉 각각의 새로운 나타남은, 지향적 지평이 변화되고 그 위치가 바뀔 뿐이지 언제든지 동일하다. 새로운 공허한 지평, 즉 규정할 수 있지만 〔아직〕 '규정되지 않은 것'의 새로운 체계, 즉 가능한 나타남이 일정하게 질서가 잡힌 체계로 들어갈 가능성에 상응하는 계속되는 경향의 새로운 체계는 지각의 각 국면에서 각 사물의 나타남에 속한다. 이 체계는 일치하는 의미가 합치되는 가운데 항상 새롭게 규정되는 대상인 동일한 대상을 실제로 충족시키며 주어질―분리할 수 없게 속한―지평을 지닌 가능한 시각들이 경과하는 체계다. 우리가 살펴보듯이, 시각은 그 자체만으로는 무(無)이며, 시각에서 분리될 수 없는 지향적 지평을 통해서만 '무엇에 관한-나타남'(Erscheinung-von)이 된다.

이러한 사실을 통해 우리는 그때그때 시각이 나타나는 내적 지평과 외적 지평을 구별한다. 즉 본래 지각된 것과 단지 '함께 현재하는 것'(Mitgegenwärtiges)을 나누는 것은 〔한편으로〕 실제로 나타난 또 생생하게 현존하는 대상의 내용이 규정된 것과 〔다른 한편으로〕 완전히 공허하게 또 여전히 다의적(多義的)으로 미리 지시되는 내용이 규정된 것을 구별한다는 사실을 주목해야만 한다. 또한 실제로 나타나는 것은 그 자체 속에 이와 유사한 구별이 부착되어 있다는 사실을 주목해야만 한다. 그래서 이미 실제로 보인 측면에서도 실로 다음과 같은 외침이 울린다.

더 가깝게 항상 더 가깝게 들어와라. 그러면 네 위치, 네 눈의 자세 등을 변화시키다가 고정시키며 나를 주시하게 되고, 너는 나 자신에게서 여전히 많은 것을 새롭게 볼 수 있을 것이며, 언제나 새로운 부분적 색깔 등, 즉 단지 이전에는 규정되지 않은 채 일반적으로 보인 목재(木材) 등 이전까지는 보이지 않았던 구조들을 새롭게 볼 수 있을 것이다.

그러므로 이미 보인 것도 앞서 파악할 수 있는 지향에 함께 부착되어 있다. 요컨대 이미 보인 것은 언제나 새로운 것을 미리 지시하는 테두리, 즉 더 상세하게 규정하기 위한 X다. 이러한 사실은 항상 선취되고, 앞서 파악된다. 그러나 이 경우 그 내적 지평 이외에도, 여전히 외적 지평,[8] 즉 단지 세분화된 기입만 요구할 뿐 직관적 테두리가 없는 것을 미리 지시할 때도 있다.

---

8) 인식하는 자아가 대상을 파악하는 지각의 경향과 그 단계는 다음과 같다.
　① '단적인 파악'은 대상을 객체화해 인식하는 가장 낮은 단계이지만, 단순하게 주어진 것이 아니라 이미 내적 시간의식 속에 구성된 복잡한 구조를 지닌다.
　② '해명'은 단순한 예측이 대상의 내적 지평으로 침투해 상세하게 규정되거나 수정되는 자아의 능동적 활동이다.
　③ '관계관찰'은 인식하려는 관심의 주제인 대상의 외적 지평 속에 함께 현재하는 대상들의 다양한 관계와 그 대상이 직면한 상황을 종합적으로 드러낸다.

2 지각의 과정에서 충만함과 공허함의 관계 그리고 앎

이제 더 깊게 이해하려면 우리는 '각 순간에 어떻게 충만함과 공허함이 서로 밀접하게 관계하는지' '지각이 경과하면서 어떻게 공허함이 충만함이 되고 충만함이 다시 공허함이 되는지' 그 방식에 주의해야 한다. 우리는 각각의 나타남과 연관된 구조와 일련의 모든 나타남에 일치하는 구조를 이해해야 한다. 지각이 연속되는 가운데 우리는, 모든 지각의 경우에서처럼, 새롭게 등장하는 것 ─ 근원적 인상(印象)[9]의 '지금'(Jetzt)이라는 형식으로 등장하는 것 ─ 속에 끊임없이 충족되는 미래지향(Protention)[10]을 지닌다. 〔이것은〕 여기에서도 마찬가지다. 외적 지각작용이 진행되는 어디에서나 미래지향은 충족되면서 부단히 앞서 예상하는 형태를 취한다. 즉 앞서 지시하는 지평의 체계에서 어떤 일련의 앞서 지시하는 것은 더 상세하게 규정하는 조망 속에 부단히 충족되는 예상으로서 연속적으로 현실화된다.

지난번 강의〔위의 제1항〕에서 우리는 각각의 외적 지각의 통일체를 서로 다른 방향에 따라 이해하게 되었다. 외적 지각은 시간적 체험이 유출(流出)하는 것이며, 이 유출하는 것에서 나타남들은 일치해 서로 합류하면서 나타남으로, 즉 어떤 의미의 통일체에 상응해 합치

---

9) '근원적 인상'은 방금 전에 체험된 것이 지각과 직접 연결된 의식(신선한 기억)인 '인상'의 원초적 형태다. 이것은 생생한 현재의 감각적 활동으로, 지속하는 시간의 객체가 산출되는 원천인 '지금'이다(『시간의식』, 28~31쪽 참조할 것).

10) 모든 체험이 통일적으로 구성되는 터전인 내적 시간의식의 끊임없는 흐름은 '지금'(생생한 현재)이 과거에서 미래로 줄곧 이어지는 가로방향의 지향성과 '지금'이 지나가버리지만 흔적도 없이 사라지는 것이 아니라 변양된 채 생생하게 유지되는 세로방향의 지향성이라는 이중의 연속성을 지닌다. 이 연속성 때문에 의식의 흐름은 방금 전에 체험한 것을 현재화해 의식하는, 즉 1차적 기억(직관된 과거)으로 지각하는 '과거지향'(Retention), 생생한 현재인 '지금', 유형을 통해 이미 친숙하게 알려진 것에 근거해 직관적으로 가까운 미래를 예측하는 '미래지향'으로 연결되어 통일체를 이룬다.

되는 통일체로 이행한다. 우리는 이러한 흐름을 지향들을 전진시켜 충족해가는, 그래서 물론 다른 측면에 따라 이미 충만한 지향들이 공동화(空洞化)되는 것을 다시 제휴해가는, 체계적 구조망(構造網)으로 이해하게 되었다. 지각의 각 순간의 국면은 그 자체로 부분적으로 충만하고 또 부분적으로 공허한 지향들의 구조망이다. 왜냐하면 각 국면에서 우리는 본래의 나타남을 지니는데, 이것은 충족된 지향이지만 〔완전히〕 '충족되지 않은 것'과 여전히 규정할 수 있는 〔아직〕 '규정되지 않은 것'의 내적 지평도 현존하므로, 어쨌든 단계적으로만 충족된 지향이기 때문이다. 그 밖에도 각 국면은 충족시키는 경향과 그에 따라 일정한 방향으로 이행하는 가운데 공허하게 앞서 예상하는 방식으로 충족시킴에 도달하는 완전히 공허한 외적 지평을 포함한다.

　더 정확하게 주시해보면, 충족시킴과 상세하게 규정하는 것을 여전히 (또한 다음과 같은 방식으로) 구별해야만 하며, 이제 지각의 과정을 앎(Kenntnisnahme)의 과정으로 기술해야만 한다. 지각이 진행하는 가운데 공허한 지평, 즉 그 외적 지평과 내적 지평이 그것을 가장 충분하게 충족시킨다는 점에서, 이 충족시킴〔의 본질〕은 공허하게 의식된 의미를 미리 지시하는 것이 단지 직관적으로 '추후에 지시하는'(Nachzeichnung) 것이라는 점에만 있지 않다. 이른바 다가올 것에 대한 예감인 공허하게 '앞서 해석하는 것'(Vordeutung)의 본질에는, 우리가 말했듯이, 〔아직〕 '규정되지 않은 것'이 포함되며, 우리는 이에 관해 규정할 수 있는 〔아직〕 '규정되지 않은 것'에 대해 이야기했다. 〔아직〕 '규정되지 않은 것'은 일반성의 근원적 형식인데, 이 일반성의 본질은 오직 '특수화'를 통해서만 의미가 합치되는 가운데 충족될 수 있다. 이 특수화 자체가 〔아직〕 '규정되지 않은 것'의 성격을 띠는 한, 특히 선행하는 일반적인 〔아직〕 '규정되지 않은 것'에 대립한 특수한 〔아직〕 '규정되지 않은 것'의 성격을 띠는 한, 그 특수화는 어쩌면 새로운 단계에서 더욱 특수화된다.

그러나 이제 특수화하는 충족시킴인 충족시키는 이러한 과정도 더 상세한 앎의 과정이며, 순간적 앎의 과정일 뿐만 아니라 동시에 습득된 지속하는 앎 속으로 받아들이는 과정이라는 사실에 주의해야만 한다. 우리는 이 사실을 즉시 더 잘 이해할 수 있다. 앞에서 우리는 이미 이러한 작업수행(Leistung)[11]의 근원적 장소가 언제나 함께 기능하는 과거지향이라는 점을 알아보았다. 〔그런데〕 우선 연속해 진행되는 충족시킴은 동시에 연속해 진행되는 공동화(空洞化)라는 점을 기억해야 한다. 왜냐하면 어떤 새로운 측면이 보이자마자 방금 전에 보인 측면은 점차 보이지 않게 되다가 결국 전혀 보이지 않게 되기 때문이다. 그렇지만 보이지 않게 된 것이 우리의 앎에서 상실되지는 않는다. 주제로 실행되는 지각작용이 의도하는 것은——마치 예전의 것에 관심을 파지하지(Griff) 않아도 되듯이—— 각 순간마다 단순히 대상의 항상 새로운 측면을 직관적으로 갖는 것이 아니라 〔이처럼〕 관통하는(Durchlaufen) 가운데 원본적 앎의 통일체를 만들어내는 것이다. 이 통일체를 통해 그 대상은 자신의 일정한 내용에 따라 근원적 획득물이 되며 이 획득물을 통해 지속하는 앎의 소유물이 될 것이다.[12]

---

11) 의식의 '산출·수행·수행된 결과·기능·성취' 등을 뜻하는 이 용어는 일상적으로 은폐된 의식을 현상학적 환원을 통해 해명하는 선험적 주관성의 다양한 지향적 능동성을 지칭한다. 즉 의식이 경험한 내용이 축적되고, 이것이 다시 기억되거나 새로운 경험을 형성하는 복잡한 발생적 역사성을 함축한다. 따라서 의식의 심층구조와 역사성을 강조하고 또 의식의 단순한 '작용'(Akt)과 구별하기 위해, '작업수행'으로 옮긴다.

12) 변화되지 않은 사물의 모든 내용(Gehalt)은 지각을 통해 언제나 다시 도달될 수 있고, 나는 〔그 사물의〕 표면의 주변을 돌아다닐 수 있으며, 이념적으로 그

그리고 사실상 우리는 근원적 앎을 획득하는 것을 다음과 같은 상황에 주목함으로써 이해할 수 있다. 즉 충족시킴으로써 상세하게 규정하는 것은 새로운 지각으로 진행하는 가운데 본래의 지각 장(場)에서 사라지지만, 과거지향으로 유지되어 남아 있는 특정한 의미의 계기를 새롭게 알려준다(이러한 일은 실로 주제가 되기 이전에, 이미 배경의 지각작용으로 일어난다. 주제의 지각작용에서 과거지향은 '파지把持해-남아 있는'Im-Griff-Bleiben 주제의 특성을 띤다). 따라서 새로운 것이 과거지향을 통해 지금 그 속으로 들어오는 공허한 지평은 지각의 구간이 원본적으로 등장했던 공허한 지평과는 다른 특성을 띤다. 내가 [아직] 알려지지 않은 어떤 대상의 뒷면을 일단 보고 이것을 지각하면서 앞면으로 되돌아가면, 뒷면을 공허하게 앞서 해석하는 것은 이전에는 없었던 것을 일정하게 미리 지시한다. 이러한 사실을 통해 지각하는 과정에서 [아직] 알려지지 않은 대상은 [이미] 알려진 대상으로 변화된다. 결국 나는 출발에서와 정확하게 마찬가지로 오직 일면적인 나타남만 지니지만, 그 객체가 지각 장에서 완전히 사라지면, 우리는 대체로 그 객체에 관해 완전히 공허한 과거지향을 지닌다. 그렇지만 어쨌든 우리는 여전히 전체적 앎을 획득하고, 주제적 지각작용의 경우 여전히 파지한다.

그래서 우리의 공허한 의식은 지금 이전에는 무엇보다 지각이 시작할 때 존재하지 않았던 [분절되어] 조직된 체계적 의미를 기입하게 된다. 이전에는 단순한 의미의 테두리, 즉 그 범위가 넓은 일반성이었던 것이 지금은 유의미하게 조직된 특수성이며, 이 특수성은 물론 여전히 더 풍부한 앎의 내용을 규정하는 내용으로 받아들이

사물은 분할될 수 있고, 언제든 다시 모든 표면적 측면에서 관찰될 수 있다 등등 ─후설의 주.

기 위해 더 경험할 것을 기대한다. 내가 이전에 규정한 지각으로 다시 돌아가면, 그 지각은 이제부터는 재인식하는 의식 속에, 즉 '나는 이 모든 것을 이미 안다'는 의식 속에 진행된다. 그래서 이제 직관화 (Veranschaulichung)가 단순히 일어나고 또 이 직관화로 공허한 지향들을 충족시키는 것을 입증하게 되는데, 그러나 이것은 더 이상 상세하게 규정하는 것이 아니다.

3 알게 됨을 자유롭게 처리할 가능성

지각은 근원적으로 앎을 획득하는 동시에, 획득된 것이 지속해 남아 있는 재산, 즉 항상 자유롭게 처리할 수 있는 〔앎의〕 소유물도 획득한다. 이 자유롭게 처리할 수 있는 것〔의 본질〕은 어디에 있는가? 뒤에 남겨진 공허한 과거지향이 항상 자유롭게 충족될 수 있는 한, 비록 공허하게 생성된 것이 재인식되는 특성 때문에 다시-지각됨으로써 항상 현실화될 수 있더라도, 이미 알려진 이것은 자유롭게 처리할 수 있다. 이미 알려진 모든 측면은 지각될 준비가 되어 있는데, 그 주위를 살피고, 더 가까이 다가가며, 손으로 더듬어보는 등 나는 이미 알려진 모든 측면을 다시 볼 수 있고, 다시 경험할 수 있다. 그리고 이와 동일한 것이 다가올 미래에도 적용된다. 이것은 초월적 지각의 근본적 성격을 특징짓는데, 이 근본적 성격을 통해서만 지속하는 세계가 우리에게 현존할 수 있고 미리 주어지며 그래서 곧바로 자유롭게 처리할 수 있는 실제성, 즉 초재(Transzendenz)에 대해 동일한 것을 다시-지각할 수 있는 실제성, 새롭게 지각할 수 있는 실제성도 존재할 수 있다.

본질적으로 첨부해야 할 것이 더 있다. 우리가 어떤 사물을 알게 되고, 본래 보인 측면에 따라 〔알게 된〕 이전의 측면이나 이미 알려진 측면과 일치하는 두 번째 사물이 시야에 들어오면, 의식의 본질적 법칙에 따라('유사함의 연상'을 통해 일깨워진 이전의 것과 내적으로 합치해) 이전의 것은 새로운 사물에 대한 전체적 앎을 미리 지시한다. 이른바 그것은 예전의 것과 동일한 보이지 않는 속성들과 함께 통각이 된다(apperzipieren).[13] 그리고 우리는 이렇게 미리 지시하는 것, 내적 전통(Tradition)을 이와 같이 획득하는 것을 현실화하는 지각의 형식으로 자유롭게 처리할 수 있다.

이 자유롭게 처리하는 것은 더 상세하게 어떠한 모습인가? 무엇이 선취(先取)를 통해 완전히 거미줄처럼 뒤덮인 우리 세계 속으로 자유롭게 파고들게 하는가? 무엇이 〔이미〕 존재하는 모든 앎과 새로운 앎을 가능하게 하는가? 이것에 관해 외적 현존재(Dasein)의 구성(Konstitution),[14] 즉 변화되지 않은 공간적 사물의 구성에서 정상적인 근본적 경우를 우선적으로 다루려 한다. 사물의 변화가——이 변화가 지각되지 않은 채——진행될 수 있는 가능성, 어쨌든 뒤따라오는 여러 가지 앎의 지각과 경험에서 〔아직〕 지각되지 않은 그 모든 부분에 접근할 수 있는 가능성을 설명하는 것은 더 높은 단계에 놓여

---

13) 이 용어는 라틴어 'appercipere'(덧붙여 지각한다)에서 유래하며, '직접 지각하는 것'(Perception) 이외에 잠재적으로 함축된 감각들까지 간접적으로 지각하는 것을 의미한다. 칸트 이후에는 새로운 경험(표상)을 이전의 경험(표상)들과 종합하고 통일해 대상을 인식하는 의식의 작용을 뜻하기도 한다.

14) 칸트에게 '구성'(Konstruktion)은 감성의 직관형식인 시간과 공간을 통해 잡다하게 주어진 것을 오성의 아프리오리한 사유형식인 범주를 집어넣어 인식하는 것이다. 반면 후설에게는 인식의 형식뿐 아니라 내용도 아프리오리하다. 하지만 그 내용은 완성된 채 주어지지 않기 때문에 경험이 발생하는 지향적 구조를 분석해야 한다. 결국 '구성'은 "이미 현존하는 것을 다시 확립하는 작용, 대상에 의미를 부여해 체계적으로 명료하게 밝히는 작용"(『이념』, 71쪽)이다. 따라서 실재의 세계를 '창조'하는 형이상학적 개념이 아니라, 의식의 구조와 존재의 의미를 '해명'하는 방법론적 개념이다.

있는 주제인데, 이것은 정지해 있는 현존재를 인식할 가능성에 대한 해명을 이미 전제한다.

그러므로 구성적 문제제기의 이 근본적 부분을 이해할 수 있기 위해 다음과 같이 묻는다. 즉 비록 여전히 매우 불완전하더라도 이미 내가 지닌, 게다가 변화되지 않는 사물성(Dinglichkeit)의 경우 내가 지닌 앎을 자유롭게 처리하는 것은 어떠한 모습인가? 무엇이 자유롭게 처리하는 것을 가능하게 하는가?

이제까지 서술한 것을 통해 우리는 각각의 지각이 지각 전체의 체계를 '함축적으로' 수반하며, 지각 속에 등장하는 각각의 나타남은 나타남 전체의 체계를, 즉 지향적인 내적 지평과 외적 지평의 형식으로 '함축적으로' 수반한다는 사실을 간파했다. 그 때문에 생각해 낼 수 있는 어떠한 나타나는 방식도 나타나는 대상을 완벽하게 부여하지 못하며, 어떠한 나타나는 방식에서도 대상은 그 대상을 완벽하게 길어내는 자기 자신(Selbst)을 이끌어오는 궁극적 생생함이 될 수 없다. 각각의 나타남은 공허한 지평 속에 '그 이상의 것'(plus ultra)을 수반한다. 여기에서 각각의 나타남과 더불어 지각은 어쨌든 대상을 생생하게 부여한다고 자임하고, 사실상 지각이 고유한 본질에 따라 작업을 수행할 수 있는 것 이상을 할 수 있다고 끊임없이 자임한다. 각각의 지각으로 '주어진 것'은 특유한 방식으로 〔이미〕 '알려진 것'과 〔아직〕 '알려지지 않은 것'──이것은 〔이미〕 '알려진 것'으로 이끌어갈 새로운 가능한 지각을 지시한다──의 부단한 혼합물이다. 그리고 이러한 사실은 이제까지 드러난 의미와 다른 새로운 의미에서 타당하다.

이제 우리는 나타남이 이행하는 가운데 가령 더 가까이 다가감·주위를 살핌·눈의 운동에서 합치되는 통일체가 그 의미에 따라 어떻게 보이는지 주시할 것이다. 이렇게 활발하게 이행하는 것의 근본적 관계는 지향함과 충족시킴의 관계다. 공허하게 '앞서 지시하는 것'(Vorweisung)은 그에 상응하는 충만함을 습득한다. 이것은 다소 풍부한 미리 지시하는 것에 상응하지만, 그 본질을 〔앞으로〕 규정할 수 있는 〔아직〕 '규정되지 않은 것'이므로, 충족시키는 것과 하나가 되어 상세하게 규정하는 것도 이끈다. 따라서 그것으로 새로운 '근원적 건설'(Urstiftung), 즉 다시 말해, 근원적 인상이 실행된다. 왜냐하면 근원적 원본성의 계기가 등장하기 때문이다. 이미 근원적 인상으로 의식된 것은 자신의 마당을 통해 부분적으로는 입증된 것으로, 부분적으로는 상세하게 규정하는 것으로 등장하는 새로운 방식의 나타남들을 앞서 지시한다. 이미 나타나는 것은 충족되지 않았지만 지금 충족되는 내적 지향을 통해 그 자체로 풍부하게 된다. 게다가 나타남과 얽혔던 공허한 외적 지평은 〔나타남이〕 진행되면서 〔이미 나타나는 것을〕 자신과 가장 가깝게 충족시키며, 적어도 부분적으로 충족시킨다. 그리고 충족되지 않은 채 남아 있는 지평의 부분은 새로운 나타남의 지평으로 이행하고, 그래서 이러한 일은 부단히 계속된다.

이때 이미 대상에서 나타났던 것도 나타남이 주어진 것에서 멀어지는 가운데 부분적으로 다시 상실되고, 볼 수 있는 것도 다시 볼 수 없게 된다. 그러나 볼 수 있는 것이 상실되지는 않는다. 그것은 과거지향으로 의식되어 남아 있고, 곧바로 현실적으로 될 나타남의 공허한 지평이 이미 이전에 주어진 것을 함께 현재하는 것으로 규정해 새롭게 미리 지시하는 것을 유지하는 형식으로 남아 있다. 내가 〔그 나타남의〕 뒷면을 본 다음 앞면으로 되돌아가면, 지각의 대상은 이전에 보인 것을 지시하는 공허한 어떤 의미를 나에게 규정하게 된다. 그리고 이것은 대상에 부여되어 남아 있다. 지각의 과정은 앎 속에 받아들인 것을 의미로 견지하고, 그래서 항상 새롭게 변화되며 또 항상 더 풍부해진 의미를 만들어내는 끊임없는 앎의 과정이다. 이 의미는 지각의 과정이 지속되는 동안 추정적으로 생생하게 파악된 대상 자체에 부가된다.

'충족되지 않은 지향하는 체계에서 어떤 계열이 충족되는지', 따라서 '대상의 가능한 나타남의 전체 체계에서 가능한 나타남의 어떤 연속적 계열이 실현되는지'는 이제 지각하는 과정의 방향에 달려 있다. 어느 노선이 진행되면 그에 상응하는 공허하게 지향하는 것은 예상으로 변화된다. 그 노선이 일단 선정되면, 나타남의 계열은 현실적 운동감각들(Kinästhese)[15]로 끊임없이 자극되고 또 끊임없이 충족되는 예상의 의미 속에서 경과하는 반면, 그 밖의 공허한 지평은 활기 없는 잠재성 속에 남아 있다. 결국 지향함과 충족시킴에 따라 서로 뒤섞여 이행하는 음영의 나타남들이 합치되는 가운데 함께 속해 있다는 것은 나타남들 전체에 관련될 뿐만 아니라 그 나타남들에서 구별할 수 있는 모든 계기와 부분에도 관련된다는 사실이 여전히 언급되어야만 한다. 그러므로 대상의 충족된 각각의 공간점(Raumpunkt)에는 연속적으로 서로 뒤섞여 이행하는 나타남들의 전체 노선이 상응〔일치〕하며, 이 노선에서 이 〔공간〕점은 나타나는 공간의 형태에 계기(契機)로 제시된다.

결국 각 시간점(Zeitpunkt) 안에서 순간적 나타남의 통일체를, 즉 그 속에 그때그때의 측면이 제시되는 전체 조망인 통일체를 부여하는 것은 동시에 서로 충족되는 상호지향하는 것이 된다. 연속적으로 이어지는 나타남들이 이행하는 가운데 그 지향하는 것들은 모두 활

---

15) 이 용어는 그리스어 'kinesis'(운동)와 'aisthesis'(감각)의 합성어다. 운동감각은 직접 자유롭게 움직일 수 있는 의식의 주체(신체)의 의지기관으로, 감각적 질료가 주어지는 지각은 이 운동감각의 체계를 통해 '만약 ……하면, ……하다'(Wenn ~, So ~)의 형식으로 동기가 부여된 결과다.

발하게 그 위치가 변하게 되거나 풍부하게 되거나 빈곤하게 된다.

나타남을 형성하는 대단히 복잡하고 기묘한 이 지향하는 것과 충족시키는 것의 체계[16] 속에서 언제나 새롭게, 언제나 다르게 나타나는 대상이 동일한 것으로 구성된다. 그러나 그 대상은 결코 완성된 것이 아니며, 확고하게 완결된 것도 결코 아니다.

우리는 여기에서 지각의 대상이 객체화(Objektivation)되는 데 본질이 되는 인식대상적 구성의 측면을, 운동감각의 동기부여(Motivation)의 측면을 앞서 지시해야만 한다. 게다가 나타남의 경과는 신체가 연출하는 운동과 제휴해간다는 사실이 언제든 언급되어야 한다. 그것은 우연히 덧붙여진 것으로만 머물면 안 된다. 신체는 지각의 기관으로서 끊임없이 함께 기능하는데, 그 자체로 다시 연속적으로 이어져 조정된 지각기관들의 전체 체계다. 신체는 그 자체가 지각의 신체로 특징지어진다. 이때 우리는 신체를 주관적으로 움직일 수 있는 신체로 또 지각하는 행위 속에 주관적으로 움직이는 신체로 순수하게 고찰한다. 이러한 관점에서 신체는 지각된 공간의 사물로 고찰되지 않고, 눈·머리 등의 운동 속에서 지각이 경과하는 가운데 이른바 '운동감각'(Bewegungsempfindung)의 체계로 고찰된다. 그리고 운동감각은 경과하는 나타남들과 평행하게 현존하는데, 연관된 운동감각의 계열과 지각의 나타남들은 의식에 적합하게 잇달아 연속적으로 관련된다. 내가 어떤 대상에 눈길을 돌리면, 나는 내 눈 위치를 의식하게 되는 동시에, 새로운 종류의 체계적인 공허한 지평의 형식을 따라 내 뜻대로 자유롭게 움직여 가능해지는 눈 위치의 전체 체계도 의식하게 된다. 그런데 특정한 눈 위치에서 보인 것은 내가 명증적으로

---

16) 현상학의 체험분석에서는 주체가 대상 또는 사태를 향하면서 관계를 '지향'(Intention)하는 계기와 이것을 확인·예증함으로써 그 관계를 직관적으로 '충족'(Erfüllung)시키는 계기가 항상 지향적 상관관계를 지닌다.

말할 수 있는 다음과 같은 전체 체계와 결부된다. 즉 내가 눈을 이러 저러한 방향으로 움직이면, 그에 따라 일정한 질서 속에 이러저러한 시각적 나타남들이 경과할 것이며, 내가 눈 운동을 〔그와〕 다른 이러 저러한 방향으로 움직이게 허용하면, 다른 계열의 나타남과 이에 상 응해 예상할 수 있는 계열의 나타남이 경과할 것이다.

이것은 운동가능성의 체계에서 머리의 운동뿐만 아니라 걷는 운동 의 경우 등에서도 마찬가지다. 운동감각 각각의 노선은 〔자신의〕 독 특한 방식으로 경과하며, 일련의 감각자료와는 총체적으로 다른 방 식으로 경과한다. 운동감각은 내가 자유롭게 처리할 수 있는 것으 로, 자유롭게 억제할 수 있는 것으로, 자유롭게 다시 연출할 수 있는 것으로, 근원적으로 주관적으로 실현하는 것(Realisation)으로 경과 한다. 따라서 사실상 신체운동의 체계는 특별한 방식으로 의식에 적 합하게 하나의 주관적인-자유로운 체계로 특징지어진다. 자유로운 '나는 할 수 있다'(Ich kann)는 의식에서 나는 이 체계를 관통해간다. 나는 내 뜻과 상관없이 나 자신을 그 체계에 떠맡길 수 있고, 가령 내 눈을 내 뜻과 상관없이 이쪽저쪽으로 돌릴 수 있다. 반대로 나는 항 상 내 뜻대로 그와 같은 모든 임의의 운동노선을 선택해갈 수 있다. 내가 그와 같은 위치에서 어떤 사물의 나타남을 지니자마자, 어쨌든 그 사물의 나타남 때문에 근원적 의식 속에 동일한 사물에 관한 다양 한 나타남들이 함께 속하는 어떤 체계가 미리 지시된다. 〔이때〕 나는 나타남에 관해 자유롭지 않다. 즉 내가 '나는 움직인다'는 자유로운 체계 속에 어떤 노선을 실현하면, 다가올 나타남은 앞서 미리 지시된 다. 그래서 나타남은 종속적 체계를 형성한다. 나타남은 오직 운동감 각에 종속적인 것으로서만 연속적으로 서로 뒤섞여 이행할 수 있고 어떤 의미의 통일체를 구성할 수 있다. 나타남은 오직 이와 같은 경 과로만 자신이 지향적으로 앞서 지시하는 것을 전개한다. 나타나는 것은 오직 종속적이거나 비종속적으로 변경할 수 있는 것의 이러한 공동의 작업을 통해서만 초월적 지각의 대상으로 구성된다. 더구나 우리가 단도직입적으로 지각하는 것 이상의 대상, 즉 완전히 나의 지각에서 사라져버렸지만 어쨌든 계속 지속할 수 있는 대상으로 구성된다.

또한 다음과 같이 말할 수 있다. 즉 대상의 나타남은 오직 운동감각으로 동기가 부여된다는 사실, 그래서 '나의 자유' 속에서는 내가 획득한 앎에 따라 나타남을 이것이 일치되는 체계 속에서 원본의 나타남으로 내 뜻대로 경과시킬 수 있다는 사실을 통해서만 구성된다. 나는 그에 상응하는 눈 운동과 그 밖의 신체운동을 통해 [이미] 알려진 어떤 대상에 대해 나에게 대상을 동일한 측면에서 다시 부여하는 예전의 나타남으로 항상 되돌아갈 수 있다. 또는 나는 더 이상 지각되지 않는 대상으로 자유롭게 되돌아감으로써 적절한 위치에서 다시 지각하거나 다시 동일화할 수 있다.

그래서 우리는 각 지각과정 속에 구성적 '이중 작업'(Doppelspiel)이 이루어진 것을 보게 된다. 즉 다음과 같은 것이 실천적 운동감각의 지평으로서 지향적으로 구성된다.

1) 내가 자유롭게 운동할 가능성의 체계. 이 체계는 운동들의 개별적 노선에 따라 각 운동이 현실적으로 관통하는 가운데 [이미] '알려진 것'의 특성 속에, 따라서 충족시키는 특성 속에 현실화된다. 이때 우리가 단도직입적으로 취하는 각각의 눈 위치나 물체[신체] 위치는 순간적 운동감각으로 의식될 뿐만 아니라, 어떤 위치의 체계 가운데 한 위치로 의식되며, 따라서 자유의 지평인 공허한 지평과 더불어 의식된다.

2) 시각 장(場)에 등장하는 각각의 시각적 감각 또는 시각적 나타남, 촉각 장에 등장하는 각각의 촉각적 감각. 이것은 신체마디의 순

간적 의식의 상태에 맞는 의식에 적합한 질서를 따르며, 함께 질서가 세워진 그 이상의 가능성들의 지평, 즉 자유롭고 가능한 일련의 운동에 속한 가능한 일련의 나타남들의 지평을 만들어낸다. 이때 초월적 시간성(Zeitlichkeit)의 구성에 관해 여전히 다음과 같은 점을 주목해야만 한다. 즉 우리가 이러한 자유를 실현하면서 사실적으로 선택해 현실화하는 각각의 노선은 대상에 관한 연속적인 일련의 나타남을 제공하는데, 이 일련의 나타남들 모두는 하나의 동일한 시간의 구간마다 대상을 제시할 것이며, 다만 동일한 대상을 동일하게 지속하는 가운데 단지 다른 측면에서 제시할 것이라는 점이다. 이때 앎에 이르게 될 모든 규정은 구성된 것의 의미에 따라 공존한다.

4 내재적 지각과 초월적 지각에서 '존재하는 것'(esse)과 '지각된 것'(percipi)의 관련

그와 같은 모든 것은 오직 초월적 대상에 대해서만 존재한다. 〔가령〕 검은색-체험처럼 내재적 대상은 지속하는 대상으로 제공되며, 어떤 방식으로는 '나타남'을 통해 제공되지만, 어쨌든 오직 각 시간의 대상 일반과 마찬가지로 제공된다. 시간적으로 확장된 지속(Dauer)은 시간적으로 방향이 정해져 나타나는 방식들에 따라 주어지는 방식의 끊임없는 변화를 요구한다. 그래서 시간의 대상도 공간의 대상이고, 따라서 동일한 것이 공간의 대상에도 적용된다. 그러나 시간의 대상은 여전히 2차적인, 특별한 나타남의 방식이 있다. 어쨌든 시간이 충만한 것, 특히 근원적 인상의 국면에 주목하면, 초월적 대상과 내재적 대상[17]이 나타나는 것에 근본적 차이가 드러난다.

---

17) 전통적으로 이념성과 실재성은 '의식'을 기준으로 '안'(內)과 '밖'(外), 또한

내재적 대상은 각각의 '지금'(Jetzt) 속에 원본으로 주어질 수 있는 오직 하나의 가능한 방식만 지니며, 그 때문에 지나간 것〔과거〕의 각 양상도 시간의 양상의 변화에서 오직 유일한 계열만, 즉 현전화 속에 변화하면서 구성되는 지나간 것을 지닌 현전화의 유일한 계열만 지닌다. 그러나 공간의 대상은, '지금' 속에 자신의 다른 측면에 따라, 그래서 원본의 방식으로 나타날 수 있기 때문에, 무한히 많은 〔나타 남의〕 방식을 지닌다. 공간의 대상이 〔특정한〕 측면에서 사실적으로 나타나면, 그 대상은 어쨌든 다른 측면에서도 나타날 수 있다. 따라 서 그 대상의 지나간 각 국면은 그 대상의 충족된 시간의 시점들만큼 무한히 많은 〔나타남의〕 방식을 지닌다. 따라서 우리는 '나타남'이라 는 개념은 초월적 대상에 대해 새롭고 또 고유한 의미가 있다고 말할 수 있다.

우리가 오직 '지금'의 국면만 고찰하면, 내재적 대상의 경우 '지 금'의 국면에서 '나타남'(Erscheinung)과 '나타나는 것'(Erscheindes) 이 분리될 수 없다는 사실은 타당하다. 원본으로 새롭게 등장하는 것 은 가령 그때그때 새로운 검은색의 국면 자체이며, 〔여기에는〕 제시 하는 것(Darstellung)이 전혀 없다. 그리고 나타난다는 것은 여기에서 〔그것을〕 넘어서 생각하고 제시하는 것이 아무것도 없는 '그것에- 있다'(Zu-sein) 또는 원본으로 '의식되어-그것에-있다'(Bewußt-

---

이 기준에 따라 지각을 '내적 지각'과 '외적 지각'으로 구분한다. 그러나 후설 은 그 기준을 '시간성'이 '있고'(有) '없음'(無)에서 찾는다. 따라서 의식의 다 양한 작용도 시간성 속에 일어나므로 실재성이 있다. 즉 인식작용의 구체적 인 체험의 흐름인 내실적(relle) 내재(Immanenz)뿐만 아니라, '외적'인 감각 자료가 인식작용으로 구성된 인식대상도 지향적 내재(內在)다. 지향적 내재 는 내실적 초재(Transzendenz)다. 물론 사념되거나 정립되었더라도 의식에 직관되지 않은 것은 순수 초재(超在)다. 후설은 이 지향적 내재를 분석하기 위 해 '내적 지각'보다 '내재적 지각'이라는 표현을 사용한다.

zu-sein)는 것을 뜻할 뿐이다. 다른 한편 초월적 대상에서 어쨌든 다음과 같은 점은 분명하다. 즉 새로운 '지금' 속에 사물로 생생하게 의식된 것은 오직 나타남을 관통해서만 의식된다는 점, 즉 제시하는 것과 제시된 것, 음영을 지우는 것과 음영이 지어진 것이 분리된다는 점이다.

이제까지 우선적으로 다룬 인식대상적 태도를 체험과 그 내실적 내용[18]을 반성의 시선으로 보는 인식작용적 태도로 대체하면, 다음과 같이 말할 수 있다. 즉 어떤 사물처럼 초월적 대상은 이제 그 측면에서 이른바 '음영을 지우는 것'(Abschattung) ── 즉 제시하는 나타남, 그 내용을 관통해 제시하는 것(Darstellen) ── 이라는 고유한 기능으로 대체된 내재적 내용이 토대로 구성된다는 사실을 통해서만 구성될 수 있다. 그런데 우리가 나타나는 사물의 대상이 아니라 시각적 체험 자체에 주의를 기울이면, '시각적 나타남'이라고 부르는 각각의 '지금' 속에 새롭게 등장하는 사물의 나타남은 이러저러하게 확장된 색깔의 표면에서 계기들의 복합체이고, 이 계기들은 내재적 자료이며, 따라서 가령 빨간색이나 검은색처럼 그 자체로 원본으로 의식된다. 예를 들어 빨간 주사위의 그 어떤 측면의 표면이나 이 표면의 변화되지 않은 빨간색을 제시하는 다양하게 변화하는 빨간색의 자료는 내재적 자료다.

그러나 다른 한편 그것은 이러한 단순한 내재적 현존재(Dasein)로

---

18) 'Gehalt'는 의식에 내재적 내용을, 'Inhalt'는 어떤 것 속에 담겨 있다는 포괄적인 내용을 뜻한다. 이 둘을 구별하려고 'Gehalt'를 '내실'로 옮기면 'reell'(내실적)과 혼동되고, 또 후설이 일관되게 구별하지도 않기 때문에 문맥에 따라 충분히 이해될 수 있다고 간주해 모두 '내용'으로 옮긴다. '내실적'은 감각적 질료와 의식의 관계, 즉 의식작용에 본질적으로 내재하는 의식과 실재의 대상 사이의 '지향적' 관계에 대립되는 것이다.

만족하지 않는다. 그 내재적 자료에서 음영의 고유한 방식으로 그 자료 자체가 아닌 것이 제시되고, 시각 장 속에 내재적으로 감각된 색깔들의 변화에서 동일한 것, 즉 동일하게 공간적으로 연장된 물체의 색깔이 제시된다. 우리가 인식대상적 태도에서 대상을 지시하고 또 그 대상에 인접한 것으로 지시한 인식대상적 계기들 모두는 내재적 감각자료로 구성되고, 이 감각자료에 영혼을 불어넣는 듯한 의식 덕분에 구성된다. 우리는 이러한 관점에서 초월적 통각인 파악에 관해 이야기하는데, 초월적 통각은 바로 감각적 자료 — 이른바 감각자료 또는 질료적 자료 — 의 단순한 내재적 내용들에 객관적으로 '초월적인 것'을 제시하는 기능을 부여하는 의식의 작업수행을 가리킨다. 재현하는 것과 재현된 것, 감각자료를 '해석하는 것'(Deuten)과 이 '해석하는 것'을 통해, 또 그것을 넘어서 해석하는 기능에 대해 여기에서 이야기하는 것은 위험하다. 음영을 지우는 것, 즉 감각자료 속에 제시되는 것은 기호적으로 해석하는 것과 총체적으로 다른 것이다.

그러므로 '내재적' 대상성은, 그 측면에서는, 통각으로 의식되지 않는다. 왜냐하면 이 대상성의 '원본적으로 의식되는 것'과 '존재하는 것', '지각된 것'(percipi)과 '존재하는 것'(esse)이 각각의 '지금'에서 합류하기 때문이다. 더 넓은 범위에서 이것은 통각(統覺)의 기능을 지닌 것이며, 더구나 이 기능으로 또 이 기능 속에서 '내재적이 아닌 것'이 제시된다. '지금'(초월적 대상들에 대해) '존재하는 것'은 '지각된 것'에서 원리적으로 분리된다. 우리는 외적 지각 각각의 '지금' 속에 원본적 의식을 지니지만, 그래도 이 '지금' 속에서 본래 지각하는 것, 즉 지각하는 것에서 근원적 인상(지각의 대상이 지나간 국면들에 대한 단순한 과거지향의 의식은 아닌 근원적 인상)인 것은 '원본적으로' 음영이 지어진 것을 '의식해 갖는다'(Bewußthaben).[19] 그것은 그 속에 의식해 지닌 것과 존재하는 것이 합치되는 대상을 단적으로 지닌 것이 아니다. 오직 하나의 통각만 직접 지니는 한 그것은, 하나의 간접적 의식이고, 운동감각의 자료에 관련된 감각자료의 존립요소이며, 제시하는 나타남이 구성되는 통각에 따른 파악이다. 그래서 초월적 대상은 이 존립요소와 통각에 따른 파악을 관통해 원본적으로 음영이 지어지거나 제시되는 것으로 의식된다.

연속적 지각작용의 과정에서 우리는 각각의 '지금' 속에 언제든 이러한 상태(Sachlage)를 지니고, 외적 대상은 어떤 순간에도 그 원본의 자체성(Selbstheit)을 단적으로 지니지 않는다는 사실이 원리적으로 유지된다. 원리적으로 외적 대상은 오직 통각으로 제시하는 것을 통해서만 또 항상 새롭게 제시하는 것 속에서만 나타난다. 이렇게 제시하는 것은 그것이 진행되는 가운데 자신의 공허한 지평에서 항상 새로운 것을 원본으로 제시한다. 그렇지만 다음과 같은 점을 주목하는 것이 우리의 목적에 더욱 중요하다. 즉 바로 음영을 지우는 지각인 외적 지각을 통해서만 자신의 근원적 의미를 얻는 공간의 대상과 같은 어떤 것이 ── 인간의 지성이든 초(超)인간적 지성이든 상관없이 ── 내재적 지각을 통해 주어진다는 사실은 결코 생각해볼 수 없다는 점이다. 이것은 어떤 공간의 대상, 즉 자연적 의미에서 세계의 대상 같은 모든 대상이 이 '지금' 속에 시간적 내용을 형성하는 총체적 징표의 내용(완전히 규정된 것인 징표의 내용)과 더불어 〔어떤〕 시점에서 〔다른〕 시점으로 완결되어 제시될 수 있다는 사실은 결코 생각

---

19) 지각은 어떤 개별적 대상, 어떤 시간적 대상에 대한 원본적 의식이다. 우리는 지각 속에 모든 '지금'의 근원적 인상을 지니며, 이 근원적 인상에서 대상은 '지금' 속에, 즉 그 순간적 원본성의 시점 속에 원본으로 파악된다. 그러나 원본적 음영은 필연적으로 '간접적으로 제시하는 것'(Appräsentation)과 함께 제휴해나간다는 사실이 분명하게 밝혀져야만 한다. ── 후설의 주.

해볼 수 없다는 점을 내포한다.

사람들은 이러한 관점에서 '비충전적으로 주어지는 것'에 대립해 '충전적(adäquat)[20]으로 주어지는 것'을 이야기한다. 〔홀수인〕 5를 짝수로 만들거나 이치에 어긋난 모든 것을 진리로 만들 수 있는 특권이 신(神)에게 있다고 인정하는 것은, 이것을 노골적으로 표현하면 또 신학적으로 표현하면, 신에게 해를 끼치는 것이다. 비충전적으로 주어지는 방식은 본질적으로 '공간의 사물성'(Raumdinglichkeit)에 속하고, 〔이와〕 다르게 주어지는 방식은 이치에 어긋난다. 지각의 어떤 국면에서도 공허한 지평 없이는, 즉 통각에 따른 음영 없이는 또 통각과 더불어 동시에 본래 제시되는 것을 '넘어서 해석하는 것' 없이는, 대상을 주어진 것으로 생각해볼 수 없다. 본래 제시하는 것 자체도 그것의 '존재하는 것이 곧 지각된 것'(esse=percipi) 등의 내재적 본성에 따라 〔무언가를〕 단적으로 취하지 않고, 부분적으로 충족되는 것을 지향한다. 따라서 이 지향하는 것은 충족되지 않은 '넘어서 제시하는 것'을 포함한다. 초월적인 것에 대해 생생하게 제시하는 것의 원본성은 필연적으로 다음과 같은 점을 포함한다. 즉 그 대상은 의미로서 통각을 통해 충족의 원본성을 지닌다는 점 그리고 이렇게 충족시키는 것은 실제로 충족되는 의미의 계기와 아직 충족되지 않은 의미의 계기의 혼합물을—그 계기가 단지 일반적 구조에 따라 미리 지시된 것이거나 그 밖에 개방되어 〔아직〕 규정되지 않아 가능한 것이든, 이미 특수하게 미리 지시하는 것을 통해 부각된 것이든—불가분하게 내포한다는 점이다. 그렇기 때문에 더 높은 지성이

---

20) '충전적'은 진리나 명증성에 대한 전통적 견해인 '사물과 지성의 일치'(ade-quatio rei et intellctus)에서 유래한 용어이며, '필증적'(apodiktisch)은 주어진 사태가 존재하지 않는다는 것을 결코 생각해볼 수 없는, 즉 달리 존재할 수 없는 자의식(自意識)의 확실성을 뜻한다.

나 극복할 수 있을 우연적 결함이라는 생각을 함축하는 비충전성에 대한 논의는 부적절한 논의, 실로 완전히 뒤집어진 논의다.

여기에서 우리는 앞으로 할 분석을 항상 더 순수하고 명석하게 이끌어갈 다음과 같은 명제를 공식화할 수 있다. 즉 우리가 대상에 관해 이야기하는 어디서든, 대상은 언제나 어떤 범주일 수 있고, 그래서 대상에 관한 이러한 논의의 의미는 근원적 의미인 동시에 대상성(Gegenständlichkeit)[21]을 구성하는 체험인 지각에서 근원적으로 유래한다는 명제다. 그러나 어떤 대상을 의미로 구성하는 것은 대상들 각각의 근본적 본성에 대해 원리적으로 고유한 의식의 작업수행이다. 지각은 의식에서 그 속으로 삽입하는 것 또 그 어떤 무의미한 기적을 통해 언젠가 삽입할 수 있는 것을——마치 처음에 어떤 것이 거기에 있었고 그런 다음 의식이 그것을 그 어떤 방식으로 끌어안듯이——공허하게 응시하는 것이 아니다. 오히려 이러저러한 의미의 내용을 지닌 각각의 대상적 현존재(Dasein)는 생각해낼 수 있는 각각의 자아주체에 대한 의식의 작업수행이고, 이것은 각각의 새로운 대상에 대한 새로운 의식의 작업수행이어야만 한다. 이에 관해서는 대상들 각각의 근본적 본성에 대해 원리적으로 다른 지향적 구조가 요구된다. 존재하지만 어쨌든 의식의 대상이 아니며 원리적으로 의식의 대상일 수 없을 대상이란 난센스다. 그렇지만 가능한 의식의 각기 가능한 대상은 또한 원본으로 부여하는 가능한 의식의 대상이며, 우

---

21) '대상성' 또는 '대상적인 것'(Gegenständliches)은 사물이나 대상뿐만 아니라, 그 사태·징표·관계 등 어떤 상황을 형성하는 비자립적 형식을 가리킨다(『논리연구』 제2-1권, 38쪽 주1 참조할 것). 따라서 사태나 관계 등 '범주적 대상성'은 '오성(Verstand)의 대상성'이며, 현상학에서 본질직관은 감성적 직관에 그치지 않고, 이 대상성을 있는 그대로 파악하는 '범주적 직관', 즉 '이념화작용'(Ideation)을 포함한다.

리는 이 의식을 적어도 개별적 대상들에 대해서는 '지각'이라 부른
다. 물질적 대상에 내재적 지각의 일반적 구조에 관한 지각을 요구하
고 거꾸로 내재적 대상에 외적 지각의 구조에 관한 지각을 요구하는
것은 불합리하다. 의미를 부여하는 것과 의미는 그 상관관계의 구조
에 관한 본질적 유형학(類型學)에 관한 것을 서로 본질적으로 요구
한다.

그러므로 외적 지각을 행하는 근원적이고 초월적 의미를 부여하는
것의 본질에는 다음과 같은 사실도 포함한다. 즉 원본의 의미를 부
여하는 작업수행은 〔어떤〕 지각의 구간에서 〔다른〕 지각의 구간으로
진행하는 가운데, 그래서 지각의 과정이 임의로 계속되는 가운데 결
코 완결되지 않는다는 사실이다. 이 작업수행은, 마치 의미가 처음부
터 이미 완성되어 미리 지시되는 것처럼, 확고하게 미리 주어진 의미
에 관한 항상 새로운 것을 직관적으로 만드는 것으로만 그치는 것이
아니라, 지각작용 속에 그 의미 자체가 계속 확장되고 그래서 본래
끊임없이 변화하는, 언제나 새로운 변화의 가능성을 지니고 있다.

이때 우리는 일치해 종합적으로 진행해가는 지각의 의미 속에서
〔한편으로〕 중단 없이 변화하는 의미와 〔다른 한편으로 이 의미를〕
관통해가는 동일한 의미를 언제나 구별할 수 있다는 사실에 주목해
야만 한다. 지각의 각 국면은, 그 국면이 원본적으로 제시하는 것을
규정하는 방식(Wie)으로 또 지평의 방식으로 대상을 부여하는 한,
그 자신의 의미를 지닌다. 이 의미는 유동적이며, 각 국면에서 새로
운 것이다. 그러나 이 유동적 의미를 통해, 즉 '규정하는 방식에서의
대상'에 관한 모든 양상을 통해 부단히 합치됨으로써 견지되고 항상
더 풍부하게 규정되는 기체 X의 통일체 그리고 지각과 지속가능한
모든 지각의 과정이 그 대상을 규정하고 또 규정할 모든 것으로서 대
상 자체의 통일체가 생긴다. 그러므로 각각의 외적 지각에는 무한하

게 놓여 있는 이념이 내포된다. 이것은 완전히 규정된 대상의 이념, 즉 철저하게 규정되고 철저하게 알려지며 그 대상에 대해 각기 규정하는 것이 [아직] 규정되지 않은, 모든 면에서 순수한 대상의 이념, 여전히 규정할 수 있는 것, 즉 [규정되지 않고] 개방되어 남아 있는 것을 '그 이상의 것'(plus ultra)이 전혀 없게 완전하게 규정하는 것 자체의 이념이다.

　나는 무한한 이념, 따라서 도달할 수 없는 이념에 관해 말했다. 왜냐하면 그 자체의 본질적 구조로 대상에 관한 절대적 앎을 만들어낼 지각(연속적으로 서로 뒤섞여 이행하는 나타남들의 경과가 완결된 하나의 과정인 지각)이 있을 수 있다는 사실을 배제하고, [한편으로] 변화하고 상대적이며 또 불완전한 방식으로 규정되는 대상과 [다른 한편으로] 대상 자체 사이의 긴장이 없어질 절대적 앎을 배제하기 때문이다. 또한 '그 이상의 것'이라는 가능성이 명백하게 원리적으로 결코 배제되지 않기 때문이다. 그래서 그것은 대상의 절대적인 '자기 자신'이라는 이념, 절대적이며 완벽하게 규정된 것이라는 이념, 또는 이른바 절대적인 개별적 본질이라는 이념이다. 이렇게 이끌어내 직시할 수 있는 무한한 이념, 그렇지만 그 자체로 결코 실현될 수 없는 무한한 이념과의 관계에서 지각의 각 대상은 앎의 과정을 통해 유동적으로 [대상에] 접근한다. 우리는 외적 대상을 언제나 생생하게 지니지만(외적 대상을 보고 파악하며 포착한다), 어쨌든 외적 대상은 언제나 정신적으로 무한히 멀리 떨어져 있다. 우리는 외적 대상을 파악한 것이 본질이라고 자임한다. 그것 역시 본질이지만, [실상은] 외적 대상에 관한 어떤 것을 파악하고 또한 언제나 충족을 추구하는 공허함 속에서 함께 파악하는 단지 불완전하게 접근한 것[근사치]일 뿐이다. 언제나 [이미] '알려진 것'은 언제나 [아직] '알려지지 않은 것'이며, 그래서 모든 인식은 처음부터 희망이 없는 것처럼 보인다.

어쨌든 나는 '~처럼 보인다'고 말했는데, 우리는 여기에서 우리 자신을 당장 성급한 회의주의에 결부시키려고 하면 안 된다.

(물론 내재적 대상의 경우 사정은 완전히 다르다. 지각은 내재적 대상을 구성하고, 이 대상을 그 절대적 본질과 더불어 자신의 것으로 만든다. 내재적 대상은 접근하는 것의 의미가 끊임없이 변화됨으로써 구성되는 것이 아니라, 그 대상은 미래 속으로 들어오는 한에서만 미래지향과 미래지향으로 [아직] '규정되지 않은 것'을 지닌다. 그러나 현재인 '지금' 속에 구성된 것은 [아직] 알려지지 않은 측면이 전혀 없는 절대적인 '자기 자신'이다.)

우리는 성급한 회의주의를 거부했다. 이러한 관점에서 어쨌든 우선 다음과 같은 점을 구별해야 한다. 즉 어떤 대상이 지각되고 또 지각되는 과정 가운데 전진하는 앎이 되면, 우리는 [한편으로] 경과하는 과정을 통해 미리 지시되고 이 '미리 지시하는 것'과 더불어 순간적인 지각의 국면을 연결하는 그때그때의 공허한 지평과 [다른 한편으로] '미리 지시하는 것'이 없는 공허한 가능성의 지평을 구별해야 한다. '미리 지시하는 것'은 그 일반적 의미의 테두리를 수반하는 공허한 지향이 거기에 있다는 사실을 뜻한다. 그렇게 미리 지시하는 지향의 본질에는 적절하게 어울리는 지각의 방향을 선택해감으로써 충족시키는 '상세하게 규정하는 것', 또는 우리가 그 반대의 것으로 곧 논의할 실망함, 의미를 폐기함과 말소함이 반드시 등장한다는 사실을 포함한다. 그러나 그와 같이 확고하게 미리 지시하는 것을 빼도 부분적 지평들이 남는다. 즉 일정하게 미리 지시된 가능성 이외에도 그것을 지지하는, 아무것도 이야기하지 않고 언제나 개방된 채 남아 있는 반대의 가능성도 있다. 예를 들어 가령 별들이 반짝이는 하늘을 지각하는 경우 내 시야(視野)에는 유성(流星) 등 번쩍이는 어떤 빛이 나타난다. 그것은, 지각 자체에 의미를 부여하는 차원에서 순수하게 이야기하면, 의미 속에 미리 지시되지 않은, 그렇지만 그 의미를 통해 바로 열려지는 완전히 공허한 가능성이다.

따라서 우리가 지각이 적극적으로 '미리 지시하는 것'과 지각이 적극적으로 의미를 부여하는 것에 논의를 국한하면, '결코 정지해 있지 않고 궁극적으로 지속하는 대상은 '미리 지시하는 것'이 비직관적으로 공허하게 충족시키는 상세하게 규정하는 것으로 이행할 수 있는가?', 달리 말하면 '대상에 관한 언제나 새로운 징표들이 지각의 지평으로 들어올 수 있을 뿐만 아니라 상세하게 규정하는 과정에서 이미 파악된 이 징표들을 '무한히' 계속 규정할 수 있고, 따라서 결코 궁극적 규정을 획득할 수 없을 [아직] 알려지지 않은 X의 특성을 그 자체로 언제든 줄곧 유지되는가?' 하는 물음은 이해될 수 있고 또 당연하다고 생각될 수 있다. 그렇다면 지각은 그와 같은 새로운 변화를 통해 원리적으로는 결코 되살릴 수 없는 '변화'인가? 그렇게 되살리는 것은 다시 변화를 이끌고, 이것은 '무한히' 계속되는가? 지향함을 충족시키는 것은 물론 공허한 내적 지평을 지닌 생생하게 '제시하는 것'을 통해 실행된다. 그러나 이미 생생하게 생성된 것에는 궁극적인 성격을 수반하는 것이 전혀 없기에, 우리는 사실상 공허한 변화의 업무처럼 보이는 것에 빠져 있을 뿐인가?

우리는 그것이 결코 그럴 수 없다고 느끼며, 사실상 일련의 지각의 본질을 더 깊이 들어가 살펴보면서 우선 실천과 그 직관적인 감각적 세계의 어려움을 해결하도록 임명받은 특유성에 직면한다. 미리 지시된 지향들을 충족시키는 것인 본래 나타남의 본질에는 그 나타남도 불완전하게 충족시키는 것, 따라서 앞서 지시해 충족시키는 경우 부단히 충족시키는 계열을 통해 도달할 수 있을 충족시키는 것의 목표인 이념적 한계를 미리 해석한다는 사실이 포함된다. 그러나 이것은 당장 전체 대상이 아니라 그때그때 이미 실제적 직관이 된 징표들에만 적용된다. 각각의 나타남은 그것이 본래 제시하는 것 속에 있는 운동감각의 자유로 실현할 수 있는 그 어떤 일련의 나타남에 체계적으로 소속되며, 이 일련의 나타남을 통해 적어도 형태의 그 어떤 계기는 자신이 가장 적합하게 주어지는 것에, 또한 이것으로 자신의 참된 자기 자신(Selbst)에 도달할 수 있을 것이다.

감각적으로 성질이 부여된 물체의 표면인 환영(幻影)은 지각의 대상에 근본적 골격으로 기능한다. 그 표면은 연속적으로 다양한 나타남들 속에 제시되고, 부각되는 각 부분의 표면도 마찬가지다. 각 부분의 표면에 대해 우리는 멀리 떨어진 나타남과 가까운 나타남을 지닌다. 또한 이러한 영역에 더 적합하거나 적합하지 않은 각각의 나타남 안에서 그리고 질서가 세워진 계열에서 우리는 '최적의 상태' (Optima)에 이른다. 그러므로 어떤 물체의 멀리 떨어진 나타남과 이 나타남의 다양체는 이미 가까운 나타남을 소급해 지시하며, 이 가까운 나타남에서 표면의 형태와 그 충만함은 전체 개관 속에 가장 좋게 나타난다. 그렇다면 우리가 가령 어떤 집을 잘 선택된 위치에서 고찰한다면, 그 집의 나타남 자체는 계속 '최적의 상태'에서 규정한 것을 기입하기 위한 테두리를 부여한다. 이것은 단지 개별적 부분들로만 주어지지만, '최적의 상태'로 주어지게 될 더 가까이 다가가는 것을 제공할 것이다. 충만한 사물 자체는 의식의 의미 속에 또 그 지향적 구조의 방식으로 세워진 이념이며, 게다가 어느 정도까지 '최적의 상태'의 테두리 안에 기입함으로써 획득될 모든 '최적의 상태'에 관한 체계다. 지각 속에 충분히 발휘되는 주제적 관심은 우리의 학문적 삶에서 실천적 관심으로 이끌리며, 그때그때의 관심에 대해 어떤 '최적의 상태'의 나타남들 — 이 속에서 사물은 이 실천적 관심이 요구하는 것으로서 그 궁극적 '자기 자신'에 관한 많은 것을 알려준다 — 이 획득되면, 그 관심은 진정된다. 또는 오히려 그 관심은 실천적 관심으로서 상대적인 '자기 자신'을 미리 지시한다. 즉 실천적으로 충분한 것은 '자기 자신'으로 간주된다. 이와 같이 집 자체가 또한 그 참된 존재에서 게다가 그 순수한 물체의 사물성에 관해 아주 즉시 '최적의 상태'로 주어지고, 따라서 구매자나 판매자로 그 집을 관찰하는 사람에게 완전하게 경험된다. 물리학자와 화학자에게 그러한 경험의 방식은 완전히 표면적으로, 또는 참된 존재에서 여전히 하늘만큼 멀리 떨어진 것으로 나타날 것이다.

나는 극도로 세분화되고 또 그 자체로 까다로운 모든 지향적 분석이 의식 — 여기에서는 특히 초월적 실제성의 의식 — 의 보편적 발생(Genesis)에 속한다고 아주 명확하게 말할 수 있다. 구성적 분석의 주제가 지각의 고유한 지향적 구성에서 체험 자체의 내실적 존립요소들에 따라, 즉 지향적 인식대상과 의미에 따라 '어떻게 지각이 자신의 의미를 부여하는지'와 '어떻게 공허하게 사념〔추정〕된 모든 것을 관통해 대상이 언제나 오직 상대적으로만 제시되는 '최적의 상태'에서 나타남의 의미로 구성되는지' 하는 방식을 이해할 수 있게 하는 것이라면, 발생적 분석의 주제는 '그것을 통해 결국 외적 세계가 의식과 자아에 나타날 수 있는 그 복잡한 지향적 체계들이 어떻게 각기 의식흐름의 본질에 속하는 발전 — 이것은 동시에 자아의 발전이다 — 속에 전개되는지'를 이해할 수 있게 하는 것이다.

제1장

양상화

모든 경과는 물리적 경과로서 개방된
가능성의 지평에 둘러싸여 있다.
그러나 그것은 주어진 순간에는
아무것도 그것을 지지하지 않는 개방된 가능성이다.
왜냐하면 예상하는 것은
어떠한 억제도 겪지 않는 단적인 확실성이고,
그와 같이 다르게 예상하는 것에 대립해 유혹하는 것으로
양상화된 예상하는 것은 없기 때문이다.

부정의 양상

5 충족시킴의 종합에 대립된 사건인 실망함

우리는 지금 새로운 방향으로 통찰을 확장해야만 한다. 이제까지는 어떤 대상의 통일체가 진행되는 가운데 자극된 지향들을 충족시켜주는 만장일치 덕분에 일치해 연속적으로 통일되는 지각이 경과하는 것을 탐구했다. 그 과정은 확장되는 앎을 획득하는 끊임없는 과정이었다. 그리고 이러한 확장은 지각이 끊어졌다 이어지는 종합을 통해 이전의 지각을 통해 실로 어느 정도 〔이미〕 알려진 사물이 이전에 지각한 것을 동시에 회상함으로써 또는 단적으로 재인식하는 작용 속에 때때로 다시 지각되는 방식으로 계속된다. 새로운 앎〔의 획득〕은 새로운 측면을 따라 예전에 획득한 앎을 쉽게 이해할 수 있는 방식으로 계속된다. 그런데 충족시킴에 대립된 사건인 실망함, 즉 '상세하게 규정하는 것'에 대립된 사건인 '다르게 규정하는 것'이 있다. 앎〔의 획득〕은 유지되고 또 계속 풍부해지는 동시에 〔그것에 대한〕 의문이 제기될 수 있고 폐기될 수 있기 때문이다. 요컨대 근원적으로 양상화되지 않은 존재 의식에 대립해 양상화된 존재 의식의 차이 같은 것이 있다. 그래서 우리는 지금 존재의 양상들과 그 구성의 본질에 대해 더 깊게 통찰할 수 있는 위치, 인식작용적으로 말하면, 지각에 대한 신념과 지각의 변화의 본질을 '의심하는 것' '추측하는 것' '부정하는 것' 등으로 일별할 수 있는 위치에 있다.

　우리가 기술한 정상적인 지각의 경우 등장하는 지향적 체계, 인식작용적으로 말하면, 그때그때 복합적인 감각에 대해 통각을 수행하는 파악은, 이미 알듯이, 현실적이거나 잠재적으로 예상하는 특성을 띤다. 즉 내가 지각하면서 운동감각의 계열, 가령 일정한 머리 운동을 진행시키면, 그 나타남은 동기가 부여된 결과로 예상(Erwartung)에 따라 진행해간다. 따라서 진행되는 모든 충족시킴은 정상적인 경우 예상을 충족시킨다. 그것은 체계화된 예상이며, 충족되면서 또한 풍부해지는, 즉 공허한 의미가 미리 지시하는 의미 속에 삽입되는 의미로 풍부해지는 예상이 발산되는 체계다.

　그렇지만 우리는 모든 예상에 대해 실망하게 될 수도 있다. 실망함은 본질상 부분적으로 충족시키는 것을 전제한다. 지각이 진행되는 가운데 어느 정도 통일성이 견지되지 않으면, 지향적 체험의 통일체는 붕괴되기 때문이다. 어쨌든 이 지속하는 통일적 의미의 내용과 지각하는 과정의 통일성이 존재하는데도 〔통일성은〕 끊어지며, 그래서 '다른 것'에 대한 체험이 생긴다.

　그런데 끊어지지 않아도 '다른 것'에 대한 체험이 생긴다. 바로 규칙으로 만들기 위해 미리 예상되고 그래서 공허한 지평 자체 속에 미리 지시될 수 있는 규칙화된 양식에 대한 실망함이다. 달리 말하면, 끊임없이 변화하는 의식이 있고, 이것에 대한 현상학적 분석은 변경(Veränderung)의 구성에 기초가 된다. 변경은 끊임없이 '다르게 생성되는 것'(Anderswerden), 그렇지만 통일체, 즉 대상의 통일체를 견지하는 '다르게 생성되는 것'이다. 그 대상은 다르게 또 언제든 '다르게 생성되는 것' 속에 자신의 끊임없는 다름(Andersheit)의 기체

(Substrat)로서 일치해 동일한 것으로 남아 있다.

그러나 지금 우리는 통일적 대상을 가정하며, 이 대상은 변경되든 않든 우선 근원적 경험의 연속성 속에 '일치하게' 견지되고, 항상 더 잘 '알게 된다.' 그렇지만 이때 갑자기 모든 예상을 깨고 이제 보이는 뒷면에서 빨간색 대신 녹색이, 앞면에서 예고한 공의 형태 대신 오목한 형태나 각진 형태 등이 보인다. 일어난 뒷면에 대한 지각에 앞서 지각은 생생하게 경과되면서 지향적으로 '미리 지시한다'. 즉 빨간색과 공의 모양을 일정하게 '앞서 제시한다'. 이러한 의미 속에서 충족되고 그 결과 확증되는 대신, 예상은 스스로를 실망시킨다. 즉 일반적 의미의 테두리는 유지되고 충족되지만, 이러한 관점에서만, 이러한 지향에 따라서만 '다른 것'이 등장하고, 〔한편으로〕 여전히 생생한 지향 그리고 〔다른 한편으로〕 직관적으로 새롭게 건설되는 의미의 내용과 다소 충만한 그 지향 사이에 충돌이 생긴다. 이 새로운 지향이 회복되어 예전의 테두리에 일치되는 한, 우리는 이제 다시 연속적으로 일치되는 체계를 지니게 된다. 그렇지만 어떤 부분적 체계에서 우리는 그것을 그 지향을 중첩시키는 그룹과 실망하는 관계에 있는 지향의 그룹에 중첩시켰다.

우리가 녹색과 오목함을 보았고 이것을 그에 상응하는 나타남이 경과하는 가운데 일치하게 견지한 다음에는 지각의 의미 전체가 변화된다. 즉 '지금'이 지각하는 구간의 의미뿐만 아니라, 이 구간의 의미 변경도 지나간 지각과 그 이전의 모든 나타남으로 소급해 발산한다. 지나간 지각과 나타남은 그 〔새로운〕 의미에 따라 '녹색'과 '울퉁불퉁함'으로 바뀌어 해석된다. 물론 명시적 작용에서는 아니지만 능동적으로 되돌아가면, 우리는 필연적으로 명시적이며 또 의식적으로 변화된 해석을 발견할 것이다. 이것은 수립된 연속적 일치다. 그러나 이 일치에는 그 일치와 맞지 않는 것이 있으며, 예전에 파악한 것도 여전히 기억을 따라 의식되어 남아 있는 한, 본래 흘러가버린 계열 전체 속에 있다. 어쨌든 그것은 〔새롭게〕 떠오르는 '녹색'과 '울퉁불퉁함'의 자리에서 특히 생생하다. 여기에서는 공의 모양과 오목한 형태, 빨간색과 녹색이라는 두 가지 대립된 규정이 충돌하는 현상만 등장하지 않는다. 오히려 '그것은 공의 모양이 아니며 빨간색이 아니다'라는, 즉 공허한 빨간색 지향이 중첩된 '녹색' 때문에, 다시 말해 중첩된 충만한 녹색을 지각한 것 때문에 '폐기되고' 부정된다. 이것으로써 기체(基體) 자체, 즉 근원적 지각의 계열 속의 그 형태가 관련된 자리에서 '빨간색'이라는 의미의 규정을 지녔던 사물 자체는 말소되고 동시에 바뀌어 해석된다. 즉 그것은 '다른 것'이 된다.

6 부분적으로 충족시킴. 예상치 않았던 감각자료에 의한 충돌. 복원된 일치

우리의 고찰은 지난번 강의에서 새로운 방향으로 전환됐다. 지각의 지향적 작업수행의 구조에 대한 연구는 존재 양상들의 본질과 이 존재 양상들이 지향적으로 구성되는 방식을 더 깊게 통찰할 수 있게 해준다. 지각된 대상은 정상적인 경우 스스로를 존재하는 것 자체로, 현존하는 실제성으로 부여한다. 그러나 '존재하는 것'은 '의심스러운 것' 또는 '불확실한 것' '가능한 것' '추측적인 것'으로 변화될 수 있고, 더구나 이때 '존재하지 않는 것'도 등장하며, 이와는 정반대로 강조된 '실제로 존재하는 것' '정말 어쨌든 존재하는 것'도 등장한다. 이와 상관적으로, 즉 인식작용적 관점에서, 사람들은 지각작용 속에 신념이 있다는 사실에 대해 이야기한다. 우리는 여기에서 때때로 판단작용, 따라서 지각〔에 대한〕판단에 대해 이야기한다. 정상적인 지각의 경우, 통상 '지각'을 통해 단적으로 사념되는 것은 존재하는 것으로 믿어진 확실성의 대상일 것이고, 신념은 의심하는 것, '가능하다고-간주하는 것'(Für-möglich-halten), 부정하는 것, 또다시 긍정해 인정하는 것으로 넘어갈 수 있을 것이다.

밀(J.S. Mill),[1] 브렌타노(F. Brentano)[2] 그리고 지그바르트(C. von Sigwart)[3] 이래 최신의 논리를 추구하는 진영에서 '판단이론'이라는 명칭으로 매우 많이 논쟁된 것은, 그 중심적 문제의 내용에서 보면, 존재 확실성과 존재 양상들의 본질과 논리적 기능을 현상학적으로 해명하는 것일 뿐이다. 다른 곳에서와 마찬가지로 현상학적 방법이 처음으로 순수 의식의 문제와 그 진정한 의미를 명백하게 제시했다. 따라서 '의식이 어떻게 의식의 실행 각각에 의미를 부여해 필연적으로 존재 양상들과 더불어 의미를 마련해주는지' '구성하는 의식의 어떤 특성이 이 작업수행에 대해 책임을 질 수 있는지'를 이해할수 있게 하는 것이 중요한 문제다.

---

1) 밀(1806~73)은 흄의 연상심리학에 영향을 받아 감각의 내용과 감각의 현상이 상호연관된 심리학적 인식론을 전개했고, 자연과학의 방법을 사회과학에 적용하고 경험적 사실에 근거한 귀납논리를 완성했다. 정부권력의 간섭과 강제에 대항하고 개인의 기본권을 강조해 시민사회와 민주주의의 원리를 수립했다. '최대다수의 최대행복'을 주장한 벤담의 공리주의에 쾌락의 질적 측면과 사회적 요소를 보완했다. 저서로는『논리학 체계』(1843),『정치경제학 원리』(1848),『자유론』(1859),『공리주의』(1863),『자서전』(1872) 등이 있다.
2) 브렌타노(1838~1917)는 자연과학에 따른 경험적-기술적 심리학의 방법으로 철학을 엄밀하게 정초하고자 했고, 윤리적 인식의 근원을 해명하는 가치론을 개척했다. 후설은 이에 영향을 받아 수학에서 철학으로 전향했다. 특히 물리적 현상과 구별되는 심리적 현상의 특징인 의식의 지향성에 대한 브렌타노의 분석은 현상학 형성에 결정적 역할을 했다. 저서로는『경험적 관점에서의 심리학』(1874),『도덕적 인식의 근원』(1889) 등이 있다.
3) 지그바르트(1830~1904)는『논리학』(1873)에서 베이컨·흄·밀의 논리이론을 깊이 검토했다. 후설은『논리연구』제1권에서 여러 차례 그의 저서를 인용하면서 이러한 심리학주의가 인간학주의로서 회의적 상대주의에 빠질 수밖에 없다고 비판한다.

실제로 근본적으로 해명할 근원적 장소는 지각이며, 이후에 알아차릴 수 있는 근거에 입각해 초월적 지각이 우선적으로 다루어진다. 이렇게 말한 것은, 이론의 논리학을 지배하는 특수한 판단의 개념이 단순한 지각의 테두리 속에 아직 전혀 등장하지 않았는데도, 타당하다. 어쨌든 지각이 우연적인 근거에서가 아니라 판단과 더불어 사념한 양상들은 여기에서 곧바로 등장한다. 우리는 신념의 양상들이 모든 의식에 대해 필연적으로 자신의 역할을 한다는 사실을 여기에서 분명하게 밝힐 수 있다. 이러한 사실을 명백하게 밝혀야 하며, 그럼으로써 브렌타노와 같은 천재적 학자조차 신념과 판단의 문제로 전락시킨 오류를 극복해야 한다. 그래야 논리학에서 양상의 끊임없는 역할을 이해할 수 있다. 이것은 여기에서 단지 암시하는 것일 뿐이다.

우리가 이제까지 분석한 의미에서 모든 지각의 국면은 현실적이거나 잠재적으로 예상하는 지향들이 '발산되는 체계'(Strahlensystem)로 제시된다. 국면들이 연속적으로 경과하는 가운데 통상 단적으로 그렇게 일컬은 지각에서, 즉 정상적인 지각의 경우에서 자극의 연속적 과정이 현실화되고, 그런 다음 예상을 끊임없이 충족시키게 되는데, 이때 충족시키는 것은 언제나 또한 상세하게 규정하는 것이다.

예상을 충족시키는 것에 대립될 수 있는 사건인 실망하는 사건도 있다. 그렇지만 이때도 지향적 과정의 통일체가 여전히 유지되어 남을 수 있도록 모든 상황을 어느 정도 관통해 충족시키는 것이 전제된다. 이것은 이와 상관적인 방향에서 의미의 어떤 통일체는 변화하는 나타남의 경과를 관통해 견지되어야만 한다는 사실을 뜻한다. 오직 이렇게 함으로써만 우리는 그 나타남을 지닌 체험이 경과하는 가운데서도 하나의 의식의 불변성, 즉 모든 국면을 포괄하는 통일적 지향성을 지닌다. 이 과정에서 ─ 변경되지 않거나 변경된 대상이 이 과정 속에서 지각에 따라 구성되었는지에 상관없이 ─ 충족시키는 것

대신 실망하는 것이 등장하면, 이제 무엇이 일어나는가? 예를 들어 대상은 '균등하게 빨간 공'으로 보인다. 어떤 구간 동안 지각의 경과는 바로 이렇게 흘러가버리는데, 이러한 파악은 일치하고 충족된다. 그런데 이제 〔지각이〕 진행되면서 〔이제까지〕 보이지 않던 뒷면의 부분이 점차 보이고, 그래서 '균등하게 빨갛고 균등하게 공의 모양인 것'이라는 의미에서의 근원적으로 '미리 지시하는 것'에 대립해, 예상을 실망시키는 '다른 것'의 의식, 즉 '빨간색이 아니라 녹색이며, 공의 모양이 아니라 오목한 모양이다'라는 의식이 등장한다. 이와 같은 것이 이제 그 의미로 알려진다.

일반적 의미의 테두리는 〔경과를〕 관통해 충족시키는 것 속에 견지되고, 이것과 관련된 표면의 장소에 속하는 미리 지시하는 지향의 어떤 부분에만 관계되며, 이에 상응하는 의미의 부분은 '이러한 것이 아니라 다른 것'이라는 성격을 띤다. 이때 〔한편으로〕 여전히 생생한 지향 그리고 〔다른 한편으로〕 새롭게 건설된 원본성에서 등장하는 의미의 내용과 신념의 내용──이것들에 속한 지평을 포함해──이 충돌한다. 생생하게 새롭게 구성된 의미는 자신에 적대적인 의미를 마치 안장에서 내던지듯 내던진다. 새롭게 구성된 의미가 단지 공허하게 '앞서 예상하는 것'뿐이던 자신에 적대적인 의미를 이제 자신의 생생한 충만함으로 요구된 의미로 덮어 감춤으로써 새롭게 구성된 의미는 자신에 적대적인 의미를 압도한다. 자신의 근원적 인상으로 충족시키는 힘으로 새로운 의미를 지닌 '녹색'은 '빨간색으로 존재한다'는 '앞서 예상하는 것'의 확신을 압도하는 근원적 힘에서의 확신성을 띤다. '앞서 예상하는 것'은 이제 압도되었다고 의식되고, '무효(無效)한 것'이라는 특성을 띤다. 다른 한편으로 '녹색'은 그 밖의 점에서 예전의 테두리에 융합된다. 근원적 인상 속에 등장한 '녹색과 오목한 모양' 그리고 관련된 측면에서 사물의 전체적 조망[시각]은, 우리가 바로 하나의 층(層)에 머물러 있는 한, 과거지 향으로 여전히 의식되지만 지나간 나타남의 계열을 그 의미에 따라 일치하는 대열로 이어받는다.

7 과거지향으로 여전히 의식된 이전에 미리 지시한 것을 소급하는 말소함과 그 결과 예전에 파악한 지각 일반을 소급하는 말소함

물론 의미의 내용에서 중복되는 것은 현상 전체의 상태(Sachlage)에 본질적으로 속한다. 예상치 않았던 새로운 것과 '다른 것'이 이제까지 지각의 대열 속에 미리 지시된 의미인 '빨갛고 공의 모양'을 덮어 감추고 무효한 것으로 만들듯이, 이에 상응하는 것이 이제까지의 계열 전체에 대해서도 소급해 일어난다. 즉 지각의 의미는 단순히 한 순간의 근원적 인상의 지각의 구간에서만 변경되지 않는다. 인식대상적 변화는 소급해 말소하는 형식으로 과거지향의 영역으로 소급해 발산하고, 이전의 지각에서 유래하는 의미의 작업수행을 변화시킨다. 일관되게 계속된 '빨간색' 그리고 균등하게 '둥근'에 맞춰져 있던 이전의 통각은 '녹색'과 '오목한 모양'으로 '묵시적으로' '바뀌어 해석된다.'

과거지향의 존립요소를, 따라서 여전히 신선하게 의식하지만 완전히 희미해진 나타남의 계열을 명시적 회상 속에서 직관하게 되면, 우리는 그 모든 지평에서 예전에 예상했던 구조와 충족시켰던 구조 속에 예전에 미리 지시한 것 ─이것이 그 당시에 근원적으로 동기가 부여되었듯이─을 기억에 따라 발견한다. 그뿐 아니라 그 위에 중첩된 것인 이제 한결같이 '녹색'과 '오목한 모양'을 지시하는 것에 상응해 변화된 미리 지시하는 것도 발견한다. 이러한 사실은 소급해 말소하는 것과 바꾸어 해석하는 것 속에 본질적으로 포함된다. 이것은 예전에 미리 지시하는 것의 대립된 계기를 무효한 것으로 특징지우는 방식으로 이루어진다. 어쨌든 이 의미의 계기들이 단순히 어떤 통일적 의미와 확고한 통일성 속에 조직된 의미의 계기들인 한, 나타남의 전체적 의미는 양상에 따라 변경되고, 이 의미는 동시에 중복된다. 왜냐하면 예전의 의미는 여전히 의식되면서도, 아무튼 덧칠해지고 그에 상응하는 계기들에 따라 말소되기 때문이다.

따라서 여기에서 우리는 '다른' '폐기하는'(Aufhebung), 무효화하는(Nichtigkeit) 또는 부정하는(Negation) 현상이 어떻게 근원적으로 보이는지를 탐구한다. 우리는 근본상 본질적으로 새로운 의미가 이미 구성된 의미를 밀어제침으로써 '중첩되고', 마찬가지로 이와 상관적으로 인식작용적인 방향에서 제2의 파악, 즉 제1의 파악 옆에 있는 것이 아니라 제1의 파악을 넘어서고 제1의 파악과 대항하는 통각이 '형성된다'는 사실을 인식한다. 신념은 〔다른〕 신념에 대항하고, 어떤 의미의 내용과 직관의 양상에 대한 신념은 자신의 직관의 양상에서 다른 내용의 신념에 대항한다. 여기에서 대항하는 것은 충만한 근원적 인상을 통해 선취하는 지향인 예상하는 것을 특이하게 '폐기하는 것이다. 실망하는 것은 단지 이것에 대한 다른 표현일 뿐이다. 게다가 그것은 그 밖의 것을 충족시키는 일치가 계속되는 동안 포함된 존립요소를 폐기하는 것이다. 이 폐기하는 것으로 직접 관계된 것, 즉 최초로 '부정하는' 성격을 띠는 것은 대상적 계기인 '빨간색'과 이것이 선취된 '존재하는'이며, 〔부당하게〕 요구된 빨간색의 기체인 사물 자체는 이제 그 귀결로 신념 속에서 비로소 말소된다. 어디에서나 빨갛게 존재한다고 '사념된' 사물은 없어지고, 오히려 이 동일한 사물은 이러저러한 장소에서 녹색이다. 근원적으로 단적이고 정상적인 지각을 말소하는 변화에 따라 우리는, 말소하는 것과 더불어 제휴해가는 의미의 변화가 〔서로〕 통일되고 관통해 일치하는 의미에 관한 지각 ── 이 지각 속에서 경과하면서 우리는 지향들이 충족되는 것을 끊임없이 발견한다 ── 을 수립하는 한, 정상적인 지각과 닮은 지각을 다시 지니게 된다. 즉 '녹색'과 '오목한 모양'이 삽입됨으로써 지금 모든 것이 일치하게 된다.

물론 부분적으로 새로운 파악으로 침투된 예전에 지각된 파악이 의식에 과거지향으로 유지되어 남아 있는 한, 차이가 드러난다. 이 예전에 파악한 것은 여전히 의식되지만, 어쨌든 '폐기된 것'이라는 특성을 지닌다. 이전의 정상적인 의식의 의미는 이미 진술한 방식으로 말소되었고, 그 의식에 새로운 의미가 부과된다. 우리는 '예전의 의미가 부당하다고 설명하고 그 밑에 다른 의미를 타당한 것으로 깔아놓는다'고도 말할 수 있다. 이것은 새롭게 충족된 의미가 지향된 의미를 부정하고 대체하는 것의 단지 다른 표현일 뿐이다. 〔여기에서〕 가장 중요한 성과를 이끌어내자.

첫째, 여기에서 부정하는 것은 우리가 정상적인 지각으로 이전에 기술한 정상적인 근원적 대상의 구성을 근원성에서 본질적으로 전제한다. 그 구성은 근원적으로 변양될 수 있기 위해 현존해야만 한다. 부정하는 것은 자신의 고유한 본질에 따라 자기 자신을 그러한 것으로 예고하는 의식의 변양이다.

둘째, 지각의 대상을 근원적으로 구성하는 것은 지향 속에서 (외적 지각의 경우 통각에 따른 파악 속에) 실행되는데, 이 지향은 그 본질에 따라 항상 잠재적으로 예상하는 신념에 실망함으로써 어떤 변양 ── 서로 대립된 방향의 지향이 여기에서 본질적으로 생기는 중첩과 하나가 되어 일어나는 변양 ── 을 받아들일 수 있다. 그러나 이것은 어떤 지향이 이것에 대립된 그 어떤 방식을 통해서뿐만 아니라, 특수한 방식으로, 즉 그 지향이 자신의 지향적 작업수행 전체를 그것을 통해 변경시키는 방식에 관련되게끔 일어난다. 우리의 예와 관련해 구체적으로 말하면, '빨간색'을 향한 지향에 대립해 등장하는 녹색은 '빨간색'에 대한 지향에서, 이것이 여전히 '빨간색'을 향한 지향으로 계속 의식되어 남아 있는 한, 아무것도 변경시키지 않는다. 이제 '폐기된' '부당한' 지향이라는 의식의 특성이 등장하고, 그에 따라 빨간색은 '무효화된 것'이라는 양상의 특성을 띤다. 이와 대조해 새롭게 지각된 것, 그러나 실망하는 지향은 '타당한 것'이라는 특성을 띤다.

마찬가지로 그와 같은 대조에서 모든 정상적인 지각, 실망하는 것 같은 사건 또는 비슷한 사건 속에 아직 등장하지 않았던 모든 지각은 '타당성의 의식'이라는 특성을 띤다. 그러나 〔한편으로〕 변경되지 않은 의식과 다른 한편으로 말소함으로써 변경된 의식을 그 의미의 내용과 비교하면, 그 지향은 변했지만 어쨌든 대상적 의미 자체는 동일하게 유지되어 남아 있다는 사실을 알게 된다. 대상적 의미는 말소한 이후에도 여전히 동일한 것으로, 단지 말소된 것으로 남아 있다. 따라서 의미의 내용과 그 존재의 양상은 구별된다. 즉 한편으로 의미의 내용은 단적인, 논쟁의 여지가 없는 일치의 양상을 띠고, 다른 한편으로 논쟁하고 말소하는 양상을 띤다.

의심의 양상

8 동일한 질료적 존립요소에 대해 두 가지 서로 중첩된 지각의 파악이 충돌함

지금 여기에 속한 종류의 다른 가능한 사건, 즉 부정해 폐기하는 것으로 이행하는 양상을 따르지만 어쨌든 지속의 상태로 등장할 수 있는 사건도 더 고찰해보자. 이것은 부정하는 형식이든 긍정하는 형식이든 아무튼 해결될 수 있는 의심의 현상이다. 부정하는 형식은 가령 의식에 따라 정체가 드러난 환상(幻想)인 이전에 우리가 든 예와 같은 것이다. 즉 처음에 인간으로 보인 것이 의심스럽게 되고, 결국 단순한 밀랍인형으로 밝혀진다. 그런데 거꾸로, 그중 의심은 긍정하는 형식으로 해결된다. 그것은 어쨌든 정말 인간이다. 실제의 인간인지 인형인지 의심하는 동안 두 가지 지각의 파악이 명백하게 겹쳐진다. 그중 하나는 우리가 시작한 정상적으로 경과하는 지각 속에 남아 있고, 우리는 잠시 동안 거기에서 주변의 다른 사물들에 대해서처럼 〔서로〕 일치하고 논쟁의 여지없는 어떤 인간을 본다. 그것은 부분적으로 충족되고 부분적으로 충족되지 않은 정상적인 지향, 지각의 과정이 연속적으로 진행돼 어떠한 충돌이나 단절도 없이 정상적으로 충족되는 지향이다. 그런 다음 결정적으로 실망하는 형식으로 뚜렷한 단절이 일어나지 않았고, 따라서 정상적인 지향의 유형으로 지각의 나타남이 자극된 예상하는 것의 어떤 구성요소와 대항해 이것을 그 충만함으로 말소하면서 뒤덮고 폐기할 만큼 뚜렷한 단절이 일어나지 않았다.

오히려 지금 든 예에서, 갑작스러운 본래적 나타남의 (근원적으로 공허한 지평과 근원적으로 미리 지시하는 것 이외에) 완전히 구체적인 내용은 그 위에 이차적 내용이 겹쳐진 상태다. 즉 시각적 나타남, 색채로 충족된 공간의 형태는 이전에 '인간의 신체'나 '인간 일반'이라는 의미를 부여했던, 파악하려는 지향을 띤 마당(Hof)을 마련했다. 그리고 지금 그 위에 '옷을 입힌 밀랍인형'이라는 의미가 겹쳐진다. 요컨대 본래 보인 것에서 아무것도 변경되지 않았고, 실로 여전히 많은 것이 공통적이며, 두〔지각이 파악한〕측면에서 옷·머리털 등은 공통으로 통각이 되지만, 그 하나는 피와 살이고, 다른 하나는 밀랍이다.

그 궁극적 구조로 되돌아가면, 그 구조에 대해 다음과 같이 말할 수 있다. 즉 질료적 자료에서 하나의 동일한 존립요소는 두 가지 서로 중첩되는 파악의 공통적 토대다. 그 가운데 어떤 것도 의심하는 동안 말소되지 않고, 이것들은 여기에서 서로 대항하며, 그 각각은 어느 정도 자신의 힘을 지니고, 지각의 상태와 그 지향적 내용을 통해 동기가 부여되고 마치〔서로〕요구한다.[4] 그러나 그 요구는〔다

---

4) 이러한 표현을 선택한 데 아무 근거가 없는 것은 아니다. 그것은 모든 파악이 경향 속에 존재하며, 그 연관 속에 동기가 부여되고, 이 동기부여 속에 자신의 '힘'을 지닌다는 사실을 입증한다. 이 책 제11항 참조할 것. 여기에서 비로소 의심에 대해 신념의 경향이 소개된다. 이와 상관적으로 '경향성'(inclinatio ex)에 관해 이야기되어야 할 것이다. ─후설의 주

른〕요구에 대립하고, 어떤 요구는 다른 요구를 반박하며, 다른 요구를 통해 동일하게 학대받는다. 그래서 의심 속에는 결정되지 않은 대립이 남게 된다. 공허한 지평은 본래 직관적인 공통적 핵심과 하나가 되어야만 대상성을 구성하기 때문에, 그에 따라 하나의 의미로만 일치함으로써 ─ 이중성에서, 어느 정도는 이중의 지각에서 ─ 구성되는 근원적이고 정상적인 지각이 분열된다.

우리는 공통의 핵심내용으로 침투되는 두 가지 지각을 지닌다. 그러나 본래 이러한 표현도 어쨌든 적합하지 않다. 왜냐하면 이 두 가지 지각이 충돌하는 것은 서로 배척하는 것도 뜻하기 때문이다. 공통적인 직관적 핵심을 어떤 파악이 압도하면, 그것은 현실화되고, 그래서 우리는 가령 어떤 인간을 보게 된다. 인형을 향한 이차적 파악은 결코 무(無)가 되지 않지만, 그 밑으로 억압되며 효력을 상실한다. 그러다가 '인형'이라고 파악한 것이 돌출하고, 따라서 우리는 지금 '인형'을 보게 된다.

어쨌든 이제 '인간〔에 대한〕-파악'은 그 기능을 상실한 것, 그 밑에 억압된 것이다. 하지만 이것은 순간적인 지각의 상태, 즉 '지금'의 국면에만 적용되지 않는다. 왜냐하면 여기에서도 우리는 충돌이 흘러가버린 체험작용에까지 본질적으로 소급해 미치는 영향을 인식하고, 따라서 흘러가버린 체험작용 속에서 일의적(一義的) 의식이 다의적(多義的) 의식으로 붕괴되는 것을 인식하기 때문이다. 즉 자신이 통각을 통해 겹쳐지고 분열되는 것은 과거지향의 의식으로 계속된다. 우리가 의심하는 것에 선행하는 지각의 구간에 대해 명시적인 현전화를 실행하면, 그 구간은 이제 그 외의 기억처럼 더 이상 자신과 일치해 현존하는 것이 아니라, 동일하게 중복된 것을 받아들이고, 따라서 어디에서나 '인간〔에 대한〕-통각' 위에 '인형〔에 대한〕-통각'이 놓이게 된다.

그러나 이에 못지않게 중요한 것, 정말 가장 중요한 것은 그 중복된 것이, 비록 지각의 근본적 특성, 즉 생생한 의식이 양쪽에 존재하더라도, 실제로 지각이 중복된 것이 아니라는 사실이다. 만약 '인간-통각'이 '인형-통각'으로 갑자기 바뀌면, 우선 인간이 생생하게 현존하고, 다음에는 인형이 생생하게 현존한다. 그렇지만 참으로 그 둘 가운데 어느 것도 의심이 생기기 전에 인간이 현존했던 것처럼 현존하지는 않는다. 대상적 의미와 그 나타나는 방식의 생생한 양상은 이전과 같이 이후에도 드러나지만, 의식의 양상은 명증적으로 변화된다. 사실상 아직 우리는 본질적으로 변경된 신념의 양상 또는 존재의 양상을 철저하게 고려하지 않았다. '생생하게 나타나는 것이 어떻게 의식되는가' 하는 방식은 다른 〔문제〕방식이다. 그것은 일의적으로, 따라서 일치해 경과하는 정상적인 지각에서처럼 바로 '단적으로-거기에'로 의식되는 대신, 이제 '의문스러운 것' '의심스러운 것' '논쟁의 여지가 있는 것'으로 의식된다. 즉 그것은 다른 파악으로, 그것과 충돌하면서 침투되는 다른 파악이 생생하게 주어짐으로써 논쟁을 일으킨다.

이것을 다음과 같이 표현할 수도 있다. 즉 생생하게 (원본으로) 의식하도록 한 의식은 동일한 의미를 생생하게 의식하도록 하지 않는 현전화하는 의식이나 공허한 의식과 구별되는 생생한 양상을 지닐 뿐만 아니라, 변화할 수 있는 존재의 양상 또는 타당성의 양상도 지닌다. 정상적인 근원적 지각은 '단적으로 존재하는, 타당한'이라는 근원적 양상을 지니며, 이것은 단적인 소박한 확신이다. 나타나는 대상은 논쟁의 여지가 없고 또 단절되지 않는 확신 속에 현존한다. 논쟁의 여지가 없는 것은 가능한 논쟁 또는 심지어 단절을 지시하며, 우리가 지금 논쟁과 단절을 기술했듯이, 논쟁과 단절로 분열되는 가운데 타당성의 양상에 변화가 일어난다는 사실을 지시한다. 의심에서 서로 대립하는 두 가지 생생함은 '의문스러운'이라는 동등한 타당성의 양상을 띠며, 모든 의문스러운 것은 다른 것〔생생함〕을 통해 바로 대립되는 것 그리고 논쟁이 되는 것이다.

우리는 지각에 생생한 의식으로 제시된 것은 반드시 기억으로 전이된다는 사실을 여기에서 또 알게 된다. 왜냐하면 과거지향으로, 따라서 명시화하는 회상으로 소급하는 발산을 통해 기억 속에서도 양상화(樣相化)가 실행되기 때문이다. 물론 이때 우리는 지금 여전히 생생하게 현재하는 것으로 계속하는 것의 단지 지나간 구간만 염두에 둔다. 정상적인 기억이 이것이 정상적인 지각의 재생산이라는 사실을 통해 재생산된 것을 확실성의 정상적인 타당성의 양상 속에 확실하게 존재하는 것으로 의식하게 하는 가운데, 그 소급하는 발산으로 분열되는 것에 부착된 기억은, 이렇게 존재했든 저렇게 존재했든, 인간으로 존재했든 인형으로 존재했든 의문스러운, 따라서 '의문스러운'이라는 변경된 타당성의 양상을 제공한다.[5]

9 한편으로 확증된 확실성으로 이행하고, 다른 한편으로 부정하는 것으로 이행함으로써 의심을 결정함

의심의 본질에는 결정하고 해결할 가능성, 어쩌면 능동적으로 결정하고 해결할 가능성이 속한다. 이와 대조적으로 의심 자체는 결정되지 않은 것을 뜻하고, 의식은 결정되지 않은 의식을 뜻한다. 지각의 분야에서 결정하는 것은 필연적으로 다음과 같은 형식(이것은 가장 근원적으로 결정하는 형식이다)으로 실행된다. 즉 새로운 나타남이 진행하는데 (가령 그에 상응하는 운동감각의 경과를 자유롭게 연출

---

[5] 의심의 상태를 기술하는 본질에 대한 보충은 제11항 참조할 것. ─후설의 주.

하는) 예상에 따라 적절하게 충족시키는 것이 서로 대립하는 공허한 지평들 가운데 하나에 삽입되는 형식, 변화되어 등장하거나 완전히 새롭게 등장하는 감각자료가 주어진 지향적 상황에서 파악을 요구하는 형식이다. 이 파악은 논쟁의 여지없이 남아 있는 지향들의 복합체를 보충해 논쟁의 원천을 틀어막고, 의심에 특별히 동기를 부여하는 것을 근원적 인상의 힘으로 폐기한다. 근원적 인상을 통해 충족시키는 것은 모든 것을 압도하는 힘이다.

우리가 예를 들어 더 가까이 다가가서 더듬고 붙잡으면, 여전히 의심스러운 바로 그 밀랍을 향한 지향은 확실성에서 우선권을 얻는다. 그 지향은 새로운 나타남으로 일치해 이행함으로써 확실성의 우선권을 얻는데, 이 나타남은 충족되지 않은 지평 때문에 '인간-파악'과 일치하지 않으며, 충족시키는 자신의 생생한 힘을 통해 '인간-파악'을 부정한다. 그래서 어느 한 측면에 관해, 게다가 근원적 지각을 계속하면서 의심스러운 것으로 양상화된 '인간-파악'의 측면에 관해 이렇게 결정하는 데서 부정하는 것이 생긴다. 그 반대의 경우 그러한 파악에 대해 긍정하는 것이 일어날 것이다. 또는 동일한 것이지만, 근원적 지각이 나중에 의심스럽게 된 지각을 확증하게 될 것이다. 그러면 생생하게 나타나는 것은 '정말 실제로'라는 양상의 타당성을 특성으로 얻을 것이다. 그러므로 어떤 방식으로 확증해 긍정하는 것도, 부정하는 것과 같이, 지각의 대상의 단적인 구성이 일의적으로 또 대립 없이 실행되는 확실한 타당성의 전적으로 근원적이고 전적으로 변양되지 않은 양상에 대립된 변양되는 양상이다.

그러나 나는 '어떤 방식에서'라고 말했다. 왜냐하면 '양상화(樣相化)하는 것'에 관한 논의는 여기에서 양의성(兩義性)을 표명하기 때문이다. 요컨대 한편으로 분열됨으로써, 따라서 의심함으로써 단절되지 않는 이른바 소박한 확실성의 근원적으로 타당한 양상에 대립해 타당한 양상의 모든 변화가 생각될 수 있기 때문이고, 다른 한편으로 그럼으로써 타당한 양상이 확실성으로 존재하기를 중지하는 어떤 변화가 생각될 수 있기 때문이다. 근원적 양상은 확실성, 가장 단순한 확실성의 형식을 취한 확실성이다. 의심을 통과해 긍정하는 결정이 이루어지자마자, 우리는 확실성을 회복한다. '사실상' 실제로 밝혀진 것은 나에게 새롭게 확실하게 된다. 그리고 어쨌든 이제 의식은 변경된다. 의심을 거쳐 결정을 통과하는 것은 의식에 바로 '결정하는 것'이라는 특성을 부여하고, 그 인식대상적 의미에 그에 상응하는 특성, 즉 '예' '사실상' '실제로 그렇다' 같은 관용구로 표현되는 특성을 부여한다. 의식이 전환되고 변화되면서 겪는 모든 것인 이른바 의식의 운명(Schicksal)이 그 변화에 따라 의식 자체 속에 자신의 '역사'(Geschichte)[6]로 침전되어 남아 있다는 사실은 어디에서와 마찬가지로 여기에서 우리에게, 여전히 더 명백해진다.

그렇지만 이것은 의식이 무엇에 관한 의식으로, 의미를 부여하는 것으로 [본질상] 존재하는 것이기 때문에, 그와 같은 모든 변화는 그 의미에서 통지된다는 사실, 대상적 의미, 아니 심지어 나타남의 방식이 동일한 경우조차 모든 변화는 그 의미에서 어떤 변화를 표현하는 양상으로 통지된다는 사실을 뜻한다. 우리가 완전히 분열된 의식을 받아들이면, 의심에서 선언(選言) 'A 또는 B'가, 부정에서 선언 'A가 아니라 B'가, 더 나아가 긍정에서 선언한 '비-A가 아니라 어쨌든 A'

---

6) 후설에 따르면, 모든 의식의 체험이 내적 시간의식 속에, 즉 시간적 발생 속에 등장하며 시간이 경과할수록 점차 사라져 침전되지만 다시 생생하게 복원되어 다양하게 구성되는 역사성을 통해 자기동일성을 확보한다. 이것이 의식의 '역사'이며, 그래서 선험적 자아는 이러한 의사소통적 사회성과 역사성을 지닌 습득성의 기체(基體)다. 즉 몰길적 사물은 역사가 없는 실재성이지만, 영혼의 실재성은 역사를 지닌 실재성이다(『이념들』 제2권, 제33항 참조할 것).

가 그 의식 속에 통일적으로 구성된다. 그래서 대상적 의미에서 단적으로 '존재하는'은 '의심스럽게 존재하는', 또는 여기에서는 동일한 것이지만, '의문스럽게〔불확실하게〕존재하는'으로 변화되고, 그런 다음 어쩌면 결정을 통해 '존재하지 않는' 또는 '어쨌든 존재하는'으로 변화된다.

우리는 일반적으로 실로 의식과 의식의 작업수행에 관한 궁극적 이해를 목표로 삼은 현상학적 고찰에서〔한편으로〕체험작용의 측면인 인식작용적 측면과〔다른 한편으로〕의식체험에서 의식된 것의 측면, 즉 의미와 매우 다양한 그 양상들의 측면인 인식대상적 측면이라는 이 두 가지 측면을 향한 시선을 항상 총괄해야만 한다. 지금의 문제영역에서도 그렇다. 의식과 이 의식을 실행하는 자아를 향한 시선의 방향에서 우리는 이미 존재와 존재의 양상에 이끌려 소박한 지각의 확실성이라는 근원적 양상, 또는 원했던 것처럼 소박한 지각의 신념을 발견하게 되고, 그런 다음 변화된 양상들, 즉 의심하는 불확실하게-존재함이나 적극적으로 반대하는 확실성이라는 형식으로 어떤 확실성을 말소하고 폐기함으로써 부정적으로 결정하는 부정하는 것을 발견하게 된다. 더구나 새로워진 '확실하게-됨', 즉 확증해 결정하는 형식에서의 확실성인 긍정하는 것을 발견하게 된다. 우리는 여기에서 기각〔폐기〕하는 것의 반대 경우처럼 승인하는 것을 이야기하는데, 여기에서 승인하는 것은 소박한 확실성과 다른 것이라는 사실, 의심하는 것·심문하는 것인 '불확실하게-존재함'을 통과하는 것을 전제하는 소박한 확실성과 같지 않다는 사실을 알게 된다. 또한 여기에서 언급된 심문하는 것에 관한 논의에서 그 의미를 함께 규정하는 결정을 향한 소망이 지향하는 것을 제외하는데, 이것은 지금 논의와 전혀 관계가 없고 또 논리적으로 비본질적이기 때문이다.

마지막으로 모든 '확실하게-존재하는 것'에 대해 '참으로 간주하

는 것' 그리고 '기각하는 것'에 대해 '거짓으로 간주하는 것'이라는
여전히 중요한 [서로] 평행하는 표현을 언급해야겠다. 이와 상관적
으로 우리는 의미의 측면에서 끊임없이 사용하는 '확실히 존재하는'
'존재하지 않는' 등의 표현을 지니고, 앞서의 논의에 따라 특히 '정
말 실제로'에 대응하는 표현인 '참' 그리고 '존재하지 않는'에 대응
하는 표현인 '거짓'을 지닌다. 우리는 '참'과 '거짓'이라는 개념이 여
기에서는 위에서 말한 존재의 양상들에 대한 표현으로 등장한다는
사실에 주목하고자 한다. 사실 이 개념들에 대한 모든 근원적 분석은
이 지점에서 시작해야만 한다. 나는 '시작한다'고 말했다. 왜냐하면
'이 개념들이 어떻게 진리의 완전한 개념으로까지 발전하는지'의 문
제에 대해서는 여기에서 아직 아무것도 시사되지 않았기 때문이다.

가능성의 양상

10 지향적으로 '미리 지시하는 것'의 규정되지 않은 테두리인 개방된 가능성

이제 가능성과 개연성에 따라 양상화의 주요그룹을 더 논의해야한다. 이것들은 철저히 불확실성의 테두리 안에 속하는데, 이때 우리는 불확실성을 단순히 부정하는 경우를 포괄할 확실성이 결여된 것으로 이해하지 않고, 어떠한 결정도 포함하지 않는 불확실성의 양상으로 이해한다. 의식이 확실성의 양상을 상실하고 불확실성으로 이행하더라도, 역시 가능성이 문제가 된다. 그러나 또한 이것도 넘어선다. 그러면 우리의 〔문제〕영역에서 많은 가능성의 개념에 직면하게된다. 우선 다음과 같은 연관과 관련해 개방된 가능성이라는 개념을 규명해보자. 즉 지각이 통각을 수행하는 지평 속에 지향적으로 미리지시된 것은 가능한 것이 아니라 확실한 것이다. 그러나 그와 같은 '미리 지시하는 것'(Vorzeichnung)에는 항상 가능성, 실로 다양한 범위의 가능성이 포함되어 있다.

어떤 사물을 지각할 때 앞면에서 보이지 않는 측면들에 주어진 '미리 지시하는 것'은, 이미 알고 있듯이, 〔아직〕 규정되지 않은 일반적인 것이다. 이 일반성은 공허하게 앞서 지시하는 의식의 인식작용적 특성이며, 이와 상관적으로 미리 지시된 것에 대한 의미의 특성이다. 그래서 예를 들어 사물 뒷면의 색깔은, 그 사물이 우리에게 아직 알려지지 않았고 우리가 그 사물의 다른 측면을 미리 정확하게 주시하지 않았다면, 완전히 규정된 색깔로 미리 지시되지 않는다. 그런데도 '어떤 색깔'이 미리 지시된다. 어쩌면 그 이상일 것이다. 앞면에 무늬가 그려졌다면 우리는 뒷면까지 이어지는 무늬를 예상할 것이고, 그것이 균등한 색깔을 지닌 갖가지 반점이라면 아마 뒷면에도 반점이 있을 것이라고 예상할 것이다 등등. 그렇지만 [아직] '규정되지 않은 것'도 거기에 남아 있다. '앞서 제시하는 것'(Vorweisung)은 이제 정상적인 지각에서 그 밖의 모든 지향과 마찬가지로 소박한 확실성의 양상을 띠지만, 그것은 바로 그것이 의식해 만드는 것에 따라서도 또 그것이 의식해 만든 의미와 더불어서도 이러한 양상을 띤다. 따라서 어떤 색깔 일반 또는 '반점으로 단절된 색깔 일반' 등 같은 [아직] 규정되지 않은 일반성은 확실히 존재한다.

이러한 사실에서 어떠한 귀결이 생기는지 숙고해보자. 물론 여기에서 '일반성'이라는 용어를 사용하는 것은 간접적으로, 즉 현상들 자체를 시사해 기술하는 임시방편일 뿐이다. 왜냐하면 여기에서 [일반성이라는 용어로] 염두에 두는 것은 논리적 개념들, 즉 분류하거나 일반화하는 일반성이 아니라, 지각에서 [아직] 규정되지 않은 것, 즉 의식의 양상으로 존재하는 지각의 '앞서 사념하는 것'(Vormeinung)이기 때문이다. 모든 공허한 지향의 일반적 본질, 또한 그와 같이 [아직] 규정되지 않은 '앞서 해석하는 것'(Vordeutung)의 일반적 본질에는 현전화의 형태로 그것을 명시화할 수 있다는 점이 속한다. 우리는 가령 대상의 주변을 돌아본다고 상상해 보이지 않는 것을 직관하고 현전화함으로써 자유롭게 그렇게 할 수 있다. 우리가 이러한 일을 하면, 완전히 규정된 색깔을 지닌 직관들이 등장한다. 그러나 우리는 명백히 이 색깔을 〔아직〕 '규정되지 않은 것'의 테두리 안에서 자유롭게 변경할 수 있다. 그렇다면 이것은 무엇을 뜻하는가?

우리가 순수하게 단순히 직관화하는 것을 지향하면, 따라서 현전화된 일련의 지각을 통해 '유사-충족시키는 것'(Quasi-Erfüllung)을 지향하면, 그때그때 규정된 색깔을 지닌 구체적 직관이 출현하지만, 이 규정된 색깔은 미리 지시된 것이 아니며, 따라서 〔그 권리가〕 요구된 것도 아니다. 즉 현전화된 것은 확실한 것이고, 게다가 그 뒷면으로서 현존하지만, 바로 〔아직〕 규정되지 않은 의식 속에 현존하며, 이 의식은 거기에 우연적으로 나타나는 이 규정된 색깔을 지시하지 않는다. 만약 다른 직관들이 다른 색깔을 띠고 출현하면, 확실성은 마찬가지로 그 직관들에도 펼쳐지지 않는데, 그 가운데 그 어떤 것도 그 어느 것에 대해서 미리 정해져 있지 않기 때문이다. 물론 그 아무 것도 〔그 권리가〕 요구되지 않는다.

다음과 같이 대조해보자. 즉 지각이 실제로 진행되는 가운데 실제로 〔지각을〕 충족시키는 경우 〔아직〕 규정되지 않은 '미리 지시하는 것'을 충족시키는 색깔의 나타남은 그 자체 속에 확실성으로 구성된다. 여기에서 또 확실성에서 규정하는 특수화, 즉 앎의 상승이 일어난다. 새롭게 등장하는 지각의 구간은 그 확실성의 내용 속에 미리 지시된 〔아직〕 규정되지 않은 일반적인 것을 상세하게 규정하는 구체화(具體化)로 이끈다. 이 구체화는 지각의 확실성의 통일체를 통해 포괄되고, 미리 지시하고 미리 예상한 것을 통일적으로 충족시킨다. 충족시키는 것은 동시에 앎이 증가하는 것이다(규정된 반점이 있는 것). 그러나 예시(例示)하는 현전화의 경우는 그렇지 않고, 다른 모든 색깔이 바로 지금 등장하는 색깔을 얼마든지 대신할 수 있다. 현전화는 그 속에 특정한 색채가 등장하는데도 그 색채가 〔아직〕 '규정되지 않은 것'의 양상을 간직하는 한에서만, 확실성의 양상을 지닌다. 실로 이러한 사실을 통해서만 현전화는 일정한 기억 —— 뒷면을 실제로 지각한 후에 그 뒷면을 다시 현전화할 때 우리가 지니게 될 기억 —— 과 구별된다.

따라서 단순히 직관하게 하는 모든 현전화는 실제로 앎을 받아들이기〔인지하기〕 전에 그와 유사하게-규정하는 내용에 대해 양상화된 확실성의 특성을 반드시 지닌다. 그러나 이 불확실성은 직관될 수 있는 형태로 현전화하는 작용에서 우연히 주어진 색깔이 그야말로 우연한 것이어서 그것을 대신한다는 임의의 어떤 것이 아니라 다른 모든 색깔이 들어갈 수 있는 우연한 것이고 부각된 특성이다. 즉 일반적으로 〔아직〕 '규정되지 않은 것'은 자유롭게 변경할 수 있는 범위〔외연〕를 지닌다.[7] 이 범위에 들어오는 것, 그것은 동등한 방식으로 '함축적으로' 함께 포괄될 뿐, 어쨌든 적극적으로 동기가 부여되지 않으며, 적극적으로 미리 지시되지 않는다. 그것은 테두리에 끼워 넣

---

7) 이 범위는 의식의 작용과 대상을 모두 순수 가능성(이념적 대상성)의 영역으로 이끄는 형상적 환원, 즉 본질을 직관하는 이념화작용(Ideation)의 과정을 통해 더욱 분명하게 밝혀진다. 그 과정은 다음과 같이 이루어진다.
　① 어떤 임의의 대상에서 출발해 자유로운 상상으로 무수한 모상을 만들고,
　② 이 다양한 모상 전체에 걸쳐 겹치고 합치하는 것을 종합·통일하며,
　③ 이 변경 전체에 걸친 일반성(본질의 논리적 구조)을 능동적으로 직관한다.
그런데 상상 속에서 자유로운 변경(freie Variation)으로 모상들을 형성하는 것은 의도적 조작이 아니라 임의적 형태를 취하지만 일정한 류(類)의 범위에서만 수행될 수 있다. 가령 어떤 색깔의 모상을 형성하다 음(音)의 모상을 형성할 수는 없다. 물론 형식논리학도 이 범위에서만 세계에 관한 참된 논리학이 될 수 있다. 주어나 술어의 판단의 기체는 무제한적이고 임의적인 것이 아니라, 경험할 수 있는 모든 것이 총체적 지평인 '세계 속에 존재'(In-der-Welt-sein)해야만 그 판단이 유의미하기 때문이다.

을 수 있고 이 테두리를 넘어서는 완전히 불확실한 '상세하게 규정하는 것'의 개방된 범위에 속하는 한 항(Glied)이다. 이 항이 개방된 가능성이라는 개념을 형성한다.

11 의심을 믿는 경향인 유혹하는 가능성

'적극적으로 미리 지시하는 동기부여가 무엇을 뜻하는지, 어쨌든 불확실성의 양상으로 무엇을 뜻하는지'는 다른 종류의 가능성을 알게 되는 대조로 더욱 뚜렷하게 입증된다. 의심하는 현상으로 시선을 돌려보자.

모든 의심은 신념의 경향에 관한 이야기로 이어진다. 그래서 앞면에 등장하는 것은 그것에 속한 의미를 파악하게 하는 동시에 뒷면에 대해 규정된 것을 명백하게는 아니더라도 애매하게 미리 지시할 수 있다. 이것은 가령 우리가 본 것이 완전한 사물인지 일종의 〔모형〕세트인지 불확실해질 때 마찬가지로 일어난다. 여기에서는 우리가 든 예인 '인형-인간'의 경우와 다르게, 공허한 '앞서 해석하는 것'에서 일어나는 의식에 따라 대립이 생긴다. 이때 대립은 정적(靜的)으로 허공에 뜬 상태를 취할 수 있다. 어쨌든 자아가 그것을 향하고 더구나 현전화하는 직관을 행하자마자, 대립은 활발한 반대의 상태, 즉 의심해 동요하는 것으로 이행한다. 그 결과 모든 측면에서 신념의 경향이 생긴다. 즉 자아가 어느 한 측면을 겨냥하는 동기부여를 우선 그 자체만으로 현실화함으로써 자아는 그 측면을 겨냥하는 일치를 요구받는다. 자아가 그 동기부여를 마치 전념하듯이 겨냥하고 다른 측면을 지지하는 것은 작용 밖으로 정립해 남겨둠으로써 자아는 끌어당기는 힘, 즉 확실성으로 전환하는 경향을 겪는다. 이것은 반대의 지향들이 현실화되는 것에서도 마찬가지다. 그래서 정상적으로 지각하는 자아의 작용은 우리가 '신념을 유혹하는 것'(Galubensanmutung)이라고 부르는 작용으로 양상화된다. 대상적 의미, 즉 의식된 대상의 측면에서도 우리는 '존재를 유혹하는 것'(Seinsanmutung)에 관해 이야기한다. 즉 대상에서 촉발(Affektion)이 출발하고, 대상은 자신에 대립적인 상대방과 마찬가지로 자아에 존재하는 것으로 유혹한다. 그래서 의미 자체는 존재하려는 경향을 지닌다.

이제 이 유혹하는 것은 (자아와의 관련을 고려하지 않는 경우) 마찬가지로 가능한 것을 뜻한다. 그러나 이전에 기술한 개방된 가능성과는 본질상 근본적으로 다른 가능성의 개념을 규정한다. 곧바로 대조해보면 이 둘의 차이는 완전히 명백해진다.

12 개방된 가능성과 유혹하는 가능성의 대조

개방된 가능성은 원리적으로 어떤 경향도 수반하지 않는다. 개방된 가능성은 존재하는 것으로 유혹당하지 않고, 이것을 지지하는 것은 전혀 없으며, 대립된 요구로 억제된 것이더라도 어떠한 요구도 그것을 향해 있지 않다. 따라서 거기에는 유혹이 전혀 문제가 되지 않는다. 이 새로운 가능성을 '문제가 있는'(problematisch) 가능성, 독일어로 '의문스러운'(fraglich) 가능성이라고 하자.[8] 왜냐하면 의심하는 가운데 생기는 유혹하는 의심의 항(項) 가운데 어떤 항을 결정하는 지향〔함〕을 '의문을 제기하는 지향〔함〕'이라고 부르기 때문이다. 유혹과 〔이에〕 대립된 유혹이 맞설 때 이에 찬성하거나 반대하는 것

---

8) 그런데 이 용어들의 의미를 더 정확하게 구별해보면, '문제가 있는 또는 문제점이 있는'은 가능성의 영역에서 다양한 추정이 가능하다는 것을 뜻하며, '의문스러운'은 이것에 대해 의문을 제기하는 것을 뜻한다.

을 이야기하는 경우에만 의문스러움이 문제가 된다. 이 가능성에 대한 가장 직접적인 표현은 유혹하는 가능성이다. 이 가능성이 개방된 가능성과는 총체적으로 다른 종류의 양상화(樣相化)를 나타낸다는 사실은 전적으로 분명하다. 왜냐하면 양상화하는 의식은 양쪽에서 근본적으로 다른 기원을 지니기 때문이다.

또한 개방된 가능성은 확실성의 양상화로 나타낼 수 있다. 이 양상화는 그 자체로 확실성의 양상을 띠는 〔아직〕 규정되지 않은 일반적 지향이 생각해낼 수 있는 모든 특수화에 관해 어떤 방식으로 그 확실성의 감소를 '함축적으로' 내포한다는 사실에 있다. 즉 일반적으로 〔아직〕 규정되지 않은 반점이 있는 색채가 확실성으로 요구되면, 바로 '그 어떤' 색채가 '그 어떤 방식으로' 형태를 지닌 반점이 요구되는 한, 충족되고, 이러한 유형의 모든 특수성은 이 요구를 동일한 방식으로 충족시킨다. 특수성이 요구를 충족시키므로 그 요구에 관한 것도 특수성에 속한다. 그러나 각각 동등하게 요구할 뿐만 아니라, 우연히 일어나는 모든 특수화가 〔아직〕 규정되지 않은 일반적 요구에 따른 것으로 본질적으로 의식되는 한, 그 요구는 함축적이다. 즉 그 일반적 요구에 따라 특수화가 함께 요구되는 반면, 위에서 분명하게 밝혔듯이, 특수화를 향한 실제적 요구를 발산하는 어떠한 것도, 요구가 감소된 것이든 심지어 느슨해진 것이든, 처음부터 또 현실적으로 특수화를 향해 있지는 않다.

다만 모든 것이 그 특수성 속으로 지향된 유혹하는 경우 사정은 완전히 다르다.

우리는 단적인-소박한 확실성의 근원적 양상에서 완결되고 또 정밀하게 한정된 그룹의 양상을 이것들이 대립——즉 근원적으로 단적인 어떤 요구와 〔이에〕 상반된 요구의 대립——으로 양상화된 것이라는 점을 통해 규정했다. 이 범위에는 문제가 있는 가능성과 더불어 문제가 있는 의식이 속한다. 따라서 충돌해서 생긴 양상과 개방된 특수화의 양상을 근본상 본질적으로 구별된다.

문제가 있는 가능성에 관해서는 오직 이 가능성만 다른 비중을 지니고 등장한다는 점을 더 상세하게 논의해야만 한다. 유혹하는 것은 다소간에 유혹하는 것이며, 더구나 이것은 하나의 동일하게 충돌하는 것에 속한다. 이 충돌하는 것을 통해 종합적으로 결부된 어쩌면 여러 가지 문제가 있는 모든 가능성을 비교하는 경우에도 이것은 타당하다. 충돌하는 것, 즉 어떤 의식이 서로 억제해 분열되는 것도 하나의 통일체를 만들어내기 때문이다. 인식대상적으로 그것은 서로 대립된 것의 통일체, 즉 충돌하는 것과 서로 결합된 가능성들의 통일체다.

13 유혹하는 가능성과 개방된 가능성의 관계에서 확실성 자체의 양상

여전히 중요한 일은 확실성이 계속해서 확실성으로 유지되는 특성을 띤 고유한 그룹의 확실성의 양상을 고찰하는 것이다. 이 양상은 확실성의 '순수함' 또는 '완벽함'에서의 차이로 생겨난다.

다음과 같은 상황을 생각해보자. 즉 나는 그것이 그렇다고 믿고, 의심하지 않는다. 그것은 결정되지 않은 상태로 있지 않고 단절되지도 않은 정립의 상태라고, 즉 '그것은 그렇다'라고 확신한다. 그러나 이 때 내가 그렇게 완전히 확신하고 '굳게 믿는' 동안, 어쨌든 '그렇게 존재함'(Sosein)에 반대하는 것이 많다는 사실, 즉 다른 존재가 유혹하는 가능성(또는 그와 같은 많은 가능성)도 내 앞에 있을 수 있다.

그와 같이 대립된 유혹들, 대립된 가능성들은 다른 비중을 지닐 수 있고, 더 강하거나 덜 강한 어떤 특징을 발휘하지만, 그렇다고 이것들이 나를 규정하지는 않는다. 신념 속에 나를 규정하는 것은 바로 내가 그것에 대해 결정했고 어쩌면 이전에 어떤 과정에서 의심해서 결정했던 오직 하나의 가능성일 뿐이다.

우리는 '납득한다'(Überzeugung)는 개념이 여기에 속한다는 사실도 안다. 가령 서로 다른 증인이 서로 다른 비중을 지닌 증언을 제시한다고 하자. 이때 나는 심사숙고해 어느 한 증인과 그의 증언에 찬성할 것을 결정한다. 그래서 나는 다른 증언을 기각한다. 이때 다른 증언의 비중은 사실상 무효(無效)가 될 수 있다. 즉 다른 증언은 모든 비중을 상실하고, 실제로 전혀 비중이 없어지게 된다. 그렇지만 〔내가 찬성한〕 증언도 (바로 거짓으로 밝혀지지 않고) 어떤 비중을 유지하지만, 그래도 그 증언은 내가 그 증언에 찬성할 것을 결정하고, 다른 증언은 '타당하다'고 인정하지 않고 '받아들이지' 않으며 이러한 의미에서 기각할 만큼 '우위성'을 지녀야만 한다. 요컨대 나는 어떤 증언을 찬성하거나 지지하는 태도를 취한다. 그리고 다른 증언을 반대하거나 거부하는 태도를 취한다.

그러나 나는 어쩌면 유혹하는 것들 가운데 어느 하나를 지지한다고 결정하지 않고도 비중의 서로 다른 크기를 알아차릴 수 있다. 나는 유혹하는 이것을 유혹하는 다른 것들과 마찬가지로 결정하지 않은 상태로 둔다. 나는 어쩌면 '객관적으로 결정하는' 경험을 기다리며 어떤 태도를 취하는 것을 억제하고, 가능성들 가운데 어느 한 가능성을 '의심할 여지없는' 실제성으로, 즉 다른 모든 '가능성'을 부정하고 폐기하며 그래서 그 비중을 박탈하는 실제성으로 명백하게 제시하는 경험을 기다린다. 이러한 의미에서 이와 같은 그룹의 확실성의 양상을 '납득하는 양상'이라고 부를 수 있다.

따라서 불순한 (또는 불완전한) 확실성의 양상은 유혹하는 영역의 범위에 관계된 확실성의 양상이다. 이 불순한 확실성을 현상학적으로, 게다가 지각의 근원적인 장(場)에서 구축해보자. 그러면 여전히 더 예민한 차이들이 분명하게 밝혀진다.

가령 어떤 것이 가능성으로 나를 유혹하고 어떤 것을 지지할 때도, 이에 대립된 다른 가능성들이 현존하고, 또한 이러저러한 것이 이 가능성을 '반대한다'. 오직 하나의 가능성, 예를 들어 '구름이 자욱한 하늘'과 '무더움'이 겹쳐져 벼락이 치는 것을 지지하는 가능성이 '의식되지만', 그렇다고 '확실하지는' 않다.[9] 그것은 이렇게, 더구나 변화하는 정도에 따라 각기 다른 정도로 유혹한다.

그것은 여기에서 다음과 같은 경우일 수 있다.

a) 내가 이 가능성에 유혹당하는 가운데 의식하고 더 이상 아무것도 의식하지 않는다. 나는 '그것으로 규정되지 않는다.'

b) 나는 이 가능성을 지지해 결정하는 경향이 있고, 마치 어떤 구간을 동행하며, 그 속으로 끌어들여진 나는 기꺼이 그 대열을 따른다. 유혹 자체가 자아가 '매혹된 것'에 상응하는 자아의 촉발을 뜻하는 한, 유혹하는 것 자체 속에 '경향'(Neigung)이 있다. 그러나 내가 '기꺼이' 매혹당하고 〔그것을〕 따르기 시작한다는 사실은 여전히 현상학적으로 새로운 것이다. 그렇지만 이때 '따르는 것'(Folgen)은 대립된 경향을 통해 억제되거나 전혀 '영향을 미치지' 않을 수 있다.

c) 이렇게 영향을 미치는 것은 내가 단적으로, 어쩌면 억압도 없이 그 경향에 굴복하고, 그 경향의 토대 위에 서며, 이 가능성을 지지해 최종 '결정한다'는 것을 뜻한다. 가령 나는 벼락이 칠 것 〔소나기가 내릴 것〕이라고 믿고, '주관적으로 확신해', 외투와

---

9) 여기에서 '의식된다'는 무엇을 뜻하는가? [그것은] 폐기된 것이다. 다른 가능성들 또는 완전히 규정되지 않은 다른 가능성들은 '의식되지 않은 것'이고 일깨워지지 않은 것이지만, 그 억압은 어쨌든 현존한다. ─후설의 주.

우산을 꺼낸다.

그렇다면 우리는 적확한 의미에서 추측하는 것 또는 추측하는 확실성에 관해 이야기할 수 있다. 가령 증언들이 대립될 때, 우리가 더이상 타당하다고 인정하지 않는 것인데도, 단적으로 거짓으로 증명되지 않고 여전히 어떤 비중을 지니는 어느 한 증인을 믿는 것과 마찬가지다. 이것은 단순히 우선적으로 유혹하는 어느 한 증언이 더 강력하다는 사실을 뜻하지 않는다. 우리는 주관적 확실성에서 그 증언을 믿으며 타당성을 부여한다. 이렇게 내적으로 긍정하는 것은 대립된 유혹의 다른 증언을 부정하는 것을 의미한다! 그래서 다른 증언은 우리에게 타당하지 않다. 즉 우리에게 '주관적으로' 타당하지 않다. 그 자체에서, 즉 그 고유한 현상학적 특성에서 이러한 추측의 확실성은 불순한 확실성으로 특징지어진다. 결정이 이루어지지만, 이것은 여전히 현존하는 비중을 지닌, 단지 우리가 그 타당성을 거부할 뿐이지 여전히 〔그것 나름대로〕 비중을 지닌 대립된 가능성들을 통해 이른바 내적으로 축소되고 약화된다. 이것은 추측의 확실성에 내적 특성, 즉 추측의 확실성을 순수한 확실성에서 명확하게 구별하는 특성을 부여한다. 분명히 이러한 불순함, 혼탁함에는 그것 나름대로 등급이 있다.

그러나 여기에서 여전히 다른 차이에 주목해야만 한다. '그것은 어떤 가능성 또는 여러 가지 가능성을 지지한다'는 논의에는 다른 현상학적 연관을 우리에게 지시하는 다의성(多義性)이 포함되어 있다.

1) 유혹은 가능성들의 '활동공간'(Spielraum)에 관련되고, 이 가능성들은 단순히 상상의 가능성이 아니다. 이러한 한에서 어떤 것은 그 가능성들 모두를 '지지한다'.

2) 그러나 그것은 그 가능성들의 '활동공간'이다. 따라서 서로 억제하거나 억제되지 않은 예상(규정된 '표시')인 일정하게 지향하는

예상들은 이 활동공간에서 여러 가지를 부각시킨다. 우리가 어떤 것이 지지하는 가능성, 즉 더 적확한 가능성에 관해 말했을 때 염두에 둔 것은 바로 이것이며, 우리는 이 개념을 확고하게 견지한다.

우리가 개방된 가능성들의 활동공간에 관련된 확실성을 지닐 때마다 우리는 '경험적·원초적 확실성'에 관해 이야기하는데, 모든 외적 지각은 이 확실성에 속한다. 모든 외적 지각은 각각의 순간에 일반적으로 '미리 지시하는' 확실성 안에 그 특수성의 무엇도 그것들을 지지하지 않는 특수화하는 활동공간을 수반한다. 그래서 다음과 같이 말할 수 있다. 즉 동일한 것이 어떤 활동공간의 모든 개방된 가능성을 지지하며, 이것들은 모두 동등하게 가능하다. 이 속에는 다른 가능성에 반대하는 그 어떤 것도 어느 한 가능성을 지지하지 않는다는 사실이 포함되어 있다.

a) 확실성은 순수한 확실성으로, 오직 하나의 유일한 가능성만 부각되고, 오직 그 가능성만을 '어떤 것이 지지하며', 이 가능성은 단순히 유혹하는 특성이 전혀 없다. 그것은 하나의 완벽한 확실성이며, 어떠한 '대립된 동기'도 없는 바로 이러한 순수함의 의미에서 완벽하다. 위로 들어 올린 망치는 [반드시] 떨어질 것이다!

b) 확실성은 불순한 확실성이다.

그러나 [한편으로] 내재적 영역과 [다른 한편으로] 내재적 현재 속에 주어진 것을 명증적으로 말소할 수 없다는 점을 비교하면, 다음과 같은 다른 대립도 드러난다. 즉

α) 비록 아무것도 이 가능성들(결정된 가능성은 제외하고) 가운데 어떤 것도 적극적으로 지지하지 않지만, 바로 다른 가능성들의 활동공간을 수반하는 그 경험적-원초적 확실성들 사이의 대립. 여기에서 '존재하지 않는 것'(Nichtsein)은 배제되지 않는다. 다

만 가능하지만 동기가 부여되지 않았을 뿐이다.

β) '존재하지 않는 것'이 배제되지 않는 절대적 확실성. 또는 원한
다면 다시 절대적으로 확실한 것. 여기에는 개방된 대립적 가능
성이 전혀 없으며, 어떠한 활동공간도 없다.

그러나 '우리는 명증성의 양상과의 관계에서 위에서 말한 것을 어
떻게 정립하는가?' 하는 물음을 여전히 던지게 된다.

나는 경험에서와 마찬가지로 명증성에서 '실재적 가능성'이라는
활동공간을 부여할 수 있다. 다른 한편으로 나는 대립된 가능성, 즉
생각해볼 수 있는 '다르게 존재하는 것'(Anderssein)을 필증적으로
배제할 수 있다. 그에 따라 결정하는 것은 '평가될' 수 있다(경험적
확실성 — 필증적 확실성). 그러나 나는 그와 같이 명증적으로 주어지
지 않아도 공허하게 사념된 가능성과 이에 대립된 가능성을 의식할
수 있고, 결정할 수 있으며, 어떤 것이 그것을 추측해 지지하는 가능
성의 토대 위에 세울 수 있다 등등.

따라서 그것은 하나의 고유한 주제이며, 고유한 차이를 부여한다.

우리는 확실성의 양상들, 즉 신념 그 자체의 양상들을 알게 되었다.
다른 한편 확실성은 '양상화'될 수 있고, 이것은 대체로 확실성으로
존재하기를 중단한다는 것을 뜻한다. 가령 결정되지 않았는데도 '유
혹-되는 것', 게다가 유혹에 따르는 '경향이-있는 것'으로 이행할 수
있음을 뜻한다. 그렇다면 이것은 바로 '결정-되는 것', 즉 확실성은
결코 아니겠지만, 어쨌든 확실성이 양상화된 하나일 것이다. 마찬가
지로 동요하는 경향으로 '나누어-진 것'인 의심하는 것은, 이러저러
한 것을 믿고, 이렇게 분열되는 가운데 또다시 이러저러한 것을 믿으
며, 계속 결정하고자 노력하며 애쓰고, 확실성을 추구한다. 마찬가지
로 그것은 확실성에도 불구하고 [이러저러한 것을] 괄호 속에 묶고
활동하지 않게 정립하는[10] '의문을-제기하는 것'(In-Frage-Stellen)

이다. 더 명백하게 말하면, 확실성이라는 일반적인 것, 즉 신념 그 자체에서 우리는 확실성의 서로 다른 특수화와 방식을 지닌다. 즉 경험적 확실성과 필증적 확실성 그리고 경험적 확실성 안에 다시 차이가 있고, 게다가 경험적 확실성과 확실성 일반 안에 어쩌면 의심하는 것에서 확실성의 양상들로 변화할 수 있는 작용의 차이가 있다. 그러나 〔이것들은〕 언제나 확실성이다! 순수하지 않은 확실성을 우리는 어떤 유혹을 위한 확실한 결정으로 이해하게 되었다. 그러나 결정하는 것이지만 불확실성으로 남아 있는 것도 존재한다.

의심하는 것(Zweifeln)과 질문하는 것(Fragen)을 고찰해보자. 의심은 둘 또는 여럿으로 분열된 속견적(doxisch) 행위, 다른 가능성들, 더구나 유혹하는 것인 가능성들 사이에서 판단하는 의견을 표명하는 것(Meinen)이 동요되는 것으로, 이 경우 판단하는 가운데 의견을 표명하는 것은 바로 실제적 판단작용, 즉 '확실성을-갖는 것'이 아니라, '문제가 있는 판단작용'이다. 나는 'A가 존재한다'는 것을 확신하지 않지만, 〔그렇게〕 믿는 경향이 있다. 즉 어떤 것이 A를 지지하면, 나는 그렇게 판단하고 '싶다'. 왜냐하면 우리가 '나에게 〔그러한〕 경향이 있다'는 것이 '어떤 것이 그것을 지지한다'는 정도를 뜻할 수 있다고 알고 있기 때문이다. 따라서 이 둘은 하나의 단순한 상관적 표현으로 생각될 수 있다.

다른 한편 우리는 이것에서 어느 정도 내적으로 '결과를-따르는'

---

10) '괄호 속에 묶음(괄호침)' 또는 '작용(활동) 밖에 정립함'은 세계의 존재를 소박하게 전제하는 자연적 태도에서 일반적으로 정립한 것에 깃든 확신과 타당성을 일단 배제하는 판단중지(Epoche)의 다른 표현이다. 다양한 현상학적 환원이 반드시 거쳐야 할 필수적인 예비절차인 판단중지는 이미 정립한 것을 폐기하거나 그 확신을 변경시키지 않기 때문에 그 결과 아무것도 잃는 것이 없다.

(Folge-leisten) '경향이-있는 것', 어쨌든 확정적으로 결정되지 않아도 그것을 지지해 '결정되는 것'의 종류를 구별했다. 나는 중재안을 따르려 하지만, 그러나 내적인 '반론', 즉 다른 것을 믿으려는 적지 않은 경향이 나를 억제한다. 그 결과 결정하는 것은 억압된다. 그렇지만 나는 이러한 경향을 억제할 수 있고, 그래서 나는 실로 내적으로 결정되어지지 않아도, 〔결정하는〕 대열을 '따르지' 않고도, 어쩌면 그런 다음에야 비로소 나를 억제하거나 억압하지 않고도, 유혹하는 것을 의식적으로 결정할 수 있다.

의심하는 것은 '결정-되는'(Entschieden-sein) 가운데 동요하는 것이며, 의심하는 것의 각 항(項)은 이 경우 어쨌든 '결정하는 것'(Sichentscheiden)의 한 양상인 그것이 〔아직〕 '결정되지 않은 것'(Unentschiedenheit)이다.[11] 그러나 문제가 가장 강력하게 촉발되는 최고로 중요한 가능성을 지지해 '결정되는 것'이 일어나는 경우도 있을 수 있지만, 어쨌든 그것은 확실성에서 '결정되는 것'이 아니라, 유혹하는 것에 대해 일정하게 결정하는 양상으로서다. 이때 우리는 '개연적인 것으로-간주하는 것'인 추측하는 것을 갖는다.

문제가 있는 여러 가지 가능성이 분리되고 또 통일되는 곳에서 우리는 이때 문제가 있는 선언(選言)의 의식, 즉 적확한 의미의 단어로 심문하지는 않지만 "그것이 A인지 B인지 '의문스럽다'"는 의식을 지닌다.

의심에 대해 질문하는 것은 의심하는 행위에서 출현하는데, 이 행

---

11) 이러한 구조는 경험할 수 있는 세계가 [이미] '알려진 것'과 [아직] '알려지지 않은 것'으로 이루어진 구조, 즉 "보이지 않은 모든 것(Alles Ungesehenes)은 지각의 흐름을 통해 볼 수 있는 것(Sichtbares)으로 변화되기"(『시간의식』, 123쪽) 때문에 "[아직] 알려지지 않은 것은 동시에 [이미] 알려진 것의 한 양상"(『경험과 판단』, 34쪽)인 지평적 구조와 완전히 일치한다.

위 속에 동기가 부여되는 결정을 얻으려는 노력[12] 또는 억제된 결정, 즉 완결되지 않은 결정에서 동기가 부여된 확실성에 도달하려는 노력이다. 그러나 경향 자체는, 마치 우리가 유혹하는 어떤 것에 대한 한 가지 항(項)의 경향을 지니는 듯한 노력이 아닌가? "그것은 그렇지요?"라는 질문은 억제를 극복하고 이에 상응해 결정된 확실성에 도달하려는 노력이 아닌가? 본래의 의미로 의심에 대해 질문하는 것에서, 즉 여러 가지로 분열된 질문하는 것에서 의심을 결정하고 여기저기에서 억제를 극복하며 확실성에 도달하려고 노력하는 지향이 아닌가? 이때 'A가 있다'는 것을 지지하는 확실성은 이에 대립된 모든 경향을 폐기한다. 그뿐 아니라 그 확실성은, 이것이 확실성으로 완성됨으로써 바로 확실성으로 변화되고 그 억제를 상실하는 한, A를 지지하는 경향을 폐기한다. 또한 그 확실성은, 대립된 경향이 확실성으로 이행할 수 없는 한, 대립된 경향을 말소한다. 요컨대 A를 지지해 결정하는 것은 B, C……를 확실성에서 기각하는 것을 뜻한다.

어쨌든 이제 의심하는 것에서 또 의심에 대해 질문하는 것에서 특징적인 것은 내가 거기에서 확실성 속에 있는 것을 미리 확신하지 않았다는 사실이다. 그리고 내가 이 확실성을 오직 활동하지 않게 정립한 것은 이 경우만이 아니다.

---

12) 후설은 실천적 관심은 이론적 인식을 주도하고 그 인식의 성과는 행위가 나아갈 방향을 제시함으로써 긴밀한 상호작용을 맺는다고 인식(즉 이론)과 실천의 관계를 파악한다. 즉 "술어로 인식하는 작업수행은 그 자체로 행위"(『경험과 판단』, 232, 235쪽)이며 "질문함은 판단을 결정하려고 노력하는 실천적 행위로 의지의 영역에 속한다"(같은 책, 372~373쪽). 또한 "인식이성은 실천이성의 기능이며, 지성은 의지의 공복"(『제일철학』 제2권, 201쪽)이다. "이론적이지 않은 모든 작용은 태도변경을 통해 이론적 작용으로 변화될 수 있기"(『이념들』 제2권, 8, 10쪽) 때문이다.

그렇다면 '어디에서 나는 실로 그것이 가령 A라고 내적으로 결정하는가?'와 '그러나 어디에서 나는 (나를 사로잡는 어떤 의심을 결정하고자 원하는 상태도 아닌데) A인지 B인지 등의 물음을 제기하는가?'는 다르게 기초가 세워진 물음이다. 그러나 어떻게 나는 그 상태에 이르는가? 그것은 어떤 의미를 지니는가?

확실성은 불완전한 확실성, 즉 불순한 확실성일 수 있으며, 그래서 나는 더 완전한 또는 완전히 순수한 확실성을 추구한다.

지난번 강의[13]에서 우리는 확실성에 관한 초월적 지각의 확실성이라는 유형을 〔한편으로〕 불순한―그래서 이러한 의미에서 불완전한―확실성과 〔다른 한편으로〕 완전한 또는 순수한 확실성으로 구별했다. 주제로 논의되는 확실성의 변화를 더 자세하게 숙고해보자.

어쨌든 바로 대립된 유혹하는 것, 즉 자아가 그 비중에도 불구하고 반대해 결정하는 유혹하는 것, 대립된 유혹하는 것이 자신의 비중을 지니고 타당성을 '요구해도' 그것을 타당하다고 인정하지 않는 유혹하는 것이 현존하는 동안 그 확실성이 어떤 유혹하는 것을 지지해 결정하는, 게다가 주관적으로 확고하게 결정하는 양상을 지닌 한, 그와 같은 확실성은 불순하다. 여기에서 이러한 요구는 물론 이 비중 자체 속에, 즉 유혹하는 것이 능동적 자아에 영향을 미치는 촉발하는 힘 속에 존재한다. 촉발하는 힘은 그것에 대립된 영향이 자아가 응답하는 활동인 자아를 겨냥하는 경향(Tendenz)을 뜻한다. 즉 자아는 촉발에 따르면서, 달리 말하면, 촉발에 '동기를 부여하고', 찬성하는 태도를 취하면서 능동적으로 그리고 주관적 확실성의 방식으로 유혹하는 것을 지지해 결정한다.

반면 '순수한' 확실성은, 대립된 유혹하는 것이 그 비중을 완전히

---

13) 여기서부터 새로운 강의가 시작된다.―편집자 주.

잃어버릴 때, 따라서 대립된 유혹하는 것이 경험이 진행되는 가운데 단적으로 무효한 것(Nichtigkeit)으로 뚜렷이 말소될 때, 그때 일어난다. '현존하는 것'이 사태에서 저절로 결정되므로, 자아는 자신의 '결정하는 것'과 더불어 사태에 입각한 결정을 따른다. 그래서 자아는 상대방의 마음을 사로잡을 필요가 없고, 가능성들 가운데 어느 한 가능성의 토대 위에 자신을 세울 필요가 없다. 어떤 태도를 취하는 것의 가능한 토대인 다른 가능성들 각각은 자아가 생존할 기반을 빼앗고, 사태에 입각한 확실성의 토대인 유일한 토대는 저절로 현존하며, 자아는 자신이 그 토대 위에 서 있는 것을 보고, 오직 거기에서만 주관적으로 확립된다. 더 단순한 경우는 '결정하는 것'에 관한 논의가 그 장소에 더 이상 벗어날 수 없을 때인데, 처음부터 개방된 가능성이 있는 대립된 유혹하는 것이 그 장소에 없기 때문이다. 이것은 외적 경험에서 그러하다. 가령 대장장이를 보면서 나는 휘둘린 망치가 떨어지고 쇠가 구부러지는 것을 예상한다. 〔가스 램프에서〕 가스가 떨어지는 것을 보면서 나는 가스가 땅에 부딪쳐 부서지는 것을 예상한다 등등. 〔다른 한편〕 대립된 가능성이 현존하고, 이전에 보이지 않던 측면이 그것에 영향을 미칠 수 있고, 가스는 우연적인 측면의 충격으로 돌바닥 대신 옆에 있는 멍석에 떨어질 수 있다 등등. 모든 경과는 여기에서 물리적 경과로서 개방된 가능성의 지평에 둘러싸여 있다. 그러나 그것은 주어진 순간에는 아무것도 그것을 지지하지 않는 개방된 가능성이다. 왜냐하면 예상하는 것은 어떠한 억제도 겪지 않는 단적인 확실성이고, 그와 같이 다르게 예상하는 것에 대립해 유혹하는 것으로 양상화된 예상하는 것은 없기 때문이다.

수동적 양상화와 능동적 양상화

14 수동적 속견(Doxa)의 양상적 변화에 대한 능동적 응답인 자아가 태도를 취하는 것

우리가 지금 주목해야만 할 것은 결정하는 것의 이중 의미, 즉 그 자체에서 또는 사태 자체에서 경험하는 결정하는 것인 출현하는 결정하는 것과 자아에서 자아의 반작용(反作用)으로 실행된 결정하는 태도를 취하는 것이다. 존재의 양상과 신념의 양상을 처음 소개한 것을 되돌아보면서 우리는 우선 그때 명백하게 밝혀진 모든 것이 어쩌면 완전히 수동적인 지각의 지향성 속에 순수하게 일어나는 양상화하는 것(Modalisieren)이었다는, 적어도 우선 그러한 것으로 순수하게 간주되어야만 했다는 사실을 인식할 수 있다. 그래서 수동성과 자아의 능동성을 다음과 같이 구별해야만 하는 것은 분명하다. 즉

(1) 수동적 속견[14]·수동적 예상의 지향·이 지향에 수동적으로 생

---

14) 플라톤은 '선분의 비유'(*Politeia*, 509d~511e)에서 감각의 대상들(ta aistheta)을 통해 그것의 상(像)을 상상하거나 믿는 주관적 '속견'(doxa)은 객관적 '지식'(episteme)에 비해 원인에 대한 구명(aitias logismos)이 없기 때문에 논박에 대한 근거를 제시할 수 없는 낮은 단계의 인식으로 간주했다.

긴 억제하는 것 등의 양상적 변화와

(2) 자아에서 능동적으로 응답하는 '결정하는' 태도를 취하는 것이다.

그러나 더 나아가 이 구별과 더불어 신념과 신념의 양상이라는 개념 자체가 변화된다는 사실도 분명하다. 왜냐하면 이제 수동성과 능동성[15]에 관한 본질적으로 다른 과정들과 사건들을 구성적 작업수행에 따라 분리해야만 하기 때문이다. 이는 크게 두 가지로 구분된다.

1) 우선 수동성에서 일치나 불일치의 종합, 억제되지 않고 자유롭게 충족되는 지향들이나 말소되어 억제된 지향들의 종합. 그 상관자로서 우리는 인식대상(Noema)에서 동일한 대상적 의미를 유지하면서, 어쩌면 어떤 대립된 의미와 결합해 존재의 양상을 취한다.

2) 자아가 능동적으로 태도를 취하는 것·능동적으로 결정하는 것·납득하는 것·'납득-되는 것'과 상대방의 마음을 사로잡는 것 등, 결국 (증언이나 대립된 증언이 더 이상 진지하게 논의되지 않는) 가장 넓은 의미로 납득하는 능동성. 이 능동성도 그 인식대상적 상관자(Korrelat)가 있다. 이때 중요한 문제는 〔능동성이〕 수동적 지향성을 단순히 명백하게 하는 것, 주목, 즉 시선을 향하는 가운데 일어나는 유혹을 단순히 견뎌내는 것인 단순히 알아채는 지각작용, 따라서 단

그러나 후설은 이 주관적 '속견'을 "모든 실천적 삶과 객관적 학문이 의지하는 확인된 진리의 영역"(『위기』, 127~128쪽) 또는 "참된 이성의 예비(Vor)형태 또는 최초(Anfang)형태이며, 객관적 '지식'은 그 최종(End)형태"(같은 책, 11쪽)라고, 즉 객관적 '지식'은 '그 자체의 존재'를 인식하는 하나의 방법일 뿐이며 주관적 '속견'은 이것의 궁극적인 근원의 영역이므로 더 높은 가치를 지닌다고 파악한다.

15) 후설에게 '수동성'과 '능동성'은, 칸트의 인식구성설에서 '감성'과 '오성'의 역할처럼 고정된 것이 아니라, 지향적 현상을 기술하는 방편으로서 상대적인 의미가 있다(『이념들』 제2권, 12쪽; 『경험과 판단』, 119쪽 참조할 것).

순히 유혹하는 것·무효화하는 것 등을 주목해 의식하게 하는 것이 아니라는 사실에 주의해야만 한다. 오히려 자아는 고유한 태도를 취하는 것에서 자신의 판단을 표명하고, 찬성하거나 반대해 스스로 결정한다 등등. 정상적인 방식으로 '판단한다'고 부르고 또 부를 수 있는 것의 특수한 원천이 여기에 있다고 말해도 좋다.

그런데 '납득하는 것'은 그 이상을, 즉 수동적인 지각의 상태에서 판단하면서 태도를 취해 '규정-하는 것'과 이에 따라 판단하면서 '규정-되는 것'을 표현한다. 이것을 통해 왜 실제로 판단작용과 '납득-되는 것'이 같은 값을 지닌 표현이 되는지도 이해된다. 이 태도를 취하는 것 또는 여기에서 출현하는 태도를 취하는 그룹이 수동적 속견의 사건들을 전제하는 한, 지향적으로 완전히 비자립적이라는 사실도 즉시 이해될 것이다. 게다가 앞에서 미리 말했듯이, 이렇게 타당성을 부여하는 것과 그 변화로써 이 태도를 취하는 것을 판단의 영역에 속하는 자아의 그 밖에 행위를 하는 방식들 ―특히 활동적으로 해석하는 것·총괄하는 것·비교하는 것·구별하는 것 등 우리가 서로 다른 사태의 형식인 논리적 형식에 신세를 진 모든 것―과 혼동해서는 안 된다. 판단작용은 이 모든 작용에서 언제나 자아에서만 생기는 타당성을 부여하는 것 또는 거부하는 것일 뿐이다.

자아는 항상 이러한 적확한 의미로 판단하면서 태도를 취하지 않는다. 자아가 현존하는 것과 경험 속에서 저절로 밝혀지는 것을 알아차려 단순히 파악하면서 단적으로 지각할 때, 만약 다른 것이 앞에 있지 않다면, 이때 어떤 태도를 취할 아무런 동기도 지니지 않는다. 다만 개방되었든 않든 특별한 의식에 영향을 미치지 않는 대립된 동기들이 반드시 관련되며, 선택적 가능성들이 대립된 긴장 속에 반드시 현존한다. 판단작용은 언제나 이러저러하게 결정하는 것이고, 그래서 무엇을 지지해 결정하는 것 또는 반대해 결정하는 것·승인하는 것 또는 거부하는 것·기각하는 것이다. 그러나 이것은 존재 양상들 자체, 즉 [한편으로] 단적으로 '존재하는 것', 대상적 의미에서 실로 단순히 명백해지는 가운데 부각되는 '무효한 것'과 [다른 한편으로] 또한 '무효하지 않은 것', 이중으로 말소되어 관통해가는 '어쨌든 그러한 것'과 혼동되어서는 안 된다.

이 모든 경우 자아는 스스로 어떠한 태도도 취할 필요가 없지만, 그 존재 양상들을 통해 그러한 태도를 취하도록 동기를 부여받을 수 있다. 그러나 인식작용적으로 긍정하는 것이나 부정하는 것은 특수하게 판단하면서 태도를 취하는 것에서 생긴다. 자아는, 모든 의식에서처럼, 인식대상적 상관자를 결여하지 않는다. 그것은 물론 대상적 의미에서 ─ 그 대상적 의미에서 자아가 부여한 타당성이나 부당성을 설명하는 특성으로 ─ 등장하는 인식대상적으로 '타당한 것'과 '부당한 것'이다. 그러므로 특수한 의미에서 판단작용은 자아가 동의해 결정하는 것 또는 거부하거나 기각하는 것이라는 이중으로 가능한 형태로 '정립[함]'(positio), 즉 정립(Setzung)[16]하는 자아의 행사(Ichaktus)다. 하지만 그럼으로써 정립 자체가 전통적 논리학의 의미에서 이중의 '질'(Qualität)을 지닌다는 사실을 뜻하는지는 여전히 숙고해야만 할 것이다.

그래서 우리는 적어도 우선 동기를 부여하는 지각의 근원적 영역에서 [정립하려는 것이] 판단작용이 되는 경우 두 가지 대립된 태도를 취하는 것이 가능해지고 그에 따라 현실적이 된다는 사실을 말할

---

16) 'Positio[n]'은 '지향적 의식이 대상에 대해 일정한 태도를 취하는, 즉 정립하는 작용'을 뜻한다. 또한 의식의 인식작용이 대상에 의미를 부여해 '정립된 명제'를 뜻하는 'Setzung'이나 'These'는 그 특성을 가리킨다(『이념들』 제1권, 특히 제106·107항 참조할 것). 그러나 후설이 종종 이들을 명확하게 구별하지 않고 사용하기에, 모두 '정립'으로 옮기며 간혹 원어를 병기한다.

수 있다. 그러나 두 가지 대립된 태도를 취하는 것은, 이것들이 그 동기부여의 토대를 지각 자체, 즉 지각에 고유하고 어쩌면 순수하게 수동적으로 경과하는 가운데 지니는 한, 완전히 비자립적이다. 지각은 자아의 능동적 행위나 그 구성적 작업수행의 그 어떤 것도 아직 자체 속에 포함하지 않는 자신의 고유한 지향성을 지닌다. 왜냐하면 지각은 오히려 자아가 그것에 찬성하거나 반대해 결정할 수 있는 무엇을 지닐 수 있기 위해 전제되었기 때문이다. 두 가지 대립된 태도를 취하는 것은 이러한 동기를 부여하는 토대의 통일체를 통해 또는 분열에서 생기는 그 통일체를 통해 서로 긴밀하게 결부되고, 예를 들어 두 가능성이 서로 대립될 경우 어느 한 가능성을 지지해 결정하며, 비록 현실적은 아니라도 어쨌든 잠재적으로 상관자로서 그 곁에 있는 [다른 가능성인] 상관적 가능성에 반대할 것을 결정한다.

자아를 겨냥하는 동기부여가 어떻게 기능하는지, 또 자아가 이 동기부여에 입각해 능동적으로 긍정하거나 부정해 응답하는 등 어떻게 반응하는지 더 자세히 주시하면, 다음과 같은 것을 알 수 있다. 즉 자아가 확고히 '타당하게-정립하는 것'(In-Geltung-Setzung)인 결정하는 것 또는 부정적으로 결정하는 것에 대한 동기부여의 토대는 따라서 지각의 일치함을 회복하는 것이다. 그래서 지각이 파악한 것들이 충돌하는 가운데 서로 밀쳐지는 분열은 단절 없는 통일로 되돌아가게 된다.

자아는 이 모든 것에서 촉발된다. 자아로서 그것 자체는 나름대로 자기 자신과 불일치하게 분열되지만, 결국 일치하게 된다. 자아는 어느 한 파악을 지지하는, 즉 무엇보다 그 파악이 예상하는 경향을 실행하려는 경향이 있었고, 이 예상하는 경향을 자아의 중심에서 능동적으로 예상하게 하는 경향이 있었다. 그러나 자아는 이 속에서 어쨌든 다시 억제된 것을 보게 되며, 대립해 예상하는 경향으로 끌려들어가고 또한 대립된 파악을 지지하는 경향이 있다. 그런데 만약 지각이 일치하면, 즉 정상적인 지각의 형태로 유출되는 유일한 지각이 회복되면, 자아가 자신과 일으킨 내적 충돌은 해소된다. 한편 자아는 때에 따라 이러저러한 경향을 지닐 수 있는 것만이 아니다. 왜냐하면 폐기된 파악은 자신의 폐기된 지향적 경향, 특히 자신이 이전에는 생생하게 〔그것에〕 향했지만 〔이제는〕 말소된 예상과 더불어서는 〔더이상〕 실행될 수 없기 때문이다. 그렇지만 자아는 이제 자유로운 예상의 지평과 지금 일치하도록 수립된 지향성을 실행의 장(場)으로 지닐 뿐만 아니라, 능동적으로 이러한 태도를 취하고, 단적으로 존재하는 것인 일치해 주어진 것을 자신의 것으로 삼는다. '승인하는 것'은 특유하게 전유(專有)하는 것(Zueignung), 즉 확정하는 것이며, 이 경우에서는 나에 대해 이제부터 〔줄곧〕 또 지속적으로 타당한 존재로 확정하는 것이다.

여기에서 중요한 계기가 판단하면서 결정하는 것의 특징으로 등장한다. 현재의 실행, 즉 지각의 지향성을 단순히 명백하게 하는 것만 문제가 되는 것이 아니라, 노력하면서 활동하는 능동적 자아가 어떤 획득물, 즉 지속하는 앎을 자신의 것으로 전유하는 것도 문제가 된다. 이것은 의식에 따라 이루어진다. 왜냐하면 이미 말했듯이, '타당한 것-으로-설명하는 것'의 본질, 이른바 자아가 행하는 승인하는 것의 본질은 이때 자아에 대해 타당한 것으로 자아의 것이 되는 것은 자아에 대해 이제부터 줄곧 타당한 것, 그래서 앞으로도 또 지속적으로 타당한 것이라는 특성을 지니기 때문이다. 그래서 의식에 따라 개방된 자아의 '시간지평'(Zeithorizont)에 들어오는 타당한 것이라는 특성을 지닌다. 아마 그것을 이렇게, 즉 '내가 적극적으로 판단하면서 타당하게 정립한 것을 나는 나에 대해 지금부터 확고한 것으로, 미래에 대해 확정된 것으로, 게다가 존재하거나 그렇게-존재하는 것으로 생각한다'고 표현할 필요가 있을 것이다. 판단의 작업수행이 우리가 이미 진술하는 술어적 판단작용과 의사소통의 영역에 있다면, 그것은 "나는 확인한다" 또는 "나는 그것을 주장한다"는 말로 가장 날카롭게 표명될 것이다. 이때 판단의 본질에는 그 최초의 근원성에서 대체로 주장하는 표현과 함께 표상되는 의사소통의 관계가 정말 포함되어 있지 않다는 사실을 주목해야만 한다.

그렇다면 이제 무효화된 대립된 파악은 사정이 어떠한가? 이 대립된 파악은 물론 여전히 과거지향으로 유지되며, 자아는 그 이전에 그 파악으로 이끌렸고, 아마 미리 질문하면서 그 파악에 기울었다. 정말 곧바로 이 〔대립된〕 파악은 그 이전에는 정상적인 지각의 형식으로 일치해 있었고 자아에서 추정적으로 존재하는 사물이라고 간주되는 것으로 실행되었을 수 있다. 따라서 〔파악의〕 시선을 이러한 방향으로 돌리거나 반대방향으로 돌리는 촉발의 동기도 현존한다. 그러나 자아는 여기에서 지금 거부함으로써, 부당하다고 설명함으로써 응답한다. 거부하는 것과 부당하다고 설명하는 것은 명백히 선행하는 타당성을 설명하는 것에 반박하거나 그와 같은 타당성을 설명하는 경향을, 그래서 실로 어떤 태도를 취하는 것과 이것의 궁극적 작업수행, 즉 확인하는 것을 반박한다.

이렇게 긍정하거나 부정하는 태도를 취하는 것이, 가령 색깔의 영역에서 빨간색과 푸른색과 같이, 단순히 두 가지 동등한 '질'을 제시하지 않는다는 사실, 따라서 여기에서 질(質)에 관한 논의는 결코 적합하지 않다는 사실은 분명해진다. 자아가 부정하는 것은 '타당성-밖으로-정립하는 것'이며, 실로 이러한 표현에는 〔부정하는 것의〕 이차적인 지향적 특성이 포함되어 있다.

그렇지만 여전히 극히 중요한 것, 즉 모든 논리적 판단의 개념에 극히 중요한 것이 여기에서 부각된다. 즉 우리는 〔무엇을〕 '지지해-

결정하는 것'을 '점유(占有)하는 것', 이제부터 줄곧 타당하고 이제부터 줄곧 나에 대해 확고한 것인 전유(專有)하는 것을 통해 특징지었다. '그것에 반대해-결정하는 것'은 어떻게든 우리에게 요구되고 어쩌면 이전에 자신의 것이었던 그와 같은 타당성이 기각된다는 것을 뜻한다. 그래서 우리가 그 밖의 작용들에서 비슷한 경우를 발견하듯이, 그것은 가령 내가 변경된 동기부여의 토대에 입각해 어떤 결정을 기각하거나 어떤 의지의 경향에 대항하는 것을 뜻한다.

그래도 〔무엇을〕 '반대해-결정하는 것'인 부정하는 것에는 내가 태도 자체를 손쉽게 바꿈으로써 다시 타당하게 이끌 수 있는, 즉 긍정적으로 판단하면서 확정 지을 수 있는 '타당하지 않은 것'이 상응한다. 이때 '아니오〔부정〕' 또는 '무효한 것'은 확정 지우는 내용으로 들어온다. 그에 따라 우리는 판단의 개념을 오직 존재를 확정하는 행위만 다루고 또 무효한 것을 내용의 계기로, 이른바 존재하는 '존재하지 않는 것'(Nichtsein)으로 다루는 개념으로 포착할 수도 있다. 사실상 논리학과 학문은 모든 것을 〔어떤 것을〕 확정하는 판단으로 환원하고, 충분한 정당성을 갖춘 채 환원한다. 그래서 아무리 많은 것이 부인되더라도, 이론적으로 진술하는 것에는 부인되는 것이 전혀 없으며, 오히려 그 진술은 때로는 '그렇게-존재하는 것'(So-sein)을, 때로는 '그렇게-존재하지-않는 것'(Nicht-so-sein)을 확정한다. 그에 따라 우선적으로 다루어지는 판단의 개념은 〔어떤 것을〕 타당하다고 확정하는 것인 오직 하나의 '질'만 앎이다. 그러나 물론 이것은 '결정되는 것' 자체가 하나의 양상을 지니는 것이 아니라 대립된 양상들 속에 경과한다는 사실 —비록 논리학이 쏟는 '인식의 관심'은 오직 〔어떤 것을〕 확정하는 것·주장하는 것에만 있고, 거부하는 모든 부정하는 것은 오직 어떤 부정적인 것을 정립하는 것(Position)으로 또 그런 다음 아마 계속 오직 긍정적 내용만 지닌 정립하는 것으로 환원된다고 생각되더라도——에서 아무것도 변경시키지 않는다.

어쨌든 이제 본질적으로 보충할 필요가 있다. 확고하게 승인하는 것과 결정되어 기각하는 것은 자아가 믿는 태도를 취하는 양상들에만 국한된 것이 아니다. 오히려 우리가 이미 지각 자체와 그것이 수동적으로 경과하는 가운데 분열된 지각, 즉 '의심의 지각으로 양상화된 지각'이라고 부른 것에도 자아의 주관적-능동적 행위——바로 본래의 의미에서 '의심한다', 가령 "나는 그것이 이러저러한지 의심한다"고 표현한 행위——가 상응한다는 사실은 분명하다. 나는 이미 이전에 자아 자체가, 지각의 지향성을 받아들이는 그것이 분열되는 동기부여의 토대에도 불구하고, 자기 자신과 일치하지 않을 수 있다는 점을 이야기했다. 내가 때에 따라 이러저러한 것을 믿는 경향이 있는 한, 나는 이제 나와 일치하지 않고, 나와 분열된다. 이러한 '경향이-있는 것'은 일반적으로 또 특히 능동적으로 의심하는 것에서 유혹하는 가능성들이 단순히 촉발하는 이끎(Zug) 이상의 것을 뜻한다. 그 가능성들은〔그 대상이〕존재하는 것으로 나를 유혹하며, 그래서 일반적으로 이 속에는 내가 이미 그것을 지지해 결정하는 방식으로 어떤 가능성과 때로는 다시 다른 가능성과 동행하고, 그 가능성에 어떤 타당성을 부여할 뿐만 아니라 물론 언제나 다시 억제한다는 사실이 포함되어 있다.

자아가 이렇게 동행하는 것(Mitgehen)은 가능성들 자체의 비중을 통해 동기를 부여받는다. 내가 능동적으로 얼마만큼 더 따르는 판단의 경향은 이 유혹하는 가능성에서 출발하고, 그 경향 속에는 내가 그것을 지지해 순간적으로 결정하는 것과 같은 것을 실행한다는 사실이 포함된다. 그러나 나는 바로 그 경향에, 즉 대립된 가능성들이 촉발하는 요구에 빠져 있다. 또한 이 요구는 마치〔그 경향을〕듣고자 하고, 내가〔그것을〕믿는 경향을 만든다. 여기에서 억제되는 것은 단순한 결여(Privation)가 아니라, 억압되어 결정하는 것, 즉 도중에 삽입된 결정하는 것이라는 현상의 한 양상이다. 나는 실행하는 가운데 얼마만큼만 동행할 뿐, 확고한 신념이 결정되는 끝까지 도달하지는 않는다. 그렇다면 자아가 거부하는 결정하는 것, 즉 다른 가능성들에 대립해 그와 같은 동기부여의 토대 속에 억제되어 부정적으로 결정하는 것도 마찬가지다.

더구나 여기에는 어떤 가능성을 지지해 편을 드는 현상과 다른 가능성들에 반대해 내적으로 인정하려 하지 않는 현상이 속할 것이다. 이때 이미 본래의 결정하는 것, 즉 주관적 확실성과 확정하는 것·주장하는 것이 실현된다. 그러나 이것들은, 이 확고하게 결정하는 것이 사태 자체에서 일치하게 구성된 경험으로 동기가 부여되는 경우와 달리, 정당한 논리적 양심〔확신〕을 지니지 않은 결정하는 것인 불순한 결정하는 것, 이른바 부식된 결정하는 것이다.

더 나아가 여기에는 추측하는 것, '개연적인 것-으로-간주하는' 현상이 속한다. 만약 내가 서로 다른 비중을 지닌 가능성들을 관통해가면, 어쩌면 가장 강력한 비중이 그 가능성을 지지해 결정하도록, 가령 우선적으로 승인하도록 나에게 동기를 부여하는데, 어쨌든 그렇다고 해서 이것이 어떤 확정하는 것, 즉 단적으로 존재하는 것을 주장하는 것은 아니다. 물론 어느 한 가능성이 압도적 비중을 지니거나 사태에 입각해 그 가능성을 지지하는 것이 여전히 주관적 동기에서 압도적 비중인 경우, 여기서 나는 바로 계속해서 어떤 확실성, 당연히 불순한 납득하는 것으로 이행한다. 그러나 이때 사람들은 '추측하는 것' 또는 '개연적인 것으로 간주하는 것'에 관해 더 이상 이야기하지 않는다. 물론 이것의 부정적 상관자는 '개연적이지 않은 것-으로-간주하는 것'이고, 그래서 다시 일종의 기각하는 것이 표현되지만, 그렇다고 전적으로 부정하는 것은 아니다.

15 판단을 결정해 양상화를 극복하려는 많은 단계의 노력인 질문하는 것

의심하는 것(Zweifeln)과 이와 매우 내적으로 얽힌 질문하는 것(Fragen)은 사정이 결국 어떠한가? 질문하는 것은 의심하는 것과 마찬가지로 이러한 일련의 판단의 양상에 속하는가? 수동적 영역에서 더구나 지향적으로 충돌해 분열된 직관 안에서 의심하는 것과 질문하는 것에는 동시에 여기에서 동기가 부여될 수 있는 것, 즉 '선언적(選言的)인 것'이 상응한다. 〔예컨대〕 대립의 통일 속에 A, B, C가 서로 대항해 의식되고 또 일치해 있다〔고 하자〕. 우리는 이것을 "A든가 B든가 C다"가 의식된다는 말로 표현할 수밖에 없다. 바로 이것을 우리는 능동적으로 질문하고 능동적으로 의심하는 표현 속에서, 게다가 질문의 내용 또는 의심의 내용으로 발견한다. 이것은 실로 '나는 A인지 아닌지 등을 질문하고 의심한다'를 뜻한다.

이전에 논의한 방식으로 말하면, 질문하는 것에 선행하는 것, 가령 수동적 영역에서 의심하는 것 같은 것은 문제가 있는 가능성들이 통일되는 장(場)이다. 물론 적어도 그 가능성에는 두 가지가 있다. 이때 이 대립하는 가능성들 가운데 하나는 단순히 의식에 따라 드러나고 ─ 이미 말했듯이 ─ 따라서 명백한 반면, 다른 하나는 주목되지 않은 채 공허하고 주제로 실행되지 않은 표상의 방식으로 배경 속에 남아 있을 수 있다. 모든 자아의 작용은 자신의 주제를 지니는데, 이것은 개별적 주제이거나, 그 통일체 속에 전체적 주제를 형성할 때 주제의 개별성들을 통일한 다양체일 수 있다. 어떤 질문의 주제는 (어떤 의심의 주제와 같이) 명백하게, 내가 "이것은 인형인가?" 하고 단순히 질문할 때처럼, 선언적으로 대립된 항(項)이 그때 주제 밖에 남은 문제가 있는 개별성이거나, "그것은 인형인가 인간인가?"라고 질문하는 것에서처럼, 전체적으로 문제가 있는 선언이다.

이제 자아에 대한 작용의 명백한 행위인 질문하는 것의 특성은 무엇인가? 문제가 있는 가능성들의 수동적인 선언적 긴장(수동적인 의미에서 의심하는 것)은 작용이 분열되는 행위인 능동적으로 의심하는 것에 동기를 부여한다. 이 행위는 본질적으로 또 직접적으로 불쾌감을 수반하는 동시에 이 불쾌감을 넘어서고 일치하는 정상적인 상태로 되돌아갈 수 있는 근원적 충동을 수반한다. 그래서 확고하게 결정하는 것, 즉 궁극적으로 억제되지 않은 순수한 결정을 얻으려는 노력이 생긴다. 질문하는 것은 이미 그러한 노력이 생기게 한다. 어쨌든 수립된 일치하는 것 그리고 이것을 통해 획득된 자아와 자기 자신이 내적으로 통합하는 것을 다시 잃어버리는 흔한 경험이 앞으로 동기부여가 일어나게 할 수 있다. 즉 새롭게 생긴 이 불쾌한 불확실성을 극복할 충동을 일깨울 수 있다. 그 밖의 경우와 달리 이때는 판단하면서 결정하고 또 내려진 판단을〔자신의 것으로〕전유하며 확정하려는 노력으로 만족하지 않는다. 오히려 그 노력은 최종적으로 보증된 판단을 향하거나 또는 자아가 정당화하면서 정초할 수 있고, 따라서 다시 양상화되는 곤경에 빠지지 않는 주관적으로 확실할 수 있는 판단을 척도로 삼는다. 이 여러 단계의 노력은 다음과 같은 두 종류의 질문하는 것으로 표현된다.

1) 일반적으로 또 단적으로 질문하는 것은 양상이 변화되는 것에서 (또는 그대가 원한다면, 분열되는 것과 억제되는 것에서) 확고한 판단을 내리려는 노력이다. 질문하는 것은, 판단작용이 판단 속에 그 상관자를 지니듯이, 질문하는 것 속에 자신의 지향적 상관자를 지닌다. 아마 내가 어떤 판단을 내리는 것인 판단작용의 '자아의 행사'(Ichaktus)는 물론 그 속에서 내려진 판단과 이것이 구별되어야 한다고 말할 때 더 명백해질 것이다. 언어적 영역에서 진술작용에는 문장으로 씌어 있는 것, 언어로 표현된 것, 주장된 것, 확정한 것, 즉 진술

된 것인 진술이 상응한다. 이와 마찬가지로 진술된 질문은 질문하는 행위에 대립해 있다.

질문하는 것의 고유한 의미는 응답을 통해 또는 응답 속에 밝혀진다. 왜냐하면 응답을 통해 긴장이 완화된 노력하는 것인 충족시키는 것이 나타나고, 만족이 생기기 때문이다. 만족은 상대적이지만 어쨌든 이미 만족으로 또는 완전한 최종적 만족으로 생길 수 있는 서로 다른 방식과 단계에는 그리고 질문하는 지향이 척도로 삼을 수 있는 서로 다른 방향에는 서로 다르게 가능한 응답이 상응한다. 예를 들어 "A인가?"——여기에 대한 응답은 다음과 같다. "예, A이다!" 또는 "아니오, A가 아니다." 따라서 가능한 응답은 두 가지 확고한 판단의 양상을 취한다.[17]

질문하면서 노력하는 것이 그에 상응하는 판단작용 속에 충족되고 대답되기 때문에, 질문하는 의미의 내용에 평행하는 적합한 판단의 형식들에 관한 경험이 질문하는 자에게 이 가능한 응답의 형식들을 이미 의식에 따라 예견하게 하고 그 응답하는 형식들이 이미 질문 자체의 표현 속에 질문의 내용으로 등장하게 하는 사실은 이해될 수 있다. 그래서 모든 가능한 판단은 어떤 질문의 내용으로 생각할 수 있다. 물론 그 판단은 질문 속에 아직 실제적이지 않지만 예정된 판단, 질문의 내용으로 긍정이나 부정을 가리키는 단순한 표상적 (중립적) 판단이다.

또한 의심하는 것은 전개된 의식 속에 의심하는 행위, 즉 표상으로 내려질 수 있는 판단들과 관련해 태도를 취하는 것에서 '억제-되는 것'이나 '분열-되는 것'이다.

---

17) 더 나아가 "A가 아닌가?"에는 "예, A가 아니다" [그리고] "아니오, A가 아닌 것이 아니다."——후설의 주.

만약 질문이 완벽한 선언으로 세워진 여러 항(項)을 지녔다면, 그 질문은 가령 "A인가 B인가?" 등과 같다. 따라서 그 질문은 그에 상응해 예정된 판단을 선언적으로 보여준다. 질문이 두 가지 항을 지닌 선언일 경우 "A가 아니거나 B인가?"와 같을 수도 있다. 이때 응답은 질문의 내용인 선언지(選言肢)로 예정된 가능한 판단에 따른다. 예를 들어 "승리했던 것은 로마인가 카르타고인가?" "예, 로마는 승리했지만, 카르타고는 패배했다."

그렇지만 정말 응답이 긍정하거나 부정해 결정하는 것인데도 모든 결정이 확고한 확실성의 양상을 반드시 지니는 것이 아닌 한, 여기에는 어디에서나 평행하게 진행하는 다른 응답이 여전히 존재한다. '개연적-으로-간주하는 것'도, 비록 최종적으로 만족하게 하지 않더라도, 결정하는 태도를 취하는 것이다. 자아가 개연적으로 간주하면서 신념 속에 어떤 가능성을 지지하는 한, 분열되는 것은 적어도 어떤 방식으로 이미 해결된다. 사실상 우리는 "A인가?"라는 질문에 "예, 그것은 개연적이다" 또는 "아니오, 그것은 개연적이지 않다"고 응답할 수도 있다.

이미 예상하듯이, 여기에서 더 이상의, 약화된 응답이 여전히 가능하다. 그러한 한에서 바로 여전히 결정하는 것을 그 자체로 지니는 모든 판단의 양상, 따라서 [여기에] 삽입된 모든 결정하는 것의 형식도 응답에 이바지할 수 있다. 예를 들어 "A인가 B인가?"라는 질문에 "나는 A라고 믿는 경향이 있다"는 응답이다. 물론 여기에는 보통 "나는 모른다" 또는 "나는 결정하지 않았다" "나는 의심한다"가 선행할 것이다. 이것으로 질문하는 실천적 지향은 본래 어떤 '앎'을, 특별한 의미에서 어떤 결정을, 적확한 의미에서 어떤 판단을 겨냥한다는 사실이 드러난다. 적어도 그것은 불완전하게 만족하게 하더라도 응답인 반면, 가령 "A는 매력적이다"고 말했을 때, 그것은 어떠한 응답도 아닐 것이다. 그러므로 본래 단어의 의미에서 응답은, 완전히 넓게 파악해보면, 어떤 판단을 내리는 것이다. 나는 이 명제를 반복한다. 왜냐하면 "나는 모른다" 또는 "나는 의심한다"고 말하는 것도 어떤 의미에서 어떤 질문에 대한 하나의 응답이기 때문이다. 이것은 명백히 의사소통하는 교류에 관계하는데, 이 교류에서 나는 이 응답으로 다른 사람에게 내가 그의 소망에 부응할 수 없다는 사실, 내가 그의 질문에 어떠한 응답도 지니지 않는다는 사실을 단순히 전달한다. 그리고 사실상 사람들은 그와 같은 경우에도 "나는 어떠한 응답도 지니고 있지 않다"는 말로써 답변할 수 있다.

어쨌든 우리는 질문 자체가 어디까지 판단의 양상에 속하는지에 대해 지금까지 아직 명확한 관점을 취하지 않았다. 우리의 분석에 따르면, 여기에서는 상세한 논의가 전혀 필요 없다. 더구나 질문은 판단의 영역과 인식의 영역에 더구나 불가분하게 속하며, 인식작용과 인식된 것에 관한 학문, 더 자세하게 말하면, 인식하는 이성과 이 이성의 형성물에 관한 학문인 논리학에 필연적으로 함께 속한다.[18] 어쨌든 단지 판단하는 삶, 또한 이성적으로 판단하는 삶은 특유하게 소망하는 것·노력하는 것·욕구하는 것·행위를 하는 것 ── 이것들의 목적은 곧 판단, 특별한 형식의 판단이다 ── 에 대한 매개(Medium)이기 때문에 그러하다.

모든 이성은 동시에 실천적 이성이며, 그래서 또한 논리적 이성이다.[19] 물론 우리는 [한편으로] 판단작용을 통해 판단과 진리를 겨냥

---

18) '질문하는 것'이 지닌 이러한 특성에 관해서는 제13항의 주 참조할 것.

19) 후설에게 '이성'은 칸트에게서처럼 '감성'이나 '오성'과 구별되거나 '이론이성'과 '실천이성'으로 구분되는 것이 아니다. 물론 기술적·도구적 이성에 그치지도 않는다. '보편적 이성'(순수 자아)은 지각·기억·판단·실천·평가하는 자아의 총체적 활동의 주체로서, 침전된 무의식까지 포함한 생생한 역사성과

하는 평가·소망·욕구·행위와 〔다른 한편으로〕 그 자체가 평가·소망·욕구는 아닌 판단 자체를 구별해야만 할 것이다. 따라서 질문하는 것은 실천적으로 판단에 관련된 행위다. 내가 질문하면서 결정을 내리지 못할 때, 나는 불쾌하고 억제된 상태에 있고, 이것은 아마 나의 실천적 삶 가운데 그 밖의 결정하는 것에 대해서도 나를 억제한다. 그에 따라 나는 결정할 것을 소망한다. 그러나 질문하는 것은 단순히 어떤 상태의 소망하는 것이 아니라, 이미 의지에 영역에 속한 채 노력하면서 판단을 내리려고 '향해-있는 것'이다. 이것은 우리가 판단을 내리게 실제로 이끌어오는 실천적 방도를 간취(看取)한 다음에야 비로소 결정적으로 욕구하고 행위를 하는 것이 된다. 물론 '질문'(Frage)이라는 정상적인 개념은 다른 사람에게 문의하는 것(Anfrage), 어쩌면 거꾸로 나 자신으로 전환해 나에게서부터 나 자신에게 문의하는 것이다. 다른 사람과의 의사소통은 여기에서 〔문제로 삼는〕 영역에 해당되지 않으며, 마찬가지로 술어적 질문은 술어적 판단과 관련되지 않는다. 그렇지만 우리는 '그-자체-에-물어봄'(Sich-an-sich-selbst-Wenden), 따라서 다른 사람과 비슷하게 스스로를 의사소통의 목적으로 삼는 것(왜냐하면 자아는 실제로 자기 자신과 교류할 수 있기 때문이다)에 관여하지 않을 수도 있다.[20] 이때 우리는 판단을 결정할 무렵 실천적 노력으로서, 그런 다음 계속 습득된(habituell)[21] 실천적 태도 — 이것은 언제나 곧바로 그에 상응하는

구체적 사회성을 띤 '끊임없는 의식의 흐름', 즉 선험적 상호주관성이다.

20) 이러한 견해는 "사고는 영혼 속에서 자신과 소리 없이 행하는 대화"(『소피스테스』*Sophistes*, 263e)라는 플라톤의 논의와 같은 맥락에서 이해할 수 있다.

21) 그리스어 'echein'(갖는다)의 통일체 'Hexis'(가짐)에서 유래하는 이 말은 '경험의 축적'을 뜻한다. 즉 '습성'(Habitus) 또는 '습득성'(Habitualität)은 "경험적 지이가 아니라 선험적 자아에 속하는 것"(『이념들』 제2권, 111쪽)으로, 선험적(순수) 자아가 근원적으로 건설한 것이 의식 속으로 흘러들어가 침전되

욕구 · 애씀 · 행위로 이행하고 해결할 방도를 시험해보는 등 어쩌면 비교적 오랫동안 효력을 지닌다 —— 로서 원초적 질문을 지닌다.

2) 방금 상세하게 논의한 것이 여기에서 더 파고들 필요가 없는 질문을 '함축적으로' 분류하는 것이었다면, 이제 위에서 시사된 질문하는 것의 단계적 서열을 고려해야만 한다. 우선 질문하는 것은 그것으로 우리가 어떤 최종관점〔정립〕에 도달할 수 있을 어떤 확고한 주장을 통해 결국 자신의 확고한 대답을 발견할 수 있다는 사실, 이때 어쨌든 질문하는 것이 새로워질 수 있다는 사실이 눈에 띤다. 예를 들어 "A인가?"에 "예, A이다"라는 응답이다. 그렇지만 우리는 여전히 "실제로 A인가?"라고 다시 질문한다. 우리는 전혀 의심하지 않고도 질문한다.

이러한 사태는 지각의 영역에서 일어날 수 있고, 다음과 같은 방식으로, 즉 분열된 지각은 결정하는 것을 자체 속에 내포한 지각, 다시 말해 일종의 파악이라는 점에서 일치하는 지각으로 이행된다는 방식으로 해명될 수 있다. 그렇지만 아무튼 지각이 계속 경과하더라도 그 지각에 속하는 선취(先取)를, 따라서 파악한 것의 의미의 타당성을 입증하지 않는다는 개방된 가능성이 끊임없이 존속한다. 그래서 계속 확인하고, 지각의 판단을 정당화하며 입증하고 〔지지해〕 강화할 필요가 생긴다. 가령 더 가까이 감으로써 미리 지시된 가능성에 따라 자유롭게 활동하는 지각작용을 실현하고 이때 이것이 실제로 일치하는지를 확인해볼 필요가 생긴다. 그러므로 새로운 질문은 개방된 지평의 가능성으로 파고들어가는데, 이 질문은 앞서 포착한

고, 이것이 다시 생생하게 복원될 수 있는 타당성과 동기부여연관의 담지자(擔持者)다. 이것은 항상 현재의 의식 삶이 쏟는 관심(Interesse)을 형성하는 지속적 소유물로서, 선험적 자아와 그 구성이라는 지향적 작업수행의 구체적 역사성을 드러내 밝혀주는 핵심개념이다.

지향들에 관련된 정당화에 관한 질문 또는 실제적인 참된 존재를 겨냥한 질문이다. 그렇다면 입증하는 가운데 이미 존재하는 것으로 판단된 것은 '참으로 또 실제로 그렇다'는 특성이 있고, 그 결과 우리는 이 질문을 '진리의 질문' 또는 '실제성의 질문'이라고 부를 수도 있다. 물론 새로운 지평들이 열려 있기 때문에, 실제적인 것과 참된 것이 실로 진지하게 최종적인 것은 아니라는 유희(Spiel)가 여기에서 반복될 수 있다. 어쨌든 여기에서 상세히 논의된 것은 단순한 질문과 이 질문을 더 높은 단계에 결부시킬 수 있는 정당화에 관한 질문 또는 진리의 질문과의 차이를 부각시키는 데 충분하다.

우리는 마지막 강의의 연구로, 비록 낮은 단계에 반드시 필요한 분석이 아직 끝까지 다루어지지 않았더라도, 더 높은 〔단계의〕 의미에서 판단작용(Urteilsakt)의 현상학을 일부 다뤘다. 그것은 다음과 같은 근거에서, 즉 원천에 입각한 판단이론은 〔판단작용을〕 우선 직관 자체의 수동성에 속하는 속견(Doxa)과 이 속견의 양상들로 이끈다는 점에서 가능했다. 이 경우 어쨌든 자아가 특수하게 결정함으로써 일어난 더 높은 판단작용과 부각시켜 대조해보는 것이 당장 필요했다. 그렇지 않으면 지각의 신념에 관한 학설과 그래서 그 밖의 모든 종류의 수동적 직관 속에 등장하는 판단에 관한 학설은 이미 하나의 완전한 판단이론이라는 의견이 정말 뿌리내렸을 것이다. 그러나 인식하는 삶, 즉 로고스(Logos)[22]의 삶은 삶 일반과 마찬가지로 공허

---

22) 그리스어 'logos'는 ① 계산·가치·고려·명성, ② 관계·비율, ③ 설명·이유·근거·주장·진술·명제·원리·규칙·전제·정의(定義), ④ 이성·추리·생각, ⑤ 말·이야기·표현·담론·논의, ⑥ 주제·논제, ⑦ 절도 등 매우 포괄적인 의미가 있다. 따라서 이 용어를 단순히 '이성'으로, 특히 근대 이후 개념을 통해 사유하고 판단하며 인식하는 지성과 실천적 지 유 의지로 제한해 이해하는 것은 만족스럽지 못하다. 따라서 일단 원어를 그대로 표기한다.

한 일반성에서가 아니라 〔다음과 같은〕 기본적으로 층화(層化)되는 가운데 경과한다는 사실을 처음부터 염두에 두는 것이 중요하다. 즉

　1) 수동성(Passivität)과 수용성(Rezeptivität)[23]이다. 우리는 수용하는 것을 이 최초의 단계에 포함시킬 수 있다. 다시 말해 수동성 자체로 수동성의 고유한 지향성의 형성물이 구성되는 것을 명백하게 하고, 이것을 주시하고 주목하면서 파악하는 것 속에 단순히 존재하는 능동적 자아의 그와 같은 근원적 기능으로 간주할 수 있다.

　2) 그러한 자아의 자발적 능동성(Aktivität), 즉 '능동적 지성'(intellectus agens)[24]의 능동성이다. 이것은 판단을 결정할 때의 경우에서처럼, 자아에서 고유한 작업수행을 작동시킨다.

---

23) 자아가 주의를 기울여 대상을 파악하는 지각은 '단적인 파악' '해명' '관계관찰'의 단계로 이루어진다.(이 책 제1항의 주8 참조할 것). 그런데 '단적인 파악'도 단순한 감각자료로 주어지는 것이 아니라 이미 내적 시간의식의 통일 속에서 구성된 복잡한 구조를 지닌다. 즉 근원적으로 미리 구성하는 시간흐름의 수동성인 '능동성 이전의(vor) 수동성'과 이것을 넘어서 대상들을 대상화하는 '능동성 속의(in) 수동성'이라는 변양된 능동성이 수반된다. 따라서 선술어적 지각작용의 '수용성'은 자아의 낮은 단계의 능동성이며, 술어적 판단작용의 '자발성'(Spontaneität)은 높은 단계의 능동성이다.
24) '지성'은 지각을 바탕으로 비교·분석·추상·판단 등에서 인식을 형성하는 정신의 기능을 가리킨다. 스콜라철학, 특히 아리스토텔레스 전통을 이어받은 아퀴나스(Thomas Aquinas)는 능동적 지성과 수동적 지성(intellectus possibilis)을 다음과 같이 구분한다. 즉 감각을 통해 개별적 경험으로 주어진 질료적 사물의 인상적 종(species impressa)을 수동적 지성이 받아들이고, 이것을 능동적 지성이 정리하고 추상함으로써 그 보편자인 본질(quidditas)을 인식한다. 그런데 능동적 지성과 수동적 지성은 구별되는 두 가지 능력이 아니라 하나의 능력의 두 가지 양상 또는 기능일 뿐이다.

제2장

명중성

참되지 않는 것, 존재하지 않는 것은
이미 어떤 방식으로 수동성에서 배제된다.
하나의 동일한 세계를 관통하는 의식은
방해받은 일치성을 개선하는 수정을 통해
그 의식을 따라 복원하는 형식으로 이루어진다.
나는 당장 중요한 문제와 이 문제가 요구하는
극히 포괄적인 연구에 대한 예감을 제공할 것이다.
이렇게 함으로써 아주 특별한 존재의 개념과
이에 속한 규범화하는 특별한 개념을 분명하게 할 것이다.
이 개념은 이 원리를 통해,
그래서 논리학을 통해 아주 자명하게 전제되어 있다.

제1절

충족시킴의 구조

16 충족시킴. 공허한 표상과 이에 상응하는 직관의 종합

우리는 휴가[1] 이전에, 특히 인식의 해명을 추구하면서, 따라서 순수 주관성 안에서 특히 인식의 기능을 주목하면서, 질서가 세워진 일련의 통찰을 체계적으로 얻었다. 맨 마지막 강의에서는 판단이론에서 가장 기본적인 요소인 근본적 부분을 다루었다. 우리는 지각에 관한 체계적 연구에서 수동적 속견(Doxa)인 신념의 계기(契機)에 직면했고, 신념의 양상화들을 추구했다. 여기에서 밝혀진 것은 그것을 포함한 모든 종류의 직관에서, 그래서 그 자체로 마치 다시 지각하는 작용으로 특징지어진 회상에서 그에 상응하는 변양 속에 반영된다. 그때 수동적 영역에서의 속견의 사건들과 이 영역 속에 기초가 세워진 더 높은 판단의 능동성이라는 기능을 대조했는데, 이렇게 해서 〔한편으로〕 수동적 작업수행과 경험의 작업수행 그리고 다른 한편으로 자발적 사유의 작업수행 간의, 즉 적확한 의미에서 판단하고 결정하며, 인식의 획득물을 능동적으로 전유(專有)하고 확정하는 자아의

---

1) 이것은 1925년 크리스마스 휴가를 가리킨다. —편집자 주.

작업수행 간의 대립에 대해 최초로 구체적으로 이해했다.

이제 논리학에서 특히 중요한 판단영역의 특별한 특성과 작업수행을 탐구해가자. 수동성이나 단순한 수용성의 영역에서 이미 마주친 문제도 〔바로〕 그러한 특성과 작업수행이다. 여기에서 내가 뜻하는 것은 충족시키는 확인(Bewahrheitung), 강화(Bekräftung) 기능이다. 이것은 우리가──이것을 즉시 다른 종합과 관련해 충분히 해명할 수는 없어도──이미 오래 전에 직면한 특별한 종합적 기능이다. 우리는 지각을 분석하면서 이 분석에 근본상 본질적인 그 종합적 특성을 앞서 지시해야만 한다. 지각은 그 각각이 이미 자신의 본성에서 지각인 국면의 흐름이지만, 이 국면들은 종합의 통일체, 즉 자신의 본성에서 근원적으로 구성된 동일하게 지각된 것에 관한 하나의 의식의 통일체 속에 연속적으로 일치해 있다. 〔지각의〕 모든 국면에서 우리는 근원적 인상, 과거지향과 미래지향을 지니며, 그 통일체는 모든 국면의 미래지향과 연속적으로 인접하는 국면의 근원적 인상으로 충족됨으로써 계속 구성된다. 구체적으로 고찰해보면, 지각의 체험은 그 과정에서 부단히 '충족-되는', 바로 그래서 부단히 일치되는 통일체다. 물론 가능한 일이지만 이렇게 일치되는 것이 단절될 때, 양상화(Modalisierung)가 생기며, 그래서 우리는──우리가 단적으로 현존하는 것으로서 지각된 어떤 대상에 관해 부단히 의식하는 정상적인 의미에서──지각을 더 이상 지니지 않는다.

우리는 지금 〔고찰을〕 제한하는 단순한 표상의 영역, 즉 단순한 수용성에서 충족시킴에 관해서도 이야기한다. 표상하는 삶에서 특별한 표상으로 등장하는 예상의 모든 경우도 마찬가지다. 가령 우리는 어떤 사건을 예상한다. 입증하는 지각을 가장 근원적으로 확인하는 가운데 예상도 확인하면서 이제 그 〔예상한〕 사건 자체도 일어난다. 우리는 표상하는 지향이 단순히 지향된 것과 이에 상응하는 대상 자체의 종합 속에 충족되는 그와 같은 가장 근원적으로 확인하는 것에 관심을 쏟는다. 출발에서부터 명증성의 본질에 대한 탐구를 겨냥한다고도 말할 수 있다. 우리가 어떤 표상을 명증적으로 만드는 것은 어쨌든 그 표상을 근원적으로 충족시키는 확인으로 이끄는 것이다. 따라서 문제가 되는 것은 동일화하는(Identifikation) 임의의 종합이 아니라, 스스로를 부여하는 표상과 스스로를 부여하지 않은 표상의 종합이다.

물론 우리는 이때 이렇게 스스로 주어진 표상의 기초에 우선 확실성과 정립성(Positionalität)의 양상을 놓는다. 우리는 이미 알려진 중요한 구별, 즉 공허한 표상과 충만한 표상 또는 직관적 표상의 구별이 확인하는 종합에 특히 문제가 된다는 사실을 처음부터 안다. 당연히 우리는 어떤 지각, 게다가 외적인 초월적 지각까지도 ─ 더구나 어떤 지향을 확인하는 지각으로서 뿐 아니라 심지어 새로운 지각 속에 충족되는 단순한 지향으로서도 ─ 충족시키는 종합 속에서 일어날 수 있다는 사실을 안다. 그래서 만약 어떤 나무를 앞에서 지각하고 관찰한 다음 그것을 모두 상세하게 알기 위해 그 나무에 더 가깝게 다가가 이제 새롭게 지각하면, 이때 '상세하게 규정하는 것'과 더불어 실로 충족시키는 확인도 일어난다.

그렇지만 모든 외적 지각은, 스스로를 부여하는 특성을 지니는데도, 자신의 내적 지평과 외적 지평을 내포하며, 이것은 외적 지각이 동시에 자신의 고유한 내용을 넘어서 지시하는 의식이라는 점을 뜻한다. 외적 지각은 〔한편으로〕 그 충만함에서 〔다른 한편으로〕 동시에 최초의 새로운 지각을 이끌어낼 공허함에서 지시한다. 그래서 어떤 공간의 사물이 스스로 주어진 것은 어떤 원근법으로 나타나는 것 ─ 충족시키는 종합 속에 서로 뒤얽혀 이행하는 나타남들이 동일한 것으로 주어진 것 ─ 이 스스로 주어진 것이다.

그러나 이 동일한 것은 때에 따라 이러저러한 방식으로, 이러저러한 원근법[관점]으로 스스로 나타나며, 항상 〔어떤〕 원근법에서 언제나 새로운 원근법으로 〔이어지면서〕 앞서 지시한다. 이 새로운 원근법으로 제시된 동일한 것은 계속 상세하게 규정되지만, 어쨌든 결코 최종적으로 규정되지는 않는다. 왜냐하면 우리는 새롭게 열려진 '공허한 지평'이 나타나는 것을 항상 각오하기 때문이다. 따라서 어떠한 지평이나 '공허한 지향'도 없다면, 거기에는 어떠한 충족시키는 것도 없다. 그러므로 내재적 지각에 주어진 자료, 따라서 모든 '지금'(Jetzt)에 충전적으로 주어진 자료는 이 '지금'에 관해 더 이상의 어떠한 확인도 허락하지 않는다. 다른 한편 그 자료는, 선행하는 지각의 국면이 이미 다가올 것을 앞서 지시하는 한, 충족시키는 것을 이끌어낸다. 이렇게 충족시키는 것은 '앞서 예상한 것'(Vorerwartung)을 충족시키는 것이고, 궁극적이고 절대적으로 충족시키는 것 또는 명증성(Evidenz)이다.

그에 따라 이제 (확인하는) 충족시키는 것이 종합된 통일체는—그 자체만으로 있는 완전히 공허한 것이든 직관으로 불완전하게 충만된 것이든—공허한 의식이 그에 상응하는 직관과 종합적으로 일치된다. 그래서 공허하게 표상되는 것과 직관적인 것이 동일한 것의 의식 속에, 따라서 대상적 의미의 동일성 속에 합치되는 것처럼 보일 수 있다. 어쨌든 충족시키는 것을 직관하게 하는 것으로 볼 수 있다. 왜냐하면 어떤 의견을 확인하는 것은 어떤 대상을—그런데 그 대상 자체를 직관적으로 지니든 않든—사념하는 것이지만, 이미 직관적인 것을 여전히 넘어서 사념하고, 그래서 아직 주어지지 않은 것을 직관하게끔 이행하는 것이기 때문이다. 그렇지만 이러한 특징의 묘사는 들어맞지 않는다는 사실, 모든 직관하게 하는 것이, 따라서 모든 충족시키는 것이 확인하지 않는다는 사실은 분명해질 것이다. 직관과 공허한 표상 사이에서 서로 다르게 작동하는 종합을 구별하고 이 종합들을 더 상세하게 특징짓는 것은 기본적으로 중요하다.

가능한 종합들은 그 현상학적 특성에 따라 그 종합에 기초를 놓는 직관과 공허한 표상을 통해 규정된다. 거꾸로 우리는 종합들 속에 가깝게 관련된 표상들이 서로 다르게 기능하는 것에서, 또 이 경우 종합들을 받아들이는 서로 다른 특성에서, 기초를 놓는 표상들의 특성을 최초로 깨달을 수 있다. 또한 서로 다르게 가능한 종합을 구별하지 않으면 쉽게 간과하게 될 직관들의 차이와 공허한 표상들의 차이는 이것[기초지우는 표상들]을 통해 뚜렷이 나타날 수 있다.

17 가능한 직관의 유형을 기술하는 것

더 깊게 파고들어가기 위해 우선 직관적 표상과 공허한 표상의 일반적 차이에서 출발하자. 직관적 표상은 자신의 측면에서 서로 다른 양상을 띤다. 직관성(언제나 속견적 정립성으로 이해된 직관성)의 근원적 양상은 지각이다. 지각에는 현전화(Vergegenwärtigung)의 양상이 대립해 있다. 그러나 이 양상은, 더 자세히 살펴보면, 서로 다른 형식을 취한다. 직관적 회상(Wiedererinnerung)을 탐구하면서 우리는 회상이 그 자체 속에 지각을 현전화한 것으로 드러난다는 사실, 따라서 회상은 지각처럼 단순하게 구축되지 않는다는 사실을 이해했다. 회상은 그 자체가 지각은 아닌 현재의 체험이다. 그러나 이 체험은 지나가버린 지각의 시간 양상 속에 지각을 현전화하고, 바로 이것을 통해 자신이 이전에 지각했던 것을 존재했던 것으로 현전화한다. 다른 모든 종류의 현전화는 이와 비슷한 구조를 지닌다.

그러므로 어쨌든 현재적인 것(Gegenwärtiges)의 지각은 아니면서 이것에 관한 현전화인 현재적인 것에 관한 직관적 표상이 있다. 예를 들어 우리가 이전의 지각에서 다소간에 이미 알려진 어떤 사물의 뒷면을 직관적으로 만들면, 또는 그 밖의 사물들이 '함께 현재하는 것'(Mitgegenwart)을, 가령 베르트홀트(Berthold)-분수(噴水)[2]를 직관적으로 현전화하면, 이 경우 우리는 이 분수를 이것이 단순히 지나가버림〔과거에 있음〕, 가령 어제 보았던 것으로 표상하는 것이 아니라 지금 실제적인 것으로 표상하며, 우리가 그 바깥인 복도나 주랑〔홀〕 등에서 만드는 직관도 마찬가지다. 물론 이때 지나가버린 것〔과거〕의 기억은 자신의 역할——실로 주랑〔홀〕은 지금의 직관에 우선 회상으로 떠오른다——을 하지만, 그래도 지나간 것은 의식에 따라 또 대상적으로 변화되지 않은 채 재생산된 지나간 것〔과거〕에서 출발하는 미래에 삽입된다. 그래서 이 미래는 동시에 우리의 현실적 지각의 장(場) 속에서 이 사물들이 소속되는 우리의 현실적 지각의 현재에 '함께 현재하는 것'이다.

우리는 미래에 일어날 것에 관해서도 계속 직관적으로 현전화하며, 따라서 직관적으로 예상한다. 우리가 이 강의실·건물·거리·도시 등이 '지속해-있음'을 미래의 지속으로 앞서 직관하는 것은 '선취(先取)되어-있음'이나 '예상되어-있음'으로 '나중에-있음'(Nachher-sein)이나 '내일이나 미래에-있음'에 속한다. 따라서 우리는 직관적 표상 속에 미래의 것에 관한 의식을 지닌다. 그렇지만 예상이 언제나 지각된 현재를 그와 같이 미래로 단순히 계속 전개시키는 것은 전혀 아니다. 주기적으로 반복하는 경우처럼 또는 대부분 다소간에 규정되지 않은 것처럼, 예상되었지만 어쨌든 완전히 규정된

---

2) 이 분수는 프라이부르크 시민들이 1806년 새로운 군주 바덴의 칼 프리드리히(Karl Friedrich von Baden) 대공(大公)에게 충성을 맹세하기 위해 도시 중심가인 베르트홀트 교차로에 세운 기념물로, 제2차 세계대전 중인 1944년 11월 연합군의 폭격으로 파괴되었다.

것으로 예상되는 개별적으로 새로운 사건처럼, 〔아직〕 '알려지지 않은 것', 개별적으로 아직 결코 경험되지 않은 것이 앞서 직관될 수도 있다.

우리는 지난번 강의[3])에서 새로운 중대한 주제에 주목했다. 그 주제는, 수동성의 단계에서, 명증하게 하는 것 또는 확인하는 것이라는 중대한 문제도 이 문제와 밀접하게 연관된 단순히 입증하고 강화하는 문제에 관계되었다는 것이다. 명증성은 우리가 동일화하는 합치의 부각된 종합으로, 즉 그 속에서 직관과 공허한 표상이 종합적으로 일치되거나 직관이 〔다른〕 직관과 일치되는—그러나 이 경우 다시 공허한 표상과 그 충족시키는 것이 본질적 역할을 한다—그러한 종합으로 소급해 지시했다. 즉 그 직관의 경우 어느 한 측면에서 공허한 지평–지향이 관여되면, 이 지평–지향에 대해 다른 측면에 있는 직관이 그에 상응하는 충만함을 가져온다.

논리적으로 명증하게 하는 작업수행을 이해할 수 없도록 방치하는 논리학은 그 자체로 희망이 없는 불명료한 것으로 남게 된다. 그러나 이 중심적 문제에서 무능하지 않으려면, 첫째, 능동적으로 확증하는 모든 것의 기초인 수동적으로 확증하는 것이 종합되는 하부단계를 해명해야 한다. 이 해명을 위해 이것에 가능한 방식으로 관여된 직관과 공허한 표상의 구조를 더 깊게 통찰해야만 한다. 이 모든 의식의 유형이 의식 전체로서 선험적 삶의 통일체 전체에 대해 지니는—우리가 반복해 강조한—보편적 의미일 경우 우리는 여기에서, 비록 그것이 매우 중요한 문제라고 하더라도, 단순히 논리학의 특수한 문제와 상관없는 분석에 이른다. 우리는 가장 보편적인 본질의 법칙성에, 즉 선험적인 내적 삶의 통일성에서 가장 보편적인 구조의 법칙성

---

3) 여기서부터 새로운 강의가 시작된다.—편집자 주.

이지만 또한 발생(Genesis)의 가장 보편적인 법칙성에 대한 통찰에 이른다.

우리는 지난번 강의에서 확인하는 종합 속에 기능할 수 있는 직관의 유형들을 기술하는 고찰에서 출발했다. 그 유형들은 지각이거나 현전화였다. 그런데 현전화는 과거의 체험에 대한 표상처럼 과거의 기억이거나, 어떤 '함께 현재하는 것'—가령 이 방의 대기실 또는 지각에 따라 주어진 타인의 신체와 더불어 타인의 영혼 삶이 '함께 현재하는 것'—에 대한 직관적 표상처럼 현재의 기억이다. 또는 결국 그것은 어떤 예상된 미래에 대한 직관적 표상인 미래의 기억이다.

그런데도 어쨌든 우리는 이때 지각 속에 과거와 미래가 지평에 따라 함께 의식되는 사실, 그렇지만 나중에 직관적으로 밝혀질 수 있더라도 지금은 공허하게 함께 의식되는 사실에 주목한다. 이러한 사실은 회상에서도 마찬가지다. 즉 회상에 따라 소급해 추적할 수 있는 과거와 [거꾸로 추적할 수 있는] 미래뿐만 아니라, 현실적 현재—지각에 따른 현재, 그래서 이 현재의 현실적 미래—와의 관계도 모든 회상 속에 놓여 있다. 결국 예상도 실로 고립된 것이 아니며, 예상하는 것의 현실적 현재나 과거와 관계가 없는 것이 아니다. 이 모든 것에 내적 구조가 얽혀 있다. 그래도 지각·소급하는 기억·함께하는 기억·앞선 기억을 [동일한] 유형으로 나란히 세우고 이것들을 그 대상성의 인식대상적 특성에 따라 완전히 일반적으로 기술하는 것에 만족해서는 안 된다는 사실, 또는 이러한 현상학의 인상 전체와 유형 전체의 명증적인 차이에 만족해서는 안 된다는 사실이 즉시 분명해질 것이다. 이것들을 구조의 연관으로 이해할 때만, 이것들이 어떻게 종합적 연관 속에 기능하는지도 이해할 수 있고, 그러한 가운데 이것들이 확인하거나 확인된 것으로 기능할 수 있는지까지 이해할 수 있다.

이와 비슷한 것은 대립된 측면, 즉 공허한 표상들의 측면에도 있다.

18 공허한 표상의 가능한 유형을 기술하는 것

내적으로 주어지는 모든 주관적 방식으로 가능한 모든 대상에 관한 공허한 표상이 있다. 즉 직관의 모든 방식에는 공허한 표상의 가능한 방식이 상응한다. 우리가 상응하는 직관을 동일한 것에 관련시킨다는 것은 상응하는 직관이 종합되는 가운데 대상과 합치된다는 사실을 뜻한다.

공허한 표상이 자신에게 대상적인 것을 이른바 드러내 밝히고 해명하며 명백하게 제시한다는 사실, 따라서 공허한 표상은 그에 상응하는 직관과 더불어 종합될 수 있다는 사실이 본질적으로 모든 공허한 표상에 속하지 않는다면, 실로 우리는 공허한 표상에 관해 이야기하는 것과 공허한 표상과 대상이 관계 맺는 것을 결코 기대할 수 없을 것이다. 종합은 그것이 거기에서 공허하게 사념된 것을 직관적이게 한다는 사실, 거기에서 어떤 것이 공허하게 표상된다는 사실을 비로소 우리에게 보여준다.

우리는 단도직입적으로 다음과 같이 말할 수 있다. 즉 비직관적 표상은 오직 비본래적인 의미에서 표상이라고 불리고, 이 표상은 본래 우리 앞에 아무것도 세워놓지 않는다. 엄밀하게 말하면, 이 표상 속에 어떠한 대상적 의미도 구성되지 않는데, 즉 실제적인 지향적 구조를 통해 [형성된] 이러저러한 내용의 존재자로서는 아무것도 구축되지 않는다. 그 결과 우리는 그 표상에 관한 계속된 앎을 받아들일 수 있을 것이다. 본래 우리에게 표상되는 것은 원본의 방식으로 직관된 것, 즉 지각에 따라 자신의 자체성(Selbstheit)에서 구성되고 자신의 징표들, 자신의 서로 다른 측면들 등에서 우리의 원본적 앎이 되는 것이다. 이때 유사-지각된 것, 직관작용이 현전화하는 양상 속에 우리에게 직관적이 된 것, 미래의 것을 재생산하는 선취(先取) 또는 직관적 선취 속에 조금씩 우리의 내적 시선 앞에 일어나는 것도 그러하다. 공허한 표상에는 본래 아무것도 일어나지 않으며, 본래 어떠한 대상적 의미도 구성되지 않는다. 어쨌든 우리는 공허한 표상이 이러저러한 것을 표상한다고, 즉 이러저러한 것이 나에게 의식된다고 말한다. 그러나 그 때문에 우리는 항상 이 의식된 무엇(Was)을 직관에 대립시킬 수 있고, 그 때문에 직관 속에 본래 동일한 것으로 실제 표상된 바로 동일한 것이 공허하게 사념된 명증적인 의식을 종합하는 가운데 획득할 수 있다.[4]

각각의 직관이 경과해도 흔적 없이 사라지지 않는 한, 모든 직관에는 당연히 공허한 표상이 상응한다. 공허한 표상이 직관되었던 것은 이제 비직관적인 방식으로 '여전히' 의식되고, 이것은 물론 최종적으로 일반적인, 차이가 없는 공허함으로 희미해진다. 그와 같은 모든 공허한 표상은 과거지향(Retention)이고, 이 표상이 선행한 직관에 필연적으로 연결되는 것은 수동적 발생의 근본적 법칙을 특징짓는다. 그러나 이 법칙은, 우리가 알고 있듯이, 모든 직관이 내적으로 생성되는 가운데 스스로 이미 끊임없는 역할을 하는 한, 여기에서 표명된 것보다 [효력의 범위가] 더 멀리 도달한다. 연속적으로 모든 체험이, 근본적으로 말하면, 근원적 인상으로 등장하는 모든 '지금'의 국면(Jetzt-phase)이 본질적 필연성에서 과거지향으로 변양되고, 이러한 변양에 못지않게 연속적으로 계속된다는 사실은 실로 근원적 시간의식(Zeitbewuβtsein)의 구성[5]이라는 근본적 법칙성의 한 측면

---

4) 우리는 상대적으로 명석하지 않은 재생산하는 직관들과 공허한 표상들, 즉 공허한 지향들을 혼동하는 것에 조심해야만 한다. ― 후설의 주.

5) 후설은 1904~1905년 괴팅겐대학교 강의를 정리한 「현상학과 인식론의 주요

이다. 국면들에 타당한 것은 더구나 구간들, 즉 구체적 체험들 자체에도 타당하다. 근원적 인상의 새로운 것이 더 이상 등장하지 않으면, 그때 직관 그 자체는 지나가버리는데, 이것은 직관이 철두철미하게 생생한 과거지향으로 이행된다는 것을 뜻한다. 대상적으로 그와 같은 과거지향 속에 놓여 있는 것은 본질의 법칙적 가능성——그러나 필연성은 아니다——에 따라 연결되는 직관하게 하는 것을 통해 밝혀진다. 달리 말하면, 그것은 명백하게 확인하는 종합인 그것의 의식에서 그에 상응하는 직관으로 종합해 이행하는 가운데 밝혀진다.

그런데 이제 다음과 같은 사실을 말해야만 한다. 즉 모든 공허한 표상이 하나의 동일한 본질적 특성과 기능을 지니는 것은 아니라는 사실, 게다가 우리가 시간흐름의 근원적 발생(Urgenesis) 속에 여러 가지 직관, 실로 여러 가지 표상(따라서 심지어 과거지향)에 연결된 과거지향을 통해 발견하는 특성 그리고 이미 상세하게 논의했듯이, '구체적으로'뿐만 아니라 바로(또 모든 체험 일반에서처럼) 단지 시간 속에서만 구성되는 생성(Werden)이 될 수 있는 모든 직관 자체의 구조적 연관 속에서 발견하는 특성을 지니는 것은 아니라는 사실이다. 이러한 근원적 발생에 관한 학설에서 우리는 과거지향에 관해서

문제: 의식의 심층부에서 작용하는 '지각·주의·상상과 심상의식·시간직관'의 분석」의 마지막 부분에서 모든 체험이 시간적 발생 속에 원본으로 주어지고 통일적으로 구성되는 근원적 발상인 내적 시간의식의 지향적 지평구조를 밝혔다. 후설은 발생적 분석의 근본 틀을 제시한 이 자료를 몇 차례 보완했는데 1916년부터 1918년까지는 연구조교였던 슈타인(E. Stein)과 함께 검토하기도 했다. 그러다가 1928년 하이데거가 최종 편집한 것이『철학과 현상학적 탐구 연보』제9권에『내적 시간의식』으로 발표되었다. 후설은 1905년 이후 이 연구의 성과를 빈번히 또 명백히 인용하면서 현상학을 발전시켜갔지만, 정작 이 책 자체는 유사한 주제를 다룬 하이데거의『존재와 시간』(Sein und Zeit)이 1927년 『연보』제8권에 발표됨으로써 제대로 주목받지 못하고 심지어 현상학자들에게도 곧바로 잊혀졌다.

뿐만 아니라 미래지향에 관해서도 이야기해야만 한다. 이러한 관점에서 시간적으로 주어지는 방식의 분석이던 지각을 분석하며 과거지향의 역할에 대립된 미래지향의 본질적으로 새로운 역할을 주목했고 몇 가지 특징으로 기술했기 때문이다.

'미래지향'이라는 명칭은 시간을 구성하는 통일체의 흐름인 의식삶을 견고한 방식으로 지배하는 발생적 근원의 법칙성에서 두 번째 측면을 나타낸다. 과거지향적 과거의 지평이 모든 인상(印象)의 현재에 불가피하게 연결되듯이, 미래지향적 미래지평도 이에 못지않게 그 현재에 불가피하게 연결된다. 그래서 과거지향적 지평과 마찬가지로 미래지향적 지평을 드러내 밝힐 수 있다. 더구나 '방금〔전에〕-존재했음'인 과거 그 자체가 직관적 회상을 통해 비로소 명석하게 분명히 밝혀지듯이, 미래지향의 구성적 작업수행은 방금 다가올 것을 통해, 근원적으로 의식되는 미래를 통해 분명히 밝혀진다. 이 모든 것은 잘 알려져 있다. 그러나 우리가 양쪽의 공허한 표상들이 공허한 표상으로서 본질적으로 같은 종류이지만 가령 단지 그 기능이 법칙적으로 서로 다른 질서를 통하기 때문에 또는 단순히 내적으로 복잡하기 때문에 서로 다르게 특징지어진 구성적 작업수행(과거 ─ 미래)이 이루어지는지의 문제를 초점에 놓으면, 그것은 새로운 문제다. 우리가 양쪽의 상태에 직관적으로 침잠함으로써 구별해 선택해야만 했을 표현들은 그것에 반대한다.

우리는 순수한 수동성에도 불구하고 미래지향에 대해 예상을 이야기했고, 현재가 미래를 향해 팔을 벌린다는 것을 비유적으로 이야기했다. 따라서 이미 순수한 수동성에서, 즉 심지어 지각의 대상을 파악하는 관찰작용 이전에 이미 그와 같이 이야기한다. 우리는 과거지향에 관해 그와 같은 표현을 사용하지 않았고, 또 사용할 수 없었다. 그것은 파악하는 관찰 속에, 즉 알아차리는 지각 속에 과거지향과 미래지향이 기능하는 방식의 차이와도 연관된다. 우리는 단적으로 알아차리면서 현재적인 것에, 즉 예상을 충족시키는 것으로 일어나는 언제나 새로운 '지금'에 향해 있고, 이것을 관통해 계속 다가올 것에 향해 있다. 알아차리는 것(Gewahren)은 미래지향의 연속성을 따라간다. 그래서 알아차리는 것에서 이미 수동적 지각 자체 속에 놓여 있는 '미리 향해-있음'(Vorgerichtet-sein)이 명백해진다. 이에 반해 언제나 계속 뒤로 밀쳐지는 과거의 노선을 따라갔던 어떠한 '향해-있음'도 과거지향의 연속성을 관통해가지는 않는다. 사람들은 여기에서 우리가 실로 거꾸로 전환된 시선을 과거로 되돌려보낼 수 있다고 반론을 제기할 수도 있다. 그렇지만 앞서 말한 것은 참이다. 다만 그만큼 양쪽에서 매우 큰 차이가 있다는 사실 그리고 '자아〔의〕-시선'의 방향과 또 자아의 파악하는 시선 이전의 또 지각 자체의 방향이 잘 구별되어야만 한다는 사실이 즉시 분명해진다. 어느 때는 '자아〔의〕-시선'이 지각 자체의 방향을 따라가고, 다른 때는 그렇지 않다.

이 모든 것을 해명하기 위해 우선 예상하는 지향인 미래지향을 넘어서는 것과 이 미래지향과 본질적으로 비슷한 또 동시에 모든 단순한 과거지향과 구별된 다른 공허한 표상들을 끌어내 고려하는 것이 좋다. 우리는 '함께 현재화하는 것'(Mitgegenwärtigung), 즉 소급된 기억과 앞선 기억 이외에 직관적 표상의 형식인 현재의 기억에 관해 이야기한다. 이 직관적 기억이 가령 발생에서 선행하지 않는다는 사실, 오히려 본질적으로 이전의 것은 이에 상응하는 공허한 표상이라는 사실에 철저히 주목해야 한다. 그러므로 근원적 인상에 공허한 과거지향과 미래지향이 필연적으로 연결되고 이와 마찬가지로 지각의 경과 전체에 구체적으로 공허한 과거지향 또는 어쩌면 새로운 지각에 대한 공허한 미래의 예상이 연결되는 곳인 지각 안에서 이미 그에 상응하는 직관이 불러 일으키는 동기부여를 통해 비로소 생긴다.

발생적으로 더 근원적인 '함께 현재화하는 것'을 고찰하면, 이제 예를 들어 모든 지각의 대상에 대해 그 대상에 직접 속하는, 그 대상에 구성적인 전체 지평이 문제가 된다.

우리는[6] 지난번 강의에서 미래지향, 예상하는 표상과 더불어 본질적 공통성을 지닌 공허한 표상의 전체 범위를 지적했다. 이 범위에는 일깨워지는 모든 '지평[의]-지향'이 그 어떤 직관의 구체적 연관에 속한다. 즉 지각되지 않은 사물의 환경세계의 그 어떤 부분이 때로는 특별한 공허한 표상 속에 '함께 현재하는 것'으로 우리에게 의식될 때 그러하다. 이러한 모든 표상에서 우리는 그 표상이 다른 표상들과 특별한 종합적 연관──전적으로 동일화하는 종합이나 합치되는 종합이라는 류(類)의 외부에 있는 종합적 연관──속에 있다는 특유한 점에 주목한다. '함께 현재하는 것'의 일깨움과 관련해 우리가 든 대기실의 예에서 이 대기실의 공허한 표상은 고립된 채 등장하는 것이 아니라, 우리가 우리의 시선에 보인 방을 바라보다가 마치 문에서 마주치는 지각의 표상과 결합해 등장한다. 이 지각의 표상과 공허한 표상의 결합은 '종합적' 결합이다. 즉 그것을 통해 양쪽의 대상성이 인식대상적으로 특별한 통일체의 특성을 얻는 새로운 구성적 작업수행을 하는 어떤 의식의 통일체가 수립된다.

더 확실하게 말하면, 지각의 표상, 즉 지각에 따라 이러저러하게 나타나는 것은 동시에 나타나는 것에 속하는 공허하게 표상된 것을 앞서 지시한다. [시선]방향의 발산은 지각 속에 생기며, 공허한 표상을 관통해 그것이 표상된 것으로 향한다. 또한 우리는 "지각이 표상을 일깨웠지만, 일깨움은 곧 동시에 그 속에 어떤 표상이 '그것을 향해

---

6) 여기서부터 새로운 강의가 시작된다.──편집자 주.

있고' 이에 따라 대립된 표상이 자체 속을 향해 있다는 〔시선〕방향의 종합, 또는 표상된 것은 '목표점'(terminus ad quem)과는 다른 것, 즉 다른 '출발점'(terminus a qua)으로 특징지어진 〔시선〕방향의 종합이 생기게 한다는 것을 뜻한다"고 발생적인 근거에 입각해 말한다.

이제 본질적으로 같은 특성인 그러한 의식의 종합을 아주 일반적으로 주목해보자. 그 종합은 자아가 능동적으로 건립했던 것이 아니라, 순수한 수동성 속에 수립되고 결합되는 개별적 체험들이 자아의 능동성 속에 생길 때 수립될 수 있는 것이다. 매우 단순하게 말하면, 우리는 처음부터 여하튼 우리가 지금 오직 관심을 쏟는 수동적 표상의 영역을 수동적으로 생기는 종합의 소재로 견지한다. 일반적으로 말하면, 이때 여기에서 중요한 문제는 표상된 것이 자신을 넘어서 다른 표상된 것을 앞서 지시하는 종합이다. 이 앞서 지시되는 다른 표상된 것은 이러한 사실을 통해 그것이 그 밖에는 가질 수 없을 새로운 내적 특성을 획득한다. 그것은 특수한 '지향함'의 특성, 즉 '목표를 향한 방향에-있음' '지향되어-있음' '사념되어-있음'의 특성이다. 또는 이와 상관적으로 말하면, 표상작용은 자신의 대상을 단순히 일반적으로 표상하는 의식이 아니라, 그 자체로 자신의 대상을 향해 있다.

이렇게 기술하는 것은, '사념함' '향해 있음' '지향함' 같은 매우 통상적인 단어의 의미가 중요한 문제가 아닌 한에서만, 〔오해될〕 위험이 있기 때문이다. 이 통상적인 단어의 의미는 자아와 자아의 행사(Aktus)에 관계되고, 이 경우 자아는 또한 〔위에서 말한 것과〕 총체적으로 다른 의미에서 대상을 향한 방향, '향해-있음'이 '발산되는 점'이 된다. 여기에서 유용한 단어가 결여되어 있으므로 '수동적'이라는 형용사를 지닌 수동적 지향함이 우리에게 도움이 된다. 그리고 앞으로의 논의는 오직 수동적으로 지향하는 표상에 관한 것이어야

한다. 먼저 우리는 이러한 지향이 생기는 종합에 '연상적 종합'이라는 명칭도 부여할 것이다. '이 연상(Assoziation)이 자연주의적 심리학자나 경험적 심리학의 연상과 어떤 관련이 있는지'에 대해서는—비록 가장 중요하고 또 완전히 보편적으로 기능하는 수동적 발생의 형태인 연상에 관한 일반적 학설로 계속 파고들어가는 모든 것이 일시적으로 중단되었더라도—지금 결정하지 않은 상태로 놓아두려 한다. 우리가 상세히 논의한 것만으로도 지향의 방식으로 자신의 대상들을 특수하게 향하는 '지향하는 것'인 공허한 표상들의 부류를 날카롭게 구분하는 데 충분하다. 따라서 이것이 동시에 뜻하는 것은 공허한 표상이 연상적 종합 속에 있으며—이 종합적 연관에 주목할 수 있든 없든—이 종합 속에 일깨우는 대립된 표상들에서 그 방향의 구조를 획득했다는 사실이다.

우리는 모든 표상이 대상적으로 지향하는 것이 아니라는 사실을 말했고, 우리의 특별한 주제로 깊게 파고들어가면서, 시간의식 속에 근원적으로 일어나는 모든 과거지향이 여기〔대상적으로 지향하는 것이 아닌 것〕에 속하며, 여기에서 모든 미래지향은 완전히 같지 않다는 사실을 앞서 지시했다. 더구나 근원적으로 일어나는 것인 과거지향도 서로 함께 또 근원적 인상과 종합적으로 연관되지만, 근원적 시간의식에 속한 이 종합은 연상의 종합이 결코 아니다. 과거지향이 인상에서 소급하는 연상적 일깨움을 통해 일어나지 않으며, 따라서 연상적 일깨움에서 발산하는 공허한 표상의 과거를 향한 방향을 자체 속에 지니지 않기 때문이다. 그렇기 때문에 브렌타노가 과거지향을 인상에 법칙적으로 연결시키는 것을 '근원적 연상'이라고 부른 것은 현상학적으로 옳지 않았다. 사람들이 '연상'이라는 단어를 아주 피상적으로 또 언제든지 그러한 성질을 띠고 근원적으로 일어나는 표상과 표상의 모든 결합에 대해 아무것도 말하지 않으면서 선택할 때만, 〔그것을〕'근원적 연상'이라고 부를 수 있을 것이다. 연상은 근원적 시간구성의 미래지향과 관련된 계열에서만 지배하고, 게다가 이때도, 우리가 알고 있듯이, 연속적 과거지향과 관련된 계열을 일깨우는 것으로만 기능한다. 그에 따라 우리는 지각을 (더구나 순수한 수동성을) 관통하면서 미래지향의 계열로 향하는 표상, 지향하는 표상, 게다가 예상을 갖는다.

나는 과거지향이, 그 근원성에서 등장하듯이, 어떠한 지향적 특성도 지니지 않는다고 말했다. 이것은 과거지향이 어떤 상황에서 또 자신의 방식으로 나중에 지향적 특성을 받아들일 수 있다는 사실을 배제하지 않는다. 따라서 우리는 과거지향인 것〔과거지향〕으로 자아가 자신의 '자아〔의〕-시선'을 향한 시선의 모든 경우처럼 어쩌면 우리에게 향했던 과거지향이 일어난다는 사실로 혼란을 일으키면 안 된다. 왜냐하면 자아가 표상한 것이 지각된 것, 기억된 것, 또한 이미 그 자체 속에 지향적인 과거지향인 것, 따라서 이미 자신의 수동적 내용(Gehalt) 속에 자신의 대상적인 것을 향한 시선의 방향을 반드시 지닌다는 사실은 일반적으로 타당하기 때문이다.

그런데 과거지향은 어떻게 이러한 방향의 구조에 이르게 되는가? 물론 나중에 뒤따라올 연상을 통해서다. 예를 들어 어떤 멜로디에 대한 지각이 경과하는 가운데 단도직입적으로 울려 퍼지는 음(音)의 국면은 지나가지만 여전히 과거지향으로 의식된 음의 국면을 기억하고 이 국면을 소급해 가리키는 것은 정상적인 경우다. 따라서 연상적 일깨움은 현재에서 이미 이러한 연상 이전에 근원적으로 생겼고 또 〔음이〕점차 작아지는 과거지향의 과거로 나아간다. 물론 관련된 과거지향은 이제 어떤 방향의 구조를 받아들인다. 이와 마찬가지로 외견상 무(無)가 된 망각(忘却)의 영역에서, 결국 모든 과거지향이 그 속으로 가라앉는 멀리 떨어진 지평에서 생생하지 않고 더 이상 부각되지 않는 예전의 과거지향들 가운데 어떤 과거지향이 어느 정도 다시 일깨워질 수 있고, 이 경우 그 과거지향은 우선 부각된 공허한 과거지향의 형태를 취하며 또 취해야만 한다. 일깨움은 그 어떤 현재의 표상에서 연상을 통해 일어난다. 따라서 그렇게 떠오르는 예전의 모든 과거지향은 처음부터 수동적 지향이라는 특성을 띤다. 소급해 기억된 것은 '소급해 해석함'(Rückdeutung)으로써 기억되며, 이 소급해 해석하는 것은 모든 '앞서 기억하는 것'(Vorerinnerung)인 예상의 경우 다가올 것에 대해 '앞서 해석하는 것'(Vordeutung)과 비슷한 것이다. 그러나 다른 한편 우리는 위에서 말한 것에 따라 연상 이전의 단순한 과거지향과 연상에 상응하는 과거지향의 지향적 형태를 구별해야만 한다.

수동적 지향과 이것을 확증하는 형식들

19 직관하게 하는 종합에서 묘사하는 것, 해명하는 것, 확인하는 것

현상학에서 지향〔함〕과 충족시킴에 관해 매우 많이 논의되었고 사실상 충족시키는 종합이 강력한 역할을 했기 때문에 사람들은 경우에 따라 〔그 논의를〕 명확하게 주목했다. 하지만 '지향〔함〕'이라는 단어와 이와 상관적인 '충족시킴'이라는 단어가 의식의 어떤 특정한 특성을 나타내는지 일반적으로 또 순수하게 해명하려 하지는 않았다. 그렇다면 우리가 이제까지 획득한 '지향〔함〕'이라는 개념만으로 이미 확인하는 것인 '충족시킴'이라는 적확한 개념에 도달할 수 있는가? 또는 본래 문제가 되는 개념을 차이로 명백하게 하는 더 이상의 구별을 위한 테두리만 겨우 만들어낼 뿐인가?

우선 공허한 표상에 대해, 게다가 이제까지 기술한 것에 따라 지향할 때는 직관하게 하는 가능성 또는 그것을 확증하는 가능성을 숙고하면서 더 진행해가는 것이 최선이다. 미래지향의 유형에 관한 표상을 고찰하면, 이 표상은 처음부터, 그 속에 이 표상이 근원적 법칙으로 생기는 발생적 종합을 통해, 대상으로 향한 표상이다. 예상 또는

'함께 현재화하는 것'도 마찬가지다. 우리는 여기에서 직관화의 본질적으로 서로 다른 두 가지 방식, 즉 공허한 지향이 이것에 직관의 충만함을 부여하는 것에 상응하는 직관과 합치하는 서로 다른 두 가지 종합을 발견한다. 우선

1) 단순히 해명하는 직관하게 하는 것, 즉 단순히 드러내 밝히는 직관하게 하는 방식이다. 이것은 우리가 공허한 예상을 〔마음속에〕 묘사할 때처럼, 그것이 다가올 것처럼 묘사한다. 마찬가지로 우리는 '함께 현재하는 것'을 단순히 '묘사하는 것'도 갖는다.

이 직관하게 하는 것은, 항상 상대적으로 규정된 예상 또는 규정되지 않은 예상의 일반성으로 '미리 지시하는 것'(Vorzeichnung) 안에서 이른바 미리 보인 것의 구성요소에 따라서만 〔그 대상적 의미를〕 실제로 드러내 밝히며, 따라서 지향된 대상적 의미를 실제로 해명한다. 그와 같은 구성요소들만 그에 속한 충만함의 특성을 띠며, 이 구성요소들만 실제적으로 합치되는 종합에 이른다. 그러나 직관이 완전히 묘사된 상(像), 즉 구체적인 상을 반드시 산출하기 때문에, 합치되지 않은 잔여(殘餘)가 남는다. 이것은 단순한 여백(餘白)으로, 게다가 순수 현상학적으로, 특성지어진다.

2) 직관하게 하는 완전히 다른 방식 또는 지향함과 〔이에〕 맞추어진 직관이 완전히 다르게 합치되는 종합은 지향함을 특수하게 충족시키는 것이다. 예상에 대해 이것은 예상이 그에 상응하는 지각과 더불어 종합된다는 사실, 단순히 예상된 것은 예상을 충족시키는 것인 실제로 다가올 것과 동일화된다는 사실을 뜻한다. 이것은 단순히 묘사하는 것과 명백히 전혀 다른 것이며, 진정으로 확인하는 것이다. 따라서 공허한 것의 단순한 충만함은 아직 지향함을 충족시킨 것이 아니다.

'미리 지시하는 것'을 넘어서, 즉 특정하게 예상된 것을 넘어서 여

기에서 일어나는 것은 여백으로 단순히 특징지어지지 않고, 〔대신〕 '상세하게 규정하는 것'으로 특징지어진다. 그러나 이 '상세하게 규정하는 것'은 충족시키는 특성을 띤다. 미리 지시하는 것의 합치로서 최초로 일어나는 것은 1차적으로 충족시키는 것이다. 그렇지만 직관이 제시하는 '그 이상의 것'(Superplus)은, 이것이 그때 지향되었고 이제 지향함을 바로 충족시키는 대상 자체로서 직관이 되는 대상 자체에 속하는 것으로 주어지는 한, 2차적으로 충족시키는 것이다.

과거지향을 직관하게 하는 것과 이것을 비교해보자. 여기에서는 우리가 알고 있듯이, 모든 과거지향을 고찰하지 않는다. **근원적으로** 등장하는 과거지향은 실로 비직관적이며, 차이가 없는——연상적 일깨움이 일어나지 않을 경우, 마치 생기가 사라진 망각(忘却)의——일반적 지평 속으로 가라앉는다. 따라서 방향을 잡은 과거지향만, 즉 그와 같은 일깨움을 통해 지향함이 된 과거지향만 직관하게 하는 종합에 대해 문제가 된다.

우리가 여기에서 존재하는 가능성을 숙고하면, 즉시 주목을 끄는 것은 여기에서는 미래지향의 경우처럼 해명하는 직관하게 하는 것과 확인하는 직관하게 하는 것이 첨예하게 분리되지 않는다는 사실, 즉 그 하나는 단순히 묘사하는 것이지만 이때 확인하지 않는 것이고 다른 하나는 확인하는 것이지만 이때 단순히 '묘사하는 것'이 아니라고 특징지울 수 있을 만큼 첨예하게 분리되지 않는다는 사실이다. 그런데 여기에서 사태는 다르게 전개된다. 지향하는 어떤 과거지향이 종합되어 합치하면서 그에 상응하는 직관으로 이행하면, 이 직관은 실로 직관적 회상이다. 공허한 과거지향 속에 바로 공허하게만 지향되었던 것이 이 직관적 회상을 통해 직관적으로 명석하게 된다고 우리는 의심할 여지없이 말할 수 있다. 그래서 종합은 어떤 의미를 해명하는 직관하게 하는 것을 확실하게 수행한다. 종합은 지향된 의미, 그렇지만 우선 공허하게 표상된 대상적 의미를 드러내 밝힌다. 그러나 우리는 이에 못지않게 이 종합이 동시에 확인하는 종합의 특성을 띤다고 말할 수 있으며, 또 그렇게 말해야만 한다. 다시 일깨워진 것으로서 본래 회상—그렇지만 비직관적 회상—으로 특징지을 수 있는 공허한 과거지향은 그에 상응하는 직관적 회상과 합치됨으로써 확인된다. 그래서 회상의 직관 속에 대상적인 것 **자체**가 확실하게 알려지고 더구나 공허한 기억의 지향이 단순히 지향했던 대상적인 것 자체로서 확실하게 알려지는 공허한 기억의 지향인 한, 공허한 과거지향은 적확한 의미로 충족된다.

따라서 해명과 충족시키는 확인은 여기에서 분리될 수 없다. 직관하게 하는 모든 종합이 여기에서, 아프리오리(apriori)[7]하게, 반드시 이 두 가지를 수행하기 때문이다. 미래지향의 경우 〔이 둘이〕 평행하는 상태와 대조해 소급된 기억을 단순히 묘사하는 것은 전혀 없다. 단순히 묘사하는 것은 어쨌든 그 작업수행이 단순한 '이전의-상(像)'—이 속에서 우리는 예측으로 존재할 것 또는 이렇게 불러야만 하듯이, 예측으로 존재했던 것을 묘사한다—인 직관하게 하는 것을 뜻한다. 어떤 사태를 선취(先取)하는 상은 사태 자체가 아니며, 또는 단순히 선취하는 직관작용은 '스스로를 직관하는 것'(Selbstanschauen)이 아니다.

그러나 여기에서 확인하는 것은, 마치 어떤 회상도 '묘사하는 것'

---

7) '논리상 경험에 앞서며, 인식상 경험에 의존하지 않는다'는 의미의 이 라틴어는 칸트 이후 '경험의 확실성과 필연성의 근거에 대한 형식'을 뜻했으나, 후설은 발생적 분석에서 '그 자체로 미리 주어지고 경험되는 질료'라는 의미까지 포함해 사용한다. 따라서 이것을 '선천적' 또는 '생득적'으로 옮기는 것은 부당하다. '선험적'으로 옮기는 것도 궁극적 근원으로 부단히 되돌아가 묻는 후설 현상학의 근본적 태도를 지칭하는 'transzendental'과 혼동되기 때문에 적합하지 않다. 그래서 일단 원어의 발음 그대로 표기한다.

으로 존재할 수 없다는 점이 아니라, 그 회상은 단순히 묘사하는 것으로 존재할 수 없고 필연적으로 스스로를 부여하는 것인 동시에 그래서 '충족시키고-확인하는 것'이라는 점이다. 이러한 점은 (이미 상세하게 논의한 것을 명석하게 설명하면) 다음과 같은 방식으로 완벽하게 이해된다. 즉 공허한 표상 일반과 마찬가지로 모든 공허한 과거지향은 [아직] 규정되지 않은 일반성으로 표상한다. 다시 말해 공허한 과거지향은 내용에 대해 '미리 지시하는 것'을 지니며, 이 '미리 지시하는 것'은 ─바로 드러내 밝힘으로써 분명해지듯이─ 그 내용을 넘어서는 것을 규정하지 않은 채 열어둔다. 여기에서 오직 직관하게 할 수 있는 회상은 이제 공허한 기억 속에 지향되었던 그 과거를 직접 끌어오고 심지어 직관으로 이끌며, 따라서 우리가 말했듯이, 종합되는 가운데 충족시키는 확인을 [수행]한다. 우선 '미리 지시하는 것'이 충족되며, 이것은 모든 상황에서 그러하다. 그렇지만 그 구체적인 충만함에서 명석한 기억의 상(像)은 '미리 지시하는 것'이 일정하게 앞서 사념한 것보다 많은 것을 제공한다.

그렇다면 이 '이상의 것'(Plus)은 사정이 어떠한가? 이 충만해진 '이상의 것'에서 부각된 그 어떤 계기에 대해 이제 명백히 두 가지 가능한 경우가 있다. [첫째] 그 계기는 그 자체만으로 회상된 것 자체, 지나가버린 것 자체에 속하는 것으로 특징지어진다. 그래서 이 계기는 지나가버린 것을 상세하게 규정하는 특성을 띠고, 그 자체가 충족시키는 것에 함께 속한다. 또는 [둘째] 그 계기는 그렇게 특징지어지지 않고, 그래서 단순한 여백이라는 특성을 띠며, 또는 그것에 대해 말할 수 있듯이, 단순히 묘사하는 특성을 띤다. 몇 시간 전에 알게 된 어떤 사람에 대한 비직관적 기억은 예를 들어 어떤 직관적 회상을 통해 충족된다. 그러나 이제 '기억의 상'을 더 정확하게 검토해보면, 가령 '모습[형태]' '다시 생산된 수염이 난 얼굴' '안경' 등은 실제적 기억의 특성을 띠지만, '수염의 색깔' '눈의 색깔' 등은 그렇지 않다는 사실을 알아차린다. 그때 직관적이었던 것이 〔이제는〕 여백, 즉 〔마음속에〕 묘사되는 것이기 때문이다.

그래도 단순히 순수한 수동성의 사건을 다루려고 한다는 사실이 주목되어야 한다. 우리에게 매우 유용한 것으로 입증된 '묘사하는 것'이라는 말은 정상적인 방식으로 자아의 능동적 행위를 시사한다. 자아는 '미리 지시하는 것'이 자신에게 더 이상 도움이 되지 않는 곳에서 어쨌든 적어도 어떤 상(像)을 획득할 것이고, 그런 다음 계속해서 서로 다른 가능성, 서로 다르게 적합한 상을 획득할 것이다. 어쩌면 자아는 나중에 연상적 일깨움을 통해 더 완벽한 회상이 갑자기 떠오르지만 이러저러한 상이 그 내용에 따라 여전히 결여된 기억의 특성, 즉 상세하게 규정하는 특성을 받아들이고 예상하는 가운데 있다.

물론 여기에서 그와 같은 능동성에 관해서만 이야기해야 하는 것은 아니다. 따라서 단순히 묘사하는 것은 우리에게 여백(餘白)의 단순히 여러 가지 특성을 드러낸다. 여백은 실제로 충족시키는 것에 대립해 충족되지 않고, 그 자체만으로 직접 재생산된 과거에 속하는 것으로, 즉 '그것 자체'의 양상 속에 지나가버린 것으로 주어진다.

우리는 상세하게 규정하는 것과 묘사하는 것이 본래 회상의 경우에 언제나 관철된다고, 또 순수하게 충족시키는 확인이 이상적인 한계일 경우, 이른바 '극한'(Limes)이라고 일반적으로 말할 수 있다. 반면 우리는 물론 이에 대립된 방향에서, 즉 우리가 확인한 주안점에서 바로 어떠한 극한도 지니지 않는다. 다시 말해 공허한 회상은 철저하게 묘사하면서도 확인하지 않는 직관하게 하는 것을 결코 허용하지 않는다. 정상적인 방식의 공허한 회상이 실로 본래 언제나 몇 가지 부분에서 묘사한다는 점에서 공허한 회상은 아직 충족되지 않은 지향함이라는 점을 뜻한다. 따라서 절대적으로 완벽한 회상이라는 이상적인 한계의 경우만 여기에서 배제된다. 그러므로 각각의 회상은, 다른 관점에서도, 충족되지 않은 지향함이다. 한편으로 회상은 명석함에서 동요하는 한, 단지 상대적으로만 명석하다. 명백히 재생산된 상(像)은 결코 절대적으로 명석하지 않고, 따라서 이것은 다시 이상적인 것(Ideal)을 지시한다. '명석하지 않은 것'(Unklarheit)은 언제나 직관적으로 충족되지 않은 공허한 것(Leere)이다. 그리고 회상이 지향된 과거의 파편들만, 가령 일깨워진 멜로디의 시작 부분만 직관적으로 재생산할 때, 〔이는〕 다른 관점에서 다시 충족되지 않은 지향함이다. 그렇다면 충족되는 예상의 경우와 매우 비슷하게, 즉 이에 상응하는 지각이 일어나는 한, 예상은 충족된다. 지각이 여전히 아무것도 이야기하지 않는 한, 그것은 아직 충족되지 않은 예상 ― 충족되지 않은 지향함 ― 이다.

20 충족시킴을 겨냥한 지향은 스스로를 부여함을 겨냥한 지향이다

지향함은 그 대상을 향해 있고, 대상에 대해 의도적으로 단순히 공허하게 '넘어서 사념하는 것'(Hinmeinen)이고자 하지 않으며, 대상 자체로 ― 대상 자체로, 즉 대상 자체를 부여하고 그 자체로 '스스로를 갖는'(Selbsthabe) 의식인 직관으로 ― 향하려고 한다. 그러나 지향함은 일반적으로 지향된 대상적인 것을 그에 상응하는 '스스로를 직관하는 것'에서 다루는 것과 가령 단순히 '미리 지시하는 것'을 충족시켜 발견하는 것을 목표로 삼을 뿐만 아니라, 이때 여전히 만족하지 못하고 계속 상세하게 규정하려고도 노력한다. 남아 있는 모든 공허함 속에 '미리 지시하는 것'의 〔아직〕 규정되지 않은 일반성은 언제나 작업을 수행할 수 있다. 또 이것은 그에 속한 대상적 의미 속에 지향된 충족시킴 — 이 충족시킴은 항상 새롭게 상세히 규정하는 형식 속에 있다 — 에 대한 단지 하나의 형식이다.

그러나 '넘어서 욕구하는 것'(Hinauswollen)에 관한 이 전체 논의의 방식이 뜻하는 것은 '지향함-충족시킴'의 대립에 또 확인하는 이 넘에 이제까지 명확하게 타당하다고 간주된 것 이상의 무엇이 여전히 속한다는 사실과 다른 것이다. 우선 일깨움에서 유래하는, '향해-있음'(Gerichtet-sein)이, 모든 본래의 지향함에, 그래서 본래 충족시키면서 확인하는 종합에 속한다는 사실이 분명해진다. 그뿐만 아니라 '향해-있음'은 지금 확인하는 지향함에 속하는 것으로 뚜렷이 부각되어, 이 '향해-있음'은 〔확인하는〕 경향을 띠고 또 처음부터 오직 직관하게 하는 특별한 종합 — 표상의 대상적인 것을 스스로 주어지게 하는 종합 — 에서만 가능한 만족을 얻으려고 노력하는 경향으로서 '넘어서 욕구한다'. 더구나 그 만족은, 직관이 여전히 〔아직〕 '규정되지 않은 것' 또는 여백을 포함하는 한, 여전히 단순히 상대적인 것이고 만족하지 못한 잔여(殘餘)를 남겨둘 정도로 가능한 만족을 얻으려는 경향으로서 '넘어서 욕구한다'. 〔확인하는〕 지향함과의 이러한 본질적 관계 때문에 확인하는 것은 일반적으로 상대적 특성만 지닌다. 또는 오직 이 때문에 확인하는 것은, 비록 언제나 이미 충분한 의미에서 충족시킴을 포함하더라도, 상대화될 수밖에 없다. 따라서 표상들 자체만의 종합적 통일체뿐만 아니라, 표상들을 관통해가는 노력에 관계하는 종합적 통일체도 바로 문제가 된다. 이 노력에는 충족시킴의 의미가 이중으로 상응하는데, 그것의 한 측면은 노력하는 목적 그 자체가 그 속에서 달성하는 노력으로 그 긴장이 완화되는 만족을 통해 같은 뜻으로 표현된다.

우리는 〔앞에서〕 연상의 경우 일깨우는 것과 이것을 통해 일깨워진 것, '무엇으로-향하는 것'과 방향을 떠맡는 것의 종합으로서 '출발점'(terminus a qua)과 '목표점'(terminus ad quem)에 관해 이야기 했다. 이제 이 논의는 새로운 의미, 즉 더 본래의 의미를 띤다. 왜냐 하면 지금 중요한 문제는 본래의 목표를 추구하는 것이기 때문이다. 지향함은 그 속에 단순한 목표를 두는 것, '목표를-겨냥한 것'이 놓여 있는 체험이다. 이러한 지향함을 충족시킴은 '목표-자체에-가까이-있는'(Bei-Ziel-selbst-Sein) 체험에 있으며, 이것은 묘사하는 직관작용이 아니라, 스스로를 부여하는 직관작용이다. 지향함은 목표를 달성하는 것, 즉 목표를 스스로 갖는 것에서 여전히 무엇이 결여되어 있는 한, 〔단순히〕 지향함으로 남을 뿐이다. 이것은 충족시킬 필요가 있는 모든 체험이, 비록 한편으로는 또 다른 어떤 지향함과 관련해 동시에 충족시킴으로, 즉 확인하는 체험으로 현존할 수 있더라도, 다시 말해 지향함으로 특징지어질 수 있을 때도 이해된다. 따라서 지향함을 충족시킴에서 후자의 체험은 그것이 스스로를 부여하는 것인 한, 전자의 체험은 불완전하게 스스로를 부여하는 것인 한, 가능한 불만족스러운 측면들을 여전히 내포한다.

만약 자아를, 더구나 오직 수용적으로 활동하는 자아로만 고찰하면, 이것이 발생적 분석에서 촉발이 수용하는 작용에 선행한다는 사실을 알게 된다. 어떤 배경을 향한 표상은 자아를 촉발하고 ─ 이 속에 자아를 향한 경향이 생긴다 ─ 이 자아는 방향을 전환함으로써 반응하며, 표상은 대상적인 것을 향한 자아의 시선이 그 속에 향해진 파악하는 표상의 형태를 취한다. 이것은 사념, 더 자세하게는 속견의 사념, 즉 단적인 표상작용의 영역을 넘어서까지 멀리 도달하는 존재에 대한 사념이라는 가장 적확한 정상적인 개념을 산출한다. 그러나 '향해-있음'이 〔사념하는 것을〕 확인하는 가운데 한정하는 지향함의 형태를 취해야 할 경우 더 많은 것이 앞에 놓이게 된다. 표상은 이제 자아에서 출발하는 노력의 형식, 즉 참된 그 자체를 지향하는 '지향함'(intentio)의 형식을 취한다. 이와 같은 것으로서 '지향함'은 우선 우리가 기술한 모든 것으로 특징지어지고, 그런 다음 그것은 계속되는 앎 속에, 충족시키고 계속되며 더 상세하게 규정하는 '스스로를 파악하는 것'(Selbsterfassung)에 전력을 기울여 표상하는 노력이다. 따라서 그것은 일반적으로 어떤 '스스로를 파악하는 것'에서뿐만 아니라, 대상적 계기들로 파고들어가고 또 이 계기들을 실현시키기 위해 그 계기들이 여전히 스스로 파악된 것으로서 어느 정도까지 직관적으로 실현되지 않았는지를 주시하는 노력으로 관철된 '스스로를 파악하는 것'이다. 이 모든 경우에 자아는 실행 중인 노력이 깨어나 발산하는 중심(中心)이다.

그러나 우리는 특수하게 사념하는 것과 심지어 이러한 지향함의 특성이 그 핵심 속에 이미 자아가 관여하지 않아도 존재할 수 있다는 사실을 기꺼이 말해야만 한다. 그래서 지향적 체험의 표현이 갖가지 의식에 사용되고 이 표현이 모든 의식은 '무엇을-사념함'이지만 종종 진리의 목적을 달성하지 않은 단순한 사념〔의견〕이기도 하다는 쪽으로 여전히 매우 자주 설명되면, 이것은 우리의 분석에 따라 올바로 이해될 때만 올바르다. 우리는 모든 의식 속에 노력이, 즉 스스로를 갖는 것에서 자신의 대상적인 것을 지향함이 놓여 있다고 당장 말할 수 없다. 요컨대 벌써 '향해-있음'을 말할 수는 없다. 이것은 근원적 과거지향의 경우 결정적인 명석함으로 분명하게 밝혀졌다. 그렇지만 모든 의식이 우리가 수동적 영역에서 '연상적 일깨움'이라고 부른 그 어떤 동기부여를 통해 방향을 또 이와 연관해 존재자를 그 자체 속에 사념하는 '그것으로-향하는 것'(Hin-richtung)을 받아들인다는 사실은 정말 일반적인 본질적 가능성이다. 그 맨 위에 우리는 모든 의식에 대해 존재를 지향하려는 노력, 인식을 획득하려는 노력의 가능성, 확인하는 종합 속에 만족하도록 노력하는 사념작용이 될 가능성을 지닌다. 가장 넓은 의미에서 인식을 획득하려는 노력은 바로 존재자 자체를 향한 노력이고, 따라서 이것에는 이미 목표로 삼은 구조를 지닌 가장 원초적인 표상작용(Vorstellen)이 속한다. 어쨌든 우리는 이 노력을 개별화된 지향작용(Intendieren)으로 간주하면 안 되고, 대신 인식작용의 정상적인 개념을 논리적 의미에서 지니려면, 인식을 획득하려는 노력을 습득적 일관성 ──따라서 개별적 작용들에서 중단하지 않고 삽입되어 있으며 인식하는 자가 잠을 잘 때도 중단하지 않는 일관성 ──과의 연관 속에서 생각해야만 한다. 아무튼 이것은 단지 잠정적일 뿐이다.

지향함의 개념과 현상을 철저하게 해명함으로써 우리가 대조했던 과거지향과 미래지향은 어떤 방식으로 다시 관계가 더욱 긴밀해진다. 과거지향과 다르게 미래지향은 그 근원을 통해 본질적으로 사념을 지향한다. 더 정확하게 말하면, 그에 따라 미래지향은 앞으로-향했던, 즉 미래로 향했던 '지향함', 앞으로 향했던 사념함과 노력함 ──이제 자아 자체가 앞으로 사념하는 자아이고 노력함이 자아의 노력이든, 또는 중요한 문제가 바로 어쨌든 미래에 다가올 것으로 표상하면서 그것을 향해 지향함이 자아가 없는(ichlos) 경향이든 ──으로 해석될 수 있다. 우리는 미래지향을 선취하는 앞서 포착하는 사념작용이라고도 부른다. 정립성(Positionalität)에서, 더구나 양상화되지 않은 정립성에서 우리는 이러저러한 표상의 내용에 대한 확실한 신념을 지닌다. 이 신념은 현재에 인상적으로 주어진 것을 믿지 않고, 미래의 지각 자체가 비로소 보여줄 것에 관해 '앞서 사념하는 것'인 '앞서 포착함'(Vorgriff)을 행한다.

이것과 과거지향, 즉 사념하는 형식을 받아들인 가령 비직관적이더라도 강한 경향을 띠고 소급적 기억의 형태를 취하는 과거지향을 비교해보자. 과거지향에는 직관적 회상 속에 스스로 주어진 양상으로 연결될 수 있는 지나간 것에 대한 지향이 있다. 또한 이 지향함은, 비록 '앞서'(vor)가 시간적으로 미래의 의미를 지니지 않더라도, 어떤 방식으로 앞서 사념하는 것이라는 사실은 분명하다. 공허한 기억에 대한 현재의 체험은 사념하고, 자신을 넘어서 과거 속에 놓여 있고 과거 자체를 부여하는 기억의 직관 속에 충족시켜 주어지게 될 어떤 것을 향해 단지 지금 앞서 포착하면서 지향한다. 우리는 모든 지향 일반이 선취(先取)하는 것이라는 사실 그리고 그 자체로 어떤 실현하는 것이 비로소 스스로를 이끌어올 수 있는 것을 향해 노력함으로써 이러한 속성을 얻는다는 사실을 즉시 또 일반적으로 보게 된다. 지향함은 한편으로 미래의 것이 스스로를 실현하는 것을 앞서 포착하고, 마찬가지로 지각을 통해 '함께 현재하는 것' 또는 회상을 통해 지나가버린 것이 스스로를 실현하는 것을 앞서 포착한다.

어쨌든 여기에서 우리는 역설(Paradoxie)에 빠지게 된다. 과거는 아무튼 오래전에 실현되었고, 더 이상 실현될 수 없다. 이것은 전혀 의미가 없을 것이다. 다른 한편 미래지향의 노력 또는 미래의 것을 향한 경향이 있다해도, 그것은 어쨌든 그 충족시킴이 미래의 것을 실현하고 실재화하는 노력이 본래 아니다. 그와 같이 실재화하는 것 (Realisieren)은 때로는 의도적으로 행동하는 것으로 일어날 수 있고, 때로는──우리가 파리에 물린 것으로 규정되어 자기 뜻과 무관하게 (아마 완전히 다른 일에 전적으로 몰두해) 손을 뒤로 잡아당기고 이것으로 지각에 따라 환경세계에서 공간적 경과가 실현되는 경우처럼──수동성 속에 비의도적으로 일어날 수 있다.

그러나 이 모든 것은 우리가 현상학적 상태 자체를 게다가 정확하게 주목할 때 명석하게 된다. 특히 노력하는 것에 대해 지향작용 속에 기능하는 것과 그 노력하는 목표가 어떤 종류인지를 숙고하는 것이 중요하다.

21 인식하려고 노력하는 것과 실현하려고 노력하는 것

물론 여기에서는 지향된 것이 실제로 존재하는지, 실제로 존재할 것인지 또는 실제로 존재했어야 하는지에 대한 〔관심을 품은〕 소망·열망·욕구가 전혀 문제가 되지 않으며, 따라서 확인하는 충족시킴에서 확실하게 된 실제성〔현실〕의 기쁨에서도 ——이전에는 존재에 대해 의심하는 것인 이러한 확실성이 결여된 것 또는 비존재에 대한 확실성이 심정에 곤혹스러운 것으로 감각되었던 반면, 〔이제는〕 그것이 실제로 존재했거나 실제로 존재했었다는 등의 기쁨에서 ——그에 상응하는 소망에 따른 또는 의지에 따른 만족이 결코 문제가 되지 않는다. 이미 말했듯이, 이에 관해서는 여기에서 아무것도 문제가 될 수 없다. 예를 들어 〔순조롭게〕 진행되는 지각의 연관 속에 계속되는 미래지향의 지향은 각 순간에 다가올 것을 앞서 포착하는 확실성, 즉 그것이 미래에 (그리고 완전히 우리가 관여하지 않고) '일어-날 것'의 확실성을 포함한다. 어떤 멜로디가 경과하는 가운데 우리는, 들으면서, 각각의 순간에 앞으로도 계속 음(音)의 리듬이 〔멜로디에〕 적합하게 나온다는 확실성을 지니며, 예전에 이미 알았던 멜로디의 경우 심지어 그 내용을 완전히 명확하게 아는 확실성을 지닌다. 그 음들이 우리에게 매력적인지 아닌지는 그 내용의 측면에서 새로운 노력을 불러일으키고·충족시키며·실망시킬 수 있지만, 그것은 〔멜로디에 대해〕 예상하는 지향 그 자체와 전혀 관련이 없다. 미적(美的) 기쁨이나 불쾌함은 미래지향으로서 단순히 음을 지각하는 데 놓여 있는 예상에 대한 충족이나 실망을 뜻하지 않는다. 우리가 생생한 지각작용 속에 미리 다가올 것을 확신하기 때문에, 그러할 것이라는 소망의 여지 또는 심지어 그것이 우리의 행위를 통해 이루어질 것이라는 실현하는 욕구의 여지는 전혀 없다.

다른 한편 우리는 인식하면서 지향하는 모든 사념작용이 바로 '그것을 지향함'(Hintendieren), 즉 노력하는 것이라고 우리가 현상학적으로 길어내 기술한 것에서 벗어날 수 없다. 단지 그것이 바로 다른 쪽을 향한 노력이라는 사실, 경우에 따라서는 매우 여러 겹의 노력이 방해받지 않은 채 결합될 수 있다는 사실에 주목해야만 한다. 만약 인식하면서 사념하는 노력이 존재를 향해 있지 않다면, 예상하는 것에서 미래의 것을, 기억하는 것에서 지나가버린 존재를 향해 있지 않다면, 그것은 존재하는 것으로 간주된 것을 경험하는 '스스로를 간취하는 것'(Selbsterschauen) 또는 오히려 경험작용(Erfahren) 자체를 향해 있다. 즉 이전에 이미 확실하게 존재하는 것으로 사념된 것은 스스로를 경험하는 주관적 양상에서 실제적인 것 또는 실제적이 될 것을 향해 있다. 그러므로 특히 예상하는 지향은 '앞서 포착함'(Vorgriff) 속에 확실한 것으로 사념된 것이 미래에 이른바 '스스로를 포착함'에서, 따라서 생생함의 양상에서 실제적인 것에 이르는 것으로 나아간다. 게다가 기억하는 지향은 앞서 포착해 지나가버린 것인 확실한 것이 스스로를 부여하는 지나가버린 것이 되는 것으로 나아가며, 따라서 여기에서 목표로 삼는 것은 직관적 회상이 지각의 양상에서 변화를 통해 제공하는 생생함이 변화된 양상으로 나아가는 것이다.

확인하는 종합이 고유하게 또 새롭게 획득한 것은, 첫째, 종합적으로 이행한 최후의 결과인 합치, 즉 지향으로서 기능하는 표상과 이에 상응하는 '자기〔에 대한〕 경험'(Selbsterfahrung)의 합치다. 이 '자기〔에 대한〕 경험'을 통해 공허함은 그 자신(Selbst)의 충만함을 얻는다. 그 결과로 의식된 합치 속에 이제 충족되지 않은 그 자신과 충만한 그 자신이 일치된 이중의 양상을 나타내는—더구나 '확증된 사념'의 특성으로, 즉 과정을 거친 그 결과인 포만함의 특성으로—사념된 것이 의미에서 동일화된다. 그렇지만, 둘째, 이미 이러한 하부

단계에서 독특하게 특징지어진 것은 여전히 상부 층(層)에서, 즉 노력하는 것의 층에서 유래하는 자신만의 특별한 특성을 띤다. 그 노력하는 것은 만족되고, 그 자신의 양상으로 경험된 것은 도달된 목표로 특징지어진다. 따라서 종합을 통해 도달된 '당연히'(eo ipso) 앞서 포착하는 사념과 스스로를 포착하는 양상에서의 사념이 합치되는 특성, 그와 동시에 이중의 층을 충족시키는 것이라는 특성을 띤다.

노력하는 것이 본질적으로 가능하거나 사실로 매우 자주 위치 변화가 일어나기 때문에, 종합의 결과인 특성은 '참'이라는 특성일 수 있고, 마찬가지로 확증하는 종합은 작업을 수행하는 것으로 노력함의 목표가 될 수 있으며, 결국 노력하는 것의 긴장을 완화함, 노력하는 것의 성과에 만족함으로 발생하는 좋은 기분은 의식적인 동기와 노력하거나 욕구하는 것의 목표가 될 수 있다.

우리의 분석을 통해 〔한편으로〕 속견의 사념작용(Meinen), 따라서 가장 낮은 표상의 영역에서 표상하는 사념작용, 지배하는 노력하는 것 그리고 〔다른 한편으로〕 내용적으로 동등한 표상들에 입각한 다른 모든 가능한 노력하는 것과 만족함 사이의 본질적 구별이 뚜렷해진다. 모든 표상작용 속에 우리는 신념의 소재인 표상의 내용과 신념 자체를 지니며, 또는 표상작용의 완전한 의미에서 의미의 소재와 '확실히 존재하는'이라는 양상의 계기 또는 그것이 변화된 것들을 지닌다. 표상작용이 확실성 속에 사념하는 지향함의 정상적인 형식을 취하면, 표상내용의 특별한 계기를 통해 규정된 어떤 가치와 이것에서 동기가 부여된 노력하는 것도 일어날 수 있다. 우리는 표상하는 사태의 존재(Sein)와 '그렇게 존재함'(Sosein)에 관심을 쏟고, 그 사태가 존재하기를 소망하며, 그 사태를 우리가 실천 가능한 것으로 발견하고, 이때 어쩌면 그 사태를 행위로 실행하면서 실현할 수 있는 것으로 얻으려고 노력한다. 그와 같이 노력하는 것이 이러저러한 속성들을 위해 가치 있는 사태 그 자체의 실제성에 목표를 두면, 또는 그 존재의 확실성을 수립하는 가운데 또 탁월한 방식으로 경험을 통한 '스스로를 파악함' 속에 충족되면, 거기에서 그 노력하는 것이 의도하는 것은 어쨌든 '스스로를 파악함'과 확증하는 것이 아니라, 가치를 실현하는 것, 즉 자신의 측면에서는 바로 표상들과 그 표상된 것을 실현함으로써 기초가 세워진 평가하는 지향들을 충족시키는 것이다.

우리는 충족시키는 종합을 분석하는 데 몰두했는데, 이것은 수동성의 단계에서 우리가 사유의 단계에서 정상적인 의미로 '확증하는 것'이라고 부른—우리는 수동적 영역에서 단도직입적으로 확인하는 것에 관해 말했다—더 높은 [단계의] 종합을 분석한 것에 상응한다. 이 분석은 '무엇에 관한'(von etwas) 의식이 받아들여야만 하는, 이와 동시에 충족시키는 종합 속에 기능할 수 있어야 하는 특별한 형태인 '수동적 지향함'이라는 적확한 개념을 이끌어냈다. 우리는 '지향함'이라는 명칭 아래 다음의 두 가지를 구별한다. 즉

첫째, '무엇에 관한' 의식은 이 무엇(Was), 즉 자신의 대상성에 '향해-있다'(Gerichtet-sein)는 부각된 형식을 필연적으로 내포할 필요가 없다. 이것은 근원적으로 모든 지각에 연결되는 과거지향에서 분명해졌다. 다른 장소에서, 다른 표상에서 연상적으로 발산하는 '일깨움'이 이 의식 속으로 발산하고 이 의식이 자신의 대상적인 것을 향할 때 비로소, 그 의식은 바로 자체 속에 '향해-있다.' 그래서 자아—그러나 이 자아는 여기에서 문제되지 않는다—는 다른 '향-함'(Sich-richten), 즉 주목하면서 '향-함'과 제휴해갈 수 있다. 그와 같은 일깨움은 경향의 특성을 띠며, 따라서 강도(强度)에 등급이 있다. 즉 힘들과 마찬가지로 강화되거나 어쩌면 약화될 수 있다. 이것은 예를 들어 반복하는 지각들이 과거지향 속에 주기적인 [구성]항

(項)들에 부여하는 강화(强化)하는 것, 즉 그 항들에 생기를 불어넣고 동시에 지향적 대상들로 확고하게 강화하는 것으로 분명해진다.

오직 이러한 종합 또는 이와 비슷한 종합을 통해서만 과거지향으로 지나가버린 것이 새로운 지각의 대상과 일체가 되어 실제로 대상으로, 따라서 지향적으로 존재할 수 있다는 사실에 주목해야만 한다. 어떤 반복된 일련의 지각작용 속에, 가령 어떤 멜로디의 지각작용 속에 순수한 수동성으로 지향함의 대상들은 ─ 비록 그 대상들이 1차적으로 '향해-있음'을 겨냥해도 ─ 단지 새롭게 등장하는 대상들만을 가리키는 것이 아니다. 〔일깨움의〕 힘이 도달하는 한, 과거지향으로 점차 희미해진 음들은 새로운 음이 등장하고 예전의 음이 새로운 음과 아무 관련이나 관계도 없는 어떤 것으로 점차 희미해지는 경우처럼 의식되지는 않는다. 순차적인 다수(多數)의 통일체, 다수의 항으로 나뉘어 경과하는 통일체는 새로운 것에서 힘이 출발한다는 사실 또는 그 종합이 소급해 엮인다는 사실을 전제한다. 이 종합을 통해 점차 희미해진 대상을 생생하게 지향함의 형식으로 옮겨 놓고(또는 생생하게 지향함을 '일깨우고') 그 지향함을 새로운 것을 향해 지향함과 통일적으로 결합하는 지향함의 통일체가 건립된다.

둘째, 특수한 '지향함'(intentio)의 더 이상의 계기로 그 자신 속에 한정하는 경향, 따라서 이미 향해진 표상이 ─ 이 표상이 실로 '스스로를 부여하는 것'이 아닌 한 ─ 스스로를 부여하는 경향을 부각시켰다. 스스로를 부여하는 표상, 즉 표상하는 것을 그 자신의 양상 속에 의식하게 하는 직관은 필연적으로 결국 그 자신을 향해 지향하는 표상이다. 그러나 이 '향해-있음'이 바로 방향의 목표 자체 속에 한정되는 한, 그 지향함은 충족된다.

다른 한편 구체적으로 스스로를 부여하는 표상은, 이 표상이 앞서 포착하는 지향함, 즉 스스로를 부여하는 것이 계속 경과되는 가운데 충족되는 미래지향의 지향을 포함하는 한, 언제나 동시에 지향하는 것(충족시킴을 지시하는 특별한 의미에서 지향하는 것)이다. 즉 구체적인 지각과 일반적으로 스스로를 부여하는 것은 충족시킴의 연속적 종합으로서만 가능하다. 따라서 표상은, 이것이 단적으로 앞서 포착하는 지향함이거나 그 복잡한 구조 속에 앞서 포착하는 지향함으로 관철될 때만, 충족될 수 있다.

여기에서 여전히 다음과 같은 사실에 주목하고자 한다. 즉 단순히 경향을 띤 '향해-있음', 예를 들어 공허하게 앞서 포착하는 표상이 그 객체를 '향해-있음', 따라서 그 표상이 객체를 '사념함'으로 만드는 것이 어떻게 이에 상응하는 그 자신 속에 충족시킴을 통해 더 이상의 경향(따라서 확증하는 경향)에 관계하는가 하는 물음에 나는 반복해서 동요했고, 이에 대해 완전히 확실하다고 〔여전히〕 느끼지 못한다. 몇 년 전 선험논리학에 관해 강의했을 때,[8] 나는 이 두 가지 경향이 단지 곧바로 영향을 미치는 양상에서만 구별될 뿐 근본적으로는 하나의 동일한 것이라고 생각했다. 결국 공허한 표상의 객체를 향한 방향은 그 객체 ── 표상하는 의식은 이 객체에 대해 아직 지향적으로 영향을 미치지 않았다 ──를 표상하는 경향이 지닌 양상의 방향이다. 이 경우 경향은 〔목표를 추구하는 데〕 억제되지 않고 긴장을 완화하면서, 영향을 미치면서 충족시킴, 바로 최초에 목표로 삼았던 그 목표 자체로 이끄는 경향이며, 따라서 이 목표는 억제된 경향의

---

8) 이 책의 토대는 후설이 1920~21년 겨울학기에 한 '논리학' 강의, 1923년 여름학기에 한 '현상학적 문제선집' 강의, 1925~26년 겨울학기에 한 '논리학의 근본적 문제' 강의다. 후설은 운동감각의 경험에서 시간적·공간적 연관의 구성을 해명하는 작업을 '선험적 감성론'이라고 부른다. 물론 수동적 감성은 능동적 이성의 기초를 이루며, 따라서 '선험적 감성론'은 '선험논리학'으로 상승해야만 한다.

양상, 오직 '도달되지 않은 것'이라는 양상, 자신의 목표다. 아마 이 것은 자아의 능동성이 관여하는 모든 것(alle Ingerenz)이 실제로 활동하지 않고 유지될 때 전적으로 올바를 것이다.

공허한 기억이 중요한 문제라면, 따라서 그 기억 속에 지배하는 지향적 경향은 재생산하는 경향으로 특징지어질 것이다. 그래서 연상적 일깨움은 그에 상응하는 재생산의 경향과 일체가 될 것이다. 즉 지나간 것 자체를 '스스로 주어진 것'으로 만드는 직관적 회상으로 이행하는 경향과 일체가 될 것이다. 이 경향은 어쩌면 억제되지 않고도 영향을 미칠 수 있다. 즉 공허하게 일깨워진 기억은, 어느 정도 완전히 일깨워지면서, 기억하는 직관으로 연속으로 이행한다. 이때 이와 정확하게 비슷한 것은 지각작용이 진행하는 가운데 '앞서 예상하는 것', 즉 미래지향의 경향이 연속으로 '영향을-미치는 것'이다. 지향이 억제되지 않고 남아 있으며 추후에 비로소 충족시킴이 일어나는 경우, 여기에서 충족시키는 종합은 끊어졌다 이어지는 종합이 된다. 그렇지만 물론 결코 잊지 말아야 할 것은 단순한 수동성 속에 그와 같은 충족시킴을 사용하는 확증에 관한 모든 논의가 비본래적이라는 사실이다. '스스로를 부여함' 속에 주어진 것에서 참된 것으로 자신의 사념을 제정하고 측정하는 참된 존재를 향해 능동적으로 노력하는 것과 작업수행은 실로 여기에서 전혀 논의되지 않지만, 그 전제들과 어떤 방식으로는 수동성 ─ 이것이 없으면 그 〔자아의〕 능동성은 기능할 수 없을 것이다 ─ 과 비슷한 것은 충분히 〔중요한〕 문제가 된다.

22 지향함과 지향된 그 자신(Selbst)의 서로 다른 관계. 2차적 확증

정확하게 살펴보면, 우리는 이제까지의 고찰에서 순수하고도 궁극적인 성과를 거의 거두지 못했다. 다만 직관은 그것이 스스로를 부여하는 것인지 아닌지에 따라 본질적으로 구별된다는 사실, 그래서 종합은 그것이 스스로를 부여하는 직관으로 이행하는지 그렇지 않은 직관 ─ 앞에서 표현했듯이, 단순히 묘사하는 직관 ─ 으로 이행하는지에 따라 매우 다르게 특징지어진다는 사실을 분명하게 인식했다.

그러나 이제 일치하는 것으로 생각된 그러한 종합이 통일시키는 것은 대상적 의미에서의 합치(Deckung)인 단순히 조화시키는 것이 아니라, 관계된 종합 속에 또 이 종합의 구성요소들 속에 지배하는 ─ 우리가 첨예하게 부각시킨 의미에서 ─ '지향함'을 조화시키는 것이다. 공허하게 예상하는 의식을 관통하는 지향은 스스로를 부여하는 지각으로 이행함으로써 충족되며, 이 지향함은 스스로를 부여하는 직관 속에 이른바 만족하는 지향함, 여기에서는 확인된 지향함으로 특징지어진다. 이것은 유사한 모든 경우에도 마찬가지다. 또한 지각작용이 진행되는 가운데 지각이 〔다른〕 지각과 더불어, 따라서 원본으로 '스스로를 부여하는 것'이 〔다른〕 원본으로 '스스로를 부여하는 것'과 더불어 종합적 통일체가 되면, 나타남에서 운동감각들(Kinästhesen)로 자극된 사념이 발산되고, 이렇게 자극된 '앞서 사념하는 것' '앞서 예상하는 것'은 마치 연속으로 등장하는 새로운 나타남 속에 충족된다. 그렇지만 현상을 날카롭게 주시해보면, 이와 동시에 〔한편으로〕 지향적으로 발산하는 것과 〔다른 한편으로〕 이 발산을 받아들이는 직관의 차이, 더구나 일반적으로 〔한편으로〕 그때그때 '무엇에 관한-의식' ─ 심지어 이것이 공허한 의식이더라도 ─ 과 〔다른 한편으로〕 이러한 의식을 통해 목표로 삼거나 그 목표를 달성해 관통하는 '지향함'의 차이가 드러난다. 예를 들어 확고한 수동성에서 계속 이어지는 과거지향은, 앞에서 지적했듯이, 생생한 현재에서 연상적 지향함이 가라앉을 수 있는, 즉 방금 전에 존재했던 것 속으로 소급해 발산하는 지향함이 가라앉을 수 있는 공허한 의식이다. 이때 재생산적 일깨움이 이에 상응하는 회상이 등장해 생기면, 이 직관은 사념이 발산하는 것을 자체 속에 받아들이고, 이렇게 사념이 발산하는 것은 스스로를 부여하는 과거의 것 속에 한정하는 충족시킴의 양상을 띤다.

이와 마찬가지로 우리는 예상된 것을 묘사하는 표상의 경우에도 〔한편으로〕 묘사하는 것으로 기능하는 직관 자체와 〔다른 한편으로〕 직관으로 들어가는 지향함──그러나 여기에서는 그것이 직관적으로 형성되었다는 의미로 한정하지도 않고 충족되지도 않는 지향함──을 구별한다. 이 대상적 의미는 여기에서 바로 그것이 지향한 것·해명하는 것·직관하게 하는 것·묘사하는 것이라는 특성만 지닌다. 그렇지만 이 지향함은 여전히 충족되지 않은 것으로서 이 '상'(像)을 관통해간다. 이에 상응하는 경험, 따라서 '스스로를 부여하는 것'이 등장할 때 비로소 지향함은 충족되며 목표가 달성된 지향함이라는 특성, 즉 '목표점'(terminus ad quem)을 주시한다는 특성을 띤다.

그러나 이제 한 걸음 더 나아가자. 공허한 과거지향의 경우 공허한 의식과 지향함을 구별했듯이, 공허한 '앞서 예상하는'(Vorerwartung) 경우에도 마찬가지로 이를 구별해야 하며, 이것은 중요한 의미가 있다. 내가 지각하면서 눈을 이리저리 움직이면, 일정하게 경과하는 이 운동감각들을 통해 지향적으로 발산하는 것이 발사된다. 이것들은 실로 그 자체만으로 아무것도 아닌 단순히 발산하는 것이 아니다. 단지 표상의 방향, 즉 예상되는 발산하는 것이 공허한 표상을 통해 공허하게 표상되는 대상적 의미를 관통해가는 방향이다. 공허함(Leeres)은 이에 상응하는 직관과 드러내 밝히는 종합 속에 현실화되는 것의 잠재성(Potentialität)이다.

이제 우리는 스스로를 부여하는 직관과 그렇지 않은 직관의 근본적 구별에 이에 상응하는 공허한 표상——더구나 이 표상에 속한 사념들이 발산되는 것을 고려하지 않는 순수하게 공허한 표상으로서——인 과거지향과 미래지향의 구별이 정확하게 상응한다는 사실을 알게 된다. 어쨌든 이때 우리는 과거지향의 공허한 의식은 '앞서 기억하는' 공허한 의식과는 근본상 본질적으로 다른 성질이라는 사실을 알게 된다. 〔이 가운데〕 어느 하나를 드러내 밝히는 것은 스스로를 부여하게 되는데, 그것이 어떤 방식으로 그 자신을 실로 미리, 실로 잠재적으로 자체 속에 지니고 있기 때문이다. 그러나 공허한 예상은 그렇지 않다. 공허한 예상 속에 잠재적으로 놓여 있는 것은 그 자신의 어떤 것도 자체 속에 부여하지 않은 것을 묘사하는 직관뿐이다. 이것을 다음과 같이 표현할 수 있다. 즉 회상이 지나간 그 자신을 다소간에 명백하게 또 이념적인 극한의 경우에는 완전히 명석하게 주어지게 하듯이, 공허한 과거지향은 그 자신을 전적으로 명석하지 않은 공허한 방식으로 자신 속에 지니며, 이 과거지향은 그 자신을 근원적으로 보존되고 보관된 자신으로, 여전히 자신을 의식하고 또 '파지하는'(im Griff) 것으로 지닌다. 그 자신은, 원본으로 부여하는 인상이 지나가버려도, 그 공허함에도 불구하고 잃어버리지 않는다. 다른 한편 직관적 예상이 사태 자체 대신 다가올 것의 '앞선 표상' '앞선 상'(Vorbild)만 제공해주듯이, 다가올 것의 공허한 의식도 다가올 것의 공허한 '앞선 표상'이다. 그러나 이것이 공허한 그 자신의 표상은 아니다.

이것을 다음과 같이 말할 수도 있다. 즉 예상이 공허하는 직관석이든, 그것은 선취(先取)하는 표상이고, 단지 '선취한다'(Antizipation)는 표현으로 동시에 '지향함'이 선취된 것을 향해 있다는 사실이 시사될 뿐이다.

상태를 이렇게 해명함으로써 이제 '스스로를 확증하는 것' 이전의 입증하는 데도 단계가 있다는 사실을 이해할 수 있게 된다. 예를 들어 과거로, 따라서 기억의 영역으로 소급해 발산하는 표상은, 과거가 단지 공허한 일깨움이 되자마자, 이미 입증하는 것인 어떤 충족시킴의 특성을 띤다. 더 정확하게 설명하면, 우리가 흔히 그렇듯이 과거와 관련된 선취하는 표상을 지닐 때, 가령 우리 자신이 썼던 옛날 편지를 우연히 입수했을 때, 우선 우리 자신의 과거에 지향적으로 관련된 공허한 생각을 지닌 표상, 하지만 처음에는 완전히 규정되지 않은 일반적인 표상을 갖는다. 그런데 이제 일정한 기억이 문득 떠오르자마자 우리는 입증하는 충족시킴의 의식을 —더구나 아직 재생산적 회상이 등장하기 이전에 — 갖는다. 물론 이것은 결코 본래의 궁극적인 충족시킴이 아니다. 그 충족시킴이 지나간 것 자체가 무엇보다 실제적이고 본래 현존하게 될 현실화하는 것을 먼저 필요로 하기 때문이다. 그러나 적어도 그것은 직관적일 때조차 충족시킬 수 없는 선취하는 의식의 경우와는 완전히 다르다.[9]

그런데 여기에서 계속 연구를 이어가야 한다. 선취하는 표상은 충족시킴의 기능에 어떤 방식으로 관여하는데, 이른바 끊임없이 관여한다. 이것은 모든 지각과 경험이 그 자체 속에 그러한 표상을 지평으로 또 더 자세하게 말하면, 지향적으로 일깨워진 지평으로 수반한다는 사실로 분명해졌다. 여기에서 선취하는 지향들이 충돌하자

---

9) 표현[표정]의 표출에서 서로를 통해 공허한 감정이입을 입증한다. 다른 한편 직관적 감정이입의 경우는 어떠한가? 그리고 정확하게 살펴보면, 표현[표정]의 표출에서 충족시킴의 경우는 어떠한가? —후설의 주.

마자, 〔대상이〕 '스스로를 부여하는 것'도 억제된다. 예를 들어 전체의 지각을 지각으로 형성하는 것인 전체가 '스스로를 부여하는 것'은 '스스로를 부여하는 것' 속에 본래의 지각으로 존재하는 것을 통해 규정될 뿐만 아니라, 의미와 함께 부여되고 일치하게 조화시키는 앞서 포착하는 지향을 통해서도 규정된다. 우리는 여기에서 선취하는 것 일반의 영역에서 ─ 본래 확증하는 것(Bewährung)이 전혀 이루어질 수 없더라도 ─ 강화하는 것(Bekräftung) 같은 것, 즉 일방적이든 상호적이든 어떤 방식으로 입증하는 것(Bestätigung)이 존재한다는 사실과 마주친다. 그리고 이에 대립해 무기력하게 하는 것(Entkräftung), 곧 억제하는 것, 의심하는 것, 폐기하는 것이 존재한다. 즉 우리는 지향함의 특수한 것에 소급해 관련된 양상화하는 것과 마주친다는 사실을 알게 된다.

우리의 분석에는 여전히 몇 가지 보충할 것이 있다. 우선 우리에게 특별히 중요한 의미를 띠게 된 대립, 즉 정립하는 직관의 영역에서 스스로를 부여하는 것과 그렇지 않은 것의 대립에 관해 몇 마디 말할 필요가 있다. 실로 모든 직관이 '충족시키고-확인하는 것'으로 기능할 수 없다는 사실은 분명하다. '스스로를 부여하는 것'이고자 하는 어떤 특권적인 직관 ─ 우리가 지각과 기억으로 간주한 직관 ─ 이 있는 한편, 그 반대로 직관적으로 '앞서 예상하는 것'이나 이와 유사한 〔아직〕 알려지지 않은 '함께 현재하는 것'을 현전화하는 것 같은 직관도 있다는 사실이 분명해졌기 때문이다. 여기에서 '경험하는 직관'이라는 용어를 소개하고, 이렇게 함으로써 '인상'(Impression)이라는 (넓은 의미에서) 흄의 개념[10]이 해명된다는 사실에 주목하자.

---

10) 흄에 따르면, 지각을 통해 섬세하고 강렬하게 느끼는 것이 '인상'이고, 이것이 약화되고 굳어진 형태의 기억이 곧 '관념'이다. 그래서 그는 '모든 존재하는 것은 지각된 것'(esse est percipi)이라며 모든 실체를 부정하고, 존재하는

지각은 스스로를 부여하는 것이라는 사실은 우리에게 친숙한 사항이며, 〔이해하는 데〕 아무 어려움도 없을 것이다. 현상학적으로 말하면, 여기에서 '스스로를 부여하는 것'은 그 자체 속의 모든 지각이 단순히 일반적으로 그 대상의 의식이라는 것이 아니라 지각이 자신의 대상을 탁월한 방식으로 의식하게 한다는 사실을 뜻한다. 지각은 대상 그 자체를 생생하게 간취해 갖는 의식이다. 그래서 이것과 대조해 말하면, 〔지각의〕 대상은 단순한 기호(Zeichen)나 모사(Abbild)로 주어지지 않고, 단순히 지적되거나 묘사하는 것 속에 나타나는 것 등으로 간접적으로 의식되지 않는다. 오히려 그 대상은 그것이 사념된 그 자체로, 이른바 자신의 인격(Person)[11] 속에 존립하는 것이다.

그러나 회상을 '스스로를 부여하는 것'으로 간주하는 데 주저할 수 있다. 그렇지만 이러한 종류의 의식에 몰두하면, 오직 변양된 방식으로만 '스스로를 부여하는 것'에 관해 이야기해야만 하고 또 동일한 기능의 작용이 확인하며 이해할 수 있게 하는 본질적 공통성에서 이야기해야만 한다는 사실을 분명히 알게 된다. 회상은 생생한 현재를 제공하지 않지만, 충분한 의미에서 '생생한 과거'를 제공한다. 왜냐하면 그것은 어쨌든 우리에게 지각되었던 것인 지나간 것〔과거〕으로 직접 되돌아가는 것을 뜻할 뿐이며, 이 존재했던 것 자체를 기억으로서 근원적으로 다시 실행하는 가운데 '스스로를 갖는 것'(Selbsthabe)을 뜻할 뿐이기 때문이다. 또한 지각은 '대상을 근원적으로 획득하는 것'으로, 회상은 '이미 획득된 것으로 근원적으로 '정신적으로' 되돌아가는 것'으로, 즉 '근원적으로 그것을 다시 마음대로 처분하는 것'으로 특징지어진다고 말할 수 있다.

것은 끊임없이 일어나는 '지각의 다발'일 뿐이라고 주장했다.
11) 이 용어는 일반적인 경우 인간의 품성을 뜻하지만, 여기에서는 '대상 그 자체의 역할 또는 그 자체만의 됨됨이'를 뜻한다.

앞에서 상론한 것 중 여기에서 참조할 만한 것도 두 가지 기능이 인식에서 서로 관련되고 이러한 관련 속에 비로소 인식이 가능해진다는 사실이다. '획득물'과 '다시 마음대로 처분하는 것'에 관한 비유적 논의 —근본적으로 비유 이상이다— 가 이것을 올바로 알려준다. 우리가 다시 마음대로 처분할 수 없는 획득물은 결코 획득물이 아니다. 생생한 파악에 도달한 대상은 오직 획득물을 통해 주체에 대해 존재하는 것일 수 있고, 주관의 앎과 인식 속에 지속적 타당성을 지닐 수 있으며, 그 대상은 그것이 반복할 수 있는 회상 속에 되돌아올 수 있는 동일한 것(Identisches)이라는 사실로만 주체의 환경세계에 있는 실제적 대상일 수 있다. 또는 그 동일한 것은 주체가 언제나 다시 같은 것(dasselbe)으로 사념할 수 있고, 회상이나 어쩌면 새로운 지각에서 확증할 수 있지만, 때에 따라 회상되었던 것이나 지각되었던 것 —또다시 회상을 전제하는 것— 으로도 다시 인식할 수 있는 것이다.

그런데 이에 대립해 스스로를 부여하지 않는 직관이 있다. 우리가 직관적으로 '앞서 예상하는' 경우 사용하는 묘사하는 것에 관한 논의는 단순한 상상인 그와 같은 직관이 스스로를 부여하는 직관과 대립하도록 유혹할 수 있을 것이다. 그러나 직관의 특성을 묘사하는 것은 너무 단순해서 그러한 작업〔대립시키는 것〕을 수행하지 않는데, 이 직관은 사실상 더 깊게 분석할 필요가 있다. 단순한 상상은 결코 정립하는 체험이 아니다. 이에 반해 직관적으로 예상하는 것은 어쨌든 예상하는 것 속에 어떤 것이 믿어지고 미래에 존재하는 것으로 정립되는 것이다. 직관적으로 만들어진 미래의 것은 이때 미래의 것 자체가 아니며, 그것은 '앞선 상'(Vorbild) 이외에 다른 것이 아니다. 이 '앞선 상'을 통해 지향함은 이에 상응하는 그 자신을 단순히 선취하면서 앞서 향한 채 어느 정도까지 충족되지 않은 것을 관통해간다.

그와 같은 '앞선 상'의 기능과 그 발생의 구조는 더 분석하고 이해할 필요가 있다.

충족시키는 확인을 할 능력이 있는 스스로를 부여하는 직관 자체 안에서 근본적 구별에 대해 충족시킴이 필요한 지향의 근본적 구별이 상응한다는 점은 분명하다. 왜냐하면 모든 지향함이 임의의 '스스로를 부여하는 것'을 통해 임의로 충족될 수 없다는 점이 명백하기 때문이다. 예를 들어 예상하는 것은 오직 지각을 통해서만 충족될 수 있고, 소급된 지향함은 오직 회상으로서만 충족될 수 있다.

이제까지는 오직 충족시키는 종합에만 주목해왔고, 이 종합에 속한 대립적 사건들, 예컨대 지향된 그 자신(Selbst) 대신 다른 그 자신도 그 자신의 양상으로 등장하는 — 이때 이른바 합치를 부정하게 된다 — 종합인 실망하는 것은 고찰하지 않았다. 즉 다른 그 자신으로 지향된 것은 직관으로 이행하는 데 놓여 있다. 그러나 이것은 동일화하는 합치의 통일체가 아니라, '다르게 존재함'(Anderssein) — 이때 지향된 것은 말소된다 — 의 통일체를 이룬다. 그래서 우리는 수동적 양상화에 관한 학설로 명백하게 되돌아오는데, 이 학설은 '지향〔함〕'과 '충족〔시킴〕'이라는 개념을 더 깊게 해명함으로써 그 양상화의 본질에 관한 새로운 통찰과 더 깊은 이해를 열어준다. 우선 연상에 관한 현상학적 고찰과 지향함에 관한 학설을 결부시키는 것이 중요하다. 이렇게 함으로써 양상들을 발생적으로 해명하기 위한 가능성이 우선 내재적으로 주어진 것의 영역에서, 그런 다음 외적으로 주어진 초월적인 것의 영역에서 열린다.

'충족시킴의 종합에서 또 충족시킴과 계속 얽혀 있는 그 밖의 속견의 지향함들이 일치되는 종합에서 의식 삶 자체의 통일체가 어떻게 이 의식 삶의 내재 속에 존재의 다른 단계인 하나의 존재 장(場)으로 구성되는지' 이때 더 높은 단계의 존재인 그 자체로 존재하는 사물들이 어떻게 이 의식 삶의 통일체에서 구성되며 가장 위로는 세계 전체, 즉 객관적 존재 ── 그 개방된 무한성에서 우리의 객관적 세계 ── 의 전체 우주가 어떻게 구성되는지' 같은 종류의 〔물음에 대한〕 단계적 해명은 언제나 다시 되돌아감으로써 비로소 가능해진다.

그러나 이 모든 것은, 비록 불일치·가상·환상이 전혀 없지는 않더라도, 일치되는 종합 속에 구성된다. 참되지 않는 것, 존재하지 않는 것은 이미 어떤 방식으로 수동성에서 배제된다. 하나의 동일한 세계를 관통하는 의식은 방해받은 일치성을 개선하는 수정을 통해 그 의식을 따라 복원하는 형식으로 이루어진다. 나는 당장 중요한 문제와 이 문제가 요구하는 극히 포괄적인 연구에 대한 예감을 ── 내가 우리가 획득한 '확증'이라는 원초적 개념을 모순율과 배중률이라는 전통의 논리적 원리들과 대결시킴으로써 ── 제공할 것이다. 이렇게 함으로써 아주 특별한 존재의 개념과 이에 속한 규범화하는 특별한 개념을 분명하게 할 것이다. 이 개념은 이 원리를 통해, 그래서 논리학을 통해 아주 자명하게 전제되어 있다.

이러한 문제로 넘어가기 전에, 앞에서 말한 원초적 단계 안에서 2차적으로 확증하는 것에 관해 더 이야기해야 한다. 이 확증하는 것은 우리가 명증성이라는 현상의 가장 낮은 단계로 다룬 그 자신(Selbst)을 통해 확증하는 것 곁에 있다. 우리는 속견의 지향함인 사념(Meinung)의 영역에서 고찰한다. 신념 그 자체는 정상적으로 항상 사념을 뜻하며, 그래서 지향함에 관한 우리의 해명은 명백히 판단에 관한 이론의 근본을 이룬다. 사념은, 비록 이것이 충족되지 않은 경우에도, 〔다른〕 사념과 일치할 수 있다. 일치하는 사념에서 어떤 주어진 사념으로 이행함으로써 이 주어진 사념은 입증되는 사념이라는 특성을 획득하는데, 근원적으로 확인하는 것이나 명증적으로 만드는 것에 관한 논의가 없더라도 더욱 강력하게 입증되는 사념이라는 특성을 획득한다. 마찬가지로 공허한 사념은 다른 사념과 충돌할 수 있고, 해소될 수 없는 의심이 생길 수 있으며, 이때 그 충돌은 의심의 어느 한 항(項)이 다른 항을 입증하는—그러나 이 모든 것은 단순한, 공허한 신념을 지향함의 영역 속에 일어나는 반면, 우리는 이전에 지각의 근원성에서 가능한 양상화(樣相化)의 평행하는 사건을 탐구했다—다시 일깨워진 확신의 형식으로 결정될 수 있다. 예를 들어 우리가 옛날 편지를 입수하면, 그 편지는 규정되지 않은 일반성에서 어떤 사람을 명시하지만, 우리는 그가 누구인지를 알지 못한다. 그 필적이 우리에게 〔이미〕 알려진 것이라고 생각되면, 이제 많은 사람에 대한 기억이 떠오르고, 우리는 〔그 편지를 쓴〕 문제의 사람이 누구일지 의심한다. 첫째 줄을 읽을 때 〔그 편지를〕 받은 상황의 일정한 기억, 그렇지만 직관적이지 않은 기억이 떠오르며, 그 사람은 즉시 규정되고, 편지를 읽는 가운데 계속 입증되면서 〔누구인지〕 결정하는 것이 여기에서 이루어진다.

그와 같이 입증하고 여러 차례 합치되는 가운데 강화하는 기능은 본래 어디에서나 또 스스로를 부여하면서 자신의 역할을 한다는 사실이 중요하다. 그러한 기능은 모든 '스스로를 부여하는 것'에서, 완전히 원본으로 모든 지각에서 함께 관여된다. 그 기능이 일치하지 않는 것이 충족시킴의 기능 속에 양상화들을 일깨울 수 있듯이, 그 기능이 합치하는 것은 스스로를 부여하는 충족시킴의 기능에 속한다. 지각의 '지평들'은 실로 연관되고 지각이 진행되는 가운데 서로 다른 방향으로 현실화된 공허한 지향함—우리가 해명한 명확한 의미에서의 지향함—에 대한 명칭이다. 이 모든 지향은 지각이 정상적으로 '스스로를 부여하는 것'이기 위해, 즉 계속해서 '스스로를 부여하는 것'이기 위해 합치해야만 한다. 만약 지향함들이 서로 충돌하게 되면, '스스로를 부여하는 것'에 속하는 신념은 그것을 충족시키는 동시에 억제된다. 예를 들어 시각적으로 일어나는 외적 지각작용이 진행될 때 사물은 단지 시각적인 것만으로 사념되지 않는다. 다른 감각의 영역에서 지향함들이 연속으로 함께 일깨워지고, 〔이 지향함들은〕 시각적 영역에서 본래의 인상에 의해 지향함과 종합되는 통일체 속에 연속적으로 합치해야만 한다. 다른 감각 영역에서의 지향함들은 이렇게 해야만 한다. 왜냐하면 그 지향함들이 대상적 의미를 '함께 구성하기' 때문이다.

그렇지만 촉각의 영역에서 어떤 것이 일치하지 않자마자, 비록 그것이 인상을 통해 실현되지 않았더라도, 충족시킴의 신념은 억제되며, 지각의 통일체는 모든 지향이 전체적 지향함의 통일체로 일치하는 데서 억제된다. 그러나 이때 본래 개별화된 지각을 넘어서 외적 지각 일반을 포괄하는 연관이 되어야만 하며, 이 연관은 모든 공허한 지향함 — 의미를 '함께 규정하는' 공허한 지향함도 — 을 보편적으로 종합하는 데서 바로 환경세계의 통일적 의식과 원본의 의식을 형성한다. 예컨대 우리는 어떤 사물을 볼 수 있고, '함께 알려진' 촉각의 특성들도 그 사물에 자신이 잘 맞을 것이기 때문에 그 사물에서 모든 것이 일치한다. 우리가 손이 책상 위에 얹혀 있는 것을 예를 들어 입체경(立體鏡)으로 보아도, 이것을 통해 또한 연속적으로 앞서 나갔던 지각의 전체 연관을 통해, 입체경의 객체가 거대한 암벽 외딴 곳의 폭포이더라도, 〔실제로〕 우리가 작은 방에 있다는 것을 알게 된다. 동시에 이것은 일치하지 않고, 지각은 깨지고 양상화되어, 그 지각은 환상의 특성을 띠는데, 이는 스위스에 있는 어떤 폭포에 대한 어느 인상의 모사(模寫)라는 특성도 띤다. 지금 이와 다른 방법으로 산출될 수 있는 충족시키는 '스스로를 부여하는 것'을 향한 지향함이 모사를 통해 계속된다.

그러므로 우리는 어디에서나 종합의 통일체로 또 이 종합을 통해 생기는 지향함 전체의 통일체로 제휴해가는 지향적 체계가 중요하다는 사실을 알게 된다. 이 통일체들은 전체적으로 개별적 지향함이 깨지지 않는 신념의 특성을 지닐 수 있게 철저하게 일치해야만 한다. 양상화하는 것은 지향함에 속하며, 지향함에서 실행되지만, 어쨌든 기초적 지향함에서 분리된 것으로 실행되는 것이 아니라, 종합적 지향함 전체 속에 구체적으로 삽입된 지향함에서 실행된다. 이때 특별한 형식들은 그것이 그 자신을 구성하는 동시에 스스로를 부여하지 않는 직관을 충족시킬 확인할 능력이 있는 '스스로를 부여하는 것'이다.

제3절

경험의 궁극적 타당성의 문제

23 모든 지향함에 가능한 확증하는 것의 의문스러운 점과 경험의 신념에 대한 그 귀결

우리가 무한히 흘러가버리는 삶인 우리 자신의 삶을 의식한다는 사실, 이러한 삶 속에 언제나 경험하는 의식, 이 의식에 이어서 가장 넓은 범위에서 환경세계를 공허하게 표상하는 의식을 한다는 사실, 이것은 다양하게 변화하고 어쨌든 서로 일치하는 직관적이거나 비직관적인 다양한 지향들——언제나 다시 낱낱이 구체적인 종합으로 통합되는 지향들——이 통일체를 이루는 작업수행이다. 그러나 이 복잡한 종합들은 분리되어 남아 있을 수 없다. 우리가 사물들을 지각이나 기억 등에 따라 의식하게 되는 개별적 종합들은 모두 언제나 새롭게 일깨워진 공허한 지향함들의 일반적 환경에 둘러싸여 있고, 그 종합들은 분리된 것으로가 아니라 그 자체로 종합적으로 함께 얽혀진 것으로 이 환경 속에 잠겨 있다. '그' 세계에는 보편적 신념의 확실성이 속하는 합치하는 지향적 종합들의 보편적 종합이 상응한다.

그러나 이미 언급했듯이, 여기저기에 단절과 불일치가 존재하고,

신념의 많은 부분은 말소되며, 불신(不信)이 되고, 많은 의심이 생기며, 부분적으로는 〔그 의심이〕 해소되지 않은 채 남아 있다 등등. 결국 사실에 입각한 새로운 의미의 적극적 신념은 모든 불신에 속하고, 사실에 입각한 해결은 모든 의심에 속한다. 그리고 이제 만약 세계가 많은 개별적 변화에 따라 변화된 의미를 유지하면, 그와 같은 변화에도 불구하고 종합된 통일체가 세계를 보편적으로 사념하는 계기를 연속해서 관통한다. 그것은 단지 개별적으로만 정정되어, 이때 이른바 '잘못된 파악'에서 해방된, 그 자체로 동일한 것인 지속하는 하나의 동일한 세계다. 이 모든 것은 매우 단순해 보이지만, 어쨌든 완전히 놀랄 만한 수수께끼이며 깊이 숙고할 기회를 주는 것이다.

다음과 같이 고찰해보자. 우리는 순수한 수동성의 단계에서 속견의 삶이 언제나 다시 수동적으로 지향함의 형태, 즉 경향으로서 억제되지 않고 작용하면서 '스스로를 부여하는 것'으로 이행하는 '향해-있음'(Gerichtet-sein)의 형태를 띤다는 사실을 통찰했다. 그러므로 언제나 새롭게 얽혀진 충족시킴의 종합은 수동적 삶을 관통해간다. 사념된 그 자신을 실현하는 직관을 획득하려고 끊임없이 노력하는 것은, 우리에게 끈질기게 달라붙는 용어인, 끊임없이 확인하는 것이다. 지향함이 의도했던 것인 충족시키는 그 자신은 어쨌든 주체에 대해 참된 것 그리고 그 이후에는 지속적으로 타당한 것이라는 특성을 띤다. 이것은 정확하게 능동적 인식, 가장 높은 단계에서는 술어를 통한 이론적 인식을 수행하는 것처럼 보인다. 또한 이러한 인식은 우선 단순한 사념작용(Meinen), 단지 능동적 사념작용일 뿐이며, 게다가 강한 경향성을 띤 신념, 단지 지금은 충족시킴에 초점이 맞추어진, 명증성 속에 작용하는 능동적으로 노력하는 신념일 뿐이다.

그러나 사념된 것이 '그 자신을 간취하는 것'(Selbsterschauung) 또는 '스스로를 갖는 것'(Selbsthabe) 속에 실현하는 충족시키는 것 이

외의 명증성, 단순히 앞서 포착하는 사념과 충족시키는 그 자신이 동일성으로 합치되는 종합 이외의 명증성은 무엇인가? 어쨌든 '참인-것으로-입증하는 것' '사념이-올바르다고-입증하는 것'은 바로 이러한 사실을 통해 실행된다. 사념은 의식에 따라 실현된 그 자신(Selbst)을 향해 있다. 그래서 이에 따라 확증하는 명증성은 스스로를 갖는 근원성 속에 실행된 '사물과 지성이 일치함'(adaequatio rei et intellectus)[12]이라는 의식일 따름이다

이러한 설명이 아무리 납득할 수 있고 어떤 관점에서는 의심할 여지가 없더라도, 어쨌든 적확한 의미에서 인식을 획득하려고 노력하는, 진정으로 확인하는 작업수행은 능동성과 수동성을 여기에서 공유하는 것으로 모두 다 길어내지 못한다.

그런데 명증성, 즉 직접 간취된 '일치함'(adaequatio)은 완전한 의미에서 이미 진리를 부여하지 않는가? 어쨌든 진리는 궁극적으로 타당한 것이다. 그러나 '스스로를 갖는 것', 즉 경험은 〔다른〕 경험과 충돌할 수 있고, 양상화(樣相化)될 수 있다. 이것은 궁극적으로 타당할 정도로 '무한히'(in infinitum) 계속 진행할 수 있는가? 그와 같이 궁극적으로 타당한 것이 존재해야 한다면, 어떻게 그것을 알 수 있는가? 판단을 정초하는 모든 인식은 경험과 더불어 시작한다. 의심할 여지없이 그것은 정초하는 것의 첫 번째다. 그렇지만 단순한 경험으로 정초하는 것이 이미 수행되었는가? 이 첫 번째 정초하는 것을 해명하는 확실한 근거는 경험하는 수동성에 대한 분석이다.

그러나 이것으로써 이미 멀리 도달했다고 기대하면 안 된다. 이

---

12) '사물과 지성이 일치함'은 진리나 명증성에 대한 전통적인 견해를 대변한다. 'adäquat'은 이 용어에서 유래한 것으로 흔히 '충전적'이라고 옮긴다. 후설이 줄곧 이것과 대조시키는 'apodiktisch'(필증적)는 '주어진 사태가 존재하지 않는다는 것을 결코 의심할 수 없는 자의식(自意識)의 확실성'을 뜻한다.

미 이제까지 언급한 것으로 모든 판단의 배후에 궁극적으로 타당한 진리가 있는지는 — 경험의 상대성에 입각해 — 의문시되었다. 우리가 처음에 경험을 궁극적으로 올바르다고 인정하면, 의심은 새로운 의미를 얻는다. 〔그렇다면〕 모든 물음은 그 답변을 반드시 찾을 수 있어야만 하는가? 그 궁극적 답변을, 그것도 미리 찾을 수 있어야만 하는가? 즉 우리는 모든 판단이 그 자체로 타당한 진리 — 우리가 지금 이미 그 진리를 알고 있든 않든 또 언젠가 그 진리에 도달하든 않든 — 속에 자신의 규범을 지닌다고 생각한다. 규범화하는 것(Normierung), 즉 규범에 맞추는 것은 명증하게 확증하는 가운데 주관적으로 실행된다. 왜냐하면 규범화하는 참된 것, 바로 그러한 것으로 간취된 그 자신은, 바로 우리가 생각하듯이, 바로 경험하는 직관, 스스로를 부여하는 직관 속에 우리에게 직접 파지되기 때문이다.

하지만 이 '그 자체〔의 존재〕'(Ansich) 속에는 이미 논의한 것과 여전히 방향이 다른 어려운 문제가 많이 내포되어 있지 않은가? 예를 들어 미래를 향한 모든 판단은 반드시 궁극적인 참이나 거짓이어야만 하지 않는가? 모든 판단은, 단지 우리가 그것이 어떻게 결정되는지를 알지 못할 따름이지, 반드시 미리 결정되어야만 하지 않는가?

수동성〔의 영역〕에서 다루는 사항을 추적해보고, 수동성〔의 영역〕에서 없는 것을 인식해보자. 오직 이 수동성〔의 영역〕에서만 우리는 전통적 논리학의 근본토대에 놓여 있는 모든 결함 가운데 가장 기초적인 결함을 파악할 수 있다. 그 결함은 지극히 놀랄 만한 방식으로 모든 논리적 규범의 궁극적 원리, 즉 모순율(矛盾律)과 배중률(排中律)[13]에 관계된다.

---

13) 전통(일반) 논리학에서 '모순율'은 'A는 non-A가 아니다' 또는 'A는 B〔참〕이면서 동시에 non-B〔거짓〕일 수 없다'를 뜻하며 어느 한 쪽이 참이면 다른 한 쪽은 반드시 거짓인 원리적인 차이를 가리킨다. '배중률'은 'A는 B〔참〕이

어쨌든 논리적 규범에 관해 논의할 때 우리는 우선 이 원리를 염두에 둔다. 왜냐하면 모든 인식은 반드시 논리적으로 형성되었고, 참된 논리적 인식은 모순율에 소급해 관련되기 때문이다.

그렇지만 그 법칙들〔모순율과 배중률〕을 진술하고 숙고할 때, 우리는 우선 참이나 거짓 같은 개념이 여기에서 아직 완전한 의미로 우리의 것이 되지 않았다는 사실, 올바름이나 그릇됨의 규범이 완벽하지 않은 의미로만 논의되었다는 사실을 안다. 내재적 시간의식 속에 우리는 앞서 예상하는 것에 대한 신념이라는 특성을 지닌 그 '앞서 예상하는 것'과 함께 체험이 시간적으로 서로 잇달아 주어지는 흐름을 갖는다. 공간-시간적 세계는 내재적 시간의식 속에 포함된 흐름, 직관적이거나 비직관적인 초월적 경험을 체험하는 흐름 속에 주어지며, 충족시킬 필요가 있는 초월적 신념의 다양한 체험들은 이 공간-시간적 세계에 끊임없이 관련된다. 신념은 두 가지〔내재적 시간의식과 초월적 경험을 체험하는〕 관점에서 현재뿐만 아니라, 앞서 예상된 미래와 기억에 따른 과거 ——이것은 확증되거나 거부될 수 있는 다양한 기억이나 예상에 대한 신념으로 등장한다 ——로 향한다.

그런데 이제 이 모든 관점에서 경험에 대한 신념을 확증할 수 있거나 반박할 수 있는 것은 사정이 어떠한가? 그와 같은 모든 신념이 긍정적이거나 부정적으로 확증될 수 있다고 시험한 공리는 무엇을 주장할 수 있는가? 이것은 긍정적이거나 부정적인 것의 단순한 가능성이 그와 같은 신념의 본질에 속한다는 사실, 어떤 가능성이 실현된 것으로 가정되면 다른 가능성은 폐기될 것이라는 사실만을 주장하지 않는다. 긍정적으로 확증하는 것과 부정적으로 확증하는 것, 충족

거나 non-B[거짓]이거나 둘 가운데 하나다'를 뜻하며 제3자가 등장할 가능성이 원천적으로 배제되는 것으로 모순율을 다른 방식으로 표현한 것이다.

시키는 것과 실망하는 것이 서로 배제된다는 사실은 모순율로서 당연히 명증적이다. 그러나 우리가 전통적 배중률의 의견과 마찬가지로 모든 신념을 통상적 의미에서 타당하거나 부당하다고 확증할 수 있으려면, 여기에는 매우 많은 것이 더 포함되어야 한다.

이것을 수학적인 것에 관계된 판단의 신념인 수학적 판단과 평행하는 것으로 분명하게 설명해보자. 그것은 타당하고 확증할 수 있는 것이거나, 부당하고 부정적으로 확증할 수 있는 것이다. 어쨌든 우리가 확증을 언젠가 실행할 것인지 심지어 실행할 수 있는지, 그것이 언젠가 긍정적이든 부정적이든 결정될 수 있는지 생각조차 되지 않은 채, 그 판단이 확증될 수 있는지는 또는 반박될 수 있는지는 아무튼 그 자체에서, 즉 미리 그래서 실제로나 가능한 모든 의식의 미래에 대해 결정될 것이다. 단지 우리는 그것이 어떻게 결정되는지 미리 알지 못하며, 이것을 통찰하는 실제로 확증하는 것 속에 현실적인 결정으로 알게 될 뿐이다. 그것은 마치 주사위가 긍정적 측면이든 부정적 측면이든 여하튼 떨어지는 것처럼 미리 정해진다. 우리가 어떤 판단을 실제로 긍정적으로 확인하면, 우리는 그 판단이 실로 미리 확정되었다는 사실, 따라서 단지 긍정적으로 확인하는 것만이 일어날 수 있었다는 사실 그리고 그 반대(또한 생각해낼 수 있는 모든 자아에 대해)는 배제되었다는 사실을 알게 된다.

이제 외적 경험의 영역에 들어가서, 그 영역이 수동성 속에 어떻게 구성되었는지 또 이 수동성에서 외적 경험의 영역을 어느 정도까지 이해할 수 있는지 살펴보자. 다음과 같이 심문해보자. 즉 아무리 의식의 흐름이나 그 동기부여 속에 생기더라도 모든 신념이 확증하거나 반박할 가능성에 따라 미리 결정된다는 것은 경험의 지향성에서 길어낼 수 있고 실제로 통찰할 수 있는 본질적 법칙인가? 이 '미리'(im voraus)는 어떻게 통찰될 수 있는가? 확실히 충족시킴이 일어나면, 신념은 타당한 것으로 결정된다. 단순히 선취하는 것 (Antizipieren)에서 '그 자신을 파악하는 것'(Selbstergreifen)이 생겼기 때문이고, 선취하는 것이 입증되었기 때문이다. 그러나 확증하는 것이 일어나지 않는 한, 두 가지 개방된 가능성이 존재한다. 결정되든 않든 오직 일반적인 결정에서 등장할 수 있는 것은 반드시 그 자체로 규정되고 미리 규정된다. 따라서 진리나 타당성의 본질을 해명하는 것은 이 '그 자체'(an sich)를 해명하는 것을 뜻하는데, 아마 여기에는 근본상 본질적 차이가 존재한다. 사실상 수학이나 그 밖의 본질의 진리는 경험의 진리와 근본상 본질적으로 다르다. 이 '그 자체〔의 존재〕'(Ansich)는 상관관계에 따라 다음과 같이 나뉜다. 즉 그것은 정당성 그 자체로서 신념에 속하고, 진리 그 자체, 즉 단어의 적확한 의미에서의 진리는 의미나 명제에 속한다. 진리 그 자체에는 대상 그 자체가 상응한다. 이제 '그 자체〔의 존재〕'는 대상에 속한다.

그래서 우리는 경험적인 '그 자체〔의 존재〕'의 문제를 타당성 그 자체의 특성이 가장 쉽게 감지될 수 있는 수학적인 것을 평행해 끌어들임으로써 판명하게 부각시켰고, 우리가 경험적인 '그 자체〔의 존재〕'와 관련해 이전에 시도한 공리를 근원적으로 길어낼 수 있는 처지가 결코 아니라는 사실을 이해하게 되었다. 이것은 자아의 명증성을 통한 자아의 우월성에도 불구하고 어쨌든 내새직 영역에 관계한다. 사실상 우리가 수동성에서 음(音), 색깔 같은 내재적 시간의식 속에 질료적 자료──이 자료가 생성되는 가운데 구성하면서──를 부여했던 의식을 생각해봐도, 어떤 음 다음에 곧바로 이 새로운 음이 또 일반적으로 어떤 새로운 음이 등장해야 하든 않든 그것이 어떻게 그 자체로 미리 결정되어야 하는지 전혀 통찰할 수 없다. 그리고 앞서 행해진 내재적 경험을 통해 실로 일정한 새로운 음을 예상하는 신념에 관한 동기가 부여도, 그 신념이 실제로 일어나거나 오히려 일어나지 않거나 완전히 임의적으로 변화되어 일어나거나 하는 것이 그 자체로 결정되어야 한다는 것을 알아챌 수 없다.

그렇다면 초재(Transzendenz), 따라서 공간-사물의 세계에 관해서는——적어도 우리가 이 세계를 의식 속에 순수하게 수동적으로 구성된 것으로 생각하면——사정이 어떠한가? 물론 공간-사물의 환경세계의 구성에는 실제로 경험된 모든 사물에 대한 내적 지평뿐만 아니라 서로 함께 뒤섞여 있고 결국 모든 경험의 사물이 통일적·외적 지평과 더불어 환경세계의 통일체로 결부되는 외적 지평도 있다. 따라서 이 외적 지평의 대단히 풍부한 '미리 지시하는 것', 그래서 가능한 경험들이 계속 경과되는 것에 대한 대단히 풍부한 '미리 지시하는 것'도 포함된다. 그러나 바로 '미리 지시하는 것'도 있고, 경험에서 신념에 관한 동기가 부여되고, 수많은 일치를 통해 대단히 풍부하게 강화되고 입증되지 않는가? 그렇지만 어쨌든 계속된 경험은 언제나 새로운 자신의 '스스로를 부여하는 것'과 더불어 결국 그 경험이 의도하는 대로 계속 경과할 수 있지 않은가? 〔계속된 경험은〕 각각의 모든 예상에 대립해, 여전히 그토록 강력한 모든 '앞서 확신〔납득〕하는 것'에 대립해, 개연성에 대립해 계속 경과할 수 있지 않은가? 계속된 경험은 모든 것이 마구 뒤섞여 혼잡할 정도로, 지각에 따라 모든 세계의 질서가 파괴될 정도로, 경험의 통일체인 이 세계가 더 이상 전혀 견지되지 않을 정도로, 이 세계가 의식에 따라 흔들려 요동칠 정도로, 모든 감각자료가 그 통각이 파악한 것들——이 파악한 것들 자체는 오직 일치하는 신념 속에서만 실제로 나타남을 의식하게 한다——을 상실할 정도로, 계속 경과할 수 있지 않은가? 어쨌든 우리는 세계가 그 자체로 존재한다고 생각하고, 모든 경험에 대한 신념이 그 자체로 타당하며 그 자체로 참이든 거짓이라고 생각한다.

미래를 예로 들면, 나에게 결정되지 않았을 경우조차 미래는 결정된다. 우리는 미래의 것을 향한 모든 신념이 결단코 앞서서 자신의 참이나 거짓을 미리 지시한다고 생각한다.

그러나 우리가 순수한 의식의 연관 속에 있고 이 의식의 연관에서 수동성 속에 구성되는 내재적이거나 초월적으로 주어진 것을 고찰하면, 내가 위에서 말했듯이, 우리가 제시한 것으로는 그러한 '그 자체[의 존재]'라는 이념을 아직 해명할 수 없다. 그런데 내재적으로 주어진 것에 관해서는, 특히 감각자료에 관해서는, 모든 '지금'(Jetzt)이 새로운 것을 일으킨다. 그렇지만 모든 '앞서 예상하는 것'이 일어나는데도, 왜 어떤 자료가 미래에 등장할 것인지는 불가피하게 결정되어야만 하는지 예측할 수 없다. 이것은 초월적으로 구성된 공간–시간적 세계에 관해서도 사정이 결코 다르지 않다.

여기에서 더 명료하게 설명할 필요가 있다. 이 세계는 근원적으로 외적 지각을 통해 우리에게 주어진다. 일반적으로 말하면, 외적 지각은 연속으로 일치하면서 서로 잇달아 이어지고, 마찬가지로 이것은 잠의 공백처럼 어쩌면 생길지도 모를 공백을 우리에게 연결해주는 스스로를 부여하는 회상과 일치해 엮인다. 물론 때로는 일치하지 않는 것도 등장한다. 우리가 이야기하는 환상에서는 경험에 대한 신념이 깨지고 의심으로 이행한다. 그러나 단절을 결코 겪지 않고 진행되는 경험을 [위에서] 기술한 바꾸어 해석하거나 말소함으로써 어쨌든 다시 관통하는 일치가 수립된다. 그래서 '유일한' 이 세계가 끊임없이 여기에 있는데 단지 점점 더 자세하게 규정되거나 때에 따라 다른 것으로 규정되면서 현존한다는 세계의 확실성을 존속시키는 통일성, [이 확실성에 대한] 방해에 대립해 언제나 다시 수립되는 통일성이 우리의 의식을 관통해간다.

그렇지만 여기에서 첫 번째 문제가 생긴다. 즉 그렇다면 우리의 기억이 진술한 것에 따라 의식은 그것이 지금까지 그러했던 것과 마찬가지로 남아 있어야만 하는가? 외적 경험은 이러한 방식으로 연속으로 〔다른〕 외적 경험에 이어져야만 하는가? 의식이 지속하는 동안 어떤 외적 경험이 〔경험의 연속성에서〕 마지막 외적 경험이 될 수는 없는가? 어쨌든 외적 경험은 의식의 연관 속에 자연스럽게 동기가 부여되어 등장하는 복합적 의식의 형성물이다. 그러나 동기부여는 지각이 〔다른〕 지각에 연결되어야만 하는 방식으로 계속되어야만 하는가? 그래서 우리는 연상적 동기부여에 따라 사물의 나타남들이 연결되는 운동감각의 경과를 지닌다. 그러므로 우리는 그 감각자료를 파악한 것과 더불어 일정하게 제시하는 감각자료, 즉 시각적 나타남에 대해서는 시각적 자료를 지닌다.

동기부여란 어떤 자료와 그 미래지향의 지평이 체험에 따라 다른 자료가 등장함으로써 '함께 등장하는 것'으로 요청되는 것을 뜻한다. 그러나 이러한 연상적 요청은 현실적 경험작용이 경과하는 가운데 폐기될 수 있다. 운동감각으로 일깨워진 '앞선 요청'에 따라 사물에 대한 파악이 경험되고 현존재하는 어떤 사물에 관한 의식이 견지되려면 감각의 계열이 일정한 방식으로 실제로 일어나야만 한다. 감각자료가 갑자기 혼란스럽게 등장하기 시작하면, 시각 장(Sehfeld)이 갑자기 혼란스럽게 뒤엉켜 색깔들로 가득 채워지면, 운동감각의 동기부여는 그 힘을 잃어버릴 것이다. 그렇지 않으면 예상한 것에 따라 운동감각의 경과에 연결된 것은 더 이상 그 밖에 확고하게 규칙화된 방식으로 예상에 대한 신념 속에 출현할 수 없을 것이며, 그래서 외적 지각의 역할은 끝날 것이다. 외적 지각들이 등장하는 것은 바로 규칙화되어 기능한다는 것 그리고 형성된 동기부여가 계속 전개된다는 것을 뜻하는데, 이것은 본질적으로 감각이 실제로 경과하는 것에 달려 있다. 그러나 이렇게 경과하는 것은 항상 전혀 다른 것으로 생각될 수 있으며, 완전히 규칙이 없는 것으로 생각될 수 있다. 따라서 감각이 경과하는 것은 규칙이 없는 것이 아니라 지각이 연속으로 진행하는 것을 가능하게 해주는 것이라는 점은 사실(Faktum)이다.

그렇지만 이러한 사실의 진리에 관해 심문하면, 더 자세하게 말해, 이제까지 그러했던 것이 왜 계속 그러해야만 하는지 또는 그렇게 될 것인지를 심문하면, 이 진리는 오직 우리만 이야기할 수 있었던 그 수동적으로 확인하는 것들 가운데 하나에 의지함으로써 결정할 수 있었던 종류의 진리와는 명백하게 다른 것임을 알 수 있다.

둘째, 비록 이러한 사실의 진리를 전제하고 그래서 우리에 대해, 그 때그때 경험하는 순수 자아에 대해 외적 경험들이 그 의식의 흐름 속에 연속으로 이어지고 언제나 일치하게 된다는 점을 가정하더라도, 이것은 단지 이 자아에 대해 참된 세계의 통일성이 〔계속〕 입증되는 판단의 사념 속에 끊임없이 견지된다는 점을 말할 뿐이다. 그러나 이 것이 이 세계가 현실적으로 경험할 수 있는 세계라는 점을 넘어서 미리 규정된 세계, 즉 참이나 거짓에 대한 결정이 모든 시간의 상황을 향한 모든 신념에 대해 또는 이에 상응해 가정된 신념에 대해 일의적 (一義的)으로 미리 지시되었다고 할 정도로 그 자체로 규정된 세계라는 점을 말하는 것은 아니다.

이것은 근대 자연과학에 영향을 받은 인류와 그 밖의 인류가 세계를 파악하는 차이를 지적함으로써 매우 간단하게 예시된다. 이 세계는 모든 인간에게 끊임없이 또 자명하게 현존하며, 모든 인간은 세계도 연속으로 지속된다고 생각한다. 모든 인간은 이러한 의식에 따라 세계의 미래 속에 그럭저럭 살아간다. 그러나 대부분 인간은 앞으로 일어날 일이 규정될 수 없는 우연(偶然)에 크게 의존한다는 것, 또는 신(神)들이 순간적 뜻에 따라 세계의 진행을 결정한다는 것을 훨씬 더 믿는다. 실천적으로 세계의 진행에 방향을 맞춘 예견할 수 있는 질서가 대략 지배하지만, 단지 대략일 뿐이다. 어쨌든 각각의 모든 세계의 사건을 법칙을 통해 절대적으로 규정하는 인과율을 납득하는 일은 매우 늦게서야 가능해졌는데, 이렇게 납득하는 것조차 바로 각각의 모든 시간적 존재 ─ 자연적 태도에서 이것은 세계 속의 모든 존재자를 뜻한다 ─ 는 그 자체로 규정되고 진리 그 자체 속에 규정된다는 것을 뜻할 뿐이다. 운명의 여신이 어떻게 결정할 것인지 기다려야만 하기에 〔결정되지 않은〕 미리 개방된 것은 없다.

이러한 고찰에서 〔다음과 같은〕 물음이 남는다. 즉 어떤 '앞선 사념'이 사실상 경험을 통해 입증되었다면, 경험을 입증하는 방식에 따라 이미 최종적인 것에 도달되었는지 하는 물음이다. 그렇다면 여기에서 마지막에 논의한 문제가, 게다가 외적 경험에 대해서는 매우 민감하게 제기되기 시작한다. 그것은 '외적 경험은 명증적인 방식으로 '그 자체로' 무한히 이끌지 않는가?' 하는 문제다. 모든 외적 경험은 그 자체로 여전히 〔결정되지 않은〕 개방된 지향함이며, '충족되지 않은 측면'을 지닌다. 그렇다면 종합적으로 진전해가는 앎〔의 획득〕은 끝에 도달해야만 하고, 실로 도달할 수 있지 않은가?

24 내재적 영역에 대한 '그 자체의 존재'(Ansich)라는 문제의 전개

내재적 영역으로 되돌아가자. 그리고 '내재(內在)에서 '스스로를 부여하는 것'이 결코 어떠한 최종적인 그 자신(Selbst)도 내포하지 않고, 견고한 규범으로서 자신의 배후에 지니지 않는 완전히 상대적인 것(Relatives)일 수 있는지' 하는 물음을 직접 제기해보자. 스스로를 부여하는 모든 것이 스스로를 부여하는 다른 것과 대립됨으로써 효력이 없어지고, 아무튼 스스로를 부여하는 다른 것은 다시 스스로를 부여하는 또 다른 것과 대립됨으로써 효력이 없어지며, 그래서 이것이 '무한히' 계속되는 일은 없는가? 더 정확하게 설명하면, 그 어떤 표상이 그에 상응하는 '스스로를 부여하는 것'에서 확증될 때 이 '스스로를 부여하는 것'이 부정됨으로써 즉시 무효화되고, 이렇게 됨으로써 이제 표상된 것도 비실제적인 것으로 주어지는 일은 없는가? 어쨌든 이때 규범으로 기능하는 '스스로를 부여하는 것'도 다시 무효화되고, 그래서 실제적인 것과 비실제적인 것이 언제나 단지 순간적인 것, 즉 우연적으로 충족시키는 과정에 속하게 되는 일은 없는가? 또는 우리가 그 어떤 표상을 떠올릴 때 그 표상이 사념된 존재에는, 즉 그 표상 속에 신념의 확실성이라는 양상으로 주어진 것에는 최종적인 '그 자신의 존재'(Selbststein)가 참되고 언제까지나 말소될 수 없는 것으로서 상응한다는 것이 그 자체로 결정되는가?

물론 그렇다. 우선 우리는 자신의 생생한 현재 속에 내재적으로 구성된 존재가 존재하는 것으로서 스스로 주어져 있다는 사실뿐만 아니라 이 존재가 말소될 수 없다는 사실도 본질적으로 통찰한다. 비록 우리가 그것이 존재하지 않는다는 주장을 할 수는 있지만 〔실제로 그런 주장을〕 시작하자마자, 우리는 이러한 주장의 발단이 주어진 것에서 필증적으로 폐기된다는 점을 보게 된다. 여기에서 의심할 여지가 없는 타당성, 폐기될 수 없는 타당성은 명백해진다. 하지만 그 타당성은 순간적인 것이기 때문에, 그 타당성이 무슨 도움이 되는가? 내재적인 것은 흘러가버렸고, 없어졌다. 그래도 참된 그 자신에 관해 또 최종적으로 확증된 표상에 관해 이야기하는 곳에서 우리는 회상을 통해 순간적 의식을 넘어서는데, 회상 속에서 우리는 동일한 표상으로 반복해 되돌아가고 이 표상이 동일하게 사념된 대상으로 되돌아간다. 다른 한편 회상 속에서 우리는 동일하고 말소될 수 없는 것인 확증하는 그 자신을 우리에게 반복해 보증할 수 있고, 경우에 따라서는 보증한다. 물론 우리는 순간적 체험작용을, 예를 들어 우리가 그것이 현재 생성되는 가운데 간취하는 내재적 감각자료의 순간적 체험작용을, 말소할 수 없는 확실성에서 지닌다.

그러나 우리가 이렇게 파악하는 존재자는, 다음과 같은 경우, 단지 그 자체로 존재하는 것으로 생각된다. 그것은 바로 우리가 그 내재적 감각자료를 현재의 양상에서 순간적 자료로 간주할 뿐만 아니라 임의로 반복된 회상에서 주어질 수 있는 동일한 '거기에 있을 수 있는 것'(dabile)[14]으로도 간주할 때다. 즉 그 내재적 감각자료를 시간적 자료로, 가령 변화하는 기억들을 통해 주어지는 가능한 방향으로 정해지는 것에 대립해 동일한 하나인 그 시간성 속에 주어지는 음(音)의 자료로 간주하는 것이다.[15]

우리는 시간의 형식이 대상으로서 자기 자체의 존재를 지녔다고 〔부당하게〕 주장하는 대상의 형식이라는 것을 안다. 그래서 대상에 관한 논의는 회상〔에 관한 문제〕으로 소급한다. 따라서 이것이 내재적 대상에만 적용되는 것은 아니다. 인식대상(Noema)을 고찰할 때조차, 순간적 현재의 것을 현재의 양상에서 의미로 고찰하고 이에 관해 객관적으로 진술할 때조차, 우리는 그것을 반복된 기억 속에 현전화하고 동일화할 수 있는 것, 게다가 이렇게 재생산으로 현전화된 특성으로 '순간적 현재'로 현전화하고 동일화할 수 있는 것으로 포착

---

14) 이 용어(영역본에도 똑같이 표기됨)의 정확한 뜻을 아직 파악하지 못했지만, 이 말을 'Da+bile'의 형태로 결합된 후설의 고유한 조어(造語)로 간주해 '거기에 있을[현존할] 수 있는 것'으로 옮긴다. 가령 'Sensibilien'(감각으로 지각할 수 있는 것들)이나 'Intelligibilien'(지성으로 알 수 있는 것들)에서처럼, 영어의 '~+able'을 활용해 명사화(名詞化)한 것으로 보았기 때문이다. 이러한 번역이 문맥의 의미에도 적합하다.

15) 나는 결코 이러한 설명으로 만족하지 않는다. 어쨌든 대상적인 것(Gegenständliches)은 처음부터 시간적인 것(Zeitliches)으로 구성되며, 순간적 국면은 [실제로는] 우리가 먼저 형성해야만 하는 하나의 추상화다. 따라서 순간이 말소될 수 없는 것도 제1의 것[최초의 것](Erste)이 아니다. ─후설의 주.

한다. 이러한 고찰에서 다음과 같은 사실을 배운다. 즉 '대상성 — 그 자체로 존재하는 대상성 — 은 어떻게 구성되는가?' '대상성은 어떻게 그와 같은 대상성으로 근원적으로 증명될 수 있는가?' 하는 물음은 어디에서나 또 완전히 원리적으로 무엇보다 회상 그 자체의 존재에 대한 구성의 문제로, 따라서 '어떻게 회상이 정당화되며 회상은 어디까지 최종적 타당성의 원천이 될 수 있는가?' 하는 물음으로 이어진다는 사실이다. 이러한 문제를 제일 먼저 밝혀야 한다.

더 정확하게 살펴보면, 완벽하게 체계적으로 전개하기에는 여전히 중간 항(項)이 결여되어 있다. 내재적으로 구축된 생생한 현재는, 그것이 구성되는 가운데 진척되는 한, 말소될 수 없으며 여기에서 의심은 가능하지 않다. 이것은 생생하게 생생한 현재에 속한 과거지향의 구간에도 해당된다. 생생하게 점점 희미해지는 가운데 계속 진행되는 모든 과거지향이 양상화될 수 없다는 사실을 명확하게 설명해보자. 게다가 이것으로써 여전히 어떠한 '그 자체〔의 존재〕'도 증명되지 않는다는 사실도 첨부되어야 한다. 나는 점점 희미해지는 어떤 음을 주의 깊게 간직해 유지할 수 있고, 더구나 더 확고하게 포착할 수 있다. 여기에 〔의식의〕 가장 원초적인 능동성(Aktivität)에 관한 것이 있다. 내가 전혀 〔그 음에〕 주의를 기울이지 않고 그 음과 일련의 음에 적극적으로 향하지 않을 수도 있지만, 어쨌든 그 음이 특별한 자극을 줄 수 있다. 연상적 일깨움으로 그 음은 지향함의 성격을 얻는다. 이 두 경우에 또 전혀 내 뜻과 관련 없이 이러한 자극(이것은 곧 촉발Affektion이다)은 일반적으로 등장할 수 있을 뿐만 아니라 지향함을 충족시키는 것으로도 등장할 수 있는 방식으로 회상에서 방출된다.

이러한 회상은 과거지향과 본질적으로 다르며 가령 명석함의 단계를 증진시킨다는 의미에서 과거지향을 단순히 생생하게 그려낸 것도 아니라는 사실에 주목하자. 우리가 그 본질을 '근원적 인상'(Urimpression)에 가장 가까이 놓여 있는 과거지향의 단계에서 파악하는 명석한 과거지향은 언제나 하나의 과거지향으로 남아 있다. 모든 과거지향은 있는 그대로 있으며, 오직 그것이 놓여 있는 흘러가버리는 지각작용의 위치에서만 지향적 양상을 지닌다. 그러나 회상은 일종의 '다시 지각하는 것'(Wieder-wahrnehmung), 즉 어쨌든 어떠한 지각도 아니지만 새롭게 '구성-되는 것'(Sich-konstituieren)을 통해 있는 것, '근원적 지금'과 더불어 새롭게 시작하고 또한 점점 희미해지지만 그래도 바로 재생산의 양상으로 있는 것이다.[16] 그러므로 회상에서는 모든 과거지향의 단계가 재생산으로 변양되어 '다시'(wieder) 등장한다. 그와 같은 회상이 방금 전에 지나간 자극에 이어서 이제 자체에 내포된 과거지향 속에 일어나면, 그 회상은 필연적으로 과거지향과 의미가 합치되는 가운데 또 존재와 합치되는 가운데 일어난다. 방금 점점 희미해지거나 가라앉아버린 동일한 음은 다시 한번 그 자리에 나타나고, 나는 그 존재를 다시 한번 체험한다. 이것은 반복될 수 있고, 나는 내 뜻이든 아니든 상관없이 그 음 또는 음의 국면 전체, 실로 멜로디 전체를 다시 한번 재생산한다. 여기에서 회상을 말소할 수 있는 것은 사정이 어떠한가? 그것은 미리 거부될 수 있는가? 어쨌든 회상이 [우리를] 속일 수 있는 가능성에 관한 논의는 인식론에서 옛날부터 다루지 않았는가? 그리고 이것은 내재적 영역에도 적용되지 않는가?

---

16) 과거지향은 상상에 기초해 재현된 것, 즉 현전화되어 구성된 1차적 기억인 반면, 회상은 과거에 지각된 것을 상상 속에 다시 기억하는 것으로 생생하게 지각된 현재와는 직접 관련이 없고 연상적 동기부여라는 매개를 통해 나타나기 때문에 2차적 기억이다. 과거지향과 회상의 이러한 차이에 관해서는 『시간의식』, 특히 제12~25항 참조할 것.

25 대상의 '그 자체의 존재'에 대한 원천인 회상

우리는 여기에서 가까운 기억과 먼 기억, 즉 1) 여전히 근원적으로 생생하며 여전히 그 자체 속에 분절되고 구성적으로 흐르는 과거지향을 통해 일깨워진 회상과 2) 악곡(樂曲) 전체의 경우에서처럼 과거지향으로 먼 지평에 이르는 회상을 명백하게 구별해야만 한다.

1) 근원적으로 생생한 과거지향을 일깨움으로써 생긴 회상

첫 번째 회상에 관해 다음과 같이 말할 것이다. 즉 회상을 다시 직관적으로 의식하게 하는 것, 즉 방금 전에 존재했고 또한 여전히 침전된 것에 대해 우리는 절대적으로 말소할 수 없는 특성을 지닌다. 이것은 두 번째 회상이 이제 첫 번째 회상에서 그 명증성을 길어내고 그러는 사이에 완전히 희미해져버린 과거지향에서는 더 이상 그 명증성을 길어내지 않을 때 회상이 반복될 경우라도 그렇다.

우리는 그와 같이 반복된 그 자신과 합치하는 데서 그 자신과 그 자신의 동일성을 파악하는데, 완전하게 또는 불완전하게 파악한다. 왜냐하면 회상이 본질적으로 그 명석함에서 흔들릴 수 있고 때때로 중단될 수도 있다는 것을 알기 때문이다. 이를테면 서로 다른 내용적 계기는 마치 명석하지 않은 안개로 다소간에 가려져 있다. 이것은 통상적인 의미에서 은폐된 것, 즉 어떤 대상이 다른 대상으로 은폐된 것이 결코 아니다. 명석하지 않은 안개는 결코 대상적으로 짙게 덮어씌우는 안개가 아니며, 내실적(reell)[17] 안개가 아니다. 그래도 그 안개는 가리고, '스스로를 부여하는 것'을 불완전하게 한다. 어쨌든 방금 전에 존재했던 것은 존재했던 것으로 절대적으로 확실하고, 그것은 말소될 수 없으며, 의심할 여지가 없는데, 그것으로 주어진 모든 것, 즉 성질·강도·음색(音色)에 따라 그러하다. 그것은 결코 상대적

---

17) 문맥상 이 용어보다는 'real'(실재적)이 더 적합하다.

으로 명석하지 않음에서, 명석하지 않은 안개를 관통해 거기에 그 자신으로 있는데, 단지 완전하게 명백하지 않을 뿐이며 단지 최종으로 실현되지 않았을 뿐이다. 따라서 이 말소할 수 없는 것에는 어떤 것이 결여되어 있다. 이러한 상태에는 명석함이 서로 다른 단계로 변화되는 가운데 주어진 것의 필연적 동일성이 합치되는 것이 본질적으로 속하며, 최종적인 그 자신, 가장 본래적인 그 자신 — 명백함을 완전히 지닌, 그러나 단지 이끌어내 직시할 수 있는 이념인 그 자신 — 을 향해 확실하게 상승하는 것은 이념적 극한(Limes)이다.

그런데 여기에 고유한 점은 우선 덜 명석한 재생산을 확인하기 위해 가령 미리 이러한 이념적 한계(Grenze)에 접근할 필요가 없다는 것이다. 그 재생산은 생생한 현재와의 이러한 연관에서 자신의 근원에 관한 권리를 그 자체로, 언제나 갖는다. 그리고 '근원에 관한 권리'는 재생산이 —비록 그것이 그 의미에 따라서만 '그 자신[의 존재]'을 완벽하게 제시할 수 있는 어떤 극한에 대립해 단지 어느 단계의 등급으로만 머물더라도— 침범할 수 없는 그 자신[의 존재]을 내포한다는 것을 뜻한다. 그래서 덜 명석한 회상은 덜 채워지고, 더 명석한 회상은 더 채워지는데, 이것은 '더 집약된' '스스로를 부여하는 것'이다. 하지만 그것이 비록 직관적 회상이더라도 그 때문에 그것은 그 자신[의 존재]을 부여하고, 결코 다른 그 자신[의 존재]을 부여하지 않으며, [그 자신의 존재의] 계기들에 관해서도 부여하지 않는다.[18] 그렇지만 공허한 회상은 본래 어떠한 회상도 아니며, 오히려

18) 이 강의 도중 다음과 같이 것이 더 첨부되었다. 즉 가까운 기억을 정당화하는 것은 여전히 내재적 대상을 그 자체로 존재하는 것으로 인식할 어떠한 가능성도 해명해주지 않는다. 왜냐하면 여기에서 생생한 과거지향에 매달리고 이 과거지향에서 출발점을 지니며 이 과거지향의 스스로를 부여하는 명증성으로 견지된 회상들의 연쇄에 여전히 속박되어 있기 때문이다. 먼 기억을 정당

기억이 가라앉아버리는 것에서 부각된 과거지향의 침전물을 일깨우는 것 또는 촉발하는 자극이다. 어떤 의미에서는 여기에서도 단계가 가깝거나 먼 차이가 있다.

그렇다면 우리는 여전히 다른 등급[의 차이]을 지녔다고, 즉 가라앉아버리는 것의 가장 외적인 지평에 도달하는 재생산의 경우, 더구나 그러한 지평에 다가서는 재생산의 경우 다른 등급을 지녔다고 말해야만 할 것이다. 요컨대 실제로 '스스로 주어진 것'이지만 이와 같은 연관에서 반론할 여지가 없는 '스스로 주어진 것'이 여기에서 생기는 반면, 이 '스스로 주어진 것'은 '실제로 스스로 주어진 것이 어디까지 도달하는지' 또 '규정하는 계기들에서 무엇이 실제로 스스로 주어진 것이라고 여길 수 있는지' 하는 점을 단계적으로 규정하지 않은 채 남겨 둔다.

2) 가라앉아버린 의식의 과거에 대한 회상

이때 체계적으로 진행해가면 직접적 현재의 영역에서 자신의 과거지향과 연결되지 않지만 오래 전에 가라앉은 먼 '의식의 과거'를 다시 소생시키는 회상으로 계속 이어진다.[19] 우리는 여기에서 가까운 기억에 대립된 먼 기억에 관해 이야기한다. 여기에서도 나는 먼 기억에 대해 모든 회상은 자신의 근원에 대한 권리를 갖는다는 견해를 지지하며, 이것은 필연적 이념, 즉 말소될 수 없는 그 자신[의 존재]의 이념은 모든 회상과 그 그룹에 상응한다는 사실이 본질적으로 통찰될 수 있다는 것을 뜻한다.

화했을 때 비로소 우리는 내재적 시간의 대상을 항상 존재하는 것으로 재인식할 수 있는 가능성을 지닌다. ─후설의 주.

19) 끊임없는 흐름인 의식의 체험이 연속적 통일체를 형성하는 가로방향의 지향성과 세로방향의 지향성이라는 이중의 지향성에 관해서는 제2항의 주 2를 참조할 것.

이 경우 나의 주도적 생각은 다음과 같다. 즉 직관적인 먼 기억이 일시적으로 갑자기 떠오르는 것이 아니라 견지되는 것, 종합적으로 반복될 수 있는 것, 동일화될 수 있는 것일 때, 그 기억은 본질적으로 자신의 대상성에 관한 의심으로 이행할 수 있고 그런 다음 무효한 것―즉 회상들이 뒤섞여 겹쳐진 것―으로 명백하게 밝혀질 수 있는 유일하게 가능한 방식만 지닌다. 그래서 스스로를 부여하는 과거 속에 처음에는 깨지지 않던 신념이 불일치하는 것·억제되는 것·폐기되는 것은 관련된 먼 기억이 다수의 먼 기억으로 나뉘어 분열되는 현상으로 필연적으로 이어진다. 게다가 나뉘지 않은 〔이전의〕 기억의 통일적 대상성이 분리된 기억들에 속하고 여기에서 부분적으로 다른 대상적 규정들을 지니고 스스로 주어진 개별적 대상들, 개별적 속성들과 경과들이 융합된 것으로 밝혀지는 방식으로 이끈다. 이와 동일한 방식으로 분열된 기억들 각각이 깨지지 않은 일치라는 자신의 특성을 상실하고 그 자체 속에 스스로 일치하는 다른 기억들로 다시 분열됨으로써 말소되는 일이 이제 일어날 수 있을 것이다.

그러나 한편으로 거짓으로 특징지어진 모든 기억의 내용이 단지 결합된 전체 통일체에 관해서만 거짓이지만 그 부분들에 관해서는 참인 경우가 언제나 남아 있다. 말소되는 것은 언제나 〔거짓인 것과 참인 것의〕 혼합을 통해 생긴 전체이지만, 혼합으로 이끌었던 부분들은 스스로 주어진 채 남아 있고, 이것들은 단지 다른 연관에 속할 뿐이다. 그렇지만 다른 한편 이렇게 분열되는 과정이 '무한히' 계속될 수는 없는데, 이것은 신중함이 뒤섞인 혼란이며, 그래서 어떤 종말이 있어야만 한다. 어쨌든 기억 속에 등장하는 것은 기억된 것으로서 본질적으로 완전히 공허할 수 없다는 점으로, 이것이 '스스로를 부여하는 것'은 공허한 표제일 수 없고 오히려 그 〔권리의〕 원천을―우리가 더 이상 말소될 수 없고 단지 완전한 동일성과 일치 속에 반복할 수 있고 내용적으로 동일화할 수 있는 순수한 '스스로 주어진 것'이라는 연쇄의 이념으로 필연적으로 소급해 지시될 정도로 — 실제로 '스스로를 부여하는 것' 속에 지닌다는 점으로 충분하다.

당연히 우리는 여기에서도 진정한 '스스로 주어진 것'의 모든 부분에 대해 명석함의 등급을 지니며, 이러한 관점에서 가장 완벽한 '스스로 주어진 것'의 이념을 극한으로 지닌다. 따라서 이러한 종류의 충만함도 명증성에 차이가 있다. 물론 우리는 두 가지 관계에서 능동적 자아와 이 자아의 자유로운 활동을 지적했다. 즉 능동적 자아는 이 활동 속에 기억이 기만[착각]으로 명백하게 밝혀질 수 있고 특히 명석하지 않은 안개가 혼동을 덮어씌울 수 있는 경험을 통해 인도된다. 그에 따라 자아는 자신의 기억을 철저히 조사하려고, 이 기억을 자기 뜻대로 해명하려고, 그 부분들의 지향적 연관을 연구하려고, 분석함으로써 환상을 드러내 밝히고 그래서 참된 그 자신의 존재로 돌진해가려고 겨냥한다.

그렇지만 더 이해하기 위해 여전히 필요한 것은 수동성에서 착오, 게다가 혼동의 가장 근원적인 형태에서 착오의 근원을 해명하는 것이다. 이러한 문제는 수동적 의식의 분석 — 게다가 발생적 분석으로서 — 에서 철저한 부분, 즉 연상(Assoziation)의 현상학으로 이끈다.

제3장

연상

어쨌든 중요한 문제는 촉발의 현상이다.
변경된 의식의 방식은 언제나
연관 속에 동일하게 하는 종합에 속하지만,
이 속에 놓여 있는 의미에 관해서는 덜 촉발하는 것이며
특수성에 관해서는 점점 덜 촉발하는 것이다.
그리고 결국 이 모든 것이 하나로 합류해,
모든 과거지향의 움직임과 잡음은
다양한 의미가 그 속에 '함축적으로' 내포된
하나의 통일체로 합류한다. 왜냐하면 다양한 의미가
여러 가지 특수한 통일체의 계열을 통해 하나의 통일체로
흘러 들어가기 때문이다. 그렇지만 그것은
어떠한 촉발의 움직임도 이 통일체에서는
출발하지 않는 방식으로 흘러들어간다.

수동적 종합의 근원적 현상과 질서형식

26 연상에 관한 현상학적 학설의 주제를 제기하는 것과 그 주제를 한정하는 것

우리에게 '연상'이라는 표제는 의식 일반에 끊임없이 속하는 내재적 발생의 형식과 법칙성을 뜻한다. 그렇지만 그것은 심리학자가 생각하듯이 객관적인 심리물리적 인과성의 형식이 아니며, 인간이나 동물의 영혼 삶 속에 재생산하는 것, 즉 회상이 등장하는 것을 인과적으로 규정하는 법칙의 방식도 아니다. 우리는 실로 모든 객관적 실제성과 객관적 인과성이 '괄호쳐지는' 현상학적 환원의 테두리 안에서 고찰한다. 우리에게 현존하는 것은 실제성으로 받아들인 동물적(animalisch)[1] 본질과 인과성을 지닌 세계가 아니라, 그 지향성 속에 있는 이것들의 현상·사물의 현상·인간의 현상 등일 뿐이다. 순수 의식의 이러한 테두리 안에서 우리는 흘러가는 의식의 현재를 발견하며, 그때그때 지각에 따라 실제성을 생생하게 구성된 실제성이 구성

---

1) 이 말의 어원인 라틴어 'anima'는 '공기·호흡·마음·심리적인 것 등'을 뜻한다. 후설에게 이 용어는, '동물적 영혼(Seele)'이라는 표현에서도 알 수 있듯이, 동물의 일반적 속성보다 인간을 포함한 고등동물의 심리나 영혼을 뜻한다.

된 것으로 발견한다. 그러나 과거도 회상에 따라 지금의 의식으로 들어올 수 있다. 더 정확하게 말하면, 현재 흘러가는 의식의 통일체 속에서 우리는 과거지향의 존립요소들을 지닌 구체적 지각뿐만 아니라 구체적 과거지향도 발견하는데, 이것들은 모두 과거지향의 먼 지평 속으로 희미해지면서 흘러가버린다. 그러나 이것에는 떠오르는 회상도 속한다.

우리는 현재의 인식대상적 존립요소와 회상된 것의 인식대상적 존립요소 사이에서 '현재의 것이 과거의 것을 기억한다'는 말로 표현되는 현상학적으로 고유한 결합의 특성을 발견한다. 마찬가지로 어떤 회상이 경과하는 동안, 두 번째 회상이 등장할 수 있는데, 첫 번째 기억된 일이 두 번째 기억된 일을 기억하는 사실을 통해 인식대상적으로 특징지우는 연관 속에서 첫 번째 회상과 더불어 등장할 수 있다. 따라서 지각하는 의식, 그래서 원본으로 구성하는 의식은 재생산하는 의식을 일깨우면서 일깨우는 것으로 특징지어질 수 있고, 또 이 재생산하는 의식은 이와 똑같은 방식으로 일깨우는 것으로, 마치 의식의 과거를 이끌어오는 것으로 기능할 수 있다.

지난번 강의를 통해 연상(Assoziation)[2]은 순수 현상학적으로 탐구할 수 있는 주제라는 사실이 분명해졌다. 가령 현상학적 환원으로 근대의 통상적 연상심리학에서 아무것도 남지 않게 되는 것은 아니다.

---

2) 후설은 시간이 흐르면서 변양된 표상이 동기부여를 통해 새롭게 주어지는 표상에 끊임없이 결합하는, 즉 시간의식 속에 어떤 것이 다른 것을 기억하고 지시하는 내재적 체험이 발생하는 짝짓기(Paarung)의 법칙을 '(근원적) 연상'이라 부른다. 정신적 세계를 지배하고 구성하는 이 법칙에 따르면 감각된 것들의 동질성과 이질성에 따른 연상적 일깨움으로만 분리된 기억들이 서로 관련을 맺고, 하나의 시간적 연관 속에 질서가 세워진다. 이 연상을 통한 합치와 종합은 동등한 것과 유사한 것을 감각적으로 결합하는 하부의식의 통일이 수동적으로 미리 주어져 있기 때문에 가능하다.

우리가 현상학적 환원의 직접적 경험의 소재로 되돌아가면, 현상학적 환원은 우선 순수한 내적 태도에 머물고 그 이후의 탐구에서 출발점을 이루는 현상학적 사실(Tatsache)의 핵심을 산출한다. 이러한 탐구를 더 깊게 파고들면, 여기에서 순수 주관성의 발생에 관한 보편적 이론에 이르는 통로가 열린다는 사실, 게다가 우선 그 주관성의 순수 수동성이라는 하부 층(層)에 관한 통로가 열린다는 사실을 알게 된다. 시간의 대상성을 구성하는 의식의 현상학적 본질에 대한 분석은 이미 주관적 삶을 지배하는 발생의 법칙성을 밝힐 단초가 된다. 그래서 연상의 현상학은 이른바 근원적 시간의 구성에 관한 이론의 출발점이 된다는 사실이 즉시 분명해진다. 요컨대 구성적 작업수행은 연상을 통해 통각의 모든 단계로 확장된다.

이미 알고 있듯이, 특수한 지향함은 연상을 통해 생긴다. 본래 칸트는 무엇보다 '연상'이라는 표제 아래 객관적-심리학적 고찰로 이루어지는 자연스러운 출발에서 우리가 마주치는 현상학적 연관 속에 단순히 우연적 사실이 드러나는 것이 아니라 그것 없이는 어떤 주관성도 존재할 수 없을 절대적이고 필연적인 법칙성이 드러난다는 점을 이미 알아챘다.[3] 그렇지만 연상의 선험적 필연성에 관한 칸트의 독창적 학설은 현상학적으로 본질을 분석하는 것에 기초하지 않았다. 그의 학설은 '연상'이라는 표제 아래 기초적 사실과 본질적 법칙에서 〔문제로〕 제기된 것을 제시하거나 이렇게 함으로써 순수 주관적 삶이 발생하는 통일된 구조를 이해할 수 있게 하는 것을 겨냥하지 않았다. 다른 한편 나는 현상학이 실로 순수 주관적 삶에 존재하는 발생적 문제를 명확하게 해명할 만큼 충분히 전개되었다고 말하지

---

3) 칸트의 이러한 견해는 특히 '오성의 순수한 개념의 연역' 가운데 '구상력에서 재생산의 종합'(『순수이성비판』, A 100)에 잘 드러나 있다.

않을 것이다. 그러나 현상학은 이러한 문제를 단호하게 제시하고 해결할 방법을 미리 지시할 수 있을 만큼 충분히 전개되었다.

우리를 전통적 연상의 이론으로 이끄는 순수 현상과 그것과 연관된 첫 번째 그룹은 실제로나 가능한 재생산──더 명백하게 말하면, 실제로나 가능한 회상──의 사실에 관계한다. 우리가 현상학적 환원을 할 때, 이것들은 우선 선험적 사실로서 생긴다. 따라서 우리는 처음부터 여전히 본질적 필연성과 본질적 법칙을 이끌어내 직시하려는 형상적 본질직시(Wesensschau) 앞에 서 있다. 이러한 사실의 범위에는 우리가 관심을 품는 현상, 즉 회상──우리 스스로 표현했듯이, 분리된 과거의 기억의 상(像)들──이 어떤 가상의 상의 통일체로 융합될 정도로 뒤섞여 밀쳐지고 분열되는 현상이 함께 포함된다. 이때 '회상의 융합'이라는 이러한 문제는 단순한 상상이 지향적 분석을 통해 어느 정도까지 회상으로 소급하는가, 그래서 그 직관적 내용에 관해 어느 정도까지 회상이 융합되는가' 하는 문제를 제시한다.

재생산하는 발생(Genesis)과 그 형성물에 관한 학설은 첫 번째로 또 본래의 의미로 연상에 관한 학설이다. 그러나 이 학설과 불가분하게 연결된 것 또는 이 학설에 근거를 두는 것은 더 높은 단계의 연상이나 연상에 관한 학설, 즉 예상이 발생하는 것에 관한 학설 그리고 이와 밀접하게 연관된 통각──그 지평에는 실제로나 가능한 예상이 속한다──이 발생하는 것에 관한 학설이다. 요컨대 중요한 것은 '앞서 포착하는'(Vorgriff) 현상이 발생하는 것, 따라서 선취(先取)하는 그 특수한 지향함이 발생하는 것이다. 이러한 연상도 '귀납적[4] 연상'이라고 부를 수 있을 것이다. 왜냐하면 여기에서 중요한 것은 '귀납

---

4) 여기에서 '귀납'은 개별적 사실이나 자료에서 일반적 법칙을 이끌어내는 원리적 측면보다는 이미 알고 있는 것들로 경험의 친숙한 지평구조에 따라 아직 알려져 있지 않은 것들을 예측해가는 방법적 측면을 뜻한다.

적 추리방법'이라는 표제 아래 다루어진 모든 능동적-논리적 과정의 하부 층, 즉 수동성에 속하는 하부 층이기 때문이다.

이제 순서에 따라 우선 재생산하는 연상, 물론 순수한 현상학적 사건인 재생산하는 연상을 주시해보자. 여기에서 아리스토텔레스가 〔한편으로〕 '그 자체로 제1의 것'과 〔다른 한편으로〕 '우리에 대해 제1의 것', 즉 해명하는 (이해할 수 있게 하는) 인식의 관점에서 제1의 것을 구별한 것을 떠올릴 수 있다.[5] 우리가 재생산하는 영역에서 (우연적이 아니라 본질적으로) 최초로 접근할 수 있는 연상의 사실과 본질통찰은 재생산해 일깨우는 지향적 체험과 일깨워진 재생산된 것에 관계한다. 그런데 이 재생산하는 것 속에서 대상은 대상으로서 의식되거나 의식될 것이다. 그것이 특별한 것이라는 생각이 처음에는 떠오르지 않는다. 그러므로 의식에 관해, 지향적 체험에 관해 이야기할 때마다 우리는 즉시 그 자체로 어떤 것으로 '제기되는 것' '부각된 것', 개별적으로 '거기에 있는 것'에 관한 의식을 생각한다.

그러나 연상적 현상에 대한 분석은 곧바로 의식이 필연적으로 그 자체만의 어떤 대상에 관한 의식일 필요가 없다는 사실에 주목하게 하며, 따라서 여기에서 '개별성의 의식이 어떻게 가능하며 또한 명시적인 개별성에 관한 의식이 다수의 의식이나 전체의 의식으로서 어떻게 가능한가' 하는 새로운 문제가 민감하게 제시된다. 즉 비교하는 분석은 실로 많은 것, 정말 연속적으로 다양한 것이 하나의 의식

---

5) 아리스토텔레스에게 실체(ousia)는 ① '여기에 있는 이것'(tode ti)을 뜻하는 감각적 물질, ② 종(種)이나 류(類) 개념의 2차적인 것, ③ 진술의 주어나 운동의 기체(to hypokeimenon)로서 질료의 성격을 지닌 것, ④ 의미의 규정(horismos)을 통해 표현되는 그 본질, 즉 형상(eidos) 등을 뜻한다(*Metaphysica*, 제5권 제8장, 제7권 제1~3장, 제8권 제1장, 제12권 제3장 등 참조할 것). 따라서 '그 자체로 제1의 것'은 ①, '우리에 대해 제1의 것'은 ②, ③, ④이다.

속에 ― '함축적으로' 그 의식이 결코 다수(多數)에 관한 의식, 즉 분리된 개별체들을 통일적이지만 분리된 것으로 의식하게 하는 의식은 아닐 정도로 ― 통일체로 융합되는 대립된 가능성도 보여준다.

다음의 예를 통해 '함축적'(implicite)이라는 것이 무엇을 의미하는지 대략 밝힐 수 있다. 그 자체로 완전히 균질하게 하얀, 반점〔얼룩〕등이 〔전혀〕 없는 흰 정사각형은 하나의 정사각형으로 부각되고, 바로 그와 같은 다수의 정사각형은 개별체〔정사각형〕들의 다수로서 부각된다. 그러나 아무리 모든 정사각형이 통일체로, 그 자체로는 차이가 없는 통일체로 주어지더라도, 어쨌든 우리는 각각의 정사각형을 임의로 나눌 수 있다고 생각하며, 각각의 정사각형은 그 자체에서 그것의 국면들이 단지 그 자체만으로 부각되지 않은 하얀 것의 연속체라고 생각한다. 물론 이것은 제멋대로 한 파악이 아니라 현상학적 근거를 갖는 파악이다.

우리는 지금 부각된 개체들과 그 함축적인 다수의 문제를 더 이상 규명하지 않고, 오직 개별적 대상들이 현상학적으로 우리에게 주어짐으로써만 또는 의식에 따라 그 자체만의 통일체로 결합된 다수나 분절된 전체가 우리에게 주어짐으로써만, 요컨대 그와 같은 통일체로서 지나가버린 통일체 ― 물론 우리에 대해 지나가버린 통일체 ― 인 다른 통일체를 기억하면서, 연상들, 더구나 직접적 연상을 발견할 수 있다는 사실을 지적할 뿐이다. 연상적 관계(우리는 실로 현상학적 환원 속에 있다)는 오직 그것을 그때그때 인식대상적 양상으로 의식한 대상 그 자체에 관계하며, 따라서 이와 상관적으로 관계하는 의식의 방식들에 관계한다.

우리는 우리가 어디에서나 '무엇에 대한 기억'을 본다고 말하는 것이 아니라, 그것을 어떤 〔일정한〕 경우에 본다고, 즉 원본으로 파악하는 가운데 파악한다고 말할 뿐이다. 예를 들어 전환점에서 맞이한 골

짜기의 하강국면은 재생산해 떠오르는 다른 어떤 골짜기의 하강국
면을 기억하게 한다. 그래서 재생산한 것은 일반적으로 재생산하였
고 일반적으로 재생산한 유사한 대상일 뿐만 아니라, 단순히 유사한
관계를 넘어 이 둘 사이에 어떤 관계가 존재한다는 사실에 주목할 수
있다. 현재의 것은 재생산해 현전화된 것을 기억한다. 여기에는 현재
의 것에서 재생산해 현전화된 것을 겨냥하며 직관적으로 재생산한
것을 통해 충족되는 경향이 있다. 이것은 주의를 기울이는 자아인 우
리가 어떤 것에서 다른 것이 제시되는 것을 보고 '어떤 것이 다른 것
을 지시한다'─비록 지적(Anzeige)과 표시(Bezeichnung)의 본래 관
계가 여전히 제시되지 않더라도─고 말할 수 있다는 사실과 연관된
다. 더구나 현상 자체는 어떤 항(項)은 일깨우는 것으로서, 다른 항은
일깨워진 것으로서 하나의 발생이라고 스스로를 부여한다. 일깨워
진 항을 재생산하는 것은 일깨움을 통해 성취된 것으로서 스스로를
부여한다.

　이때 순수 현상학의 테두리 안에서 직접적 연상과 간접적 연상이
계속 구별되고, 우리는 항상 이 두 가지가 서로 엮여 있다는 것을 알
아챈다. 우선 우리는 a가 b를 기억하고 이것은 다시 c를 기억한다는
사실, 그래서 c에서 직접 기억되지 않고 바로 b를 통해 기억된다는
사실을 자주 또 쉽게 알아챈다. 그러나 연상은 깨닫지 못한 채 경과
한다. 그래서 우리가 우리의 의식 장(場) 속에 있는 그 많은 다른 것
에 주의를 기울이지 못하듯이, 연상의 결합에도 주의를 기울이지 못
한다. 우리는 평소와 마찬가지로 여기에서도 나중에 소급해 직시하
면서, 따라서 반성의 방식으로 지나간 의식과 그 내용을 깨닫는다.
더구나 바로 어떤 또 종종 매우 간접적인 최종 항(Endglied)이 특별
히 우리의 마음을 사로잡을 경우, 우리의 관심은 항들을 대충 훑어보
고 지나간다. 그래서 이 최종 항은 그 자체만으로 갑자기 떠오른 착

상처럼 주어지는데, 전체의 연상적 연관은 의식 속에 경과하지만, 어쨌든 이 연관은 특별한 주목을 끌지 못한다. 예컨대 대화를 나누는 도중 멋진 호수의 경관이 갑자기 〔생각으로〕 떠오른다고 하자. 그것이 어떻게 떠오르게 되었는지 반성해보면, 우리는 가령 대화의 방향을 바꾼 것이 작년 여름 호반(湖畔)의 어떤 모임에서 표명된 유사한 대화를 직접 기억나게 했다는 사실을 발견하게 된다. 결국 호반의 경관이 지닌 아름다운 상(像)이 〔우리의〕 관심을 완전히 독점한다.

이와 같이 직관적인 예(例)를 현전화하면, 직접적 연상에 —— 직접적 일깨움에 —— 속하는 것으로서 〔한편으로〕 일깨워진 것과 〔다른 한편으로〕 직접 일깨우는 것이 유사하다는 것을 발견하게 된다.

물론 우리는 종종 일깨움이 직관적 기억으로 이끌지 않고 공허한 표상으로 이끈다는 사실을 발견한다. 이 공허한 표상은 일정한 방향이 정해져 있으며, 이러한 것으로서 회상되고 그런 다음 필연적으로 직접적 연상을 통해 이와 유사한 것으로 기억되는 일정한 —— 단지 항상 작용하지는 않는 —— 경향을 띤다. 그러나 우리는 이러한 유사함이 고립된 채 남아 있는 것이 아니며, 특별히 일깨워지고 재생산된 개별적 의식이 그것에서 부각되는 과거의 의식 전체와 어떤 방식으로 함께 일깨워진다는 사실을 알아차린다. 이때 다른 개별적 의식이 여전히 이러한 과거 전체의 테두리 속에 일깨우는 방식으로 특별히 선호될 수 있으며, 어쩌면 직관적으로 재생산되도록 정해져 있을 수도 있다. 예컨대 티치아노(V. Tiziano)[6]의 그림에 대한 기억은 〔플로렌스의〕 우피치(Uffizi) 미술관에 대한 기억으로 나를 옮겨놓는데, 그렇지

---

6) 티치아노(1488?~1576)는 이탈리아 북부에서 태어나 종교·역사·풍경·인물·신화·여성의 누드 등을 다양하고 풍부한 색채로 표현한 화가다. 그는 피렌체파의 조각적 형태주의에서 벗어나 베네치아파의 회화적 색채주의를 확립함으로써 르네상스의 바로크 양식을 선도했다.

만 그 당시 현재의 단지 특별한 윤곽만 특별하게 일깨워지고 〔그래서〕 거기에 걸려 있던 일정한 다른 그림들, 또는 더 따분하게 말하면, 하품을 하는 미술관 감시인 등이 불쑥 떠오른다.

어쨌든 이러한 과거를 더 효과적으로 일깨우는 것이 더 깊은 다른 과거로 되돌아가거나 미래의 계열을 따라가면서 이 계열의 과거에 일어난 사건들을 뒤따라가는 것인 한, 이 지나간 현재 전체를 신속하게 뛰어넘을 수 있다.

물론 이것은 모두에게 잘 알려진 사건이며, 모든 사람은 이 사건을 그 자체로 발견할 수 있고 이 사건에 주의를 기울일 수도 있다. 모든 기억이 '우리가 어떻게 그 기억에 도달하는가' 하는 물음을 허용한다는 사실, 게다가 일상적으로도 논의되는 그러한 물음을 허용한다는 사실은 실로 모든 사람의 경험에 반드시 끈질기게 달라붙었을 사태가 중요하다는 점을 보여준다. 그래서 그것은 현상학에서 환원을 통해 다루고 기술하는 출발점이며, 더구나 무엇보다 본질적 필연성에 따른 탐구인 형상적 탐구의 방법학(Methodik)에서 출발점이다. 우리는 가령 예를 들어 '우리가 일깨우는 것과 일깨워진 것의 유사한 관계를 포기하는 경우 직접적 연상 그 자체는 가능한지, 생각할 수 있는지' 또는 '내용적으로 다른 것을 연상을 통해 일깨우는 것은 유사함을 통해 일깨우는 것을 매개함으로써 과연 다른 방식으로 가능한지'를 고찰한다.

우리는 이때 여기에 확실한 본질적 법칙들이 지배한다는 사실을 알게 된다. 모든 일깨우는 것은 인상을 통해 〔구성된〕 현재 또는 실로 비직관적이거나 직관적으로 재생산된 현재에서 다른 재생산된 현재로 나아간다. 이러한 관계, 또는 즉시 말할 수 있듯이, 이러한 종합은 '다리를 놓는 항', 즉 유사한 것을 전제한다. 왜냐하면 이 유사한 것에서 특수한 종합인 다리는 유사함을 통해 아치로 연결되기 때문이다. 이렇게 유사함을 통해 매개됨으로써 어떤 현재는 지나간 다른 현재와 더불어 나아가고, 이와 상관적으로, 어떤 완전한 현재의 의식은 보편적 종합—특별한 일깨움의 종합과 특별한 재생산에 테두리를 쳐주는 보편적 종합—속에 가라앉은 다른 완전한 〔지나간〕 현재의 의식과 더불어 나아간다.

어쨌든 이것으로써 〔탐구의〕 대략적 발단이 최초로 주어졌고, 이제 '어떻게 일정한 일깨움이 이루어지는지, 즉 어떻게 다양한 유사함 가운데 어떤 유사함에 다리를 세울 수 있는 우선권을 부여하는지' '어떻게 각각의 현재가 결국 모든 과거로 되는지' '어떻게 각각의 현재가 생생한 과거지향을 넘어서 망각된 것의 영역 전체에 관련될 수 있는지'를 처음으로 더 정확하게 이해하는 것이 중요하다. 이러한 것을 이해할 수 있어야만 '어떻게 순수 자아가 자신이 지나간 체험들의 무한한 장(場)을 그 자신의 것으로 자기의 배후에 지닌다는 의식을, 즉 시간의 형식 속에 지나간 삶—회상을 통해 또한 원리적으로 말하면 어디에서나 순수 자아에 도달할 수 있는 삶, 또는 동일한 것이지만, 순수 자아 '자신의 존재'(Selbstsein) 속에 다시 일깨울 수 있는 삶—의 통일체를 획득할 수 있는가' 하는 물음이 완벽하게 해결될 수 있다는 사실은 명백하다.

그러나 만약 모든 회상이 원리적으로 불가능하다면, 더 나아가 본질통찰을 통해 명백하게 밝힐 수 있는 이러한 가능성의 발생적 조건(가능한 일깨움의 조건)이 충족되지 않은 채 남아 있다면, 주관성은 참으로 자신의 과거를 지닐 수 있는가? 그리고 이렇게 〔과거를〕 지닌 것에 대해 유의미하게 논의할 수 있는가? 그래서 우리는 본래 중요한 것은 근본적 문제, 즉 주관성 자체가 가능한 근본상 본질적 조건을 해명하는 것이라는 점을 인식한다. 이 조건에 속하는 것은 곧 주관성이 그것 없이는 주관성일 수 없을 본질적 의미, 즉 그 자체만으로 존재하는 것으로 존재하는 주관성의 의미, 바로 이것을 통해 그 자체만으로 존재하는 것으로서 그 자신을 구성하는 주관성의 의미를 지닐 수 있다. 물론 재생산해 일깨우는 것의 완벽한 현상학은 오직 한 측면에 관한 문제에만, 즉 그 자신의 과거를 구성하는 문제 또는 무한한 내재적 시간 속에 그 자신이 〔과거에〕 존재했다는 것을 구성하는 문제에만 관계하며 이러한 문제만 논의해 길어낸다.

그렇지만 우리는 그 문제의 다른 반쪽인 보충부분이 귀납적으로 선취하는 연상에 관한 현상학의 영역이라는 사실을 알게 된다. 여기에서 동일한 하나(一)로서 자신에 속한 무한한 미래의 삶을 알 수 있는 주관성의 가능성에 관한 본질적 조건이 명백하게 밝혀진다. 즉 주관성은 여기에서 요구된 가능성을 통해, 미래의 현실적 삶에서 미래의 것〔사건〕이 '스스로를 부여함'으로써 비로소 정초할 수 있는 확증의 가능성이 아니라, 새로운 종류의 확증을 통해 언제나 〔미리〕 '규정된 것' 속에 〔확증하려는 것을〕 가능하게 할 수 있는 선취(先取)하는 것을 실로 그때그때의 현재에서 의심할 여지없이 미리 지시하는 가능성을 통해 〔자신에 속한 무한한 미래의 삶을〕 알 수 있다.

이렇게 공식화된 문제들은 새로운 것이 전혀 아니다. 그것은 단지 이 강의의 장(章) 전체가 〔연구하면서〕 기울인 '그 자체〔의 존재〕 (Ansich)의-타당성'이라는 문제를 새롭게 공식화한 것일 뿐이다.

27 연상적 종합의 전제. 근원적 시간의식의 종합

이제 연상으로 되돌아가서, '어떻게 이 새로운 장(場)을 깊이 파고들어가는 현상학적 탐구로 받아들였는지 그리고 모든 연상이 당연히 전제하는 기본적 요소들과 더불어 시작하는 체계적 탐구로 받아들였는지'를 숙고해보자. 최초의 출발점을 추적할 필요는 없다. 근원적 시간의식 속에는 연속으로 작업을 수행하는 종합이 자명하게 전제되어 있다. 그때그때 구체적으로 완전한, 흐르는 삶의 현재에서 우리는 이미 확실하게 주어지는 양상으로 일체화된 현재, 과거 그리고 미래를 갖는다. 그러나 주관성이 그 속에 놓여 있는 지향적 내용들과 더불어 자신의 지나간 삶을 또한 미래의 삶을 의식하는 이러한 방식은 불완전한 것이다. 이러한 방식은, 만약 일깨움이 전혀 존재하지 않으면, 자아에게 의미가 없을 것이다. 왜냐하면 과거지향은 공허하고, 심지어 구별이 없는 과거지향의 배경 속으로 가라앉기 때문이다. 더구나 미래지향의 미래도 공허하게 의식된다. 다른 한편, 〔물론〕 이러한 출발점이라도 없다면, 전혀 진행될 수조차 없을 것이다. 의식되는 모든 객체성과 그 자체만으로 존재하는 주관성을 구성하는 것(Konstitution)의 ABC에서 A가 여기에 놓여 있다. 그것〔의 본질〕은 보편적 형식의 테두리에, 즉 다른 모든 가능한 종합이 관여해야만 할 종합으로 구성된 형식에 있다고 말할 수 있다.

여전히 다른 많은 종류의 종합은 주관성(어쨌든 오직 발생 속에서만 생각해볼 수 있는 주관성)의 발생에 대해 필증적이고 필연적인 것으로서만 특별한 의미에서 선험적[7]이다. 앞에서 말했듯이, 이 종합

---

7) 후설현상학의 근본성격을 드러내는 'transzendental'을 'transzendieren'(초월한다)에서 파생되었다고 '초월론적'으로 옮기는 경우가 있는데, 나는 한국현상학회가 1980년대부터 합의한 대로 또 다음과 같은 근거에서 '선험적'으로 옮긴다.
첫째, 이 용어는 칸트에게서 "모든 경험을 넘어서는 것이 아니라, 그 경험에 (아프리오리하게) 선행하지만 경험의 인식을 가능케 하는 조건"(*Prolegomena*, 373쪽 주)을 뜻한다. 반면 후설에게서는 "모든 인식의 궁극적인 근원으로 되돌아가 묻고 ……자기 자신과 자신의 인식하는 삶을 스스로 성찰하려는 동기"(『위기』, 100쪽; 『경험과 판단』, 48~49쪽)로 철저한 반성적 태도를 뜻한다. 따라서 칸트나 신칸트학파에게 '선험적'에 대립된 것은 '경험적'(empirisch)이지만, 후설에게 그것은 소박한 자연적 태도의 '세속적'(mundan)이다.

은 모든 대상의 시간의 형식을 구성하는 종합과 일체되어 경과하며, 그래서 시간적으로 형식화된 대상적 내용(Gehalt)인 시간의 내용(Zeitinhalt)에 함께 관계해야 한다. 이미 칸트는 거의 압도적인 독창성(바로 그가 현상학적 문제제기와 방법을 마음대로 처리하지 않았기 때문에 압도적이다)으로『순수이성비판』의 초판(A) '선험적 연역'[8]

둘째, 모든 경험은 스스로 거기에 주어진 핵심을 넘어서 사념함으로써 처음에는 주시하지 않았던 국면을 점차 밝혀줄 지평을 갖추는데, 여기에는 역사적으로 형성되고 침전되어 전통으로 계승된 문화도 포함된다. 이처럼 모든 역사의 아프리오리를 그 궁극적인 근원으로 되돌아가 물음으로써 의미를 해명하려는 발생적 현상학을 '초론적'이라 부를 수 없다. '넘어선다'는 것이 의식과 대상이 분리된 이원론을 전제한 '초월'을 뜻하는 것은 결코 아니기 때문이다.

셋째, 선험적 환원은 초월적 실재를 내재적 영역으로 이끌어 의식의 작용들과 그 대상들에 대해 동일한 의미를 구성하는 선험적 자아를 드러내는, 즉 대상으로 향한 시선을 이 행위의 주체인 주관으로 바꾸는 태도변경이다. 그런데 이것을 '초월론적 환원'으로 부르면, 의식에 내재적으로 이끌어오는 것이 아니라 의식이 자신을 넘어서 대상으로 향하는 것처럼 정반대의 뜻이 되기 때문이다.

넷째, 가령 "현상학과 다른 모든 학문의 관계는 '선험적'[초월론적] 존재와 '초월적' 존재의 본질적 관계에 근거한다"(『이념들』제1권, 159쪽)에서처럼 꺾쇠괄호['초월론적']로 번역하면 매우 어색하다. 또한 '-론'이 있고 없음만으로는 의미를 파악하기 힘들다. "모든 종류의 초월성(Transzendenz)을 '배제하는' 태도에서 현상학은 …… '선험적[초월론적] 문제들'의 복합체 전체로 나아가고, 따라서 선험적[초월론적] 현상학이라고 부를 만하다"(같은 책, 198쪽)에서처럼 꺾쇠괄호['초월론적']로 번역하면 이치에 어긋난 표현이 된다.

요컨대 후설에게 '선험적'은 인식의 형식뿐 아니라 다양하게 인식될 내용을 포함해 현재의 경험에 앞서 주어지는 모든 것의 궁극적 근원을 되돌아가 묻고 해명하는, 절대적으로 스스로 책임을 지는 자세와 의지를 함축한다.

8) 칸트는『순수이성비판』'순수 오성개념의 연역' 초판 제2절(A 95~114)에서 경험을 가능케 하는 아프리오리한 근거를 밝히면서, ① 직관의 형식인 시간과 공간을 통해 촉발된 다양한 내용이 직관 속에 전체와의 연관을 통해 통관·총괄되고, ② 구상력을 통해 계속 이어지는 선행한 표상을 소멸시키지 않고 재생산시켜 현재의 표상과 통일하며, ③ 선행한 표상과 현재의 표상의 동일성을 개념 속에 재인식하는 종합의 과정을 밝힌다. 물론 이러한 종합의 근원적 원천인 선험적 통각으로 비로소 자연의 합법칙적인 필연적 통일이 가능하다.

에서 선험적 종합의 체계를 최초로 입안했다.

그러나 유감스럽게도 칸트는 이때 오직 공간적 세계의 대상성, 즉 의식에 초월적인 대상성의 구성이라는 더 높이 놓여 있는 문제만 염두에 두었다. 따라서 그의 문제는 오직 '자연의 사물들이 나타날 수 있기 위해, 그래서 자연 일반이 나타날 수 있기 위해 어떤 종류의 종합이 주관적으로 실행되어야만 하는지'뿐이었다. 그렇지만 내적 대상성, 즉 순수 내재적 대상성과 이른바 내적 세계의 구성이라는 문제가 더 깊이 놓여 있으며 또한 본질적으로 [칸트의 문제에] 선행한다. 이것은 곧 그것 자체만으로 존재하는 것으로서, 그 자신에 고유하게 속한 모든 존재의 장(場)으로서 주체의 체험의 흐름이 구성되는 문제다. 공간적 세계가 의식에 따라 구성되었기 때문에, 공간적 세계가 우리에 대해 단지 현존하는 것으로 존재할 수 있고 오직 내재(Immanenz) 속에 수행되는 어떤 종합을 통해서만 어떻게든 표상될 수 있기 때문에, 내재의 가장 일반적인 필연적 구조와 일반적으로 가능한 종합적 형태에 관한 학설이 세계를 구성하는 문제의 전제가 된다는 사실은 명백하다. 따라서 여기 내재에서 원리적으로 가장 일반적인 종합이 추구되어야만 하며, 특히 앞에서 말했듯이, 선험적 시간의 종합을 넘어서 도달하는 내용적 종합, 게다가 그 일반적 본성에 따라 선험적인 것으로 필연적으로 통찰할 수 있는 종합이 추구되어야만 한다. 그러므로 이러한 종합을 추구하는 것이 바로 우리의 과제가 될 것이다.[9]

---

9) 지각이 수용되는 보편적 구조에는 모든 체험이 통일적으로 구성되는 궁극적 터전으로 끊임없이 흐르는 '내적 시간의식'과 자유롭게 운동할 수 있는 의식주체의 의지를 실행하는 기관인 '신체'가 있다. 그리고 여기에서 과제라고 하는 종합은 모든 지각이 하나의 시간의식 속에 구성된 상관관계를 생생하게 하고, 통일을 확립하는 근원적 연상의 작용은 가장 낮은 단계의 종합 위에 계층을 이

어쨌든 시간을 구성하는 종합 가운데 어떤 시간의 대상에 그 자체만으로 또한 전체적으로 속한 과거지향과 미래지향의 종합만이 아니라 구체적인 완전한 삶의 현재가 이 삶을 에워싼 종합에서 발생한 통일체라는 사실에도 주목하는 것이 중요하다. 더구나 삶의 〔어떤〕 순간에서 〔다른〕 순간으로 계속 흘러가는 가운데 또다시 어떤 종합, 게다가 높은 단계의 종합이 실행된다는 사실에 주목하는 것이 중요하다. 이러한 종합을 통해 보편적으로 구성된 것은 '서로 잇따른'(aufeinander) 관계에서 모든 내재적 대상의 '공존(Koexistenz)과 계기(Sukzession)'라는 표제로 잘 알려져 있다. 모든 삶의 순간에 우리는 어떤 시간의 대상성을 구성했고, 각각의 시간의 대상성은 과거지향으로 존재했음의 순간적 지평과 미래지향의 순간적 지평이 일체가 된 순간적 '지금'을 갖는다. 이 순간적 구조는 연속적 흐름 속에 있고, 종합적으로 일치되며, 바로 이렇기 때문에 시간의 대상, 예를 들어 어떤 지속하는 음(音)을 자기 자신과 동일한 것으로 구성한다.

그러나 삶의 동일한 구체화(Konkretion)에서 때때로 동일한 삶의 순간과 그 계속적 흐름 때문에 여전히 다른 대상들이 구성될 수 있고, 이 각각의 대상, 예를 들어 다른 음, 어떤 색깔 등은 평행하는 구성의 구조를 통해 구성될 수 있다. 여기에서 동시성(同時性)이 필연적으로 구성된다. 그와 같은 각 자료의 시간성은 다른 자료의 시간성과 아무 연관도 없이 그 자체만으로 구성되지는 않는다. 어떤 자료의 '지금'과 다른 자료의 '지금'을 동일성의 통일체로 이끄는 하나의 '지금'이 구성된다. 마찬가지로 두 자료, 따라서 동일한 '지금'에서 구성되는 모든 자료에 대한 주관적 시간의 양상들 전체의 형식적 구조도 동일성이 합치되는 데서 구성된다. 다양한 '근원적 인상'은 하

루며 올라간 '수동적 종합'을 뜻한다.

나의 근원적 인상에 결부되고, 분리될 수 없는 이 하나의 근원적 인상은 모든 개별적 인상을 절대적으로 동일한 템포로 흘러가게 할 하나의 근원적 인상으로서 흘러간다. 그래서 많은 시간이 많은 대상에 상응하는 것은 아니다. 오히려 그 속에서 대상들의 모든 시간적 경과가 진행되는 오직 하나의 시간만 있다는 명제가 타당하다.

따라서 각각의 '지금'에는 보편적 종합이 상응하는데, 서로 멀리 떨어진 모든 개체가 정리되는 보편적인 구체적 현재는 이 종합을 통해 구성된다. 더 나아가 시간적으로 정해진 방향을 따라 '지금'이 흘러가버리는 것은 동시에 구성하는 삶 속에 계속되는 보편적 종합을 뜻하며, 경과하는 현재들은 이 종합을 통해 연속의 통일체로 의식된다. 그래서 동시에 존재하는 것으로 또한 연속되는 것으로 근원적으로 의식되는 것은 근원적인 종합적 통일체에서 동시적이고 계기하며 존재하는 것으로 구성된다.

이것은 수동성 속에 근원적으로 존재하는 것으로 의식된 특별한 모든 대상——그 내용이 구성되고 그 밖에 이 내용을 통해 그 대상들이 내용상 통일적 대상으로 구성되더라도——이 필연적으로 결부되는 가장 일반적인 최초의 종합이다. 이때 우리는 구별되고 또 구별할 수 있는 모든 대상에 필연적으로 시간적 통일성을 부여하는 것, 즉 '서로 함께하는 것'에 주목했다. 그러나 시간의식의 종합은 당연히 각 대상이 동일한 하나의 대상으로 구성되거나 (같은 뜻이지만) 유동적인 다양체 속에 지속하는 하나의 대상으로 구성되는 그 종합을 내포하는데, 실로 가능한 공존과 계기에 대한 전제로서 내포한다.

이제 시간의식이 동일성의 통일체에 관한 구성이나 대상성의 구성에 관한 근원적 장소라면, 더구나 의식되는 모든 대상성의 공존과 계기를 결합하는 형식에 관한 근원적 장소라면, 시간의식은 하나의 일반적 형식을 만들어내는 의식이다. 물론 단순한 형식은 하나의 추상화한 것(Abstraktion)이고, 그래서 시간의식과 그 작업수행에 대한 지향적 분석은 처음부터 추상적 분석이다. 이 지향적 분석은 오직 모든 개별적 대상과 다수의 대상의 필연적 시간의 형식이나 이와 상관적으로 시간적인 것을 구성하는 다양체들의 형식에만 관심이 있고, 파악한다. 대상은 의식에 따라 이러저러하게 구성된 것으로서 지속하는 것이다. 대상은 그 내용이 지속하는 것이고, 내용적으로 이 대상에서 이러한 것을, 저 대상에서 저러한 것을 지니는 의식 자체 속에 구성된 것이 아니라면 바로 의식되지 않는다. 즉 다수의 대상이 내용적으로 구별되어 현존하는 한, 또는 어떤 대상이 내용적으로 나뉘거나 나눌 수 있는 한, 그만큼 우리는 서로 공존과 계기의 관계에 있는 개별적 대상들을 지니거나 개별적 대상들이 우리에게 생긴다. 그렇지만 그때그때의 대상에 내용적 통일성을 부여하는 것, 어떤 것과 이와 다른 것의 차이를 내용적으로, 게다가 의식에 대해 또 의식의 고유한 구성적 작업수행에 대해 형성하는 것, 나눔과 부분의 관계를 의식에 따라 가능하게 하는 것 등 ― 시간에 대한 분석은 이러한 것만 말해주지 않는다. 왜냐하면 시간에 대한 분석은 곧바로 내용적인 것에서 추상하기 때문이다. 그래서 시간에 대한 분석은 내용의 어떤 특수성에 관계하는 현재의 통일체의 흐름과 유동적인 현재의 필연적인 종합적 구조에 대한 어떠한 표상도 부여하지 않는다.

28 흘러가는 현재의 통일체 속에 동질성의 종합

흘러가는 현재의 연속적인 종합적 통일체 속에 머물면서, 일단은 회상의 어떠한 기능도 고찰하지 말자. 회상은 실로 그것이 발생하는 가운데 또 새로운 작업수행은 나중에 가서야 고려해야 할 것이다. 마찬가지로 연속적 미래지향을 넘어서 튀어나오는 예상인 '앞서 직관하게 하는' 기능도 일단은 고찰하지 말자. 모든 종류의 상상, 모든 종류의 사유작용, 가치를 평가하거나 욕구하는 능동성도 주관성에 대해 필수불가결한 것인지 편견을 품고 결정하지 말고 [고찰에서] 배제하자. 그런데 우리는 이미 부각된 내재적 대상들이나 개체들 그리고 통일적으로 완결된 그룹이나 전체가 명시적 부분들로 분절되어 구성되었다는 것을 전제한다. 따라서 연상이 문제가 되는 여기에서도 새로운 근원적 종합을 주시하기 위해 [모든 고찰과 판단을 멈춘채] 명백하게 출발해야만 한다. 물론 우리가 그 자체로 부각된 것을 지니는 곳에서만 [그것을] 주시할 수 있고, 직접 파악할 수 있다.

부각된 대상들이 내용적으로 규정된 가장 일반적인 결합은 명백하게 유사함이나 동등함과 이질성의 결합, 유사하지 않음이나 ── 더 적확하게 말하면 ── 동질성과 이질성의 결합이다. 의식에 따라 구성된 결합은 의식이 종합한 작업수행이며, 따라서 여기에서 우리는 동질성이라는 의식의 종합을 새롭게 마주친다. 우리가 실재적 대상에 관해 이야기하면, 단순히 유사한 것은 실재적 대상들 사이에 어떠한 결합도, 어떠한 실재적 결합도 만들어내지 못한다고 주장하는 것은 확실히 충분한 근거가 있다. 두 사람이 서로 유사하다는 사실, 가령 그들의 코가 유사하다는 사실은 그 두 사람 사이에 어떠한 실재적 연대(連帶)도 수립하지 않는다. 그렇지만 우리가 내재적 자료, 예를 들어 흘러가는 현재의 통일체 속에 있는 ── 따라서 그 어떤 구성하는 기나긴 지속 아래, 내재적으로 공존하는 가운데 의식된 ── 구체적인 색깔의 자료에 관해 말하면, 그 자료는 서로 유사한 것이나 서로 동등한 것으로서 의식에 따른 통일성, 즉 친족관계의 통일성을 필연적으로 지닌다. 요컨대 시각 장(場)에서 다수의 분리된 색깔의 자료는 그룹으로 묶이고, 그 자료는 이들의 유사함으로 특별하게 통합되며, 그 밖의 것도 마찬가지다. 또한 이 친족관계에는 등급이 있으며, 이 등급에 따라 그 친족관계는 때에 따라 더 강하거나 약하게 통합된다. 가장 완전한 친족관계나 유사함은 동등함이고, 그래서 이것은 동질성의 가장 강한 결합을 만든다. 동등한 개체들에서 하나의 의식 속에 공존하는 것으로 주어진 것은 다른 것에 관계하지 않고 그 자체만으로 남아 있지 않으며, 오히려 이제 통일체로서 하나의 다수(多數) ─ 가장 넓은 의미에서 실로 개체들을 순수하게 친족관계로 함께 묶은 전체 ─인 특별한 그룹으로 통합된다. 동등함에 뒤진 유사함은 이와 동일한 것을, 하지만 더 낮은 등급에서, 수행한다.

내용적으로 친족관계에 있는 두 가지 대상이나 여러 가지 대상이 공존하는 것을 이른바 정적(statisch)으로 고찰할 경우 이미 동질성에서 그 통일성이 부각되고, 또한 그와 같이 서로 다른 것을 함께 고찰할 경우 이러한 결합의 친밀함에서 차이가 부각되며, 이른바 동적(kinetisch)으로 비교하면서 고찰할 경우, 즉 〔어떤〕 친족관계에 있는 것에서 〔다른〕 친족관계에 있는 것으로 이행하는 경우 그 결합의 더 깊은 특성이 밝혀진다. 새로운 동등한 것은 그렇게 이행하는 가운데 동일한 것이 '반복된 것'으로 주어진다. 단순히 유사한 것은 이와 같지 않지만, 어쨌든 동일한 것(Selbiges)도 유사한 것 속에 어떤 방식으로 부각된다. 이렇게 비교하는 가운데 일종의 다른 의식을 넘어 유일한 의식이 겹쳐지며, 이 유일한 의식은 동일한 첫 번째 대상에 관한 의식으로서, 변양되는데도 〔다른 의식으로〕 이행함으로써 유지되고, 두 번째 대상에 관한 의식인 두 번째 의식과 더불어 합치 ─동등함의 경우에는 합동─ 된다. 즉 유지된 두 가지 의식에도 불구하고 동일성의 의식, 즉 동일한 내용인 본질내용이 생긴다. 그래서 반복된 동일한 것은 그 내용에 따라 완전히 동일한 것, 완전히 합동하는 것이다.

반면 유사한 것을 비교하는 경우 두 가지 종류가 부각되는데, 〔첫째〕 하나의 공통의 것 속에, 따라서 동일한 것 속에 종합되는 합치이고, 〔둘째〕 어쨌든 공통적인 것이 포개지는 가운데 서로 배제되는 특수한 것들이 종합되는 충돌이다. 여기서 배제하는 것은 어떤 것이 다른 것을 덮어씌우는 것, 덮어씌워진 것이 덮개를 벗기는 경향이 있는 것, 그런 다음 이전에 덮개가 벗겨진 것을 돌파하면서 〔다시〕 덮어씌우는 것 등을 뜻한다. 그러므로 빨간 정사각형과 파란 정사각형을 겹치면, 시각적으로 유사함이 존재하지만, 이것은 동등함이 아니다. 빨간색과 파란색은 〔서로〕 충돌한다.

또한 우리는 합치가 겹쳐짐으로써 일어난 순간, 충돌이 없는 합치나 동일함의 합치는 내용적으로 분리함 이상의 아무것도 주지 않는다는 것을 관찰할 수 있다. 어떤 의식과 다른 의식의 종합에서 내용적 융합, 곧 내용적으로 공동체의 한 개별성이 되는 융합이 이루어진다. 그런데 유사함이 겹쳐지는 가운데 융합에 관한 어떤 것이 현존하지만, 이것은 아무튼 순수하게 융합하는 것과 통일체를 형성하는 것이 아니고, 전제로서, 덮어씌우는 토대로서, 이와 함께 배제하는 것과 돌파하는 것의 토대로서 통일체일 뿐이다. 이에 따라 분리된 내용들의 동등한 결합이나 단순히 유사한 결합으로서 정적(靜的)으로 존재하는 것은 그 자체로 이미 각기 다른 '합치되는 종합'이라는 양상이다. 그것은 거리가 먼(par distance) 합치다. 그리고 그것에는 명백히 촉발의 경향이 동시에 속한다. 왜냐하면 그 자체만으로 부각된 것이 촉발을 통해 기능하기 때문이다. 또한 동질성에 입각해 부각된 것의 결합은 통일적이며 증대된 촉발의 힘이나 경향을 ─그 부각된 것이 이제 이러한 힘이나 경향에 굴복하든 않든─ 자아에 행사하고, 이러한 촉발은 완전히 작용하면서 동시에 〔어떤〕 항에서 〔다른〕 항으로 이행하는 동적인 형식과 겹쳐지는 동적인 형식으로 또 이와 함께 위에서 기술한 사건들을 만들어내는 방향으로 완화되며, 충족된다. 이 모든 것은 구체적으로 일반적인 것 또는 더 높은 단계인 류(類)의 일반성인 공통적인 것을 인식하는 '확정하는 것'이라는 더 높이 놓여 있는 능동성의 사건들에 앞서 일어난다.

우리가 상론한 것은 분리된 대상들이 계기(繼起)하는 것이 흐르는 삶의 현재적 통일성 속에 구성되고 게다가 동일하거나 유사한 대상들이나 경과들이 계기하는 것으로 구성되는 곳에서도 타당하다. 그러므로 순수한 음(音)들은 계속 이어지며, 이 가운데 가령 우리가 '동일한 음'이 반복된다고 말하는 부분에서 동일한 음들이 일련으로 반복되는 것이 계속 이어진다.

우리가[10] 분리된 자료가 동일하거나 유사한 현상 속에 놓여 있는 것을 드러내 밝히는 방법으로서 겹쳐짐을 사용할 때, 지난번 강의에서 분명해졌듯이, 동질성을 통한 모든 종합에서 거리가 먼 융합이 작동하며, 이 융합은 단순히 유사한 경우 구별, 즉 대조를 통해 억제된다는 사실이 분명해진다. 만약 드러내 밝히는 동일한 방법을 적용하면, 우리는 더 나아가 동질성을 통한 그러한 결합이 중개하는 항(項)들을 통해 서로 다르게 결합될 수 있고, 그래서 공통적으로 개별항들을 지니는 동질성의 서로 다른 그룹을 형성하면서 서로 다르게 결합될 수 있다는 사실을 알게 된다. 서로 다른 색깔을 띤 삼각형과 통일되어 있는 빨간 삼각형을 예로 들면, 〔이 삼각형들을〕 짝을 이루어 또한 관통하면서 명시화해 비교하면, '삼각형으로서 이것들은 서로 유사하고, 실로 완전히 동일하다'는 것을 알 수 있다. 동일한 빨간 삼각형이 동일하지는 않지만 총체적으로 빨간 다른 도형들과 더불어 동일한 그룹 ── 빨간색에 관해서는 동일함, 도형에 관해서는 서로 다름 또는 단순히 변화하는 유사함 ── 을 형성할 수도 있다. 왜냐하

---

10) 여기서부터 새로운 강의가 시작된다. ── 편집자 주.

면 결국 어떤 측면에서는 모든 도형이 유사하고, 다른 측면에서는 모든 색깔이 유사하기 때문이다. 그러므로 형식적으로 말하면, 'b에 관해 동일한'과 'a에 관해 동일한'을 구별하며, 이것은 유사한 것에 대해서도 마찬가지다. 그래서 이미 비교하기 전에, 동질성이 그와 같이 엮인 종합의 힘으로 빨간색은 도형과 구분된다는 사실, 빨간 삼각형에서 어떤 계기(契機)와 다른 계기가 계기로서 [각기] 부각되고 이와 함께 그 자체만으로 촉발하는 힘을 행사한다는 사실을 알게 된다.

우리의 예(例)를 단순화해 이 상태를 더 상세하게 주시해보자. 어떤 빨간 삼각형과 다른 빨간 삼각형의 거리가 먼 친화성(Affinität)은 흘러가는 현재에서 융합하는 것, 짝(Paar)과의 친족관계를 통합하는 것을 정초한다. 동일한 삼각형과 이와 다른 삼각형이 융합하는 것은 하나의 짝을 다시 만든다. 그래서 이제 양쪽의 짝은 중개 항을 통해, 즉 동일성의 항을 통해 결부된다. 이때 우리는 각각의 짝도 동질성의 관계를 맺는다는 사실을 깨닫는다. 그리고 사실상 아주 일반적으로 말하면, 유사함의 그룹도, 그룹으로서 동질적인 짝들도 순수하게 동질성을 통해 통합되었다는 사실을 깨닫는다. 빨간색으로 짝을 이룬 두 개의 공존하는 짝은 짝으로 합치되고, 이것들은 동시에 그에 상응하는 항들이 '빨간색이-합동되는' 가운데 합치될 정도로 짝에 관한 하나의 짝을 형성한다. 그 대신 우리가 동일하지 않은—더 정확하게 말하면, 유사함에서 거리가 있는—어떤 항을 지닌 짝을 받아들이면, 짝 그 자체 사이에 덜 밀접한 짝의 통일성도 수립된다. 이것들은 짝으로 완전히 통일되지 않는다. 아무튼 이것들은 짝에 관한 하나의 짝을 형성하는데, 가령 그 자체만으로 빨간색으로 짝을 이룬 서로 상응하는 항들이 밀접하게 결부된다. 그렇지만 다른 항들의 차이 때문에 양쪽의 짝은 [각각의] 방향에 따라 분리된다. 이제 어느 한 항을 이전처럼 동일하게 되도록 허용하면, 우리는 [이때] 그 항에서 분리된—그렇지만 여전히 사태에 입각한 공동체에 관한 것을 지니지만 그래도 부각시켜 지니는—두 가지 관계를 지니게 된다. 그러므로 바로 이러한 사실을 통해 계기(契機)들은 중개 항을 통해, 즉 두 가지 측면에서 유사함을 정초하는 서로 다른 계기로 부각된다. 명백히 여기에 수동성 속의 내적으로 특수화되는 것과 나뉘는 것의 출발점이 놓여 있고, 능동성—그리고 결국 판단의 능동성—속의 내적 징표들과 부분들을 명시화하기 위한 전제가 놓여 있다.

그런데 이를 통해 동질성의 테두리 속에 새로운 관계나 통일의 형식이 뚜렷이 나타난다. 그것은 대상과 내적인 비자립적 징표의 관계 그리고 [한편으로] 전체인 대상과 [다른 한편으로] 그 자체만으로 가능한 부분이라는 특별한 의미에서 부분인 대상의 관계다. 물론 그 관계는 적확한 의미에서 능동적으로 명시화하는 것(Explikation)과 이에 상응하는 동일화하는 것(Identifikation)에서만 뚜렷이 나타난다. 그렇지만 이에 관련된 종합이 수동성에서 이미 낮은 단계로 준비되어 있다는 사실은 분명하다. 수동성에서 분할하는 작용의 한 예는 가령 짧은 음과 길게 지속되는 음이 통일된 '잇따라 일어나는 것'이다. 실로 여기에서는 더 길게 지속되는 음의—물론 실제로 날카롭게 부각되지는 않은—지속하는 부분이 [짧은 음과의] 합치를 통해 나머지 부분에 비해 두드러지게 드러난다.

이와 똑같이 근본적으로 중요한 동질성에 입각한 더욱 특별한 종합은 동등함에 이르기까지 유사함의 단계에 관계하는데, 이것들에 따라 짝짓기와 그룹의 결합 자체는 더 밀접하거나 덜 밀접하게, 더 강하거나 덜 강하게 융합되어 있다. 즉 항들의 더 강한 유사함은 밀접함도 규정하고, 이 밀접함을 통해 짝 자체는 통일체로, 그룹의 통일체로 또 그룹들의 그룹의 통일체로 '서로 함께' 융합된다.

29 질서의 근원적 형식. 앞에서 기술한 것의 보충. 대조하는 현상

어쨌든 우리는 여기에서 '질서의 통일'이라는 문제에 직면하게 되며, 이 문제와 연관해 다른 근본적 문제, 즉 분리되지 않은 융합 아래의 연속적 질서인 연속성의 문제에 직면하게 된다. 여기에서 근원적 현상은 무엇인가?

이제까지 우리는 어떤 부각된 대상의 통일체, 공존과 계기의 단순한 '여러 가지 것'(Vielheit)인 부각된 것들의 다수(Mehrheit), 그렇지만 이때 내용적으로도 결합된 — 즉 동질성에 입각해 결합된 — 다수도 근원적 현상으로 전제했다. 그렇지만 무엇이 동질성 영역의 한 현상인 질서를, 또 이에 대립된 무질서를 특징짓는가? 하나의 근원적 현상으로는 가령 같은 모양이지만 유일하게 한 무리의 얼룩반점 형식으로 무질서가 존재하는 시각 장(場)이 있다. 그런데 동등한 얼룩반점으로서 이것들은 시각 장에서 하나의 질서로 생각될 수도 있다. 우리는 언제든지 이것들에 관념적으로 질서를 부여하거나 이것들을 질서를 지어 시각 장에 배분할 수 있을 것이고, 그래서 질서를 보았을 것이며 이때 수동성의 현상으로 질서를 부여했을 것이다. 그러므로 이것도 우선 근원적 현상이다.

근원적 현상은 특히 동등함의 현상과 일련의 [점차] 상승함의 현상을 포함한다. 가령 유사함의 통일체, 맑은 색깔인데 공존하는 자료, 일련의 질서를 따르는 통일체인 빨간색에서 파란색으로 상승하는 것을 들 수 있다. 또는 크기가 일관되게 늘어나는 일련의 질서를 따르는 삼각형을 들 수 있다. 유사함, 동등함 또는 색깔이나 형태의 크기에 따라 [점차] 상승함으로써 잇따라 일어나고 질서에 따라 통일되는 바로 그러한 자료의 시간적 질서를 이에 평행하는 근원적 현상으로 간주할 수 있다.

따라서 구체적 질서의 통일체를 두 가지 측면에서 이미 제시된 것으로 기술할 수 있다. 즉 그 질서의 통일체에는 유사함을 통해 일반적으로 짝을 형성하는 것이 속할 뿐 아니라, 여기에서 〔점차〕 '상승함'이라고 일컫는 특별한 유사함도 속한다. 그렇다면 짝들 간의 결합은 상승된 항(項), 즉 어떤 짝의 마지막 항이 바로 다음 짝의 시작 항이 되게, 새롭게 〔점차〕 상승하는 시작 항 등이 되게 이루어진다. 그런데 우리는 〔점차〕 상승함에서 합치가, 결코 동등함이 아니더라도, 어쨌든 특별하게 밀접한 특성을 지닌다는 사실을 알 수 있다. 더 낮은 것이 〔더 높은 것으로〕 상승된 것 속에 단순히 반복되지는 않지만, 아무튼 그것은 동일한 것이고, 여전히 그 이상의 것이다. 그렇지만 명백히 상승하는 연쇄에서 증가함, 〔점차〕 상승함에는 특별하게 결합하는 힘이 있다. 왜냐하면 상대적으로 더 상승된 자료 각각의 짝은 그 자체로 다시 상대적으로 덜 상승된 자료 각각의 짝에 비해 더 높은 〔점차〕 상승함이기 때문이다. 개별적 〔점차〕 상승함의 짝이 임의의 유사함의 짝보다 더 강력하게 촉발하듯이, 반복을 통해 더 높아진 〔점차〕 상승함의 통일체에서 일련의 〔점차〕 상승함의 짝은 그 밖에 유사함의 짝들의 통일체보다 더 강력한 촉발의 통일체다.

어쨌든 이제 다음과 같은 물음이 제기된다. 즉 무엇이 서로 접합시키는 연쇄를 이루게 하는가? 어떻게 연쇄가 단순한 수동성 속의 단순한 집합들 — 모든 것은 이 집합들 속에 개체이든 무질서하게 결합된 것이든 모든 것과 결합되어 있다 — 에 대립해 이루어지는가?

여기에서 우선 계기하는 것의 근원적 현상을, 따라서 시간을 구성하는 의식의 무질서한 작업수행을 지적할 필요가 있다. 이 속에서 〔어떤〕 현재에서 〔다음〕 현재로 〔이어져〕 이미 부각된 것 또 현재의 대열에서 지속하는 동일성의 통일체로 구성된 것은 시간적으로 이어져 있다. 즉 시간적 관계는 처음부터 그리고 본질상 필연적으로 구성된 채로 이어져 있다. 또한 여기에서 순수하게 시간의 형식에 주의를 기울이면, 필연적 연쇄 속에 가장 근원적인 것으로 구축되는 [점차] 상승함의 관계를 확인할 수 있다. 시간의 대상성들의 모든 시간적 관계는 실로 방향이 정해지는 주관적 양상으로 구성되며, 그래서 우리는 지나간 것과 많이 지나간 것, 그런 다음 더 많이 지나간 것의 연쇄를 의식 속에 지니는데, 바로 이때 동일하게 하는 통일체가 이러한 상대성의 흐름을 관통해가고 동일하게 계기하는 자료들 자체 사이에 일관된 질서의 연쇄가 수립된다. 만약 근원적 질서가 언제든지 내용적으로 규정된 자료들 사이에 필연적 연쇄를 수립했다면, 이제 내용적으로 규정된 [점차] 상승함은 시간적 연속 속에 그와 같은 것으로 이어질 수 있고, 그래서 일관된 [점차] 상승함의 일련의 통일체를 형성할 수 있다.

이와 마찬가지로 순수한 내용적 동등함과 유사함의 경우에도 일련의 통일체가 생길 수 있다. 그런데 일련의 통일체는 계기하는 것의 원천에 입각하지 않았을 때보다 계기의 원천에 입각했을 때 더 강력한 힘을 지닌다는 사실을 통찰해야만 한다. 왜냐하면 계기하는 것은 연속으로서 연속되는 동등함인 동등함의 새로운 계기(契機) ― 물론 필연적 계기 ― 를 이끌어오고, 그 통일체들이 동등하게 지속하면, 이것에 동등한 지속으로서 연속되는 개별적 자료가 지속하기 때문이다.

그렇지만 계기하는 질서로 그 자체에서 질서가 세워지지 않는 공존하는 경우 사정은 어떠한가? 시각 장(場)과 이 속에 등장하는 특별한 자료를 고찰해보자. 이 자료는 동질성의 통일체를 지녔지만, 여전히 질서를 이루지 않는다. 하지만 우리는 여기에서 질서를 발견하는데, 시간에서처럼, 거기에서 질서가 세워진 내용적인 것에 의존하지 않는다. 시각 장 속에, 순수하게 내재적으로 말하면, 우리는 물론 객관적으로 파악함으로써만 언어로 표시할 수 있는 가능한 계열을 지닌다. 그래서 임의의 색깔의 얼룩반점이 공존하는 질서, 오른쪽-왼쪽의 질서와 위-아래의 질서 또는 오른쪽 위로 규정된 선(線) 등으로 날카롭게 한정된 도형이 가능하다. 이것은 곧 질서가 세워지는 그밖의 다른 임의의 방향에서도 마찬가지다.

분석하기 전에는 명백하게 이해할 수 없는 관계에 있는 서로 밀접한 여러 가지 질서가 시각 장에 포함되어 있다는 사실에 주목해보자. 우리는 변화하는 시간위치와 더불어 근원적 질서의 장(場)인 계기하는 장과 유사하게 여기에서도 공존 속에 연쇄를 미리 지시하는 질서위치의 장이 제시된다는 사실을 안다. 또한 여기에서 형식과 내용은 새로운 방식으로, 즉〔한편으로〕 장소의 질서형식과〔다른 한편으로〕 우리가 보듯이 이러저러한 시각의 장소에 있는 것, 이 장소를 점유하는 것으로 구분된다.

그러나 물론 여기에는 '계기는 유일한, '직선형의', 언제나 다시 동일한 연쇄다'라는 커다란 차이가 있다. 하지만 시각 장에서 우리가 연쇄되어 있는, 동일한 직선형의 질서에 있는 모든 자료를 항상 갖는 것은 아니다. 서로 다른 계열의 연쇄가 형성될 수 있고, 이러한 서로 다른 계열의 연쇄는 많은 선(線)이 장소의 위치체계로서 시각 장에 포함될 정도로 동시에 근원적으로 형성된다. 이렇게 많은 선은 때에 따라 이러저러한 대상적 내용이 충족된 채 나타나며, 그 내용에 질서가 미리 세워지게 하면서 또한 이 직선형의 모든 위치체계가 — 분석적 고찰이 가르쳐주듯이 — 하나의 '장 형식'(Feldform)으로 통합되게 한다. 적어도 계기하는 것의 형식과 유사하게 우리는 미리 지시된 질서형식을 가지며, 이러한 형식으로, 때에 따라 이러저러한 내용을 통일체로 질서가 세워지는 것으로 갖는다.

어쨌든 여기에서 즉시 다음과 같은 문제가 생긴다. 즉 모든 질서가 내용적으로 특별한 친화성을 통해 통일적으로 부각되면, 이 질서가 필연적으로 〔질서의 장소적 위치를〕 관통하는 자극이 되는 한, 경험 속에 두드러진 장소적 질서의 선(線)은 그 시간적 통각의 층을 수반하지 않는가? 그렇지만 〔질서의 장소적 위치를〕 관통하는 것은 어쨌든 질서가 세워진 자료를 동일화함으로써 그 반대의 질서에서도 자유롭게 실행될 수 있는 시간적 질서를 만들어낸다.

시각 장에 적용되는 것은 촉각 장에도 적용되며, 장소의 통일체인 모든 고유한 장에도 적용된다. 그것이 청각 장에 적용되지 않으면, 그것은 결코 고유한 장이 아니다. 그렇다면 공존하는 것에 질서를 세우는 모든 가능성이 결여되어 있는 것이기 때문이다.

이제 바로 새로운 근원적 현상, 언제나 본래적 종합의 현상으로 이행하자. 우리는—물론 단지 대략일 뿐이지만—유사함, 동등함과 〔점진적으로〕 상승함, 동등함의 결합과 〔점진적으로〕 상승함의 결합을 고찰했다. 또한 우리는 연속에, 당연히 이 연속에서 포괄적 연속으로 엮이는 것에도 직면했고, 마찬가지로 공존하는 것의 질서가 엮이는 것에도 직면했다. 이 모든 것은 부각된 자료에 관한 것이다.

그러나 그러한 자료를 고찰하면, 그 자료 자체에서 특성들이 부각될 수 있고, 그 가운데 균등하게 하얀 정사각형에서처럼 내적으로 균등한 특성이 부각될 수 있다. 또한 다시 내적으로 균등하지 않은 특성, 어쨌든 구분되지 않은 채 서로 뒤섞여 이행하고 서로 뒤섞여 흐르는 규정되지 않은 특성, 〔가령 하얀 정사각형에 대해〕 얼룩반점이 내적으로 '분리-되는' 특성이 부각될 수도 있다. 또는 특히 현저한 것이 부단히 '상승-됨'과 이 때문에 흘러가면서 지속적으로 '상승-됨'—가령 '점점 더-빨갛게-됨'의 의미에서 또는 프리즘으로 색깔들을 서로 뒤섞는 스펙트럼의 의미에서—도 부각될 수 있다. 내적 연속성의 이러한 또는 이와 유사한 사건들을 부각된 불연속의 현상으로 소급해 관련지우는 것이 즉시 이 문제에 끈질기게 달라붙는다. 그런데 이 사건들 각각은 우선 어떤 내용의 구분되지 않은 전체 특성을 형성한다.

지난번[11] 강의에서 어디까지 도달했는가? 잠시 되돌아보자.

발생의 현상학에 이르는 자연스러운 길과 수동성 속에서 연상의 현상학에 이르는 자연스러운 길을 묘사하기 위해 실로 그 자체가 가장 보편적인 발생적 현상으로서 생생한 내재적 현재의 구조를 고찰했다. 우리는 그와 같은 모든 현재 속에서 본질적으로 질료적 핵심을 발견하며, 가장 느슨한 방식으로 통일된 감각자료의 다양체(시각 자료·음 자료 등)는 본질적으로 동시성과 생생하게 이어지는 연속 속에 끊임없이 구성된다. 이러한 관점에서 우리는 인상(印象)의 의식이 〔가 닿을〕 여전히 생생한 과거지향의 도달 범위까지 고려한다. 그 자체만으로 부각된 다양한 자료는 깨어 있는 의식 삶 속에 반드시 등장한다. 그래서 우리는 생생한 현재 속에 그와 같은 감각적 인상의 자료――〔감각적인 것들을〕 전부 합한 모든 자료와 개별적 그룹 그리고 그 자체만의 전체 감각 장――에 통일성을 부여하는 것을 기술했다. 그 결과 우리는 모든 것을 포괄하는 공존하는 것과 계기하는 것의 형식 안에서 동질성에 입각한 특별한 통합을 발견했다. 현재 속에 부각된 모든 것은 동시에 동질적인 것과 결합되어 있다. 그에 따라 모든 감각의 영역은 그 자체로 통일적인 것이다. 즉 모든 시각적인 것은 시각의 동질성을 통해 결합되고, 모든 촉각적인 것은 촉각의 동질성을 통해, 청각적인 것은 청각의 동질성을 통해 결합된다 등등. 〔여기에서〕 우리는 가장 넓은 의미에서 통일적인 감각 장에 관해 논의하고 있다. 어떤 감각 장과 다른 감각 장은 이질적인 것이며, 따라서

---

11) 여기서부터 새로운 강의가 시작된다. ―― 편집자 주.

오직 생생한 현재의 시간성을 통해서만 통합된다. 이러한 형식적 통일성 이외에 각각의 장은 바로 내용적 동질성의 통합성, 즉 내용적인 사태에 입각한 통합성을 포함한다.

어떤 장을 그 자체만으로 고찰하면, 일반적 동질성을 고려하지 않아도 동질성에 입각한 특별한 결합이 있음을 알 수 있다. 특히 빨간 도형의 그룹과 파란 도형의 그룹처럼 통일성으로 부각된 다수(多數)를 지니게 된다. '유사함'과 동질성이 점점 커질수록 그와 같은 그룹의 통일성은 더 작아지는데, 다만 이 통일성은 그만큼 더 부각된다.

어쨌든 여기에서 중요한 점을 보충해야 한다. 유감스럽게도 지난번 강의에서 대조하는 현상을 미리 근원적 현상으로 논의하는 것을 잊어버렸기 때문이다. 어떤 장 그 자체에서만 부각된 모든 것은 바로 이 장에 부각된 것에서 생겨난다. 이것은 분리하는 것의 일정한 근본적 개념을 부여한다. 또한 '구체화된 것'(Konkretion)[12]과 '불연속인 것'(Diskretion)을 대비시킬 수 있는데, 이때 지금 '구체화된 것'을 다소 문자 그대로의 의미로 이해한다. 동등한 것과 매우 유사한 것은 어느 정도 함께 성장한다. 여기에서 매우 유사한 것은 합치할 때 거리를 만들어내 분리하는 충돌로 나뉘는 것이 아니라, 비록 순수하지 않더라도 융합시키는 것이다.

부각된 자료와 이 자료에서 부각되었던 것이 통일을 이루는 관계에 대해 '대조'라는 여전히 우리가 특별히 사용할 수 있는 다른 표현이 있는데, 이 표현은 커다란 소리와 약하게 울리는 소음 또는 음조의 배경을 대조하는 것 같은 극단적인 경우에만 사용되지 않는

---

12) 이 용어들은 라틴어 'concresco'(함께 성장한다, 굳어진다)에서 유래하는데, 'Konkretion'은 요소의 항들이 쌓여 증가해 형성된 결과라는 뜻에서 '구체화된 것'으로, 이와 대립된 'Diskretion'은 요소의 항들이 감소되고 분리되어 이어지지 않는다는 뜻에서 '불연속인 것'으로 옮겼다.

다. 구체적으로 융합하는 것과 대조하는 것, 이 두 가지는 동질적 그룹의 다수에 속한다. 즉 다수의 항(項)은 그 자체만으로 대조를 통해 각각의 항으로 구분되지만, 그렇다고 서로 대립하지는 않는다. 실로 그 항들은 대조가 없는 융합 ─ 예를 들어 하얀 바탕 위의 빨간 얼룩 반점 ─ 을 통해 특별히 서로 함께 통일되어 있다. 이때 실로 동질성의 한 현상으로 남아 있는 각각의 대조에는 융합에 관한 것, 즉 구체적 자료를 동질적으로 통합시키고 동시에 그 연속성을 돌파함으로써 구체화된 것을 방해하는 것이 그와 다른 방식으로 포함되어 있다. 이러한 사실을 이해하기 위해 지난번 강의보다 더 상세하게 논의할 필요가 있다. 어쨌든 더 깊은 어떠한 해명에도 앞서 근원적 현상으로 〔한편으로〕 대조되어 부각되는 것과 다른 한편으로 융합하는 것, 즉 거리가 없는 유사함에서 부각된 자료를 구체화하는 것이 있다. 그 자체만으로 부각된 자료가 비연속으로 통일되기 때문에, 여기에서 융합은 '멀리 떨어진 융합'(Fernverschmelzung)이다. 우리는 '가까이 있는 융합'(Nah-)을 곧 알게 될 것이다.

우리는 부각된 자료의 질서형식과 자료의 다수(多數)에 시선을 돌렸고, 〔한편으로〕 계기하는 것의 보편적 질서와 〔다른 한편으로〕 만약 모든 감각 장이 아니라면 개별적 감각 장들에 속하는 공존하는 것의 특수한 형식들을 구별했다. 시간의 구성 자체로 수행된 공존하는 것의 보편적 형식은 결코 질서형식이 아니다. 이 형식을 위해 시각의 장소 또는 촉각 장에 속하는 촉각자료의 장소의 질서 같은 특수한 형식이 등장한다.

계기하는 질서형식에서 보편성은 '총체적으로 공존하는 것들이 생생하게 흐르는 모든 현재의 장에서 서로 이어져 연속하는 것의 유일한 질서를 형성한다'는 것을 뜻한다. 우리가 그 어떤 감각 장을, 따라서 공존하는 동질성의 어떤 장을 끄집어내면, 자료에 대해 그 존립요소는 구체적으로 ─ 그 자체만으로는 결코 아무것도 아닌 순간적으로 공존하는 것에 관해서뿐만 아니라 계기하는 것에 관해서도 구체적으로 ─ 존재하는 자료의 존립요소다. 존재하는 자료로 또 그 자체만으로 부각된 것으로 구성된 것은 지속하는 것으로, 어쩌면 지금 시작하는 것으로, 잠시 동안 지속하다 〔곧〕 중지하는 것으로 구성된다. 이때 더 상세한 모든 분석에 앞서 구체적으로 완결된 그와 같은 시간적 자료가 더 길거나 더 짧게 지속됐다는 근원적 현상의 차이가 뚜렷이 나타난다. 마찬가지로 더 짧거나 더 길게 지속하는 상태, 계속 지속하거나 형성되는 현상 같은 것도 뚜렷이 나타난다.

이와 똑같이 생성작용(Werden) 또는 변경되지 않은 형태로 완성되어 생성된 것과 변경된 형태로 완성되어 생성된 것이 근원적 현상으로서 나뉜다. 어떤 양상이나 다른 양상에서 완성되어 생성된 모든 것은 하나의 통일형식인, 게다가 하나의 질서형식인 보편적으로 계기하는 형식 속에 자신의 확고한 질서위치를 지닌다. 여전히 생성되는 모든 것은, 이것이 생성되는 한, 동시에 그 통일형식과 질서형식의 유동성 속에 접합된다. 그런데 모든 공존하는 것에 특별한 통일체가 된 구체적 그룹에 대립해 계기하는 것이 구체화된 것인 계기하는 것 속에 특별히 엮이고 맞춰지는 그룹이 구별된다. 예를 들어 〔한편으로〕 시각 장에서 잉크의 검은 얼룩반점이 배치되는 것, 다른 한편으로 등화(燈火)신호들이 잇따르거나 음(音)이 잇따르는 것이 구별된다. 이때 두 가지 그룹의 구체화된 것들이 동시에 받아들여진다. 이러저러한 개별적 자료가 하나의 장 속에 새롭게 출발하고, 다른 것은 끝나며, 그럼으로써 생생한 과거 속에 실질적으로 관련된 융합이 속하기 때문이다. 이는 두 가지 그룹의 불가분의 관계에서 질서형식 속의 융합, 따라서 시간적으로 질서가 세워진 것의 융합으로서만 가능하다.

우리는 모든 불연속적인 것의 이러한 질서 그 자체가 부단한 통일체로서 그 자체만으로 부각된 모든 것을 관통해가는 하나의 연속적 질서라는 사실을 이미 알고 있고, 상세한 분석이 이러한 사실을 즉시 알려준다. 즉 부각된 각각의 자료는 계기하는 것의 생생한 관계에서 외적으로 단지 다른 자료에 나란히 놓여 있는 것이 아니다. 그것은 내적인 종합적 구축물을 그 자체 속에 내포하며, 게다가 그 자체로 잇따라 일어나는 연속성이다. 이 내적 연속성은 연속적인 내용의 융합, 즉 '가까이 있는 융합'의 기반이다. 시각 장에서의 어떤 색깔이나 청각 장에서의 어떤 음과 같이 어떤 내용의 지속은 ─ 지금 변하지 않은 채 주어진 자료든 변할 수 있게 주어진 자료든 ─ 분석할 수 없는 질적(質的) 성격이 아니라, 현상학적 분석이 즉시 보여주듯이, 그 속에는 〔지속의 어떤〕 국면에서 〔다른〕 국면으로 '연속-되는' '계속 확장-되는' 특성이 포함되어 있다. 생성되는 것에서 그것은 완성된 시간적 연장(Extension), 즉 확장(Ausdehnung)이다. 생생하게 '시간적으로-확장-되는 것'에서 이 속에 확장된 내용은 통상 동요하며, 내적인 한계와 한정된 부분의 영역은 다소간에 날카롭게 부각된다. 그렇지만 어쨌든 이 속에서 부각된 것은 필연적으로 내적으로 계기하는 것의 형식으로 나타나며, 명시화되지도 분리되지도 않은 흐름을 통해 중개된다.

우리는 이제 시간적 연장의 이러한 내적 연속성 속에 시간적으로 확장된 내용(Inhalt), 즉 '사태의 내용'(Sachgehalt)은 외적으로 함께 현존하는 것이 아니고, 사태의 통일체는 오직 연속으로 질서가 세워진 것으로서만, 즉 시간적으로 연장된 것으로서만 생각될 수 있다는 사실을 쉽게 알게 된다. 내재적 자료의 통일체인 구체적 통일체는 오직 연장의 연속성, 지속의 연속성 속에서만 또 이것을 통해서만 생각할 수 있다. 나는 '……속에서만(in) 또 ……을 통해서만

(vermöge)'이라고 말했다. 왜냐하면 '사태의 내용'에 바로 사태에 관한 내적 연속성을 제공하고 이와 함께 통일성을 제공하는 것은 우선 첫째로 시간적 연장의 가장 근원적인 연속성에 근거한다는 사실이 분명해지기 때문이다. 모든 내용의 연속성, 예를 들어 어떤 바이올린 음의 내용의 연속성은 〔어떤〕 국면에서 〔다른〕 국면으로 연속으로 융합되는 통일체다. 그러나 그 내용은 연속으로 생성되는 것 속에서만, 시간적 질서 속에서만 연속으로 융합될 수 있다. 심지어 우리가 ─ 예를 들어 시각 장 속에 공존하는 것에서 ─ 질(質)이나 강도(强度)에 따라 끊임없이 등급이 구분됐다고 일컫는 것조차 시간적 연속성 속에서만 끊임없는 유사함의 연속성으로 상상될 수 있다. 그것은 이러한 시간적 연속성 속에서만 유사한 것이 〔다른〕 유사한 것과 함께 '실재적'(real) 자료, 그 자체만으로 존재하는 자료가 될 수 있는 내실적(reell) 통일체에 이른다.

그러나 물론 여기에는 그 이상의 본질적 법칙이 적용된다. 시간적 연속성이 그 어떤 내용을 통해 충족된다고 생각할 수는 없다. 우리는 색깔의 자료와 음의 자료를 어떤 내재적인 시간적 자료의 통일체로 혼합시킬 수 없다. 연속되는 동질성은 완결된 자료에 속한다. 그렇지만 우리는 그 이상의 본질적 법칙에도 결부된다. 사태가 끊이지 않는다는 것이 반드시 견지된다. 예컨대 음의 통일체는 이념적으로 음의 국면들로 분해될 수 있다. 이러한 국면들은 시간적 연속성에 따라 계기하는 융합을 통해 통일체를 지닌다. 이 융합은, 자료가 끊임없이 〔어떤〕 국면에서 〔다른〕 국면으로 사태에 관한 거리 없이 융합되면, 시간적으로 연속해 생성되는 흐름 속에 통일적인 것으로 가능해질 뿐이다. 그러므로 어떠한 위치에서도 단절, 즉 내용이 현저하게 드러나는 거리가 생기면 안 된다. 어쨌든 여기에는 서로 다른 가능성이 있다. 모든 내용적 계기에서 연속성이 지배해야만 하는 것은 아니다.

예를 들어 음의 질에서 부단함, 가령 음 c의 질에 관해 끊임없는 동등함인 부단함이 유지되면, 큰 소리에서 작은 소리로 갑자기 급변하는 강도가 단절될 수 있다. 이와 같은 모든 대조는 나뉘고 분할된다. 이때 각각의 단편은 그 자체로 하나의 통일체다. 그렇지만 음(音)이 순수하게 불연속으로 이루어질 수 없다. 음은 개별적 불연속을 통해서만 하나의 음일 수 있다. 그리고 본래 이때 그 음은 하나의 여러 가지 것(Vielheit)이다. 다른 한편으로 그 음이 자신의 측면에서, 즉 그것이 나뉜 상태에서 포괄적으로 대조함으로써 다른 음의 배경, 가령 일반적 음의 배경에서 부각되면, 어쨌든 그 자체만으로 통일체다.

인상(印象)의 현재의 통일체는 다양하게 계기하는 통일체들과 연속성의 통일체들인 다수를 제공해줄 수 있는데, 이것들은 위에서 기술한 방식으로 대조함으로써 연속적인 시간적 융합의 통일체 속에 수동성에서 구체적인 특수한 통일체로 형성된다. 그러므로 그때그때 실재적으로 결합된 다양하게 계기하는 자료가 존재한다.

30 계기하는 것과 공존하는 것에서 개체화

그러나 현재의 장(場)이 계기하는 형식은 유일한 것이다. 구체적으로 동시적인 것과 이와 마찬가지로 추상적 국면으로서 동시적인 것은 자신의 동일한 시간적 지속이나 동일한 시간의 위치를 지닌다. 여기에서 시간적 동등함(Gleichheit)과 시간적 동일성(Identität)을 구별하는 것이 근본적이다. 가령 잇따라 일어나는 여러 가지 음은 모두 동등하게 길게 지속될 수 있다. 그렇지만 이 지속이 동등한 것은 시간의 형태가 동등하기 때문이며, 어쨌든 시간의 간격, 즉 하나의 질서에 시간의 위치가 있는 동일한 간격을 이루기 때문은 아니다.

우리는 여기에서 개체화(Individuation)의 문제, 게다가 내재적 시간의식 속의 가장 근원적인 개체화의 문제에 직면하게 된다. 모든 내재적 시간의 대상은, 그것이 특별한 의미에서 '개별적' 대상이며 따라서 어떠한 다수도 아니라면, 그 시간의 형태, 즉 그 시간의 길이를 지닌다. 그것이 어떤 멜로디처럼 다수로 이루어진 대상이라면, 그 시간의 길이만큼 멜로디 전체가 지속되는 것뿐만 아니라 이 시간의 길이를 충족시키거나 충족시키지 못하는 특별한 방식까지도 시간의 형태에 속하며, 따라서 개별적 음들의 시간의 길이뿐 아니라 〔음들 사이의〕 중간휴식의 시간의 길이도 시간의 형태에 속한다.

그리고 이러한 시간의 형태는 멜로디가 반복되는 가운데 완전히 동등한 것이다. 개별적으로 새로운 시간의 대상은 이것으로 구성되는데, 〔새롭지만〕 바로 완전히 동등한 대상으로만 구성된다. 우리는 〔한편으로〕 시간의 형태를 구체적으로 만드는 모든 질적(質的)인 것과 마찬가지로 자신의 '본질'적 속성으로서 시간의 대상에 속하는 시간의 형태와 〔다른 한편으로〕 시간 속에 이러한 시간의 형태에 위치를 〔부여하는〕, 더 적절하게 말하면, 시간의 형태가 그 속에 유일한 시간의 위치에서 구축된 위치체계인 보편적 시간 자체의 단편이 되는 자신의 개체성에서 이러한 시간의 형태 자체를 구별한다. 그래서 어떤 음을 게다가 완전히 동등하게 반복할 때마다, 우리는 그때마다 내용에 관해서뿐만 아니라 지속에 관해서도 완전히 동등한 것을 지닌다. 반복할 때마다 각 시점에는 거기〔반복하기 이전〕의 어떤 시점이 상응한다. 그렇지만 유일한 시간의 질서 속의 시간의 위치인 시점들 자체는 균형을 잡을 수 없을 정도로 서로 다르며, 원리적으로 반복할 수 없다. 이제 전체 대상들은 이렇게 반복할 수 없다. 각 대상은 그 자체로서, 보편적 체계, 즉 유일한 시간의 체계에 속하는 그 시간의 위치에 체계의 대상으로서 유일하다. 그러나 시간의 형태와 이 시간의 형태가 충만한 것은 반복할 수 있으며, 비교하거나 귀납

(Induktion)으로 여기에서 개별화되는 일반적 본질을 산출한다.

이와 유사한 상론이 장소성(Lokalität)에 관해서도 이루어져야 한다. 장소성은 어떤 동질적 영역에 따라 (물론 그 각각의 동질적 영역은 필연적으로 아니더라도) 공존하는 것들의 질서를 세우고 동일한 동질적 영역 안에서 동시에 존재하는 동등한 것을 개체화할 수 있는 것이다. 모든 계기하는 통일체(융합되거나 부각된 것에 입각한)가 그 시간의 형태와 개별적 위치를 지닌 것처럼, 여기에 속한 장소의 장(場)과 공존하는 모든 통일체는 동일한 장 속에 어쩌면 동등하게 반복할 수 있는 장의 형태를 지니며, 유일하게 반복할 수 없는 개별적으로 위치를 정하는 것으로 개체화된다. 공존의 연속성으로서 어떤 장소의 장의 국면에 대한 정하는 것으로 기본적 분석은 그 장(가령 시각 장 같은)이 시간과 유사하게 어떤 연속으로 질서가 세워진 위치체계에 그형식을 지닌다는 사실을 다시 이끌어낸다. 그것은 그 자체로 더 다양하고 더 복잡한 장소의 형태를 허용하는 2차원의 위치체계일 뿐이다. 장소의 연속성이 질적으로 충족되는 것이 ─장소의 질서에 관한 모든 국면에서 질(質)의 비약이 일어날 수 없는 한─연속적이어야만 한다는 법칙성(그 밖의 것은 이 법칙성에 속한다)은 여기에서 반복된다. 오직 장소의 연속성만을 따라가는 통일체는 연속으로 생성되는 통일체가 아니라는 사실, 이것만이 바로 계기하는 것이리라.

우리는 계기하는 것과 공존하는 것 속에 어떤 구체적 시간의 대상성을 개체화하는 것인 시간의 위치와 장소의 위치가 어떤 징표 같은 것이 아니라는 사실, 또는 심지어 어떤 표찰이나 지표─이것을 통해 각각의 개별적인 것은 모든 가능한 동등한 것과 구별된다─같은 것이 아니라는 사실에 잘 주목해야만 한다. 종적(種的) 차이에 대립된 개별적 차이에 관한 전통적 논의는 간단히 이렇게 정리했을 것이다. 종적 차이는 종적인 것(Spezifisches) 또는 시간의 형태나 크기에 따른 내용에서, 성질로 만드는 것(Qualifizierung)에 따른 내용에서 일반적으로 동등한 것에 관계하며, 이것은 그 자체로 귀납을 통해 일반적으로 구체적 본질로 개념적으로 파악할 수 있는 것 또는 '류' (genus)와 '종'(species)으로 분류할 수 있다.

그런데 의식에 따라 대상으로 근원적으로 구성되는 것, 따라서 대상이 대상 자체로서 '원본으로' 의식될 정도로 구성되는 것은 근원적 시간의식 속에 연속적으로 동일한 것(Identisches)으로서 또 지속하면서 동일하게 할 수 있는 것(Identifizierbares) ── 더구나 회상의 연쇄를 통해 생생한 현재의 영역을 넘어서도 동일하게 할 수 있는 것 ── 으로서 본질적 필연성에서 구성된다. 내용이 변화하는 언제나 새로운 연속적 종합을 동일하게 하는 것은 내재(內在)가 계속 진행되는 구성 속에 필연적으로 유지되며, 이때 내재의 구성 속에 초재(超在)의 구성은 혼합되지 않고, 그래서 이때 계기로 질서가 세워진 공존의 체계를 필연적으로 형성한다. 따라서 시간의 위치의 유일성은 자신의 유일한 연관인 구성하는 삶의 연관 속에 그때그때 실행된 동일하게 하는 형식의 상관자일 뿐이다. 이러한 연관 속에 이 대상은 [바로] 이 대상으로 구성되며, 의식이 곧 자신의 근원적 구성작용(Konstituieren)으로 되돌아가고 의식이 다시 이 구성작용을 일깨우며 이 동일한 구성작용으로서, 항상 다시 인식할 수 있는 그 대상으로서 발견할 수 있다는 사실을 통해서만 동일하게 된다.

다른 한편 그때그때 구성된 이러저러한 또는 그 밖의 많은 대상이 동질성의 관계를 맺고 있고 이 대상들이 대조를 통해 부각되는 동안 동등한 것과 유사한 것을 따라 동질성이 종합되어 결부될 때, 비교의 연관이 생기고, 공통적 징표와 서로 다른 징표가 부각되며, 그래서 논리적 개념을 술어화(述語化)할 가능성이 생긴다. 그에 따라 모든 대상은 필연적으로 자신의 [이러저러한] 성질들(toion),[13] 비교할 수 있는 본질이나 종적 본질 —이것을 통해 모든 대상은 류와 종에 따라 다른 대상들과 결부될 수 있다—을 지니는 것뿐만 아니다. 더구나 모든 대상은 그와 같은 모든 동질성이 종합되는 전제로서 또한 이 종합에 근거한 비교로서 이미 자신의 개체성을 지녔고 자신의 '이것임'(Diesheit)[14]을 구성했다. 즉 모든 대상은 동일한 것, 끊임없이 다시 인식할 수 있는 것 또한 이와 같은 것으로서 근원적으로 구성하는 삶과의 일정한 연관에 속한다. 그리고 이러한 삶은 모든 국면에 대해 자신의 동일성의 통일체를 지니며, 근원적 시간의식 속에 구성된다. 그래서 이것이 아무리 걱정스러운 '무한소급'으로 이끄는 것처럼 보이더라도, 어쨌든 나는 반성적 분석이 이 '소급'의 어려움을 매우 잘 극복할 수 있다고 믿는다.

대상을 동일한 대상으로 구성하는 것이 시간의 질서형식을 구성하는 것 또 이 구성하는 것을 통해 가능하게 된 동질성의 종합을 형성하는 것과 필연적으로 엮인 혼동될 수 없는 차별성을 통해, '왜 한편으로 동일성과 [다른 한편으로] (술어로) 동등함과 차이가 매우 밀접하게 연관되며, 그렇지만 원리적으로는 서로 다르게 남아 있는지'가 이해된다. 이와 상관적으로 '합치하는 종합'은 동일한 것을 합치하는 종합 그리고 동일하지 않은 것을 합치하는 종합으로 구별된다.

---

13) 이 그리스어는 중성의 지시대명사로 '여기에 있는 이것(touto)의 이러저러한 여러 가지 성질'을 뜻한다. 여기에서 군이 이 그리스어를 사용한 맥락을 아직 확인할 수 없다.

14) 둔스 스코투스(Duns Scotus)는 본질(essentia)과 존재(exiatentia)의 실재적 구별을 부정하고 형상적 구별만 인정한 결과, 보편자는 정신 속에만 존재하며, 개별적 개체는 보편적 본성이 '이것임'이라고 형상적으로 한정한 개체성(haecceitas)을 통해 직관할 수 있다고 주장한다. 예컨대 소크라테스나 플라톤에게 모두 동일한 것은 인간의 본성이지만, 소크라테스에게 독특한 것은 개체성이다. 따라서 본성과 개체성의 구별은 추상화할 수 있는 기초다.

31 감각 장(場)에 관한 현상학의 문제

여기에서 우리는 보편적 시간의 장(場)과 체계적 현상학으로, 즉 이러한 장의 본질에 근거한 사건들을 본질의 관점에서 실행할 수 있게 유형으로 만드는 것(Typisierung)으로 계속 전진해갈 수 있을 것이다. 따라서 질서의 체계인 장들을 위해 또 이 장들의 단순한 형식에 따라 도형·선·점·거리·구간·방향·크기·직선 등의 기하학과 이 장들의 위상기하학(Topologie)을 정초하는 본질적 개념과 공리를 형성해내는 것이 중요하다. 다른 한편 질서의 체계인 장들이 가능해지도록 성질로 만든 형성물들의 유형학(Typik), 즉 변화하는 것·불변하는 것·겹쳐지는 것·경쟁하는 것(시각 장들이 경쟁하는 것)·덮여지는 것 등 시간적으로 생성되는 형식들의 유형학이 중요하다.

그렇다면 이제 여기에서 장소를 잡는(Lokalisierung) 감각 장들에 관한 현상학의 문제를 어떤 감각 장이 통일될 수 있게 세분화되는 유형이나 구체적 사건들이 가능한 유형을 예시하는 방식으로 제시할 수도 있다. 그 자체만으로 존속할 수 있을 구체적이고 자립적 내용이라는 표제 아래 사건들은 감각 장을 그 내용들이 응축된 것으로 생각될 수 있는 것이라고 부른다. 그렇지만 형태와 이 형태의 성질로 만들어진 그 색채의 구별에 상응하는 형태가 변화하는 것과 성질을 변화시키는 것이 가능한 변화의 유형학에 관한 사건도 있다. 형태가 변화하는 것에 관해 확장의 확대에 차이가 나는 유형이 생기는데, 이것을 통해 형태는 때에 따라 부각되거나 (그 성질로 만드는 것에 따라) 부각되지 않는 새로운 단편들에 둘러싸여 확대되거나 감소된다. 특히 평면의 유형에서 두 가지 직관적 극한의 형식인 선(線)과 점(點)을 만들어내는 형태를 응축하는 것이 있는데, 이것으로 모든 선은 선들을 하나의 점으로 변화시키는 일종의 응축하는 것도 허용한다. 그래서 점은, 점 같은 평면이 극한의 수준으로 순수한 점의 유형에 가까이 접근하는 것이지만 여전히 응축하는 것이기 때문에, 하나의 점 같은 평면이다. 이와 마찬가지로 선도 선과 유사한 평면이다.

우리가 분명 감성 속에 남아 있지만 여기에서 전혀 다루지 않는 수학적 극한을 형성하는 것에 관한 어떠한 표상도 섞지 않으면, 극한의 형태들은 여전히 어떤 의미를 지닌다. 그것은 가령 순수한 빨간색, 순수한 하얀색처럼 어떠한 수학적 극한도 아닌, 〔대신〕 질적인 것과 같은 극한의 형식과 관계한다. 우리는 명백하게 다른 방식으로, 즉 명확하게 대조해 어떤 부분을 어떤 성질로 만드는 것에서 다른 성질로 만드는 것으로 이행시키기 위해 분할함으로써 동일한 극한에 이른다. 어떤 평면을 두 평면으로 분할하는 질(質)이 균열되는 것은 경계를 만든다. 더구나 가령 두 부분을 '균등한' 색채, 즉 그 자체로 완전히 동등한 색채를 통해, 하지만 뚜렷하게 다른 색채를 통해 서로에 대해 부각시키는 것은 선을 만든다. 점차 변화되는 질이 등급화됨으로써 '점차' 이행하는 것은, 이렇게 이행하는 것이 처음에는 매우 느리고 그런 다음 매우 빠르게 일어나며 그런 다음 다시 느리게 일어날 때만, 경계를 만든다. 속도가 나뉘는 〔경계를 지닌〕 연대(連帶)는 선과 유사하고, 순수한 선이 되어야만 하며, 우리는 그것이 급격히 상승해 결국 균열〔비약〕이 되도록 속도를 변화시켜야만 한다.

연속적 시간의 질서에 대해서뿐만 아니라 모든 장소의 질서, 특히 시각의 질서에 대해서도 어떤 형식적으로 유사한 개념이 형성되어야만 한다. 그래서 점, 길이와 방향을 지닌 구간, '직선적' 계열의 개념이 형성되어야만 한다. 형식상 시간은 1차원의 연속적 – '직선적' 계열('동질적')이며, 마찬가지로 형식상 시각 장(場)은 연속적 이중의 계열(계열들의 계열)로 파악될 수 있는 2차원의 다양체다.

시각 장에서는, 두 점은 이제 항상 그 성질을 자유롭게 변경할 수 있을 성질로 만드는 것에서 추상함을 통해 장 속에 융합됨으로써 결합된 하나의 점의 쌍(Punktpaar)을 형성한다. 그와 같은 모든 쌍의 통일체는 크기(간격의 크기)와 방향에 따라 이중의 관점에서 동등하거나 동등하지 않을 수 있다. 방향에 따라 고찰된 쌍의 통일체는 동등하지 않은 결합을 형성하며, 따라서 이 결합을 통해 다음과 같은 두 가지 상관적 관계가 규정된다. 가령 'a가 b보다 크다'(a > b)는 공리를 통해 'a는 b보다 크다'(a > b)와 'b는 a보다 작다'(b < a) 등의 관계가 구성된다. 그래서 그 총체적 간격들이 '동일한 방향에' 놓여 있는 점의 다양체는 두 점을 통해 미리 지시된다. 이러한 점의 다양체의 총체적 점들은 직선이라는 1차원의 연속적 다양체를 형성한다. 요컨대 시간은 하나의 직선이다. 시각의 다양체는 각각의 점에서 출발하면서 많은 직선을 지니며, 첫 번째 점에 첨부된 두 번째 점인 각각의 새로운 점은 새로운 그와 같은 다양체를 규정한다.

그러면 다음과 같은 공리는 타당하다. 즉 a가 b의 직선적 이웃이고 b가 c의 직선적 이웃이면, a는 c의 직선적 이웃이다. 이것을 방향에 관해 말하면, 'a가 b보다 크고 b가 c보다 크면(a > b > c), a는 c보다 크다(a > c)'이다. 그리고 각각의 구간[선분]은 길이를 지니며, 길이(크기)에 따라 비교할 수 있다. 각각의 구간[선분]에는 각각의 방향에서 동등한 선분이 있다 등등. 이 모든 것은 극한을 정밀하게 표명하고 극한의 근사치(近似値)에 가까이 접근한 타당한 공리다.

이때 장(場) 자체가 제한된다는 사실, 장을 관념적으로 무한히 확장하는 것은 우리가 허용할 수 있지만 어떠한 필연성도 수반하지 않는 일종의 이념화하는 것(Idealisierung)이라는 사실이 숙고되어야만 한다. 그러나 여기에서 극한이 생기듯이, 직선을 폐쇄된 (어딘가 멀리 떨어진) 선으로 추론하게 하는 것은 완전히 무의미할 것이다. 실로 장의 동질성은 하나의 이념화하는 것이다. 왜냐하면 실제적인 시각 장은 결코 어디에서나 동등한 방식으로 뚜렷한 선들로, 심지어 가까이 접근된 뚜렷한 선들로 통과될 수 없기 때문이다 등등. 어쨌든 장은 이념화하는 것을 형성해낼 가능성을 미리 지시한다.

감각 장에 관한 (체계적으로 실행될) 현상학의 문제는 다음과 같다. 즉 여기에서 빠진 주제는 친화성을 통해 융합되거나 대립하는 것으로 수동성 속에 저절로 등장하는 겹쳐지는 것(Überschiebung)이다. 친화성은 특히 부각된 것을 통일시키는 것으로, 차이가 없이 융합되는 것은 대조하는 것이 대립된 항(項)으로 정의될 수 있다. 겹쳐지는 것은 예를 들어 시각 장의 어떤 장소에 갑자기 어떤 '상'(像)이 다른 상으로 대체되었을 때, 또는 색채가 형태를 유지하는 가운데 갑자기 어떤 다른 색채로 넘어가 변화될 때 일어난다.

여기에 속한 중요한 현상은 시각 장들이 경쟁하는 현상, 어쩌면 어떤 시각의 내용이 다른 시각의 내용을 덮어 가리거나 또한 어떤 시각의 내용이 다른 시각의 내용으로 덮어씌워지는 현상이다. 어쨌든 여기에서 객관적 통각들은 관련되면 안 되는데, 이 통각들을 배제하는 일은 몇 가지 어려움이 따른다.

촉발의 현상

32 자아에 자극을 일으키는 촉발. 그 근본적 조건인 대조(對照)

여기에서 감각 장들의 현상학에 관여해서는 안 된다. 이러한 현상학을 지적한 것만으로 충분하다. 그런데 우리를 연상의 문제에 매우 가깝게 이끄는 다른 탐구 방향이 여전히 있는데, 이것은 잘 알려져 있지만 그래도 지금 특히 주목해야 할 '촉발'(Affektion)이라는 표제로 특징지어진다. 우리는 이러한 표제 아래 의식에 따라 주어진 자극, 의식된 대상이 자아에 영향을 미치는 특유한 움직임을 이해한다. 이것은 자아가 그것에 향하는 것에서 완화되고, 여기에서부터 스스로를 부여하는 직관, 즉 대상의 그 자신(Selbst)을 점점 더 드러내 밝히는 직관──따라서 대상을 앎, 더 상세하게 고찰함──을 얻으려는 노력에서 계속되는 움직임이다.

의식의 일부는 명시적 대상, 즉 부각되었고 실제로 촉발하는 대상을 구성하고, 다른 일부는 암시적 대상(부분과 계기), 즉 부각되지 않았거나 아직 부각되지 않은──하지만 '유리한 환경'에서 부각되는 한, 촉발의 관점에서 언제나 문제가 되는──대상을 구성한다. 이러한 관점에서 〔한편으로〕 실제로 촉발하는 것과 〔다른 한편으로〕 공허한 것이 아니라 본질적 근거로 사태에 입각해 뿌리내린 촉발할 잠재성인 촉발하는 경향을 구별하지 않을 수 없다. 감각자료(그래서 자료 일반)는 촉발하는 '힘이 발산하는 것'을 '자아 극'(Ichpol)으로 보내지만, 그 힘이 약할 경우 '자아 극'에 도달하지 못하며, 실제로 '자아 극'을 일깨우는 자극이 못 된다.

촉발은 무엇보다 부각되는 것을 전제하며, 인상의 영역에서는 우리가 오직 이 영역에서만 발견할 수 있었던 ─즉 이제까지와 같이 망각의 먼 지평에 대한 모든 고찰을 배제하고 또한 당연히 회상의 영역을 배제할 때 발견할 수 있었던─ 그렇게 부각되는 것을 전제한다. 따라서 부각되는 것은 우리에게 대조(Kontrast)를 통해 내용적으로 융합됨으로써 부각되는 것이었다. 촉발은 이제 어떤 방식으로 대조하는 ─비록 단순히 대조하는 것만이 아니더라도─ 기능이다. 가장 근원적인 촉발이 인상의 현재 속에 산출된 촉발로 간주되는 한, 대조하는 것은 촉발의 가장 근원적인 조건으로 특징지을 수 있다.

대조하는 등급의 차이에는 촉발하는 등급의 차이가 연관되지만, 실로 촉발하는 경향의 등급의 차이도 연관된다. 즉 동일하게 대조하는 것이 자아에 실제적 자극을 행사할 수 있더라도, 어떤 때에는 촉발의 경향이 자아에 도달되지 않을 수도 있다. 극단적으로 대조하는 것은 너무 강하게 대조하는 것인데, 너무 강한 영향을 미치도록 부각시킴으로써 이 부각된 것이 이른바 경합하는 모든 대조하는 것을 압도하게 한다. 따라서 가능하게 경합하는 것 같은 것 또 특별히 강한 촉발의 경향으로 〔어떤〕 촉발의 경향이 덮어씌워지는 것도 가능하다. 예를 들면 잘 부각되는 개별적 색채의 도형이 우리를 촉발할 때, 동시에 자동차를 운행하는 것 같은 잡음·노랫소리·부각된 냄새 등이 우리를 촉발한다. 이 모든 것은 동시에 일어나지만, 이때 우리가 오직 노래만 경청하며 〔노래에만〕 향해 있는 한, 그 노래가 승리한다. 그러나 나머지 것도 어쨌든 자극한다. 그렇지만 폭발음과 같이 강력한 소음이 작열하면, 그 소음은 청각 장의 촉발의 특수성뿐만 아니라 다른 모든 장의 특수성도 지워버린다. 그 밖의 것이 우리에게 말했던 것은, 우리가 아무리 경청했더라도, 더 이상 우리를 강제할 수 없다.

그와 같은 극단적 경우가 배제되면, 각각의 대상이 유착하는 융합되는 것과 대조하는 것의 특수한 친화성에 입각해 통일의 본질적 조건을 충족시키는 한, 다양한 대상은 대조함으로써 그 자체만으로 부각될 수 있다. 그렇지만 자아에게는 다양한 대상이 모두 부각될 필요가 없고, 더구나 하물며 실제로 자아에 대해 현존하는——즉 그와 같은 종합으로서 자아를 실제로 촉발하는——것으로서 실제로 그룹을 형성하는 것, 형태를 배열하는 것이 부각될 필요는 없다.

그렇다면 무엇이 개별적으로 부각된 자료에 촉발의 우선성을 주는가? 그러나 개별적으로 부각된 자료는, 그 밖의 자료가 이 자료에 의존하듯이, 자신의 촉발하는 힘에서 그 밖의 자료에 의존한다. 요컨대 우리는 촉발하는 경향들의 상대주의 속에 있으며, 여기에서 어떤 종류의 법칙, 〔특히 어떤〕 궁극적으로 본질적 법칙이 지배할 수 있는지를 숙고한다.

가장 낮은 발생적 단계의 고찰에서 우리는 체계적 발생(Genesis)을 필연적으로 요구하는 다음과 같은 추상화(Abstraktion)에서 문제를 제기한다. 즉 우리는 마치 자아의 세계가 단지 인상의 현재에 불과한 것처럼 그리고 마치 팽창되는 주관적 법칙성에 입각해〔그 현재를〕 넘어서 포착하는 통각들 가운데 더 이상 아무것도 관여되지 않는 것처럼, 마치 세계 삶 속에 획득된 인식, 미적(美的) 관심이나 실천적 관심, 평가 등등 가운데 아무것도 관여되지 않는 것처럼 그렇게 행한다.

그러므로 우리는 순수하게 인상인 것(Impressionales) 속에 근거하는 촉발의 기능을 고찰한다. 이때 심정(Gemüt)의 영역에서 오직 감각자료와 근원적으로 일치하는 감정(Gefühl)만 받아들여야 하는데, '일어나는 촉발은 한편으로 기능적으로 대조하는 것의 상대적 크기에 의존하며, 다른 한편으로 부각된 것을 통해 자신의 통일체 속에 기초가 세워진 쾌락처럼 선호하는 감각적 감정에도 의존한다'고 말한다. 우리는 근원적으로 본능적인, 충동에 따라 선호하는 것도 허용해야 할 것이다. 물론 이것은 〔그 자체로〕 고유한 연구의 주제이며, 이 연구에서 적절한──하지만 귀납적-객관적으로 향하지 않은── 실험작업은 충분히 가능할 것이다. 그것은 문제가 된 순수한 경우를 만드는 유리한 조건을 수립하는 과제를 지닌다.

33 촉발을 전파하는 법칙

그러나 우리의 관심을 다른 방향으로 더 기울여보자. 일반적으로 촉발의 경향이 상대주의를 따르는 가운데 그때그때 또 필연적으로 어떤 촉발이 일어난다는 것은 충분히 이해된다. 그렇다면 이제 이러한 최초의 촉발을 전파하는 법칙이 있는가? 우리는 촉발을 대상을 향함, 즉 지향함(Intention)을 일깨우는 것(Weckung)으로도 특징지었다. 따라서 이것을 달리 말하면, 지향적인 일깨움을 전파하는 법칙이 있는가?

여기에서 가장 탁월한 예는 촉발이 주목·파악·앎·해석으로 영향을 미치는 경우다. 그렇다면 이 법칙성은 저절로 일깨우는 법칙성 또는 주목이나 요컨대 주제의 관심을 계속 이끄는 법칙성이나 더 나아가 파악과 앎을 계속 이끄는 법칙성으로 이행할 것이다. 물론 일깨움에 관한 논의를 도입하는 것은 이미 우리가 여기에서 아직 재생산이 문제가 되지 않았을 때 실로 확장된 의미에서의 연상에, 즉 '근원적 연상'으로 이야기될 수 있었던 일반적 의미에서의 연상에 유사한 것과 매우 밀접하게 연관되어 있다는 사실을 시사한다. 이제 여기에서 말하는 법칙은 〔근원적 연상을〕 전파하는 가운데, 따라서 일깨움이 새로운 자료로 연상을 통해 전이(轉移)하는 가운데 모든 근원적 일깨움이 동질성을 통해 결합되었다는 것을 뜻한다. 근원적 연상은 각기 감각 장(場) 그 자체 안에서만 '질료적 감성'(hyletische Sinnlichkeit)이라는 영역 속에 실행된다. 달리 말하면, 각각의 감각 장은 그 자체만으로 촉발의 경향이 완결된 특유한 영역을 형성하며, 연상을 통해 조직화해 통일시킬 수 있는 능력이 있다.

그렇다면 이렇게 통일시키는 법칙적 기능성은 어떠한 모습인가? 우리는 인상의 전체 장의 구조에 관해 이야기했고, 이 전체 장이 시간의 형식 안에서 경과하는 이 구조와 평행해 인상의 특수한 장들—시각 장 등—로 나뉘는 것에 관해 이야기했다. 각각의 장은 전체로서 또 〔부분들로서〕 특수하게 부각된 것들과 특수한 그룹에 관해 시간적으로 생성하거나 발생하고 소멸하는 통일체다. 이때 어쩌면 새로운 항(項)이 들어가면 다른 항이 제외됨으로써 상대적으로 지속하는 공존하는 것들의 그룹이 형성된다. 다른 한편 이러한 생성의 과정에서 각각의 감각 장 그 자체에 대해 내용적으로 동질하며 결합된, 시간적으로 잇따르는 연관된 통일체들—멜로디·색깔이 계기하는 것—이 형성된다. 그러나 순수하게 유착(癒着)과 대조(對照)에 입각해 존재하는 것과 생성하는 것처럼 촉발의 문제를 추상화함으로써 알아차리는 것은 자아에 대해 언제 실제로 촉발을 통해 현존하는가? 시각 장이나 촉각 장에서 어떤 그룹, 어떤 배치는 언제 부각되고, 일련의 멜로디 같은 방식의 청각〔음향〕은 실제로 언제 부각되는가?

계기하는 것에 관해서는 다음과 같이 말해야 당연할 것이다. 즉 계기하는 것이 촉발로서 형성되었을 때 비로소, 촉발이 어떤 점 또는 여러 점에서 유착과 대조의 조건 아래 또 어쩌면 심정의 조건 아래 실제적 촉발로서 전파되었을 때, 이때 비로소 새로운 통일체가 실제로 형성된다.

그래서 우리는 가능한 내재적 대상성과 ─ 정확하게 말하면 ─ 가능한 질료적 대상성을 분석하면서 본질적 필연성으로서 시간의 형식과 장소의 형식을 명백하게 밝혔고, 더구나 이러한 형식을 내용상 충만하게 하는 본질적 필연성으로서 질료적 통일체를 형성하는 가능성의 조건에 관한 단순한 의미까지도 명백하게 밝혔다. 반면 통일체를 형성하는 것 자체, 그 자신만으로 존재하는 질료의 개별적 자료와 이 그룹을 실제로 형성하는 것은 여전히 고려되지 않은 채 남아 있는 촉발의 요인에 의존할 것이다.

물론 우리가 의식 속에 촉발하는 힘들의 본질적 기능성이 여기에서 밝혀져야 한다고 확인한 것은 즉시 요소들, 즉 그것을 통해 의미의 대상들이 질서에 따라 구축되는 연속성으로 전이(轉移)된다. 만약 새롭게 생기는 어떤 자료가 일깨워지면, 일깨움은 연속으로 이어지며, 더구나 연속으로 전개되는 자료에 남게 된다. 이렇게 전개되는 가운데 ─ 가령 강도가 약해짐으로써, 윤곽이 희미해짐으로써 등등 ─ 촉발 때문에 중요한 전제에서 그 자료가 상실되면, 그 결과 불리하게 부각되거나 부각되지 않을 것이다. 이와 같이 촉발하는 힘이 연속적으로 전이되는 것은 덜 유리한 것을 끊임없이 일깨우면서, 그래서 촉발이 약화되는 것을 방해하고 [촉발하는 힘을] 유지하면서 영향을 미친다. 시작되는 강한 음은 약한 음(piano)으로 이행하는 데 촉발하는 힘으로 [그 힘이 아니면] 감지할 수 없게 남아 있을 가장 가는 약한 음[15]으로까지 그 음을 유지한다.

질서의 형식은 명백히 특별한 촉발의 의미를 지닌다. 보편적으로 계기하는 질서는 모든 것이 생성되는 가운데 구성되고, 촉발이 최초로 구성적 생성작용을 따르는 한 특별한 촉발의 의미를 지닌다. 그러나 마치 계기하는 것 그 자체가 연상의 원리 같은 것은 아니다. 연상은 결코 잇따른 연상으로서 어떤 장에서 다른 장으로 영향을 미치지 않는다. 본질적인 것은 계기하는 것이 아니라 그 자신의 질서 속에 유사한 연관이다.

우리가 기술한 내재적 통일체를 형성하는 본질적 법칙성, 즉 그 자체만으로 완결된 개별적 대상들·전체·그룹·배치의 형태를 형성하는 본질적 법칙성은 ── 이러한 통일체 자체가 실제로 이루어지는 것은 촉발과 연상에 의존하는 반면 ── 결국 그와 같은 통일체의 단순한 조건을 표명하지 않는가?

이 경우 어쨌든 다음과 같은 것을 숙고해야만 한다. 즉 우리가 이전에 유사한 것이 유착과 대조 속에 부각됨으로써 통일체가 형성되는 것에 관해 상세히 진술한 모든 것은 통일체들이나 결합된 다수의 실례(實例)에 연결되어야만 했다. 이 통일체들은 오직 주목함의 테두리 속에 직접 주어진 것으로서만, 또는 주목하지 않거나 주목하기 전에 우리에게 주어졌던 통일체, 따라서 어쨌든 적어도 우리를 촉발했던 통일체를 주목함의 영역의 과거지평 속에서 소급해 포착하면서 추후에 갑자기 움켜쥠으로써만, 우리에게 현존할 수 있었다. 따라서 촉발은, 또 명백한 방식으로 촉발을 일깨우는 전이도, 그래서 연상도 어디에서나 자신의 역할을 맡는다.

그러므로 다음과 같은 문제가 생긴다. 즉 촉발과 연상은, 통일체를 형성하는 그 본질적 조건에 법칙적으로 의존하면서, 그러나 새로운

---

15) 가장 가는 약한 음은 '피아니시모'(pianissimo)를 뜻한다.

본질적 법칙도 함께 규정하면서, 그 자체만으로 존재하는 대상들의 구성을 비로소 가능하게 하지 않는가? 대립된 잠재력이 더 이상의 촉발을 억제하는 가운데, 그 자체만으로 존재하는 통일체 — 따라서 촉발 없이는 결코 이루어지지 않았을 통일체 — 도 이루어지지 못하게 하는 법칙에 따라 억제하는 대립된 잠재력, 약화시키는 대립된 잠재력이 있지 않은가?

이것은 해결하기 매우 어려운 문제이며, 만약 우리가 그것이 추후에 필연적으로 되듯이 생생한 현재의 영역에서 망각의 영역으로 밀고 들어가 재생산하는 일깨움을 이해하려고 하면, 특히 어려운 문제다. 우리가 실행하는 이러한 고찰 전체에 '무의식'(Unbewußtes)이라는 유명한 표제도 주어질 수 있다는 사실을 말할 필요는 없다. 그래서 이러한 이른바 '무의식의 현상학'이 중요한 문제다.

이제 이러한 암흑에 현상학의 빛을 비추기 위해 일깨움이 전파되는 것에서 또 일깨움을 규정하는 동기부여를 직접 대면할 수 있는 명백한 범례에서 출발하자. 우리는 비록 그것이 실로 촉발하는 것이더라도 부각된 것은 이미 구성되었다고 가정한다.

그런데 모든 촉발이 다른 촉발에서 일깨워짐으로써 일어날 수 있는 것이 아니라는 사실은 자명하다. 폭발과 마찬가지로 고립된 극단적 대조를 통해 일어나는 모든 촉발이 그 본질적 가능성을 알려준다. 어쨌든 그와 같은 극단은 필요 없다. 로레토(Loretto) 언덕[16]을 저녁에 산책하다가 우리의 지평 속에 갑자기 일련의 빛이 라인강 골짜기에서 번쩍거릴 때, 그 일련의 빛은 — 자극이 그렇기 때문에 주의를 기울이는 시선에 향해야만 하지 않아도 — 즉시 촉발을 통해 또 통일

---

16) 독일 프라이부르크 남서쪽에 있는 언덕으로 1870년경 지어진 저택들이 많다. 340미터 높이의 정상에는 시민들이 1657년 세운 교회와 바덴 주의 세습대공 프리드리히 2세를 기념하기 위해 1886년 쌓은 중세 성곽 양식의 망루가 있다.

적으로 부각된다. 일련의 빛이 단번에 전체로서 촉발된다는 것은 명백히 통일체를 형성하는 촉발 이전의 법칙성에 그 원인이 있다. 시각장 속에 동시에 그 밖의 빛의 그룹까지 부각된 특별한 통일체로서 촉발을 통해 현존하는 것은 어쩌면 촉발 이전의 법칙성에 그 원인이 있고, 이것은 '다른 사정이 같다면'(ceteris paribus)〔늘〕마찬가지다. 어쨌든 직선적인 일련의 빛은 촉발의 우선권을 지닐 수 있으며, 따라서 우리에게 더 강하게 촉발하는 자극의 우선권, 더 강하게 부각되는 우선권을 지닐 수 있다. 그러므로 이러한 범례에서 분절된 통일체——이 통일체가 분절된 것으로서 그 자체로 사태에 입각해 특별히 부각되더라도——는 분절되지 않은 촉발 속에 의식된다. 다른 한편〔분절된 통일체는〕외부에서, 즉 다른 통일체의 측면에서 일깨워짐으로써는 의식되지 않는다. 일깨워지지 않은 촉발의 이와 같은 경우를 어쨌든 일깨움으로, 하지만 일깨움이 제로인 경우로 특징짓는 것은, 산술학자가〔자연〕수(數)의 부정(否定)인 제로를 아무튼 정수(整數)와 함께 계산하는 것과 같이, 당연히 편하다.

지금 우리의 범례에 따라 촉발이 전파되는 곳, 따라서 촉발에서 외부로 향한 일깨움이 발산하는 곳으로〔관심을〕변경하자. 일련의 빛은, 일깨움이 제로〔상태〕에 있더라도, 이미 일깨움 속에 있다. 가령 빛들 가운데 어느 하나가 갑자기 충분한 강도(强度)로 자신의 하얀 색채를 빨간 색채로 변경시킨다. 또는 단지 그 빛의 강도만 변경시켜도, 그 빛은 특별히 빛난다. 그 빛은 이제 그 자체만으로 특별히 촉발되지만, 동시에 이 부각된 것은 그 외의 촉발로 분절되지 않고 남아 있는 그 빛의 계열 전체에 명백히 도움이 된다. 그렇다면 우리는 새로운 촉발이 일어났고, 일깨우는 발산(Strahl)——또는 한가운데 있는 빛에서 두 가지 계열의 구간에 따라 일깨우는 이중의 발산——은 이 촉발에서 출발하며, 이 발산은 이미 촉발을 통해 영향을 미치는 계열의 일깨우는 힘과 일치함으로써 더 강하게 일깨우는 통일체가 된다고 말해야 한다. 또한 우리는 일종의 촉발이 전파되는 것, 즉 분절〔항〕로 촉발이 전파되는 것이 전체로서 직접 촉발했던 각각의 분절된 전체에서 일어난다고 명증적으로 말할 수 있다. 이것은 근원적 범례를 변경시킬 필요가 없는 한, 그러하다. 우리는 전체 계열의 일깨움이 처음부터 — 분절〔항〕들에 간접적으로 특별한 촉발을 할당하면서, 게다가 전체의 총체적 촉발 안에서 할당하면서 — 분절〔항〕들로 배분된다고 즉시 말할 수 있었다. 어쨌든 이끌어내 발산하는 개별적 빛이 강하게 부각될 때 그 빛이 다시 함께 결합된 〔다른〕 빛들로 〔촉발이〕 유출되는 것을 억제할 수 있는 한, 융합과 대조의 어떤 대립적 관계가 여기에서도 연구되어야만 할 것이다.

계기하는 대상들, 경과에 따라 통일되는 대상들의 영역에 관한 다른 범례를 들어보자. 가령 어떤 멜로디가, 촉발하는 상당한 힘을 행사하지 않거나 심지어 이러한 일이 가능할 때 우리에게 촉발하는 자극을 전혀 주지 않고, 울려 퍼진다. 마침 우리는 다른 것에 몰두해 있기 때문에, 그 멜로디가 예컨대 '방해'라는 표제 아래 우리를 촉발하지 않을 수 있다. 그런데 이제 특별히 감미로운 어떤 음, 감각적 쾌락이나 불쾌를 특별히 불러일으키는 어떤 어구(語句)가 들려온다. 이러한 개별체는 단순히 그 자체만으로 생생하게 촉발되지 않고, 오히려 멜로디 전체가 — 이것이 현재의 장(場) 속에 여전히 생생한 한 — 단번에 두드러진다. 따라서 촉발은 과거지향인 것으로 소급해 발산하고, 우선 과거지향인 것을 통일적으로 부각시키면서 또 동시에 특별한 촉발을 촉진하면서 특별히 부각된 것에, 개별적 음(音)들에 영향을 미친다. 이 경우 동기부여의 인과성은 완전히 또 직접적으로 명증적이다. 그 음의 특수성은 나를 〔그 멜로디에〕 주목하게 했다. 그 음을 통해 나는 멜로디 전체에 주목하게 되었고, 이렇게 됨으로써 당연히 〔멜로디의〕 개별적 음들도 나에게 생생하게 되었다.

우리는 이러한 범례(Beispiel)[17]에서 의식의 주관에 대상들이 주어지는 방식에 관한 중요한 차이도 알아차린다. 때로는 전체가 주어지는 것, 전체의 촉발이 부각되는 것 그리고 이와 함께 전체를 파악하는 가능성이 부분들에 선행하고, 때로는 부분들이 주어지는 것이 전체에 선행한다. 이것은 촉발의 변화하는 조건에 의존하며, 근본상 본질적으로 사태에 입각한 통일체를 사태에 입각해 규정하는 조건에 의존한다. 이러한 한에서 차이는 상대화될 수 있다. 일련의 빛에서 빛들이 시간적으로 서로 잇달아 발산하면, 주어지는 것에서 전체로서의 계열은 당연히 개별적 부분〔항〕들을 뒤따를 것이다. 그러나 어쨌든 최후에 우리는 근원적 개별체에 도달한다. 즉 모든 상황에서 본질적 근거에 입각해 미리 전체로서 주어져야 할 대상, 그래서 그 부분들이 주어질 수 있는 대상에 도달한다.

이제 기본적 촉발의 관계를 이끌어내 해명해보자. 생생한 현재에서 근원적 인상으로 등장하는 것은 '다른 사정이 같다면' 이미 과거지향인 것보다 더 강한 촉발의 경향을 지닌다. 바로 그렇기 때문에 촉발은 전파하는 방향에서 미래를 향한 통일적 경향을 띠며, 지향성 역시 주로 미래를 향한다. 물론 과거지향이 진행되며 희미해지는 것은 촉발이 단순히 약화된다는 것을 뜻하는 것이 아니다. 다만 과거지

---

17) 후설의 현상학적 분석은 항상 '범례'를 강조한다. 그가 표상(지각·판단)작용, 정서작용, 의지작용으로 이루어진 의식의 표층구조를 정태적으로 분석할 때 객관화하는 표상작용의 분석에 집중한 것은, 그것이 의식의 각 영역에 공통적으로 포함된 가장 기본적인 1차적 지향작용이므로 "모든 작용의 근본적 토대"(『논리연구』제2-1권, 439쪽)일 뿐만 아니라, 그 작용들의 정초관계를 밝히려는 시도의 한 '범례'이기 때문이다. 또한 『위기』(특히 부록 '기하학의 기원')에서 이념적 대상성을 분석할 때도 수학적 대상을 우선적으로 다룬 것 역시 하나의 '범례'다.

향으로 변화하는 본질에는 이 변화가 명석하게 사태에 입각한 변화가 일어나는 방식으로 내용적으로 친화성과 대조하는 것을 변경시키지는 않지만, 이 변화로 차이가 희미해지는 새로운 차원의 것, 즉 안개가 짙게 끼는 것, 본질에 따라 촉발하는 힘을 약화시키는 '명석하지 않게 하는' 것이 포함된다.

그러나 이것은 여전히 힘이 넘치는 촉발의 더 밝은 영역에서 발산하는 일깨움——따라서 끊임없이 앞으로 영향을 미치는 촉발에 대립해서 소급해 영향을 미치는 촉발——은 이렇게 어두워지는 가운데 영향을 미친다는 사실을 배제하지 않는다. 예를 들어 청각자료의 장(場) 전체가 마치 잠을 자는 듯한 상태에서 어떤 청각의 대상이 일깨워지면, 따라서 지나가버린 것 중 가장 가까운 것은——이것이 특별히 일깨워진 것과 청각의 친화성을 지닌 한——함께 일깨워지며, 쉽게 납득할 수 있듯이, 이것은 그때그때 촉발의 과거지평을 보여준다. 여기에는 완전히 동등한 음과 같이 완전히 단절이 없는 연속성에서 구축된 모든 대상이, 이와 마찬가지로 시각 장에서는 [완전히] 균등한 색깔이 속할 것이다. 이것은 어쨌든 곧바로 어떤 일깨움을 통해 부분들이 추후에 뚜렷이 나타난다는 사실을 배제하지 않는다. 그 부분들은 예컨대 내적으로 부각되는 가운데 나뉜 것이 유사함에서, 실로 그 밖의 동등함에서 균등한 것에 나란히 세워지고, 겹쳐지거나 단순히 '멀리 떨어진 합치'로 인상의 영역에서 내적으로 분리되지 않은 의식 속에 곧바로 일종의 연속적인 것을 내적으로 나눌 때 추후에 뚜렷이 나타난다.

우리는 이러한 범례에서——어떤 빛을 더 밝게 발산하는 것이 일련의 빛으로 전이될 때처럼——지속하는 공존의 행렬에서 유지되는 일깨우는 것에 주목했거나——감미로운 음을 통해 생생한 과거지향 속에 여전히 의식되는 일련의 음을 일깨우는 소급해 발산하는 것과 같이—잇따르는 계열로 가라앉는 계기하는 행렬에서 유지되는 일깨우는 것에 주목했다.

그러나 명백하게 연상적으로 일깨우는 것도 미래를 향해 앞으로 나아간다. 멜로디의 새로운 음도, 새롭게 생성되는 것 속에 함께 엮인 일련의 미래 전체도 최초로 일깨우는 것에서 자신의 유리한 상태를 얻는다. 아마 촉발의 조건을 충족시키지 않았던 음의 형성물은 이제 주목받고, 심지어 주제의 관심 대상이 된다. 따라서 일깨우는 것도 일깨우는 위치에서 출발해 대상들이 융합되는 행렬을 따라가면서 앞으로 확장된다.

이미 이 하나의 빛의 행렬에 주목했기 때문에, 우리는 마찬가지로 다른 범례에서 새롭게 발산하며 심지어 상대적으로 약하기도 한 빛 등을 이제 매우 쉽게 주목하게 될 것이다.

명백하게 우리는 여기 근원적 연상에서 이전에 일상적 의미로 구별한 두 가지 종류의 연상과 유사한 것을 지닌다. 그것은 과거로 향한 (또 우리가 보충하듯이, 어쩌면 재생산을 통해 현재에도 관여하는) 연상과 선취하는 것(Antizipation)을 일깨우는 연상이다.

이러한 범례를 분석하고 본질적(형상적) 태도에서 고찰하는 것은 즉시 모든 생생한 현재 안에서 또한 우선 이 현재 속에 통일되는 감각자료에 국한되어서 촉발이 끊임없이 자신을 넘어서 영향을 미치며, 항상 촉발을 일깨우는 것을, 그래서 연상을 발견한다는 사실을 보여준다. 질료의 대상성을—게다가 결합된 공존과 계기로서—구성하는 원리, 개체화하는 연속적 위치체계와 이것을 충족시키는 원리, 따라서 대조와 내적 융합(유착)이 일어나는 원리는 끊임없이 작동한다. 이 원리는 촉발의 본질적 조건과 일깨우는 것으로서 촉발이 전이되는 본질적 조건을 끊임없이 형성한다.

따라서 근원적 인상, 즉 과거지향과 미래지향에 따라 현재의 구조를 전제하면, 이 구조에는 한편으로 '함께 현재하는 것'(Mitgegen-wart)과 과거지향의 과거 속으로 발산하는 연상, 다시 말해 일깨움이 생기고, 다른 한편으로 미래를 향한 방향으로 나아가는 연상이 생긴다. 우리는 이제까지 단지 전자(前者)만 범례로 입증했는데, 이것이 우리가 보듯이 더 근원적인 것이기 때문이다. 즉 앞에서 일상적 의미의 연상에 관한 최초의 개략적 고찰을 하며 시도한 구별, 즉 [한편으로] 방향을 뒤로 돌린 1차적 연상과 [다른 한편으로] 방향을 앞으로 향한―선취하는―2차적 연상의 구별은, 우리가 연상의 개념을 확장하는 가운데 생생한 '직접적 제시'(Präsenz)[18]의 영역에 관해서 근원적 연상을 상세히 논할 때도 실로 타당하다.

그러므로 우선 직접 부수적으로 일깨우는 것과 소급해 일깨우는 것을 더 상세하게 연구해보자. 구체적으로 생생한 현재의 영역에서 그 구조의 법칙성에 속한 근원적 인상 전체는 단지 분절된―감각영역에 따라 또 이 영역 속에 분리되거나 결부된 자료 그 자체나 대상들 그 자체에 따라 분절된―공존하는 형식만 지닐 수 있다. 계기하는 것에 관해서는, 계기하는 것의 동질적 질서와 연관이 형성되어야만 할 정도로, 그래서 각각의 감각영역 그 자체에 대해 형성되어야만 할 정도로 계기하는 것은 분절된 계기의 형식을 지닌다. 그래서 근원

---

18) '직접적 제시'는 원본적 지각이 생생한 '지금' 속에서 현재 존재하는 것으로 정립하는 '현재화'로서 시간적으로 구성하는 시간화(Zeitigung)의 한 양상이다. 반면 '간접적 제시'(Appräsenz)는 직접적 제시와 함께 '통각'과 '연상'을 통해 예측으로 주어진 것으로서, 이미 기억 속으로 흘러가 현존하지 않는 것을 다시 함께 현존하도록 하는 '현전화'다. 후설은 타자에 대한 경험의 간접적 지향성인 감정이입(Einfühlung)을 '간접적 제시'(또는 유비적 통각)라고 부른다. 즉 타인의 신체는 직접 제시되지만, 그의 심리적인 것은 간접적으로 제시되는데, 이들을 짝짓기(Paarung)로 통일함으로써 비로소 타자가 구성되기 때문이다.

적 인상을 구성하는 각각의 대상은 이 대상에 동질적인 계기하는 질
서에 속한다.

34 촉발과 통일체를 형성하는 것의 관계에 관한 문제

그러나 지난번 강의에서 이미 시사한 것처럼 이제 촉발의 본질적
조건은 다음과 같은 이중의 의미를 지닌다.

첫째, 우리가 생생한 '직접적 제시'라는 장(場)의 대상적 구조를 전
제하면, 넓은 의미에서 모든 촉발은 또는 〔어떤〕 대상적인 것이 〔다
른〕 대상적인 것을 통해 등장하는 모든 일깨우는 것은 이러한 법칙
적 구조에 결합된다. 그리고 특히 이렇게 결합되어 있기에 모든 연상
으로 일깨우는 것은 결합의 법칙적 형식만 따라 경과할 수 있으며,
이 형식에 따라 개별적 대상들에서 다수를 통해 통일된 더 높은 단계
의 대상이 생긴다. 우리의 범례는 여기에 속한다. 우리는 이미 대상
들을 지니고 있고, 대상들이 촉발을 통해 이미 우리와 함께 현존하는
지를 미해결로 남겨두었으며, 촉발이 전파되는 것을 고찰했다. 우리
는 이러한 전파를 살펴보았고, 따라서 친화성과 대조에 입각해 더 높
은 단계의 대상이 형성되는 방식을 통해 근본상 법칙적으로 결합되
는 연상을 살펴보았다. 그렇기 때문에 어떠한 연상도 어떤 감각영역
의 대상에서 다른 감각영역의 대상으로 넘어갈 수 없었고, 항상 어떤
일정한 감각영역 안에서 부각된 대상들을 통합시키는 친화성에 따
라야만 했다. 연상도 그와 같은 대상들을 대조함으로써 그 '배경'이
되는 대상들로 규정되어야만 했다.

둘째, 지난번 강의에서 미리 시사한 다른 파악에 따라, 즉 모든 생
생한 현재의 유형적 대상의 구조를 구성하는 것이라는 파악에 따라
본질적 조건도 달리 이해할 수 있다. 친화성·연속성·대조 ── 이것들

은 아직 〔대상적인 것이〕 부각되는 가운데 통일체를 실제적으로 만드는 실제적인 '그-자체의-융합'으로 간주되면 안 되는 관계라고 시험적으로 말할 수 있다. 물론 그와 같은 관계의 어떤 형식을 지키는 것만 실제적으로 융합될 수 있다. 그러나 아마 여기에서는 다음과 같은 것이 구별되어야 한다.

a) 모든 상황에서 견고한 법칙성 속에 일어나는 ── 게다가 촉발이, 비록 어디에서나 어떤 정도로 거기에 함께 관여하더라도, 통일체를 형성하는 데 어떤 특별한 작업수행도 행사할 수 없다는 사실이 통찰될 수 있을 정도로 ── 무조건적인 필연적 융합,

b) 최초로 촉발에 힘입어 존재할 수 있는 융합이나 통일체를 형성하는 것.

이와 같은 이론이 〔제대로〕 전개될 수 있는지 주시해보자.

전자인 무조건적인 필연적 융합에 우리는 생생한 '직접적 제시'의 장(場)의 견고한 형식 ── 즉 시간의 형식과 장소적 장의 형식, 또한 가령 그 밖의 어떤 감각 장이 확고하게 통일되는 형식으로도 명백하게 밝혀져야만 할 것 ── 을 구성적으로 실현시키는 융합을 명백하게 포함시켜야만 했다. 요컨대 이것은 내재 속의 근원적 흐름(Strömen)이 결코 촉발의 특별한 작업수행일 수 없듯이, 오히려 필연적으로 일어나지만 그런데도 그 구조적 가능성의 조건을 지니며 그래서 바로 필연적 연속성을 충족시킨 근원적 연속의 융합은 촉발의 특별한 작업수행이라는 것을 뜻한다. 이것은 유동적인 질료(Hyle)와 틀림없이 사정이 같다. 따라서 질료적 융합은 시간적 구성의 견고한 필연성으로 근원적 연속성에서 ── 계기하는 융합으로서 게다가 촉발의 작업수행도 전혀 없이 ── 일어나는 것이 틀림없다. 마찬가지로 공존의 통일체들이 틀림없이 존재할 수 있고, 그래서 가장 근원적인 통일체는 공존의 연속성에서 생긴 통일체다. 즉 각각의 감각 장 그 자체만으로

는 아무런 촉발도 없이 구성된 통일체다.

　그러나 이제 각각의 감각 장도 특별한 통일체들 ── 여기에서 우리는 촉발의 영역에 접근한다 ── 을 지닌다. 깨어 있는 자아의 삶은 자아가 명시적으로 촉발되었을 때의 자아이며, 바로 이러한 사실을 통해 [자아의 삶을] 자아에 대해 주어지고 파악할 수 있거나 파악된 것인 특별한 통일체를 통해 촉발된다. 그렇지만 여기에서도 촉발은 수행된 작업을 전제하지 않는가? 즉 형식적 조건과 내용적 조건이 충족되었을 때 필연적으로 일어나는 특별한 융합을 전제하지 않는가? 사실상 이러한[19] 조건을 살펴보면, 연속성이 더 완전하거나 덜 완전한 연속성, 다층적이거나 단층적인 연속성일 수 있다는 것은 내용 자체에 관한 소관사항이고 우선 촉발과는 여전히 아무 관계가 없다. 따라서 예를 들어 시각 장의 견고한 형식인 장소적 위치의 연속성이라는 기반 위에서 이것을 점유하는 색깔은 연속으로 확장되고 이것을 통해 연장(延長)의 색채로서 연속으로 융합된다는 것, 색깔들이 연속으로 동등한 융합 또는 질적으로 상승하는 가운데 강도의 연속성에서 이러한 일을 실행한다는 것, 또한 그와 같은 내용적 연속성은 단지 어떤 구간 동안에만 유지된다는 것, 이 연속성은 어떤 위치에서 비약하며 대조를 이룬다는 것 ── 이 모든 것은 견고한 통일체를 형성하는 것의 소관사항이다. 그런데 촉발이 이러한 것과 아무 관계도 맺을 수 없다는 사실은 명증적이다.

---

19) 본래 원전 160쪽 ① 29줄의 끝은 'un-', ② 30줄의 시작은 'diese', ③ 30줄의 끝은 'Kontinuitäs', ④ 31줄의 끝은 'mehrt'로 되어 있다. 그러나 ④의 맨끝 't'는 ③의 맨끝 's' 대신 들어가야 하고 이 's'는 ①의 맨끝 '-' 대신 들어가야 할 편집상의 오류로 보인다. 'ansehen'은 3격의 재귀대명사(이 경우 'uns')와 함께 '주의 깊게 보다' '관찰하다, 감상하다' '잘 생각해보다'는 뜻으로 사용되며, 이렇게 해석해야만 그 문장 전체를 올바로 파악할 수 있다.

우리가 객관화하는 더 높은 단계로 이행하면, 따라서 변화하는 동질적 다수의 종합, 공간적 배치와 시간적 배치를 고려하면, 이제 사태는 어떠한가? 우리가 여기에서 겹쳐지게 하고 그런 다음 실제적으로 겹쳐지는 것에 상관없이 '거리를 두고'(par distance) 합치와 융합을 논의하면, 또 동등하거나 매우 유사한 ─ 부각된 ─ 내용의 일종의 매력, 일종의 '멀리 떨어진 종합'에 관해 논의하면, 이것은 이미 연상으로 '멀리 떨어져 일깨우는 것'처럼 보이고, '멀리 떨어져 일깨우는 것'은 '멀리 떨어져 융합하는 것'이 성립하는 데 책임이 있다는 생각을 쉽게 할 수 있다. 물론 내용(Gehalt)의 특수성에 근거한 관계는 촉발을 일으키지 않는다.

그러나 아마 그것은 처음에 구체적으로 개별적인 모든 것, 부각되는 것 그 자체 속에 구성되었지만 촉발을 통해 비로소 구성되지는 않은 모든 것이 필연적으로 어느 정도 촉발했기 때문에 그러하다. 이때 〔촉발의〕 정도는 특별한 조건에 의존할 것이다. 하지만 이때 동시적으로 〔등장한〕 특별한 대상들 가운데 서로 유사한 것이 있을 수 있으며, 서로 유사한 것이 동시에 자아를 촉발하고 ─ 처음에는 자아에 대해 통일적으로 끌어내 부각된 것으로, 그렇지만 그런 다음에는 사태에 입각해 분절된 더 높은 단계의 통일체에 결부된 것으로 ─ 어떤 특별한 통일체를 얻는다는 사실을 통해서도 있을 수 있다. 이러한 해석에 따르면, '멀리 떨어져 융합하는 것'의 종합, 친화성으로 생긴 통일체의 종합은 촉발의 종합적 통일체를 통해 비로소 성립될 것이다.

우리는 멜로디 같은 계기하는 것과 이것을 배치하는 경우 그 상태(Sachlage)[20]를 마찬가지로 해석하려고 할 수 있을 것이다.

---

20) 후설에게 술어적 판단이 지향하는 '사태'(Sachverhalt)는 범주적 오성의 대상성들로서 감각적 지각으로 구성된 것이다. 반면 선-술어적 경험(지각)이 지향하는 '상태'는 사태를 구성하는 기초로서 수동적인 전(前)-범주적 관계다.

그렇지만 가능한 해석을 상세하게 숙고하는 경우 어쨌든 우리가 방금 전에 허용할 수 있을 정도로 발언한 것을 유지할 수 없는 일이 생긴다. 여기에서 근원적 개별성 속에 구성되는 대상들에 대립해 더 높은 단계의 대상이 구성되는 것을 구분한 것은 부당하다. 왜냐하면 융합이 우선 촉발의 통일체를 통해 산출되어야만 한다는 것을 이해할 수 없기 때문이다. 만약 연속성이 필연적으로 융합을 수반한다는 것을 더 낮은 단계에서 이해할 수 있다면, 또한 만약 그와 같은 융합이 의존하는 조건을 자기 자신에게 이해할 수 있다면, 동질적 다수를 형성하는 데 몰두할 경우인 여기에서도 통일체를 형성하는 것, '멀리 떨어져 융합하는 것'을 어쨌든 그에 못지않게 자기 자신에게서 이해할 수 있다. 거꾸로 낮은 단계에서 ─그렇지만 높은 단계에서는 아닌─촉발에 융합하는 작업수행을 요구하는 것은 명백하게 전혀 이해할 수 없는 일일 것이다.[21]

하지만 어떻게 촉발과 통일체를 형성하는 이 두 가지 동기가 이해할 수 있는 방식으로 통합에, 또한 일단 설명되면, 명증적인 통합에 도달하는가?

나는 이 물음에 다음과 같이 답하고 싶다. 즉 자아에 대해 끊임없이 미리 주어진 대상성과 그런 다음 어쩌면 〔이미〕 주어진 대상성의 장(場)을 만들어내는 것은 수동성(Passivität)의 작업수행(Leistung)과 이 속에서 가장 낮은 단계인 질료적 수동성의 작업수행이다. 구성된

요컨대 사태는 상태의 계기 또는 양상이다. 따라서 하나의 동일한 상태에는 둘 이상의 사태들이 상응하고, 하나의 동일한 사태에는 같은 진리치를 지닌 둘 이상의 명제(사고)들이 상응한다.

21) 그러나 [이것은] 우리가 바로 생생한 현재 속에서 움직이고 있고 이 현재 속에서 구체적 대상들을 구성했다는 전제에서일 뿐이다! 새로운 강의와 여기에서 명백하게 산출된 성과를 참조할 것. ─후설의 주.

것은 자아에 대해 구성되고, 결국 자아가 그 속에서 그럭저럭 살아가고 영향을 미치며 다른 한편으로 자아가 그것으로 끊임없이 동기를 부여받는 완전히 실제적인 환경세계가 구성될 것이다. 자아에 대해 의식에 따라 구성된 것은 오직 그것이 촉발하는 한에서만 현존한다. 그 어떤 구성된 것은─그것이 촉발의 자극을 행사하는 한─미리 주어지고, 그것은─자아가 자극에 따르고 주의를 기울이면서, 파악하면서 자극에 몰두했던 한─[이미] 주어져 있다. 이것이 대상화하는 근본적 형식이다.

물론 이것만으로 그 어떤 자아에 대한 대상 그리고 주관성 일반에 대한 대상으로서 대상이 의미하는 것을 아직 충분히 특징지을 수는 없지만, 어쨌든 이것으로써 근본상 본질적 형식이 묘사되었다. 주관성 일반 속에 대상의 세계가 구성될 수 있기 위해 촉발의 통일체는 구성되어야만 한다. 그러나 이것이 가능하기 위해서는 본질적 필연성에서 우선 질료적 영역 속에, 게다가 또한 우선 생생한 현재 속에 촉발의 질료적 통일체가 생성되어야만 하며 서로 함께 동질적으로 엮여야만 한다.

통일체 그 자체는 앞에서 제시된 유착과 대조의 원리에 따라 이해할 수 있게 구성된다. 통일체는 그 자체만으로 '당연히'(eo ipso) 자아를 촉발하고 자아에 대해서도 존재한다. 이러한 명제의 일반성은 우선 대담한 것처럼 보인다. 어쨌든 우리는 실제로 주목할 만한 촉발을 항상 지니고 있지 않다. 그러나 주목할 만한 것이 주목되지 않을 수 있고 주목할 만하지 않은 것이 주목될 수 있는 촉발의 명백히 본질적인 상대주의를 숙고하면, 주목할 만하지 않은 것을 전혀 촉발하지 않은 것으로 해석하는 데 주저하게 될 것이다.

더 나아가 일단 촉발이 전파되는 현상을 살펴보면, 우리는 '그 현상의 현존하는 촉발은 변화하는 현상으로서 명증적으로 우리에게 일어난다'고 말할 것이다. 그래서 이미 현존하는 약한 촉발은 일깨우는 촉발을 발산함으로써 강해진다. 거꾸로 강한 촉발은, 이 강한 촉발이 의존하는 조건이 그에 상응해 변화될 때, 약해진다. 이것은 특히 이러한 조건을 앎으로써 철저히 이해할 수 있다. 그러나 어떤 것이 촉발의 힘을 ─ 이러한 촉발의 힘 가운데 어떤 것도 현존하지 않았던 곳에서 ─ 획득해야만 한다는 것, 자아에 대해 전혀 현존하지 않았던 어떤 것, 즉 순수하게 무(無)인 것이 최초로 촉발하는 것이 되어야 한다는 것 ─ 이것이 바로 이해할 수 없는 일이다. 만약 촉발의 본질 속에 놓여 있는 등급을 따라야 한다면, 우리는 이해할 수 있고 본질을 통찰할 수 있는 영역에 남아 있을 것이며, 실로 '그 자체로' 본질의 영역을 넘어가려는 이해할 수 없는 하부구조를 만들려는 어떠한 기회〔이유〕도 지니지〔품지〕 않는다.

그러므로 이러한 방법론적 원리에 따라 우리는 자아에 대한 촉발의 자극을 그 자체만으로 부각된 구성된 모든 자료의 탓으로 돌린다.

촉발의 기능, 이 기능의 특성 그리고 촉발의 본질적 조건이 이 기능에 의존하는 것을 법칙적으로 이해하게 될 때만 연상의 본질에 대한 결정적 통찰을 얻을 수 있다. 그러나 우선 생생한 현재의 테두리 안에서, 그런 다음 생생하지 않지만 어쨌든 촉발로 일깨울 수 있는 의식의 과거의 영역 ─ 이미 말했듯이, 비록 망각이라는 자연스러운 어구를 전용해 망각의 영역 ─ 을 고려함으로써만 비로소 그러한 통찰을 얻을 수 있다.

우리는 촉발의 차이를 고려하지 않은 채 인상의 생생한 현재에서 그 견고한 대상적 구조를 연구했다. 그런 다음 촉발로 이행했을 때, 촉발이 어떻게 내재적으로 구성된 대상들에 대해 나뉘고 전파되는지 또 이것으로써 어떻게 생생한 현재 전체가 이른바 끊임없이 변화하는 촉발의 돋을새김을 받아들이는지, 촉발이 어떻게 시간적 배치와 장소적 배치의 (대상들을 조직화하는) 그 유형학(Typik)을 통해 현재의 영역에서 일반적 구조의 법칙성에 특별한 방식으로 의존하는지 즉시 알 수 있었다. 대상들은 공존의 지속하는 통일체로 그룹을 만들고, 감각 장에 따라 분리되며, 장소적 장에 결부되어 배치된다. 다른 한편 대상들은 결부된 계기하는 것으로 그룹을 만들고, 멜로디같이 시간적으로 잇따른 경과에 따라 배치를 이룬다. 시간의 형태와 장소의 형태에 따라 이렇게 연장(延長)으로 형식화하는 것이 바로 칸트가 '형상적(figürlich) 종합'[22]이라는 표제로 유념했던 문제일 것이다. 다른 한편 구체적으로 형성된 통일체를 가능하게 하는 이러한 형식을 충족시키는 것은 유착과 대조의 특별한 조건에 달려 있다. 촉발은 결합을 따라 경과하며, 오직 사태에 입각한 동질성이나 형상적 동질성의 조건이 합치되는 종합이 가깝거나 멀리 형성될 수 있을 정도로 충족되는 한, 오직 촉발의 연관이 존재할 수 있고 촉발이 전파될수 있는 한, 현존하는 촉발의 힘은 증대될 수 있다 등등.

이제 생생한 현재에서 촉발의 진행과 촉발의 돋을새김(Relief) 전체가 교체되는 것이 생생한 현재 속에 그때그때 구성된 대상성들의 연관의 유형과 경과의 유형에 의존한다는 사실이 아무리 올바르다해도, 이것이 곧 이 대상성들이 그것들의 위치에서 모든 촉발에 앞서 이미 존재한다는 사실을 뜻하지는 않는다. 오히려 그것은 촉발은 구성이 없으면 어떠한 대상성이나 대상적으로 분절된 어떠한 현재도

---

22) 칸트는『순수이성비판』제2판 '순수 오성개념의 선험적 연역'에서 감각적 직관의 다양체를 통각이 종합해 통일하는 '형상적 종합'(synthesis specciosa)과 직관 일반의 다양체를 바라볼 때 단순히 범주 속에 생각되는 종합, 즉 오성의 결합인 '지성적 종합'(synthesis intellectualis)을 구별한다. 그리고 현재 직관 속에 대상이 없어도 대상을 표상할 수 있는 능력인 구상력이 수행하는 다양한 직관들의 종합은 범주들에 적합하게 이루어지기 때문에 형상적인 것으로서 선험적 종합이다(B 151~154 참조할 것).

전혀 존재하지 않을 정도로 모든 대상성의 구성 속에서 이미 자신의 본질적 역할을 한다는 사실을 배제하지 않으며 심지어 이러한 사실을 아주 당연하다고 생각한다.

앞에서 우리는 질료적 대상이 **구성되고** 이 대상은 구성하는 **생성작용**(Werden) 속에 존재한다고 말했고, 또한 입증했다. 이러한 생성작용의 각 국면에서 그것 자체로는 아직 대상이 아니지만 〔그렇다고〕어쨌든 무(無)는 아닌 국면의 내용을 지니기 때문이다. 순간적 국면의 통일체 속에 구성되는 하나의 동일한 대상에 속하는 것 — 예를 들어 시각 장 속의 색깔에 대해 어떤 얼룩반점으로 속하는 것 — 은 동일한 시점(時點)에서 어떤 다른 대상에 구성적으로 속하는 것에 대립해 공속성(共屬性)을 지닌 그 어떤 통일체를 반드시 지닌다. 어떤 순간적 '지금'에서 바로 다음의 순간적 '지금'으로 이행하는 가운데 이 속에는 어떤 순간과 이와 다른 순간의 내용이 — 예를 들어 곧 변화되든 않든 어쨌든 동일한 하나의 색깔의 얼룩반점이 구성될 수 있을 정도로 — 공속성에서 반드시 결합되어 있다. 따라서 구성적으로 통합되는 것, 하나의 대상으로 융합되는 것, 각기 다른 대상에서 분리되는 것은 형식에 따른 또 형식을 충족시키는 것에 따른 기초적인 본질적 조건에 지배된다. 기초적인 것은 지금 구체적 대상들이 아니라 대상의 국면들, 이른바 감각적 점(點)들이다. 만약 이미 대상들을 전제하면, 우리는 대상들에서 새로운 대상을 구축하고 단순한 대상들에서 인상의 영역 전체를 구축하는 본질적 조건을 심문할 수 있다. 그러나 우리가 구성적으로-기초적인 것을 되돌아가 물으면, 이와 유사한 물음이 다시 되돌아온다.

그렇지만 이에 따라 기초적인 것에서도 다시 촉발의 문제가 되돌아오며, 특히 모든 구성적 종합이 이루어지는 데 촉발이 하나의 본질적 조건인지의 문제, 또 〔한편으로〕기초적인 것이 지닌 촉발 이전의 특성 — 이 특성에 속한 통일체를 형성하는 것의 본질적 전제와 더불어 — 과 〔다른 한편으로〕 촉발 그 자체인 이 둘이 연관을 맺어야만 하는지의 문제로 다시 촉발의 문제가 되돌아온다. 그래서 '모든 융합되는 것과 분리되는 것 — 이것들을 통해 대상적 통일체는 현재의 장(場) 속에 생성된다 — 이 도대체 생성될 수 있기 위해 촉발의 생생함이 필요한지' 또는 '만약 통일시키는 사태에 입각한 조건이 충족되었더라도 어쨌든 촉발의 힘이 제로라면 모든 융합되는 것과 분리되는 것은 아마 통일체를 생성시킬 수 없었을 것이다'라는 가능성이 숙고되어야 한다. 오직 생생한 현재를 구체적으로 구축하는 것과 구성적 기초요소에 입각해 개별적으로 구체화된 것(Konkretion)을 구축하는 것 모두에 동등한 방식으로 부응하는 철저한 이론만 연상의 수수께끼를, 이와 더불어 '무의식'(Unbewußtes)과 변화하는 '의식되는 것'(Bewußtwerden)의 모든 수수께끼를 해결할 수 있다.

다른 한편 어떤 이론의 모든 동기는 우리에게 필연적으로 첫 번째 것인 첫 번째 단계의 명증성에서 생기는데, 이 명증성은 이른바 그 구조가 이미 마련된 생생한 현재의 현상 속에 놓여 있다.

따라서 그 구체적 대상의 구조를 우리가 형태성과 내용에 관해 이미 알고 있는 이 생생한 현재와 더불어 체계적으로 고찰해보자. 이제 우리는 생생한 현재의 촉발로 형태화된 것을 고찰한다.

35 생생한 현재와 과거지향의 과정에서 촉발의 등급

여기에서 우선 '촉발'이라는 표제로 다음과 같이 구분해야만 한다.

1) 어떤 체험, 어떤 의식의 자료가 변화하는 생생함으로서의 촉발. 그 자료가 특별한 의미에서 주목되는 것인지 그리고 이때 어쩌면 실제로 주목되었거나 파악된 것인지는 이 생생함의 크기에

의존한다.

2) 이 '주목되어 있음' 자체. 여기에서 촉발은 자아에 대한 특수한 촉발이라는 특별한 의미를 지닌다. 게다가 이 촉발은 자아에 마주치고, 〔자아를〕 자극시키며, 이른바 작동하게 불러내고, 일깨우며 어쩌면 실제로 일깨운다.

예를 들어 약하지만 점점 더 커지는 잡음은 사태에 입각한 이러한 변화에서 커져가는 촉발의 성격을 받아들이며, 그 의식의 생생함은 증가한다. 이것은 그 잡음이 자아에 커져가는 움직임을 행사한다는 것을 뜻한다. 결국 자아는 그 잡음에 〔주의를〕 향하게 된다. 그러나 더 정확하게 살펴보면, 〔잡음에 주의를〕 향하기 전에 이미 촉발하는 양상이 변화된다. 주어진 촉발의 상황에서 효력을 발휘하는 어떤 강력함의 경우 잡음에서 출발하는 움직임은 실로 자아에 본래 겨우 도달한다. 그렇게 그 잡음은——단지 자아의 대기실에서뿐이라도——자아 속에 두드러지게 된다. 자아는, 비록 아직 주목하는 파악의 방식으로 그 잡음에 귀 기울이지 않더라도, 이제 이미 그 잡음을 특수하게 알아차린다. 이러한 '이미 알아차림'은 자아 속에 그 대상을 향하는 적극적 경향이 일깨워졌다는 것, 자아의 '관심'이 자극되었다는 것을 뜻한다. 자아의 관심은 '자아 극'에서 잡음을 겨냥하는 이러한 적극적 경향을 노력하면서 충족시키는 〔대상을〕 향함(Zuwendung) 속에 현실적으로 활동하는 관심이 된다. 우리는 이제 여기에서 일어나는 본질적 양상이 변경되는 것을 이해하게 된다. 우선 증대하는 촉발이다. 그렇지만 촉발의 움직임은 자아의 처지에서 보면 '이에 대응하는 움직임'이 아직 아니며, 대상의 자극에 대답하는 경향, 즉 자신의 위치에서 주목하면서 파악하는 경향의 새로운 양상을 받아들일 수 있는 경향이 아직 아니다. 여기에서, 하지만 지금 우리와 상관이 없는 더 큰 차이가 생긴다.

우리에게 중요한 것은, 그것이 자아에 대해 지니는 의미와 관계없이, 변화하는 생생함 자체의 특성이다. 보편적으로 개관된 모든 생생한 현재에서 우리는 당연히 어떤 현저한 돋을새김, 즉 주목하는 것과 주의를 기울이는 것의 돋을새김을 지닌다. 따라서 여기에서 배경(背景)과 전경(前景)이 구분된다. 그런데 전경은 가장 넓은 의미에서 주제가 되는 것이다. 눈에 띄는 것이 제로인 것에는 어쨌든 자아 속에 어떤 특별히 대답하는 경향을 불러일으키지 않는, 자아 극으로까지 돌진해가지 않는 '의식해 갖는 것'이 경우에 따라 훨씬 생생하게 놓여 있다.

그러므로 자아의 극이 움직이는 반응을 도외시하면, 가령 음의 강도·냄새의 강도 같은 사태에 입각한 강도(强度)와 혼동될 수 없는 생생함의 차이가 남게 된다. 의식의 자료(의식에 따른 모든 종류의 대상을 포함해 생각하면, 바로 이 자료)의 특성과 관계없이 생생함의 등급이 존재하며, 이러한 차이는 주의를 기울이는 분야 속에 여전히 유지되어 남아 있다.

이 등급은 의식과 의식의 정도에 관한 일정한 개념과 이에 상응하는 의미에서 무의식에 대립된 것도 규정한다. 무의식은 이러한 의식의 생생함이 제로라는 것을 나타내지만, 곧 분명해지듯이, 결코 무(無)는 아니다. 무는 단지 촉발의 힘에서 그럴 뿐으로, 즉 바로 적극적으로 가치가 있는 촉발의 성격(제로점을 넘어서)을 전제하는 그러한 작업수행에서 무일 뿐이다. 따라서 중요한 문제는 예를 들어 음의 강도에서처럼 질적 계기(契機)가 제로인 것 같은 종류의 제로가 아니다. 왜냐하면 이때 〔이것은〕 실로 음의 제로 때문에 음 일반도 중지되었다는 것을 뜻하기 때문이다.

생생한 현재의 영역에서 모든 구체적 자료는, 우리가 알고 있듯이, 현상적 과거로 가라앉고, 과거지향의 변화에 지배받으며, 이와 동시에 필연적으로 촉발이 제로인 영역 ─ 그 자료는 이 영역에 합체되고 이 영역에서 결코 무(無)가 아니다 ─ 으로 이끈다. 그래서 일반적으로 생생한 현재 자체와 더불어 끊임없이 변화되는 촉발이 '제로 지평'을 생생한 현재에 포함시켜야만 한다. 이 지평을 더 상세하게 다루기 전에, 생생한 현재의 촉발이 지닌 특성 전체를 특징짓자. 그 특성은, 전체적으로 고찰해보면, 촉발의 통일체이며, 이에 따라 통일적 생생함을 지닌다. 이 촉발의 통일체에 속한 모든 특수한 촉발은 계기(契機)로서, 즉 촉발의 통일체에서 종합적으로 통일된 계기로서 이 생생함 속에 받아들여진다.

나는 이미 촉발의 돋을새김(Relief)이라는 아주 적절한 표현을 사용했다.[23] 이 표현으로 한편으로는 통일체가 시사되고, 다른 한편으로는 서로 다른 개별적 계기들의 크기의 차이, 결국 ─ 촉발의 돋을새김이 생생한 현재의 변화에 따라 더 크게 볼록하거나 더 평평하게 될 수 있는 한 ─ 전체적으로 상승하거나 하강하는 가능성도 암시된다. 나는 여기에서 신선함의 차이를 암시하는데, 이 신선함 속에 모든 현재의 대상은 어쩌면 신속하게 이행해서, 그렇지만 하나가 되어 의식의 생생함, 촉발의 힘이 늘어나거나 ─ 반대의 경우에는 ─ 줄어든다. 그러나 동시에 모든 현재에는 상대적 생생함의 차이, 촉발로 영향을 미치거나 덜 영향을 미치는 자료의 차이가 존재한다. 그러므로 촉발의 돋을새김에 관한 논의도 다음과 같다. 촉발의 돋을새김은 사태에 입각한 기초로서 현재의 구조적 연관을 지닌다. 촉발이 어떤 점(點)에서 이 연관의 선(線)에 따라 일깨워지면서 나뉨으로써, 돋을새김 전체가 이 선에 따라 부각되기 때문이다.

더 나아가 위에서 말했듯이 모든 현재에는 생생하지 않은 것, 촉발

─────────────

23) 제34항 후반부를 참조할 것.

의 효력이 없는 것(제로)의 배경이나 기반이 속한다. 이때 적극적 생생함 안에서 촉발을 일깨우는 것 또 촉발의 힘은 항상 새롭게 전이되며, 바로 이것과 함께 상대적 신선함과 동등한 전체 수준 속에 상대적으로 변경된다.

모든 촉발의 근원적 원천은 '근원적 인상'과 이 인상에 고유한 더 크거나 작은 촉발의 성격 속에 있으며, 오직 이 속에만 있을 수 있다. 촉발을 일깨우는 선(線)들 또는 촉발의 성격을 유지하고 전파하는 선들은 이것에서 나아간다.

그런데 과거지향은 '근원적 인상'에 연결된다. 과거지향의 과정은, 우리가 배웠듯이, '근원적 인상'이 특유하게 끊임없이 변양되는 과정이다. 원본적으로 직관할 수 있는 양상, 생생하게 '스스로를 갖는' 양상으로 주어진 것은 '점점 더 지나가버린'이라는 양상으로 변화된다. 이렇게 의식에 따른 변양작용의 구성적 과정은 동일하게 하는 연속적 종합이다. 동일한 것이 끊임없이 의식되지만, 점점 더 과거 속으로 물러앉는 가운데 의식된다. 그 속에 구체적 시간의 대상성이 생성되는 근원적 현상의 과정에서 새로운 '근원적 인상'이 등장하는 것은 과거지향으로 변화하는 것과 분리될 수 없게 제휴해가고, 직접 지나가버린 인상, '방금 전에-지나간'이라는 형식으로 변화된 인상에 연속으로 연결된다. 이러한 과정 전체에서 우리는 각각의 국면 속에 '근원적으로 체험하는 것', 즉 '근원적으로 인상인 것'을 지닌다. '근원적으로 인상인 것'이 끊임없이 과거지향으로 변양하는 동안, 동일한 것으로 구성된 자료에는 촉발의 힘이 유지되어 남아 있지만, 그렇다고 감소되지는 않는다. 우리는 과거지향의 과정을 은폐의 과정으로도 기술했다. 우선 '근원적 인상'의 통일체 속에 이러저러한 내적 차이와 외적으로 부각되는 것을 지니고 구체적으로 구성된 것은 점점 더 불명료하게 되고, 〔다른 것과〕 구별되는 특색과 부각되는 성질을 상실한다. 이 구별되는 특색과 부각되는 성질에 그리고 전체에 당연히 주어지는 촉발의 힘이 〔이러한〕 과정에서 끊임없이 감소한다는 것은 명백하다.

이러한 과정을 분석해보자. '근원적 인상'은 우선 우리가 신선한 과거지향의 구간으로 부를 수 있는 과거지향의 구간으로 끊임없이 이행한다. 어쨌든 우리는 구체적 지각의 대상이, 여기에서는 그때그때 지속하는 구체적 감각자료가 어떤 구간 동안 시간적으로 연장(延長)된 것으로 실제로 직관된다(나는 때때로 이것을 의심했지만, 지금 생각하듯이, 〔이것을 의심하는 것은〕 옳지 않다)는 사실을 인정해야만 할 것이다. 만약 길게 울려 퍼지는 어떤 음을 실제로 직관적으로 주어진 것으로 환원하면, 우리는 그 음의 길이 전체를 발견하지 못하더라도, 어쨌든 실제적 직관 속에 ― '순간적-근원적으로 인상인 것'이 실제적 직관 속에 이른바 가장 강렬한 직관적 성격의 정점(頂點)으로 다시 두드러지게 되지만 ― 언제나 동일하게 남아 있는 작고 또 연장(延長)의 성격을 띤 단편을 발견하게 된다. 다른 한편 직관적 성격은 과거에 가까이 갈수록 직관적 성격이 제로가 될 때까지 점점 더 충만함이 감소된다. 촉발의 힘에 관해 말하면, 음이 끊임없이 울려 퍼지는 가운데 '지금'에 관한 모든 새로운 '근원적 인상'의 계기(契機)는 새로운 근원적인 생생함을 이끌어오는데, 이 생생함은 신선한 과거지향의 이러한 구간에서 약해지면서도 '신선함'이라는 표현을 촉발하는 것에 관계될 정도로 일정한 크기의 힘으로 유지된다. 따라서 직관적 성격이 '제로가-됨'으로써 촉발의 힘이 제로가 되는 것은 아니다.

더구나 신선한 과거지향의 구간은 공허한 과거지향의 구간으로 끊임없이 이행한다. 이 공허한 과거지향을 공허한 표상이 발생하는 근원적 형식으로 부를 수 있다. 공허한 과거지향은 여전히 '근원적 인상' 속에 자신이 근원적으로 건립되는 영역을 지닌 대상성이 유지되는 영역이다. 동일한 것이 여전히 그 의미에 따라 의식되고, 이 동일한 것은 여전히 특별한 의미에서, 즉 촉발을 통해 의식된다. 그렇지만 이 촉발의 힘은 제지할 수 없을 정도로 뒤로 물러가고, 대상의 의미는 제지할 수 없을 정도로 그 내적 차이가 빈약해지며, 따라서 어떤 방식으로든 내적 차이를 비워낸다. 그 종말은 촉발의 힘이 표상했던 것을 완전히 차이가 없게 표상하는 '공허한 표상'이다. 촉발의 힘이 표상한 것이 '근원적 인상'이 건립한 내적으로 부각된 특성들의 풍부함 전체를 상실했기 때문이다. 그렇다면 무엇이 남아 있는가? 여전히 이 '공허한 표상'은 표상이며, 여전히 이러한 단편, 즉 이러한 종말은 '근원적 인상'에서 흘러나가고 종합적으로 첨부되며 언제나 새로운 '근원적 인상'을 통해 끊임없이 새롭게 공급되는 연속적 과거지향의 움직임에 관한 종말이다.

그러므로 이 종말은 완전히 공허하게 지나가버린 '그것'(Das) — 이것은 동일화하는 이 움직임과 동일한 것이 될 수 있는 오직 하나의 규정하는 성격만 지닌다 — 에 관한 의식이다. 바로 이 때문에 이 종말은 자신의 언제나 새로운 현재에서 구성적 생성작용 속에 있는 것의 내용이 공허하게 의식된 과거다. 만약 다수의 대상이 동시적으로 구성되었고 어쩌면 여전히 움직이고 있다면, 그 자신의 공허한 과거의 구간 그리고 바로 여전히 유지되고 그래서 바로 여전히 촉발하며 여전히 자신과 동일한 것과 혼합되지 않은 공허한 종말은 각각의 대상 그 자체에만 속한다. 나는 '여전히 〔자신과 동일한 것과 혼합되지〕 않은'이라고 말한다. 왜냐하면 과정은 계속 진행되고, 남아 있는 것은 원천이 된다는 점에서 과거지향으로 유래했던 차이와 촉발하는 힘을 제지할 수 없을 정도로 상실하기 때문이다. 그래서 이러저러한 과거지향의 움직임에 속하는 공속성(共屬性)에서 생기고 또 이러한 움직임 자체를 최종적 단편 속에 구별해 유지한 그 분리가 유지될 수조차 없다. 따라서 그 종말은 완전히 차이가 없는 것, 완전히 촉발하는 힘이 없음에서 생긴 차이가 없는 것이다. 각각의 과거지향의 움직임이 변화하면서 자신의 촉발하는 힘을 잃어버리는 가운데, 이 움직임 자체가 죽게 되는 가운데, 이 움직임은 더 이상 융합되면서 부각되어 진행해나갈 수 없다. 왜냐하면 적극적으로 촉발하는 힘은 활발하게 결합되고 분리되는 가운데 모든 삶의 근본적 조건이 되기 때문이다. 만약 그 힘이 제로로 떨어지면, 삶은 바로 그 생생함에서 필연적으로 중단된다.

이러한 원리를 명석하게 파악할 수 있도록 기술(記述)을 보충해야만 한다.

한편으로 우리는 과거지향의 과정은 동일화하는 종합의 과정이라고 말했다. 대상적 의미의 동일성은 이 과정을 관통해간다. 가령 울려 퍼지고 이 울려 퍼짐 속에 완결된 음(音)은 과거지향으로 '여전히-의식-속에-유지하는' 과정 전체에 동일한 것이다. 동일한 것은 음이 여전히 계속 울려 퍼지는 동안 그때그때 점차 사라진 단편의 각 국면과 구간에 대해서도 적용된다. 따라서 의미 자체에 속한 차이는 음이 과거지향으로 점차 작게 울리는 연속성을 통해 동일하게 그 음에 계속 남아 있다. 그 의미의 과거의 양상은 변경되지만, 그 의미 자체는 변경되지 않는다.

다른 한편으로 우리는 어쨌든 과거지향이 계속 '은폐되어' 진행되는 가운데 내적 차이가 상실되는 것에 관해 이야기한다. 그래서 음이 점차 작게 울리는 것 속에서도 음 자체는 그 음에 본래 존재했던 모든 것 가운데 아무것도 잃어버리지 않는다. 만약 그 음이 결국 내용적으로 완전히 차이가 없게 주어지면, 그것은 주어지는 방식에 관계된 일이지, 그 음 자체에 관계된 일이 아니다.

지금 말하듯이, 어쨌든 중요한 문제는 촉발의 현상이다. 변경된 의식의 방식은 언제나 연관 속에 동일하게 하는 종합에 속하지만, 이속에 놓여 있는 의미에 관해서는 덜 촉발하는 것이며 특수성에 관해서는 점점 덜 촉발하는 것이다. 그리고 결국 이 모든 것이 하나로 합류해, 모든 과거지향의 움직임과 잡음은 다양한 의미가 그 속에 '함축적으로' 내포된 하나의 통일체로 합류한다. 왜냐하면 다양한 의미가 여러 가지 특수한 통일체의 계열을 통해 하나의 통일체로 흘러들어가기 때문이다. 그렇지만 그것은 어떠한 촉발의 움직임도 이 통일체에서는 출발하지 않는 방식으로 흘러들어간다. 촉발의 움직임은 이 통일체 속에 '함축적으로' 포함된 과거의 대상성 가운데 그 어떤 것도 또한 이 대상성의 특성들 가운데 그 어떤 것도 발언할 수 있게 허용할 것이며, 이것들 자체만으로 효력을 발휘할 수 있게 할 것이다. 우리는 모든 특수한 촉발이 제로의 단계에서 구분되지 않은 전체의 촉발로 이행된다고 말할 수도 있다. 모든 특수한 의식이 우리의 과거 일반이 지닌 언제나 현존하는 하나의 배경의식으로 이행되기 때문이다. 이 배경의식은 완전히 분절되지 않은, 완전히 명료하지 않은—생생한 과거, 즉 활동적인 과거지향의 과거를 차단하는—과거지평의 의식이다.

이것으로써 다양하게 분절된 인상의 현재에서 서로 점점 덜 분절되고 점점 더 밀착되어 흘러가 과거로 되돌아가는 현상이, 즉 원근법으로 서로 밀착되는 현상이 해명되었다. 특히 여기에서 중요한 문제는 생생한 현재에 속하고 또 이 현재가 과거지향으로 흘러가는 것 자체에 속하는 현상이다. 우리는 이 현상을 대상적 차이에서 실제로 상실하는 현상으로 이해하지 않고, 우선 첫째로 촉발하는 것으로 이해한다. 즉 원근법은 촉발의 원근법이다. 그래서 과거지향의 변화는, 인식작용으로 고찰해보면, 의식 자체의 변화, 즉 너무 독특해서 동일화의 모든 종합을 궁극적으로 구별할 수 없게 이끄는 변화다. 그러나 그 변화가 바로 종합적으로 동일성이 합치하는 서로 다른 계열에 편입됨으로써 대상의 의미를 내포하는 한, 대상의 관점에서는 '동일한 것에서 발산되는 촉발이 점점 더 작게 된다'고 말할 수 있다. 그리고 서로 다른 대상에서 발산되는 촉발이 전혀 없는 경우, 이 서로 다른 대상은 완전한 어둠 속으로 가라앉고, 특별한 의미에서 의식되지 않는 것〔무의식〕이 된다.

촉발을 일깨우는 작업수행과 재생산적 연상

36 생생한 현재에서 일깨우는 것의 기능

그러나 무의식이 되는 것 또는 은폐된 의미를 함축하는 것에 본질적으로 속하는 것은 일깨우는 것의 근원적 현상이다. 일깨우는 것의 근원적 현상으로 우리는 이미 그 자체만으로 의식된 것을 일깨우는 것과 은폐된 것을 일깨우는 것이라는 두 가지 현상을 이해하고 구별한다. 모든 생생한 현재는 언제나 새로운 근원적 대상의 구성을 이끌어오는데, 일종의 질서가 세워진 개별적 자료로서, 질서가 세워진 세계로서 광범위하게 분절되는 가운데 언제나 새로운 지각의 자료를 이끌어온다. 그래서 일깨우면서 연관에까지 흘러넘칠 수 있고 과거지향으로 구성된 통일체에까지 흘러넘칠 수 있는 새로운 촉발의 힘 그리고 각각의 공존 속에 융합되고 연결되며 대조하는 종합을 가능하게 할 수 있는 새로운 촉발의 힘의 언제나 새로운 원천을 이끌어온다. 실제적으로 결합하는 것, 실제적으로 통일체를 형성하는 것은 언제나 또 필연적으로 촉발의 힘이나 촉발의 차이를 전제한다.

다른 한편 어쨌든 촉발하는 작업수행은 촉발의 힘을 이미 구별된 것에, 따라서 촉발하며 활동하는 것에 단순히 분배하는 형식으로 이루어지지 않는다. 오히려 우리는 이미 생생한 현재 안에서 완전히 특유한 촉발하는 작업수행, 즉 은폐된 것, 함축된 지향성 속에 감싸여진 것을 일깨우는 작업수행에 마주친다. 물론 자신의 근원적 원천을 인상의 영역 속에 지니는 촉발의 힘이 유입됨으로써 촉발의 특수한 내용이 빈약하거나 완전히 공허한 과거지향은 이 속에 은폐된 의미의 내용에서 숨겨진 것을 다시 제공할 능력을 지닐 수 있다. 과거지향은 고정된 사물처럼 분석될 수 없고, 분해될 수도 없다. 과거지향은 결코 고정된 것이 아니며, 고정될 수도 없다.[24] 과거지향의 과정은 그 경과가 견고한 필연성 때문에 정지될 수도 없다. 그러나 흐름 속에 구성된 대상이 특별한 촉발의 힘을 얻으면, 과거지향의 변화 과정은 결국 계속 진행될 것이고, 이것과 함께 제휴해나가는 촉발이 은폐되는 과정은 정지된다. 새로운 〔촉발의〕 힘이 지속하는 한, 특별한 촉발이 되었던 대상적 계기(契機)는 표상의 공허한 형식 속에 촉발하면서 유지되어 남아 있고, 따라서 이 새로운 힘이 없을 때보다 더 오래 계속 유지된다. 어쨌든 촉발의 힘을 그와 같이 공허한 의식으로 소급해 발산함으로써 본질적 경향도 주어진다. 그것은 다소간에 명료한, 다소간에 내용이 풍부한 재생산이 갑자기 출현하는 경향, 또한 바로 이와 함께 공허한 표상이 '스스로를 부여하는 것'—회상의 양상에서 구성의 과정을 '마치' 다시 새롭게 하고, 그래서 동일한 대상적 의미를 자신의 명시적인 차별성에서 '다시'-입수하는 '스스로를 부여하는 것'—으로 동일화하면서 이행하는 경향이다.

지난번[25] 강의에서 우리는 생생한 현재 속에, 근원적으로 대상을

---

24) 1차적 기억으로서 직접 제시되는 과거지향과 2차적 기억으로서 또는 연상을 통한 상상으로서 간접적으로 제시되는 재생산의 차이에 대해서는 『시간의식』, 특히 제19~23절 참조할 것.

25) 여기서부터 새로운 강의가 시작된다.—편집자 주.

구성하는 유동적인 삶 속에 정지시킬 수 없을 정도로 은폐되고 또 결국에는 이미 완전히 은폐된 대상을 일깨우는 것이 어떻게 이루어지는지 설명하는 적합한 이론을 구상하기 시작했다. 항상 동일한 구조의 유형학에서 각각의 '지금' 속에 근원적으로 경험되는 것에 따라, 바로 생생한 구성에서 제시되는 다양체(Mannigfaltigkeit),[26] 이러저러하게 결합되고 질서가 세워진 대상들의 다양체는 주어지는 방식이 다양하도록 서로 다른 양상으로 제시된다. 이렇게 주어지는 양식은 '근원적 인상' '과거지향' '가라앉은 것의 공허한 지평'이라는 표제로 표현된다. 이 양식이 흘러가면서 이행하는 가운데 견고한 형식처럼 유지되어 남아 있고, 대상적(gegenständlich)-인식대상적(noematisch) '지금'이라는 형식의 체계로, 즉 차이가 없는 제로 단계까지 포함하는 '방금 전에'라는 형식의 체계로 표시되기 때문이다. 이제 그 내용이 경과하는 방향에서, 동일화하는 종합의 계열에서 항상 새롭게 이 형식을 관통해 흐름으로써 우리는 항상 새롭게 생생한 인상에 도달하는, 직관적이지만 지나가고 결국 사라지는 대상들의 현상을 지니게 된다.

과거지향의 과정은 의미가 점점 덜 직관적으로 충족되지만 어쨌든 그 의미가 연속으로 동일하게 유지되는데도 직관할 수 있는 자신의 구간에서 이미 끊임없이 빈곤해지는 과정이다. 이러한 사실은 본래 직관은 점점 덜 순수한 직관이 되고 점점 더 직관과 공허한 표상의

---

26) '다양체'는 리만 이래 현대기하학에서 일정한 공리의 연역체계를 지칭하는 용어로서, 일종의 류개념(집합)을 가리킨다. 후설은 이 개념을 순수 수학의 의미에서, 모든 개별과학의 학문적 성격을 보장하고 그 경계를 설정하는 규범의 법칙, 즉 학문을 학문으로 성립시키는 이론의 형식에 관한 학문이론으로서의 순수 논리학을 정초하는 형식적 영역의 존재론으로 발전시킨다. 그리고 이 개념은 인식작용(noesis)과 인식대상(noema)의 지향적 구조분석뿐만 아니라 전면적으로 경험하는 의식의 구성에서도 매우 중요한 의미가 있다.

혼합물이 된다는 것을 뜻한다. 이것으로써 촉발의 힘이 계속 감소되는데, 촉발의 힘은 과거지향이 완전히 공허한 표상이 되었을 때 결국 직관할 수 있는 것에서 그 자신의 어떠한 실마리도 지니지 못한다. 또한 촉발의 힘은 본래 거꾸로 작용하는 촉발의 힘이 이미 직관 — 궁극적으로는 '근원적 인상' — 으로 작동한다는 사실을 통해서만 이러저러한 부분적 계기에 따라 여전히 계속 유지되는 자신의 의미를 타당하게 이끌어낼 수 있다. 그러나 결국 이 촉발의 힘이 고갈되면, 과거지향의 변화는 특수하게 차별되는 것을 상실하고 유지할 수도 없는 공허한 동일자(Identisches)를 향해 나아간다. 그러면 과거지향으로 종합되는 계열은 차이가 없는 모두에게 공통적인 제로로 사라진다. 그리고 어쨌든 이러한 과정의 연속성에서 그 의미는 〔사라지지 않고〕 동일하게 유지되고, 단지 은폐될 뿐이며, 명시적 의미에서 함축적 의미가 된다.

그렇다면 일깨우는 것이 뜻할 수 있는 것은 함축적인 것이 다시 명시적으로 되는 것뿐이다. 우선 여기에서는 대상적 의미에 촉발이 별로 없거나 전혀 없는 공허한 과거지향이 — 이제는 촉발이 더 많고, 따라서 '안개'에서 〔벗어나〕 더 많이, 어쩌면 특별히 두드러질 정도로 '뚜렷하게 나타나고' 파악된 — 또다시〔또 다른〕 공허한 과거지향으로 변화하는 방식이 미리 지시되었을 뿐이다. 사실상 이것이 드러내 밝히는 일깨우는 것의 제1형식이다.

만약 그와 같이 일깨우는 것이 어떻게 일어나는지 물으면, 그 답변은 다음과 같다. 즉 공존하는 가운데 직관이 〔다른〕 직관과 — 또한 우선 '근원적 인상'이 공존하는 가운데 인상이 〔다른〕 인상과 — 그 장소의 경계에서 끊임없이 가깝게 통일되고 합치되는 종합도 거리를 두고 본질적으로 일어나듯이, 이때 〔한편으로〕 합치되는 것과 〔다른 한편으로〕 촉발이 소통하는 것이 불가분하게 하나이듯이, 〔이는〕 우리가 계기하는 것으로 이행할 때도 마찬가지이며, 이 경우 결국 비직관적으로 된 것은 어쨌든 실제로 직관적인 것, 특히 새로운 인상의 생생함으로 등장하는 것과 더불어 종합된다. 촉발의 소통 (Kommunikation)이 뜻하는 것은 동질성과 부각됨을 통해 거리를 두고 결합된 것들의 어떤 항(項)이 지닌 촉발의 힘 각각이 모든 동료 〔항〕의 〔촉발의〕 힘을 높이는 데 이바지한다는 사실이다. 게다가 원리적 파악에 따라 이것은 계속 다음과 같은 것을 뜻한다. 즉 촉발의 힘을 통해서만 일반적으로 결합이 이루어지며, 직관이 일어나는 한, '당연히'(eo ipso) 촉발의 힘이 현존한다. 그러므로 〔일정한 방향을 따라〕 흐르는 생생한 현재의 영역 안에서 개별화된 직관은 존재할 수 없다. 직관의 '내용', 직관의 대상적 의미에 속한 가까운 결합과 멀리 떨어진 결합의 조건이 충족되는 그만큼 연관이 이루어진다. 단지 촉발의 돋을새김에 따라 현저함의 차이, 이러저러한 개별적 대상과 개별적 연관이 부각되는 촉발의 강도의 차이가 있을 뿐이다.

이제 계기하는 것으로 넘어가자. 우리가 자명하게 받아들이듯이, 계기하는 것에서도 가까운 종합과 아주 똑같이 멀리 떨어진 종합이 일어날 수 있다는 사실은 정말 실제로 어떤 점에서 매우 명증적이다. 이러한 사실 없이는 우리에게 어떠한 세계도 존재하지 않을 것이고, 무엇보다 가능한 세계의 근본적 부분으로서 공존할 뿐만 아니라 계기하는 질서를 통해 근원적으로 경험에 따라 주어진 어떠한 세계도 존재하지 않을 것이다. 그렇지만 우리는 근원적 경험에서 '잇따른 연속', 즉 경과를 끊임없이 지니며, 연속으로 거꾸로 뻗어 있을 뿐만 아니라 시간적으로 멀리 떨어진 대상과 경과가 통일적으로 관여되는 것〔잇따른 연속과 경과〕, 예를 들어 망치질의 '잇따른 연속' 또는 멜로디로서 음의 연속 등도 지닌다.

그러나 이 종합이 어쨌든 계기하고 실제적인 직관의 대단히 좁은 영역에 결합되면, 이러한 예가 가능할 것인가? 그 어떤 범위에서—비록 임의의 커다란 범위는 아니라도—계기하는 종합을 가능하게 하기 위해 은폐된 것을 일깨움이 여기에서 이미 자신의 역할을 한다는 사실은 분명하다. 두 번째 망치질〔의 음〕이 울려 퍼질 때, 그 와중에 직관적으로 공허하게 되거나 아주 완전히 공허하게 된 첫 번째 망치질〔의 음〕과의 종합은 어떻게 이루어지는가? 이 종합은 어떻게 동일한 타격의 음이 잇따라 일어나는 연속의 종합이 될 수 있고, 동일함의 짝으로 통일적으로 우리에게 생길 수 있는가?

여기에서 실제로 직관적으로 현존하는 내용은 동일하지 않다. 그렇지만 과거지향의 변화 속에 바로 동일한 대상적 의미는 유지되어 남아 있고, 동일한 의미의 내용이 어떤 때는 인상의 양상으로 다른 때는 공허함의 양상으로 종합을 정초한다. 하지만 공허는 '안개에 덮이고', 내용적 특성의 유효성을 다소 상실한다. 그렇다면 동등함은 어떻게 의식될 수 있는가?

그 답변은 당연히 다음과 같다. 즉 어떤 대상적 의미가 아무리 촉발로 불완전하더라도, 그 의미는 흐려진 첫 번째 망치질〔의 음으〕로서 여전히 현존하며, 따라서 새로운 망치질〔의 음〕과 더불어 여전히 의미의 공동체에 들어갈 수 있다. 이 새로운 망치질〔의 음〕이 지닌 촉발의 힘에서, 이러한 공동체에서 촉발의 일깨움은 이제 '의미가 동일한 것'으로 되돌아간다. 이 촉발의 일깨움은 '의미가 동일한 것'을 가령 직관하도록 이끌지는 않지만, 그래도 어쨌든 안개를 제거하도록 이끈다. 즉 이제 '의미가 동일한 것'은—새로운 망치질〔의 음〕과 마찬가지로 〔다시〕 생생하게 된 지나가버린 망치질〔의 음〕도—촉발의 힘을 지닌다. 이렇게 함으로써 조건이 충족되고, 그래서 동등함 그 자체는 이제 종합적으로, 즉 독특한 종합으로, 촉발이 부각된 동등함의 종합으로 이루어질 수 있다.

이제 망치질[의 음]이 계속 이어지는 것까지 생각해보자. 우리는 상대적으로 멀리 되돌아가는, 실제로 생생하게 의식된, 종합적으로 구성된 일련의 망치질[의 음]을 경험하는데, 오직 소급해가는 일깨움을 통해서만 이것을 연쇄로 경험한다. 하지만 결국 이 연쇄는 '제로 지평' 속으로 없어지고, 효력을 지닌 연쇄화(連鎖化)는 촉발을 일깨움의 여전히 풍부한 적극적 힘을 바로 전제한다. 파생된 직관들의 약화된 힘이 포함된 직관의 힘은 제한되고, 그래서 이 힘은 소급적 발산에서 결국 제로가 된다. [따라서] 이미 형성된 연쇄화·짝·3중의 항 등은 새로운 대상으로서, 더 높은 질서의 대상으로서, 가라앉는다. 그러므로 소급해 작동하는 일깨움은 이러한 대상들 그 자체에 관계한다.

37 멀리 떨어진 영역의 공허한 표상을 소급해 발산하는 일깨움

과거지향으로 은폐하는 것이 촉발성에서 최후의 것을 상실할 때, 또한 이 과정 자체가 흐름(Strömen)이 지닌 생생함의 최후의 것을 상실할 때, 당연히 본질적인 것은 유지되어 남는다. 이전에 나는 이 과거지향의 흐름과 '지나가버림(Vergangensein)-구성함(Konstituieren)'은 완전히 희미해져도 여전히 중단 없이 계속된다고 생각했다. 그러나 나는 [이제] 우리가 이러한 가정 없이 이해할 수 있다고 여긴다. [근거를 살펴보면] 그 과정 자체가 중단되기 때문이다. 따라서 우리는 결코 중단되지 않는 다음과 같은 유형학을 지닌다. 즉 언제나 새로운 의미의 대상이 근원적으로 건립되는 과정은 생생한 현재의 선두에서 대상의 구조 전체의 법칙적 형식에 결합된 채 쉬지 않고 계속 진행된다. 그 과정은 공존하는 대상성으로 즉시 결정(結晶)

되거나 체계적으로 분절되는 인상적 계기(契機)의 자료와 더불어 언제나 다시 시작한다. 이렇게 형성하는 것은, 계기하는 질서가 세워져 분절된 것들이 동시에 구성되는 동안, 항상 과거지향으로 변화된다. 그러나 이 과거지향의 변화는 언제나 다시 하나의 제로를 향한다.

그렇다면 이 제로는 무엇을 뜻하는가? 이것은 생생한 현재의 과정 속에 생생하게 건립되는 대상들의 끊임없는 저장소다. 그 대상들은 이 저장소 속에 폐쇄되어 있지만, 자아가 마음대로 매우 잘 처리할 수 있다. 이제까지 대상들의 존재는 흘러가는 종합적 동일성이 합치되는 이러한 과정에서 근원적으로 '경험-됨', 즉 '원본으로' '의식-됨'과 '의식되어-남아 있음'으로만 존재했을 뿐이다. 이러한 존재와 심지어 '의식되어-남아 있음'은, 이에 관련된 과거지향의 동일성의 계열에서 그 과정이 제로, 즉 자신의 종말에 도달했을 때에도, 중단되지 않는다. 〔이때〕 구성된 대상, 즉 동일한 것(Identisches)은 더 이상 구성적으로 생생하지 않다. 따라서 촉발도 더 이상 생생하지 않지만, 그 의미는 '죽은' 형태에서 여전히 함축적으로 현존하며, 그래서 그 의미는 단지 유동적인 삶〔생명〕이 없을 뿐이다. 그 의미는 새로운 구성작용에 대해 ——근원적으로 경험하는 새로운 구성작용에 대해 주의하는(notabene) —— 효력이 없다. 아무튼 그 의미가 어떻게 효력을 발휘할 수 있고 심지어 새로운 형태로 구성적으로 효력을 발휘할 수 있는지는 연상(Assoziation)의 문제다.

그렇지만 우선 다음과 같은 사실을 말해야만 한다. 그것은 모든 생생한 현재의 작업수행, 즉 모든 의미의 작업수행이나 대상의 작업수행은 죽거나 잠을 자는 지평영역의 분야에 침전되는데, 게다가 확고한 침전의 질서에 따른 방식으로 침전된다. 선두에서는 생생한 과정이 근원적인 새로운 삶을 유지하고, 후미에서는 어떤 의미에서 과거지향의 종합이 최종적으로 획득한 것인 모든 것이 침전된다.

우리는 오직 '깨워 일으킴'(Aufwachen)으로써만 잠에 관해 알게 된다. 이것은 여기에서도 또한 매우 근원적으로 그러하다. 침전된 의미를 '깨워 일으킴'은 우선 그 의미가 다시 촉발된다는 것을 뜻할 수 있다. 그리고 이것이 어떻게 가능한지에 대해 새롭게 말할 필요는 없다. 이미 말했듯이, 우리가 깨워 일으킨 여전히 생생한 공허한 표상(공허한 과거지향)을 생각하든 이미 확고하게 깊이 잠이 든 공허한 표상을 생각하든 상관없다. 그 동기는 생생한 현재 속에 놓여 있음이 틀림없다. 그러나 이 경우 아마 우리가 〔아직〕 고려할 수 없었던 그와 같은 동기 가운데 가장 효력이 있는 동기는 통상적인 넓은 의미에서 '관심'(Interesse),[27] 즉 심정의 근원적이거나 이미 획득된 가치, 본능적이거나 실로 더 높은 충동 등이다.

물론 완전히 가라앉은 영역, 멀리 떨어진 영역 그리고 일깨워진 삶이나 삶의 경계에 있는 공허한 과거지향 또는 이 과거지향의 내용을 일깨우는 것에는 분명 차이가 있다. 공허한 과거지향의 경우 일깨워진 것은——이것이 반복되는 촉발(망치질〔의 음들〕)을 통해 가까운 영역을 확장하는 범례에서 명백하게 되었듯이——근원적으로 생생한 구성적 연관에 다시 통합된다. 더 이전의 생생한 현재에서 실행한 더 이전의 모든 작업수행의 침전물과 더불어 멀리 떨어진 영역은 멀리 떨어진 것에 관계된 그 어떤 공허한 표상을 깨워 일으킴으로써만 깨워 일으킨 의미를 산출한다. 이 깨워 일으킨 의미는 일깨움의 계기(契機) 속에 생생하게 구성되는 의미와 더불어 연속적인 생생한 연

---

27) 이 말은, 어원('inter'+'esse')에서 알 수 있듯이, 자아가 주의를 기울이는 측면에 따라 지각하고 관찰하면서 주제로 삼는 대상을 파악하기 위해 그 대상의 존재 속으로 파고들어가 그 자리에 함께 있는(Dabeisein) 능동적 관여의 활동을 뜻한다(『경험과 판단』, 92~93쪽 참조할 것). 이것이 곧 '인식을 주도하는'(Erkenntnisleitend) 관심이다.

관 밖에 있다.

이것은 매우 중요하다. 생생한 현재의 테두리 속에 근원적으로 거주하는 모든 직관과 표상, 따라서 그 종합과 그 종합이 아래로 향해 동일성을 이룬 운동 사이의 연속적 통일체에 속하는 모든 직관과 표상은 이러한 연속성의 통일체 속에 연관을 맺는다. 우리는 연관을 맺는 직관과 그 밖의 표상에 관해 간단히 논의한다. 그렇지만 가라앉아 멀리 떨어진 것을 일깨우는 것은 생생한 현재의 표상과 연관을 맺지 않은 표상을 산출한다. 그런데 이에 따라 이 표상이 그 촉발의 힘을 통해 근원적으로 생긴 표상 그리고 근원적으로 구성할 능력이 있는 표상과 더불어 〔관계〕 맺을 수 있는 종합은 근원적으로 구성할 수 있는 표상을 서로 함께 지니거나 〔그 표상과 관계〕 맺을 수 있는 종합과 대립된 자신의 근본적 특성을 변경시킨다. 이것을 우리는 계속 추적해야만 한다.

그러나 우선, 일깨우는 것은 구성된 의미가 배경의식 속에, 여기에서는 '무의식'이라 부르는 생생하지 않은 형식으로 실제로 함축되어 있기 때문에 가능하다. 또한 일깨우는 것은 여기에서 촉발의 소통을 수립하는 것, 따라서 현실적 종합을 수립하는 것, 즉 그 자체만으로 촉발적인 어떤 단적인 대상처럼 결합을 통해 실제로 수립된 대상적 결합을 수립하는 것이다. 일단 대상적으로 구성된 것은 이미 대상적으로 구성된 다른 모든 것과 더불어 — 게다가 바로 한편으로 내용의 조건, 즉 의미의 조건, 다른 한편으로 〔대상의〕 조건에 관한 의식에 속한 조건이라는 두 가지 조건이 충족될 수 있는 — 결합될 수 있다. 의식 속에 결합될 수 있는 것은 오직 명시적으로 의식된 것, 따라서 촉발하는 것뿐이다. 물론 두 가지 대상의 결합이 결합 자체로서 주어지려면, 따라서 직관적이려면, 이 대상들도 동시에 존재해야만 한다. 이보다 더 중요한 특별한 경우는 대상들의 결합이 특수한 의미에서 대상적 통일체를, 즉 가능한 한 가장 넓은 의미에서 결부된 전체를 산출해야 하는 경우다. 이것에는 이러한 대상들이 직관적으로 의식되는 방식이 반드시 연관되어 있는데, 〔이 경우는〕이 대상들을 포괄하는 구성의 보편적 통일체에 반드시 함께 적용한다.

어두운 멀리 떨어진 것을 일깨우는 것은 우선 공허한 일깨우는 것이다. 이 일깨우는 것은 각각의 현재에서 내용적 통합과 촉발의 소통을 가능하게 하는 원리에 따라 내용적으로 가능하게 된다. 그러므로 대조하면서 분리된 것의 '유사함'과 이에 속한 모든 것이 〔일깨우는 것의〕근본적 조건이다. 예컨대 어떤 색깔은 은폐된 〔다른〕색깔을 일깨울 수 있고, 공개된 음(音)은 〔방금 전에〕은폐된 음을 일깨울 수 있다. 예를 들어 (일깨우는 것이 감각의 분야를 넘어갈 수 있는 한) 두드리는 맥박의 리듬이 등화(燈火)신호의 유사한 리듬을 일깨우듯이, 어떤 리듬은 〔다른〕리듬을 일깨울 수 있다. 우리가 생생한 현재의 필연적 구조를 분석함으로써 유사함과 대조의 모호한 연상의 원리는 훨씬 더 풍부하고 깊은 의미를 얻었다. 이러한 구조 속에 내용의 모든 연상적 전제조건이 포함되어 있다. 물론 촉발의 힘이 전이됨으로써 획득된 촉발의 소통이 비로소 가능하게 된 제1의 종합은 바로 현실적으로 의식된 '일깨우는 것'과 '공허하게 표상되는 것' '일깨워진 것'의 유사함에서 비롯된 종합이다. 이 유사함은 '서로를 기억함'이라는 본질적으로 인식대상적 양상에서의 유사함이다.

만약 이렇게 해명된다면, 실행된 것은 별로 없을 것이다. 비록 일깨워진 것이 — 생생하게 구성된 과거가 흘러가버리는 것으로서 미리 지시하고 어떤 의미에서 가장 멀리 떨어진 과거의 대상적인 것으로서 미리 지시하는 과거의 — 방향 속에 명백하게 놓여 있더라도, 이것으로써 우리가 자명하게 과거로 간주하는 것이 여전히 구성된 것은 아닐 것이다. 동일하게 언제나 다시 스스로 파악할 수 있고 증명될 수 있는 본래의 대상성은, 우리가 이미 오래 전에 확인했듯이, 회상의 도움으로 비로소 구성된다. 과거와 이 과거가 흘러가버리는 가운데 있는 종합──생생한 현재의 좁은 범위에서 실행되는 종합──조차 여전히 대상성에 본래의 구성을 산출하지 않고, 단지 그러한 구성의 근본적 단편만 산출할 뿐이다.

38 일깨워진 공허한 표상이 회상으로 이행함

지난번[28] 강의에서는 연상의 새로운 단계와 작업수행에 직면했다. '근원적 연상'이라는 표제로 논의한 그 첫 번째 단계는 생생한 현재의 대상적 구조를 가능하게 하고 다양한 것을 통일시키는 모든 종류의 근원적 종합을 가능하게 하는 체계적이거나 체계화하는 촉발을 일깨우는 단계였다.

두 번째 단계는 희미해진 공허한 표상을 다시 명석하게 하고 이 공허한 표상 속에 함축된 의미의 내용을 촉발을 통해 유효하도록 이끄는, 소급해 발산하는 일깨우는 단계였다. 제로의 영역의 표상을 일깨우는 특별히 중요한 경우가 여기에 속한다.

세 번째 단계는 그와 같이 일깨워진 공허한 표상이 재생산하는 직관, 즉 회상으로 이행하는 단계다.

우리는 '일반적으로 일깨우는 것을 경험한 공허한 표상에는 이 공허한 표상을 스스로를 부여하는 직관으로 이행시키는 경향이 있으며, 이 경우 그 경로는 어쨌든 회상을 통과해간다'는 명제를 확실하게 표명해도 좋다.

그러나 어쨌든 '회상은 오직 공허한 표상을 일깨움으로써만 생길

---

28) 여기서부터 새로운 강의가 시작된다.──편집자 주.

수 있다'는 법칙은 타당하다. 따라서 회상은 공허한 표상의 결과로만 나타나며, 이러한 점에서 공허한 표상은 생생한 현재 속으로 들어오기 위해 일깨우는 것에서 생긴다. 가장 직접적인 방식으로 생긴 회상은 오직 생생한 현재 그 자체 속에 구조적으로 경과하는 견고한 필연성에서 일어나는 공허한 표상을 일깨움으로써만 생기기 때문이다. 이러한 근원을 입증함으로써 재생산하는 연상의 본질적 법칙성 전체가 미리 지시된다. 이 본질적 법칙성은 이전 단계의 연상을 가능하게 하고 따라서 공허한 표상의 일깨움을 가능하게 하는 법칙성을 충족시키는 것에 완전히 의존하는데, 이때 우리는 당연히 이 법칙성을 통해 이미 생생한 현재의 의미의 구조에 속한, 또한 이 의미의 구조에 속한 촉발의 조건으로 되돌아가게 된다. 이로써 '유사함' '인접성' '대조'라는 전통적 연상의 법칙들이 본질통찰을 통해 납득되는──그러나 모호하고 완전히 이해할 수 없는──진리로서 이해할 수 있고 명확한 의미를 얻었다는 것은 말할 필요조차 거의 없다. 그렇지만 명확함은 체계적 분석과 이에 속한 법칙 속에 있다.

이제 그 상태의 가장 본질적인 점을 주시해보자. 단번에 현재보다 깊게 놓여 있는 제로의 영역에 침전된 층(層), 따라서 가라앉아 멀리 떨어진 과거로 되돌리는 멀리 떨어진 일깨우는 것을 가정해보자. 지나간 개별적 자료나 개별적으로 결합된 연관을 의식하게 하는 어떤 공허한 표상이 지금 현존한다. 물론 이것은 우리의 현재에서 동일하거나 아주 유사한 연관을 통해 일깨워진다. 그러므로 유사한 종합은 이 종합이 반드시 근원적 현재 자체에서 근원적 연상의 방식으로 형성되는 방식과 더불어, 따라서 모든 연상의 인식대상적 성격과 더불어 필연적으로 주어진다. 그래서 일깨워진 것은 그 자체로 일깨우는 것을 통해 '일깨워져-있음'이라는 인식대상적 성격(어떤 것을 기억하는 작용의 성격)을 지닌다.

더 나아가 모든 연상의 근원적 영역에서 일깨우는 것과 결합하는 것이 촉발의 힘의 기준에 따라 진행되고 이 속에서 촉발의 힘이 흘러들어옴으로써 언제나 새롭게 규정되는 것과 마찬가지로 일깨워진 멀리 떨어진 것을 이주시키는 것도 그러하다. 확고하게 구성된—단지 깊이 잠이 든—대상적 연관은 지나가버린 현재의 위치인 어떤 위치에서 일깨워진다.

이때 정확하게 중요한 문제는 바로 구성되었고 이제부터는 상실할 수 없게 제로의 영역에 포함된 대상성, 내적 결합하는 것과 부각시키는 것, 결합하는 것과 질서를 세우는 것이라는 사실에 잘 주목해야만 한다. 물론 이제 일깨우는 것은 '처음에-일깨워진 것'의 촉발의 힘으로 살면서, 어쩌면 또한 진행해가는 가운데 생기는 심정의 관심 등을 불러일으키면서 증대되어, 진행해간다. 이때 희미하게 비치는 안개 속의 단지 대략적인〔빛의〕윤곽과 마찬가지로 오직 멀리 떨어진 현재의 개별화된—특히 힘이 있는—의미의 계기(契機)만 공허함 속에〔촉발의〕효력을 지닌다. 일깨움이 회상으로 이행하는 경우 이것의 사정은 훨씬 더 유리해진다. 물론 이 이행은 동일성의 종합으로 실행되는데, 동일성의 종합은 직관적 회상의 작업수행, 대상적인 것을 다시 구성하는—그러나〔이미〕'알고 있는 것'으로 '다시-되돌아가는' 양상, '다시-현전화되는' 양상 속에 실제로 경험하지는 않지만 마치 누군가 경험했던 것처럼 다시-구성하는—작업수행이다. 이제 지나가버린 현재는 모든 작업수행—이상적인 경우 완벽하게 직관적인 모든 회상—을 지닌 인식작용적-인식대상적 흐름의 생생함 속에 재생산된다. 반면 실제로 회상은 명석함과 판명함[29]에서

---

29) 이 용어는 데카르트가 '생각하는 나는 존재한다'는 자기의식의 확실성에서 '명석하고 판명한'(clara et distincta) 것을 진리의 기준으로 연역해 보편수학 (mathesis universalis)을 수립하려 한 데서 유래한다. 즉 '명석함'은 주의 깊은

동요하며, 따라서 공허한 계기들과 혼합된, 순수하고 완벽한 직관과 공허한 표상 사이의 중간단계다.

39 연속적으로 일깨움과 비연속적으로 일깨움의 차이

촉발의 효력이 더 풍부할수록 일깨움이 진행해가는 데 도움이 된다. 그러나 일깨움이 하나의 재생산하는 현재에 결합되어 있지 않으며, 연속하거나 비약해 다른 침전된 층(層)으로 이행할 수 있다는 사실은 분명하다.

이 경우 더 높게 쌓여 있는 층을 향한 방향, 즉 상대적인 미래인 앞을 향한 방향은 연속성 속에 계속 진행할 수 있으며 또 진행한다. 동시에 이 방향은 법칙에 따라 또한 '아프리오리하게' 미리 지시된다. 반면 아래에 놓여 있는 층으로 이행하는 것은 단지 일깨움이 비약해 계속 진행하는 것으로만 가능하다. 이것은 '재생산하는 경향이 관련된 대상성을 다시 구성하는 경향'으로 이해된다. 이제 근원적 구성 그 자체가 미래인 앞을 향한 과정이듯이, 다시-구성하는 것(Wiederkonstitution)도 마찬가지다. 대상은 완고한 것 그리고 죽은 것으로서 현재 속에 있지 않고, 생생한 구성적 연관 속에 생성된다. 더구나 이 연관 속에 대상은 고립된 것이 아니라, 생성됨과 '변화-됨'이 엮이는 가운데 계속 진행해가면서 형태가 이루어지는 '대상으로-전체'(Gegenständlich-Ganz)를 생성하는 항(項)으로 존재한다.

그러므로 다시 구성하는 경향이 실현되기 시작하자마자, 우리는

정신에 명백하게 주어진 것을 뜻한다. 그렇지 못한 것은 '혼란됨'인데, 이것은 다시 여러 가지 뜻으로 이해되는 '애매함'과 지시하는 범위와 한계가 명확하지 않은 '모호함'으로 구별된다. 그리고 '판명함'은 아주 간결하고 판이해서 다른 것과 확연히 구별되는 것을 뜻한다.

경향성이 강한 기억이 바로 다시 수립하려고 노력하는 생성의 과정 속에 있게 된다. 그래서 여기는 연속적 일깨움의 장(場)이다. 다른 한 편 소급해 발산하는 모든 일깨움은, 그것이 가까운 것으로 가든 멀리 떨어진 것으로 가든, 당연히 비연속이다. 만약 재생산하는 과정이 강한 경향으로 앞을 향해 나아가면, 예전의 제로의 영역으로 [내용이] 빈곤해지는 것과 가라앉는 것이 이 과정에서 재생산적으로 반복된다. 이제 소급해 발산하는 비연속적 일깨움은 예전의 제로의 영역이 어떤 것을 다시 한번 재생산하는 경향 속에서 발견할 수 있다. 일깨움은 비약으로 또한 일정한 질서 없이 어떤 침전된 층에서 때에 따라 더 높거나 더 깊은 다른 침전된 층으로 뛰어넘을 수 있다. 그래서 서로 잇달아 일어나면서도 직접으로는 전혀 연관이 없는 회상에 대한 다양한 가능성이 생긴다. 각각의 회상은 시작하는 구간이지만 동시에 다시 무기력한 상태로 가라앉는, 흐르는, 다시 구성하는 구간으로 특징지어진다. 이 모든 회상은 물론 은폐되는 가운데 존재하고 연속으로 연관을 맺는 침전물의 체계에 소급해 관련된다. 이 체계는, 우리가 우리의 삶 전체를 처음부터 또 단번에 끊임없이 재생산할 때만, 또한 재생산할 수 있을 때만, 어쨌든 재생산해 실현될 수 있는 연관이다.

회상이 등장하는 것은 우리가 이제까지 필연적으로 추상화하는 가운데 순수하게 내재적인 질료적 경험 ─ 근원적 경험 ─ 의 한 과정으로 생각한 생생하고 근원적으로 구성하는 현재를 독특하고 풍부하게 한다. 이제 생생하게 활기를 불어넣어 이전의 경험 전체에서 생긴 회상, 갈기갈기 찢겨진 조각 같은 회상이 시종일관 내적 연속성 속에 결합된, 따라서 결코 고립될 수 없는 이 생생한 경험의 개별적 직관에 들어간다. 연상을 통해 현실적 현재와 어떤 방식으로 통합된 회상은 현실적 현재와 어쨌든 직접적 경험의 연관이 전혀 없으며, 적확한 의미에서 아무 연관 없이 등장한다. 또한 다른 회상과도,〔이 다른 회상이〕비연속적 일깨움을 통해 많이 비약해 등장하는 경우, 서로 함께 내적 연관을 지니지 않는다.

구성적 연속성에서 생긴 연관과 단순히 '멀리 떨어진 일깨움'에서 생긴 연관의 이러한 차이는 지극히 중요하다. 이것은 한편으로 근원적 경험의 연속성에서 양상화되는 현상은 등장할 수 없다는 사실로 이해된다. 근원적 경험은 절대적 필연성에서 시종일관 일치하는 연관이다. 회상을 통해 비로소, 더 일반적으로 말하면, 재생산하는 현상을 통해 비로소 불일치한 결합의 가능성, 양상화의 가능성이 생긴다.

이제 이에 관해 더 상세하게 말하기 전에, 연상에 관한 이론을 그 주된 윤곽에서 신속하게 끝마치자.

제4절

예상의 현상

40 예상의 동기부여의 인과성

이제 연상의 법칙성의 새로운 근본적 방향에 주목하자. 내가 오래 전부터 잘 알려진 미래지향과 예상 일반이라는 현상——그래서 이 현 상은 본질적으로 모든 근원적 경험의 구조, 따라서 생생한 현재의 영 역에 속한다——을 이른바 묵살했다는 사실에 여러분은 이상함을 느 낄 것이다. 경험에서 모든 통일체를 형성하는 것과 모든 연관은 형식 적이든 사태에 입각하든 동질성에 의거한다. 그러므로 우리가 말하 듯이, 그것은 동등함이나 유사함에 의거한다. 동질성은 경험의 통일 체를 건립하면서 오직 인상과 과거지향 속에서만, 게다가 현재와 과 거의 시간적 형식 속에서만, 구성하는 형식——지속하는 공존과 지속 하는 것이 잇따르는 것——속에서만 효력을 행사한다. 그러나 다소간 에 미리 지시된 지평으로서 구성된 대상성에 속하는 미래는 예상을 형성하는 법칙성에 따라 끊임없는, 그렇지만 불연속인 미래지향에 서 생긴다. 미래는 근원적 의미에서 경험의 통일체로 만들어지지 않 고, 오히려 이 경험의 통일체를 전제한다.

더 정확하게 살펴보면, 어쨌든 예상, 게다가 내재의 질료적 영역에서 예상은 오직 미래의 것에 대한 예상으로서만 가능하지 않는다는 사실을 인식해야만 한다. 그때그때 이미 언급했듯이, 인상의 현재 안에 예상이 존재하는 것과 마찬가지로, 공존하는 것 속에, 유사함의 종합 속에 있는 어떤 항(項)이 결여된 현상에서도 명백하게 드러난다. 유사한 것은 〔다른〕 유사한 것을 기억하지만, 계기하는 것에서와 마찬가지로 공존하는 것에서도 유사한 것을 예상하게 만든다.

예상하는 현상의 해명에 관해, 비록 그것이 공존하거나 계기하는 것을 체계적으로 형성하는 데 연결되었더라도, 우리가 실시한 모든 분석은 이미 〔그 해명에〕 명백하게 전제되어 있다. 인상과 과거지향이 경과하는 가운데 이에 속한 융합하는 것과 분리되는 것, 거리가 먼 결합하는 것의 본질적 조건을 기반으로 진행하는 생생한 질료적 현재의 영역에 형성된 구조가 전제되어 있고, 이 구조가 형성됨으로써 예상은 이 구조 속에 자신을 기입할 수 있으며, 그런 다음 더 앞쪽의 현상인 충족되거나 폐기된 예상이 일어날 수 있다.[30] 이것으로써 우리가 예상과 더불어 발생적으로 가장 근원적인 양상화하는 원천에 발을 들여놓는다는 사실이 실로 명백해진다.

이미 기본적으로 기억——가장 넓은 의미에서 말하면, 우선 가장 근원적인 과거지향——은 미래지향에 선행한다. 만약 그 어떤 a, 가령 어떤 음이 새로운 인상의 국면으로 끊임없이 용해되면, 이것이 이러한 근원적 생성작용 속에 어떤 본질적 조건에 상응하는 연속으로 결합하는 경과라면, 미래지평, 즉 예상의 지평이 즉시 함께 현존한다. 동일한 연속적 경과의 양식에 따라 이제까지의 생성작용과 유사한 계속적 생성작용이 예상되기 때문이다. 그것이 이러저러한 성질과

---

30) 순수한 수동적 감각의 세계를 추상화하는 것은 여전히 더 정확하게 한정되어야만 한다. 운동감각(Kinästhesis)은 근원적으로 '자유로운' 그리고 '주관적' 경과들로 숙고되어야만 한다.——후설의 주.

형태를 지닌 내용이 변경되지 않은 것이면, 동일한 내용이 〔그대로 유지된〕 변경되지 않은 것이다. 그리고 그것이 변경되는 것이면, 바로 변경되는 것이 미리 지시되는데, 이제까지와 동일한 변경의 양식에 따라 미리 지시된다.

그러므로 중요한 문제는 필연적인 동기부여다. 즉 과거지향을 통해 일어났던 일로 의식된 것에 따라 동일한 양식의 새로운 것이 다가오는 것이 '예상될 수 있다'. 예상하는 표상은 명백하게 새로운 종류의 표상으로, 게다가 더 근원적인 과거의 표상을 복제한 두 번째 단계의 표상으로 특징지어진다. 대상적 관점에서 예상된 것은 물론 지각된 것 같은 것이 아니며, 생생하게 존재하는 것으로 또한 현재의 것으로 특징지어진다. 마찬가지로 그것은 기억된 것으로, 방금 전에 존재했던 것으로, 계속 이어지는 예상〔의 흐름〕 속에서 이전에 존재했던 것으로 특징지어지지 않고, 존재했던 것에 따른 것, 그 '근원적 상'(Urbild)에 따른 것, 선취된 것 또는 '실제로-존재함'(Wirklich-sein)에 앞서 존재하는 것의 앞선 상(Vorbild)으로 특징지어진다.

만약 우리가 구성적 과정의 선두에서 직접 효력을 발휘하는 순간적 개별자들을 넘어서 분절되어 구성된 계기하는 연관으로 나아가면, 통일되어 구성된 모든 과거, 따라서 통일적으로 흘러가버린 계기하는 모든 것은—비록 그것이 이미 공허하게 표상되있더라도—에상으로서 미래로 투영된다. 그래서 경험이 계속 경과되는 가운데 한편으로 근원적 경험 자체에서 언제나 새롭게 공존하며, 다른 한편으로 예상의 구조와 얽힌 채로—부분적으로는 경험작용을 통해 충족되며 부분적으로는 경험작용과 충돌하고 폐기된 선취하는 것의 층과 얽힌 채로—언제나 새롭게 공존한다. 물론 이와 마찬가지로 우리는 이미 주어진 공존하는 것에서 미래의 것을 선취하면서, 또한 이제까지 경과했고 확장된 공존하는 것이 잇따르는 전체에서 미래의 것이 계기하는 것을 선취하면서, 시간의 계열 속에 계속 경과되는 예상의 구조를 지닌다.

생생한 현재의 영역에서 이러한 상태를 더 자세하게 주시해보자. 미래의 것이 일어나는 것은, 실로 끊임없는 미래지향의 가장 원초적인 경우와 같이, 일어났던 과거의 것과의 유사함을 통해 예상된다. 이때 우리는 공동체로 결합된 통일된 자료에 기초해야만 한다. 만약 p가 q와 결합되어 잇달아 일어나고 p와 동일한 p′가 직접적 계기 속에 —즉 반복해— 일어나면, 이전에 언급한 것에 따라 그것은 과거 지향으로 가라앉아버린 p를 기억하게 한다. 이 p는 남아 있는 촉발의 힘을 얻으며, 이 나머지는 계속 q로 이행한다. 이와 일치해 q′도 방금 전에 일어났던 p′에 이어서 근원적인 본질적 필연성에서 예상된다. 이러한 연상적 예상은 '기억'을 일깨우는, '소급해 관계를 맺는' 연상을 명백히 전제한다. 이제 한 걸음 더 나아가 고찰해보자.

이것은, 멀리 떨어진 영역이 바로 연상적으로 일깨워진 한, 이 영역에 관해서도 적용된다. 멀리 떨어진 p는 임의로 복합적일 수 있고, 계속 지속하는 복합체, 즉 —멀리 떨어진 p가 의식에 따라 완결된 배치로 생성된 다음에 q가 일어나는 방식으로— 새로운 항(項)들이 완결된 결합에, 그런 다음 계속 지속하는 결합에 합류함으로써 어쩌면 계기하면서 구성된 공존일 수 있다. 이때 지속하는 '상황' U = p 아래 q 가 일어난다고 말한다. 상황 U가 멀리 떨어진 과거의 의식의 상태에서 통일적으로 구성되었고 그런 다음 q가 일어났다고 가정하면, 이에 덧붙여 지금 현실적 현재의 새로운 의식의 상태에서 그와 유사한 상황 U′가 (함축되어) 반복되었다고 가정하면, 이전의 상황 U와 그 항 q가 일깨워졌을 경우 이제 지금 q′가 일어나는 것도 필연적으로 다가오는 것으로서 동기가 부여된다. 만약 그 일깨움이 판명한, 명석한 회상이 되면, q′가 일어나는 것은 예상될 수 있는 것으로서, 게다가 기억을 통해 더 이전의 상황 U와 그 항 q에서 동기를 부여받는, 근원적 명증성으로 주어진다.

여기에서 동기부여(Motivation)의 인과성을 직접 필연성으로 간주할 수 있다. 우리는 '나는 내가 유사한 상황 q에서 경험했기 때문에, 여기에서 q′를 예상하고, 이러한 '……때문에〔원인〕-그래서〔결과〕……'(Weil-so)[31]가 명증적으로 주어졌다'고 명증적으로 말할 수 있다. 이와 상관적으로 나는 이전의 유사한 상황에 '나타났던 것'에서 지금 유사하게 '나타나는 것'을 '완전한 명증성에서 귀납적으로' 추론한다고 말할 수 있다. 모든 추론과 마찬가지로 이 추론도 필연성을 지니며, 본질적 일반화에서 명증적인 추론법칙을 산출한다. 단지 다른 것이 어쨌든 일어나는 개방된 가능성은 여기에서 예상될 수 있는 것인 나타나는 것의 명증적인 동기부여에 속할 뿐이다.

41 예상의 신념을 강화하는 것과 억제하는 것. 배치를 형성하는 것에 대한 예상의 기능

예상의 선취하는 신념에 힘의 차이가 있으며 따라서 등급이 있다는 사실, 이러한 힘은 귀납적 '실례들'의 수와 더불어, 따라서 유사한 상황에서 일어난 빈도수와 더불어 증가한다는 사실은 계속 명증적이다. 마찬가지로 방향이 거꾸로인 경우 상황 U에서 때에 따라 q가, r이, s가 게다가 서로 배타적으로 일어났을 때 동기가 부여된 예상의 경향이 억제된다는 사실도 분명하다. 이와 같이 그 강도의 증가나 억제에 관한 동기가 단순한 우연성에서 등장하는 것이 아니라 통찰로

---

31) 후설은 정신적 삶의 근본적 법칙성인 동기부여를 다루면서, 자연의 의미에서 인과의 작용과는 완전히 다른 동기부여의 관계와 특성을 『이념들』 제2권 제56항 특히 f)에서 상세하게 분석하고 있다.

부여된다는 사실도 이해할 수 있다.

예를 들어 이전에 어떤 '상황의 상태'(Umstandslage) U에서 a, b, c가 일어나고 지금 유사한 상태 U′에서 a′가 일어나면, 이미 말한 것에 따라 당연히 b′, 그런 다음 c′가 나타나는 것에 동기가 부여된다. 그러나 b′가 실제로 일어나면, 여기에서 〔동기부여의〕 법칙이 한 번 더 적용되기 때문에, 명백히 c′에 이중으로 동기가 부여된다. 그러므로 예상된 b′가 일어나는 것은 단지 이미 일어났던 a′를 통해 일깨워졌고 c′가 나타나는 것을 통해 간접적으로 일깨워진 예상만 입증하지 않는다. 그것〔a′를 통해 일깨워진 예상〕이 〔c′가 나타나는 것을 통해 간접적으로 일깨워진〕 이 예상도 강화하기 때문이다.[32) 33)] 만약 동기부여의 상태가 명석한 상태라면, 즉 일깨워진 이전의 의식의 상태와 이러한 의식의 상태 속에 일어났던 것이 명석한 회상이 되면, 동기부여들과 그 총합도 명증적으로 주어질 것이며, 따라서 입증하는 것과 강화하는 것도 관련된 계열의 어떤 항(項)이 각기 실제로 일어남으로써 상승하는 가운데 명증적으로 주어질 것이다.

예상된 a 대신 단지 한 부분인 α가 일어날 때, 단지 보충하는 부분인 β는 '실종되고', 그것은 '결여되었다'는 사실을 여전히 주목해야 한다. 예상에는 실로 현재와 연상적으로 일깨워진 과거, 즉 과거지

---

32) a b c

   a′ [b′] [c′]

       b′ [c′]

   ──후설의 주.

33) 첫째 줄은 어떤 상황의 상태 U에서 a, b, c가 실제로 일어난 경우, 둘째 줄은 이와 유사한 상태 U′에서 a′가 실제로 일어날 때 [b′]와 [c′]가 일어나는 것에 동기가 부여되는 경우, 셋째 줄은 여기에서 다시 b′가 실제로 일어날 때 [c′]가 일어나는 것에 동기가 부여되는 경우다. 요컨대 꺾쇠괄호 안의 것은 앞의 항이 실제로 일어날 때 동기가 부여되는 항을 뜻한다.

향의 과거와 어쩌면 우리에게 멀리 떨어진 회상된 과거 사이에 합치하는 것이 있고, 합치하는 것의 잉여(剩餘)인 충족시킴의 잉여, 즉 너무 많음이나 너무 적음에 관한 잉여는 이 합치하는 것 속에 부각되며, 〔아직〕 '일어나지 않은 것'은 '결여됨'(Fehlen)의 의식 속에 현존한다.

　다른 유형들의 경우도 마찬가지다. 만약 a가 어떤 상황에 또는 규칙적으로 계기하는 최종 항으로 반복되고 연상적 일깨움을 통해 이에 상응하는 예상이 현존하면, 〔예상한 것이〕 '생기지 않음' '일어나지 않음'이 두드러지게 되고, 예상은 실망하게 되며, 현재의 시간 장(場) 또는 감각 장은 '다르게' 충족된다. 게다가 물론 그때그때 감각 장이 실제로 실현된 내용과 대립하며 충족된다. 그리고 의식의 발생이 계속 진행되는 가운데 반복을 통해 축적된 예상의 힘이 약화되는 '생기지 않음'이 작용한다. 명석한 재생산에서 또 현재의 상태를 이전의 상태로 소급해 관계시키는 것에서 적극적이거나 소극적으로 동기를 부여하는 실례(實例)들은 명증적이 되고, 새롭게 등장하는 각각의 '존재-했음'은 동일한 힘으로 동기를 부여하며, 이 각각은 '다시 등장하는 것'을 동일한 힘으로 지지하고, 각각의 '생기지 않음'은 마찬가지로 반발한다. 그리고 이 '지지함'과 '반발함'은 여기에서 명증적으로 주어진다. 그러나 공허한 과거지향의 영역에서는 힘─이 힘과 더불어 어떤 충동과 같이 맹목적인 예상의 힘도─이 증가되거나 억제된다. 어쨌든 우리는 예상의 유형학(Typik)과 법칙성이 철저히 재생산하는 연상의 유형학과 법칙성에 의존한다는 사실, 또한 이러한 사실을 통해 생생하게 흐르는 현재의 영역에서 근원적 연상의 유형학과 법칙성을 통해 매개된다는 사실도 알게 된다.

　만약 어떤 배치(Konfiguration)가 그 속을 지배하는 촉발의 힘을 통해 부각된 통일체, 즉 개별적으로 결합된 통일체로 생성되면, 그것을 위해 필요한 조건을 충족시키는 대상들을—우선 동일한 생생한 현재에서—동일한 배치로 끌어올리기 위해 이 통일체가 힘을 발산한다. 부분은 전체를 '요청하고', 동일한 것은 아직 그 자체만으로는 명시적으로 통일체로 구성되지 않은 〔다른〕 동일한 것을 일깨운다. 그리고 부분은 단순한 일깨움을 통해서가 아니라 함께 결합된 '예상'을 통해, 즉 함께 현존하고 함께 통일체에 속하는 것으로 요청함으로써 전체를 요청한다. 이렇게 통각을 〔수행〕하는 예상의 힘도 '실례들'의 수(數)와 더불어—또는 동일한 것이지만, 습관(Gewohnheit)과 더불어—증가한다. 동시에 더 힘이 있는—습관에 따라—통일체를 형성하는 것은 여기에서 입증되는 예상의 규칙성을 따라 일어난다. 다른 한편 습관에 따른 것이 결여된 것을 의식하게 되고 습관적인 것과 다르게 존재하는 것을 의식하게 되는 실망도 있다.

나는 '실례들의 수와 더불어'라고 말했다. 이것을 더 자세하게 숙고하는 것은 무엇을 뜻하는가? 만약 관련된 배치에 함께 통합될 수 있는 다수의 자료가 동일한 현재에 계속 발전해 등장하면, 개체들에서 소급해가는 일깨움의 경우에는 관련된 배치 전체가 일깨워지며, 그 배치가 미래지향의–예상에 따라 앞으로 발산하면서 이러한 배치의 앞선 상의 일깨우고, 이 앞선 상의 예상을 허용한다. 이러한 사실을 통해 배치를 통합하는 것도 동시에 충족시킴으로 조성된다. 그래서 '앞서 예상하는 것'은 '통각으로' 작용하며, 공존하는 대상들의 배치 속에 함께 만들어진다.

물론 멀리 떨어진 과거가 통각으로 영향을 미침, 즉 이미 배치된 그 통일체들을 일깨움으로써 새로운 배치를—여기에서는 항상 '큰' 유사함일 수 있는 '동일함'에 따라—형성하는 데 미치는 영향도 정확하게 마찬가지다. 지나간 배치는 일깨워져 현재에 겹쳐지며, 이러한 현재에 이와 유사한 것을 산출할 수 있고, 이때 예전의 것과 합치하게 된다. 그 배치는——개별적이 아니라 그 유형에 따라——'이미 알려져' 있다.

생성된 통각의 통일체, 즉 이러한 동기부여 속의 배치는 일깨워진 배치와 그 배치와 더불어 희미함에서 합치되는 유사한 배치로 둘려싸여 움직인다. 동시에 배치되는 항(項)들의 연관은, 그 연관이 촉발의 상황에 힘입어 개체들을 넘어서 융합하고 특수한 통일체로 생성되었을 때처럼 단순히 내용적으로 연관된 게 아니라, 배치되는 가운데 선택하면서 지배하는 촉발의 동기부여가 제외된 연관이다(서로 다른 도형이 혼돈Chaos에서 형성될 수 있을 것이고 여전히 형성될 수 있지만, 우선적으로 다룬 일깨움의 진행은 관련된 전체 배치에 이르기까지 더 낮거나 더 높은 단계의 특수한〔개별적〕 통합이 진행되는 것을 우선적으로 다룰 것이다). 그래서 공속성(共屬性)의 통일체가 생성되는데, 이 통일체 속에 항(項)들, 종속된 단계의 결합들(부분들)이 '함께 존재함' 속에 상호예상할 수 있는 것으로서, 즉 상호요청하고 이러한 요청을 충족시키는 것으로서 서로 잇따라 지시한다. 공속성은 여러 번의 경험을 통해〔얻은〕 습관에 따라 '결합된-것'에서의 통일체다. 또한 통일체의 힘은 빈도(頻度)와 더불어 증가한다. 그 통일체는 결국 예전부터〔이미〕'알려진 것' 그리고 언제나 다시 그렇게 경험된 것의 열려지고 명석한 지평으로 에워싸여 있고, 새로운 경우 '경험적 확실성'과 더불어 즉시 그렇게 발견되고 또한 그와 같은 전체로서 곧바로 현존한다.[34]

---

34) 〔따라서 중요한 문제는〕'유형을 형성하는 것'(Typusbildung)〔이다〕.——후설의 주.

제4장

의식의 흐름의 '그 자체의 존재'

우리에게 대립해 있는 세계는 단순히 심리물리적 자연이 아니라,
객체성들의 여러 가지 특수한 유형을 지닌 인격적 공동체의
세계와 문화의 세계다.
그 객체성들은 인격적 공동체의 세계와
문화의 세계를 경험하는 자아에 대해 현존하며,
자아 속에, 즉 자아의 의식의 흐름의 내재 속에 구성되며,
자아 속에 더욱더 높은 단계의 의식을 규제하는 것에 대한 지표다.

제1절
회상의 영역에서 가상

42 서로 다른 과거의 기억들이 중첩됨, 융합됨
그리고 대립됨

물론 연상적 일깨움을 강화하거나 억제하는 문제는 철저한 연구가 필요하다. 인상적 현재에서 흘러나가는 일깨움의 생생한 힘은 유사함의 원리에 따라 기억의 과거지향의 침전물에 흘러넘친다. 즉 부각된 지향적 대상들, 직관적 현재의 개체와 결합된 복합체는 기억에 따른 침전물 속에 '함축적으로' 구성된 유사한 대상성과 결합되고, 일깨우는 힘을 넘어 그 대상성으로 흘러간다. 그러나 실제로 부각되는 것과 그런 다음 계속 일깨우는 재생산으로 새롭게 하는 것은 단지 약간의 것에만 도움이 된다.

그런데 일깨우는 힘은 상호결합될 수 있지만 억제될 수도 있으며, '출발하는 힘이 동일한 강도일 경우 실제적 일깨움과 재생산은 무엇에 의존할 수 있는가?' 하는 물음이 제기된다. 부각되는 것에서 동일한 힘을 지닌 동일한 객체는 그 배후에 필연적으로 〔이와〕 다르게 경과하는 의식, 즉 다른 어떤 것을 일깨울 수 있는 지평을 지니며, 어떤 때 관련된 객체〔대상〕의 연상적 힘을 통해 기억된 것과 다른 때 기억되지 않은 것은 그 지평을 형태화하는 것에 의존한다. '이렇게 희미한 과거지향의 영역에서 본질통찰이 어디까지 도달하는지'는 의문스러운 문제다. 그런데 이미 재생산해 전개된 기억과 이 기억을 통해 일깨워진 예상의 영역은 서로 사정이 다르다. 그것을 체계적으로 제시하는 것을 중요한 과제로 삼은 여러 가지 명석한 본질적 법칙이 명백히 또 일반적으로 여기에 있다.

나는 이전에 제기되었지만 여전히 해결되지 않은 문제, 즉 '기억들은 어떻게 불일치하게 될 수 있는지' '서로 다른 과거가 뒤섞여 혼동되는 것이 어떻게 가능한지' '추후에 분열되어 가상(Schein)으로, 혼합된 것으로 명백하게 밝혀질 통일적인 과거의 겉모습은 어떻게 가능한지' 하는 문제와 관계된 몇 가지를 지금 말하고 싶다.

회상—다소 공허한 회상이나 이상적인 재생산의 극한까지 〔포함하는〕 다소 직관적 회상—은, 우리가 서술한 것에 따르면, 근원적인 생생한 현재 속에 구성되고 과거지향으로 가라앉으며 그래서 결국 완전히 〔촉발의〕 힘이 없어진 과거의 대상성을 일깨우는 현상일 뿐이다. 그러므로 깨어 있는 의식, 깨어 있는 의식의 구성 그리고 고정된 잠 속으로 가라앉는 이러한 과정은 결코 중단되지 않으며 그렇기 때문에 무의식의 침전물이 항상 서로 겹쳐 놓이듯이, 일깨움의 잠재성도 무한히 계속 진행한다. 이때 각각의 회상에는 가능한 일깨움의 연속성이 이념적으로 속하는데, 이것이 우리가 그 속에 단도직입적으로 있는 생생한 현재로 이끄는 가능한 회상들의 연속성이라는 사실은 명증적이다. 모든 개별적 회상과 이와 같은 모든 연속적 계열은 일치해야만 하는 것으로 보인다. 어떻게 여기에서 '오류'나 '가상'이 의미를 지닐 것인가? 그것은 실로 이미 무의식 속에 현존하는 것을 단순히 재생산하는 것이며, 이 무의식 자체는 근원적 구성에서 이끌어낸 것이다. 어쨌든 이 근원적 구성은, 이것이 근원적 의미를 만들어내기 때문에, 그 의미를 위조할 수 없다. 그렇다면 그것은 어떤 의미를 지닐 수 있을 것인가? 단순한 재생산인 회상도 자신의 의미를 위조하는 일은 할 수 없다. 회상은 이때 특히, 우선은 이해할 수 없는 방식으로 생산적이다.

만약 우리가 이제까지 고찰한 영역에서 '가상' '오류' '무효화' 같은 개념의 의미의 원천을 전혀 지적하지 않았다면, 그것은 이론의 결함처럼 보일 것이다. 왜냐하면 회상이 내재적 영역에서도 착각을 일으킬 수 있다는 사실을 우리가 미리 알았기 때문이다. 그러므로 이러한 착각[기만]의 원천적 상태와 따라서 이 착각이라는 개념의 원천을 우선 파악해야만 한다.

'불일치가 어떻게 가능한지' 물으면, 그래서 '서로 다른 과거에 속하는 기억들이 겹쳐지고 서로 침투하는 것이 발생적으로 어떻게 가능한지' 물으면, 다음과 같은 사실을 지적해야만 한다. 즉 기억들은 기억의 지반에서 그 구성요소들을 일깨우는 것으로 등장한다. 이 기억의 지반은 확고한 질서로 축적된—모든 개별적 과거지향이나 구성된 모든 현재의—침전물을 내포한다.[1] 이러한 질서의 서로 다른 위치에 속하는 다수의 과거지향이 일깨우는 현재나 이미 재생산된 기억에서 공통성으로 함께 일깨워지면, 이 과거지향들은 결코 동시

---

1) 후설은 선험적 자아를 습득성(Habitualität)의 기체(基體)라고 규정한다. 습득성은 그리스어 'echein'(갖는다)의 통일체 'Hexis'(가짐)에서 유래하는데, 자아가 경험한 것이 축적된 것이라는 의미가 있다. 즉 습득성은 선험적 자아가 근원적으로 건설한 것이 의식 속으로 흘러들어가 무의식(심층의식) 속에 침전되고, 이것이 동기부여를 통해 항상 새롭게 연상적으로 일깨워져 타당하게 복원됨으로써 현재의 경험을 구성하는 자아의 지속적 소유물이다. 이러한 선험적 자아의 구조는 유식(唯識)철학에서 과거에 축적된 경험들이 습기(習氣)와 종자(種子)의 형태로 훈습(薰習)되고 이 종자가 현행(現行)해 다시 경험을 수행하는 자아, 마치 폭포처럼 항상 흐르는[恒轉如瀑流] 마음의 흐름[心相續]으로서 식전변(識轉變)의 주체인 알라야(alaya) 의식의 구조와 매우 유사하다.

에 완전한 직관적 회상이 될 수 없다.

근원적 시간의 장(場)은 오직 한 번만 완전히 직관적으로 충족될 수 있다는 사실은 일반적인 본질법칙이다. 이 법칙은 '지각에 따른 현재조차 어떤 회상이 —이 회상, 즉 그 지각이 실제로 완전히 직관적인 한—동시에 완전히 직관적이 되는 것을 허용하지 않는다'는 것을 뜻한다. 만약 우리 자신을 과거로 옮겨놓고 이것을 실제로 직관할 수 있다면, 지각의 현재에서 떨어져가거나 어떤 특유한 경쟁을 체험하게 될 것이다. 완전한 직관적 현재를 지닐 때, 이때 기억의 명석한 상(Bild)이 뚫고 나오며, 이때 어떤 상(像)은 다른 상—이것은 어쨌든 두 상의 직관성(直觀性)을 해치는 것이다—을 관통해 비친다. 처음부터 두 가지 재생산이 문제가 되는 경우 이 동일한 것은 여전히 더 명확하게 적용된다. 각각의 재생산은 생생한 '지금'과 '방금 전에–존재했음'이라는 확고하고 견고한 형식의 체계 속에 충족된 시간의 장을 구성하고, 이 형식적 체계는 오직 한 번만 구성적으로 기능할 수 있고, 오직 한 번만 충족될 수 있다. 즉 완전한 직관적 구성, 따라서 완전한 실제적 구성 속에 충족될 수 있다. 완전한 직관의 통일체 속에 주어진 것은 하나의 현재로 주어지며, 이 현재에 함께 속한 신선한 과거로 주어진다. 일반적으로 근원적 구성의 형식적 체계인 생생한 현재는 오직 한 번만 근원적으로 체험에 따라 주어진다.

만약 두 가지 기억이 처음부터 동일한 촉발의 힘을 가지면, 경쟁이 일어난다. 이때 최소한의 촉발을 추진하는 것은 둘 가운데 하나의 기억에 우선권을 주고, 상황에 따라 각기 또 교대로 어느 한 재생산을 생생하게 하며, 그런 다음 이 재생산이 계속 발전하는 것을 중단시키고 다른 재생산으로 비약한다. 만약 이 두 가지 재생산 사이에 유사함의 중개 항(項)이 존재하면, 따라서 연상이 있으면, 서로 뒤섞여 급변하는 두 가지 직관은 이 중개 항에 따라 합동을 이루면서 합치되고, 이렇게 이행되는 가운데 동일 중개 항을 통해 점차 융합되며, 결국 이 두 가지 직관이 완전히 동일해진 경우 거리가 사라지고 융합된다.

그것이 등장할 때 어떤 질서를 수반하는 발생(Genesis)에서 재생산하는 연상의 경우를 예로 들어보자. 어떤 재생산이 자신의 중개 항 a를 통해 다른 어떤 재생산을 이끌어오면, 일깨우는 a는 일깨워진 a′와 반드시 합치되고, 게다가 우선 일깨우는 것이 출발점을 형성한 완전한 직관적 기억의 상황의 힘으로 일깨워진 것을 덮어씌우는 방식으로, 즉 일깨워진 것을 정당하게 직관하게끔 밀고나가는 것을 허용하지 않는 방식으로 반드시 합치된다. 왜냐하면 일깨워진 것〔a′〕에 주어지는 〔촉발의〕 힘의 증가가 반대 방향으로도, 즉 일깨우는 a의 힘에도 도움이 되기 때문이다. 그러나 유사함이 매우 큰 경우, 특히 동일한 감각의 나타남인 유사함의 항들을 내포하는 어떤 감각의 동일성이 구성되는 경우, 여기에는 완전한 융합을 향한 경향이 존재한다. 서로 합치하고 서로 함께 융합되는 유사함의 항들을 통해 두 가지 재생산은 그 시간의 장(場)에 따라 겹쳐진다. 합동의 의미에서 합치되는 유사함의 항들을 넘어서는 것도 어떤 부정적 합치를, 대립의 관계를 형성한다. 하지만 그것은 일정하게 상응하는 것을, 즉 두 가지 시간의 장과 ― 감각 장들처럼 ― 이에 속한 공존하는 장들의 일반적인 동일한 구조에 상응하는 바로 그 상응하는 것을 형성한다.

각각의[2] 회상은 충족된 시간의 장을 ― 생성하며 구성되는 재생산적 '현재'로서 ― 직관적으로 구성하는데, 이것은 모든 내용적 변화가 그것에 결합되는 견고한 형식적 체계의 '현재', 즉 변화할 수 없는 '지금'과 '방금 전에-존재했음'의 연속체다. 어떤 회상이 이 형식적

---

2) 여기서부터 새로운 강의가 시작된다. ― 편집자 주.

체계를 이른바 장악하고 이 형식적 체계를 직관적으로 충족시키는 동안, 다른 어떤 회상도 현존할 수 없으며, 결국 실제로 직관적 회상으로 현존할 수 없다. 그러나 이 회상은 일깨워질 수 있고, 오직 직관적으로 진행되는 다른 회상이 승리함으로써만 억제될 수 있다. 이 두 직관은 모든 촉발의 움직임을 능가하는 대체로 동등한 힘을 갖는 방식으로 경쟁할 수 있다. 이 경우 어느 한 직관에 주어질 — 또는 그 직관의 이전 단계인 일깨워진 과거지향에 주어질 — 재생산하는 힘이 지닌 최소한의 우위는 이에 대립된 직관을 저지하고 억제함으로써 그 직관이 실제적 직관으로 뚫고 나오게 허용할 것이다. 이것은 어떤 직관을 다른 직관으로 교체하도록, 그래서 급변하도록 이끌 수 있다. 여기에서 이미 의미의 내용의 어떤 합치가 일어날 수 있다. 각각의 의식이 이행하는 경우 공통성에 따라 합치가 본질적으로 일어나고, 결국 그와 같은 공통성은 결코 결여될 수 없으며, 적어도 시간의 형식은 공통적인 것, 어쩌면 공간적인 것이 회상되는 곳, 즉 어떤 장소(Lokal)의 장(場) 속에 연장된 것인 장소적 형태에도 공통적이다.

그런데 일반적으로 그것은 상(像)들이 겹쳐지는 것, 그 자체로 통일시키는, 즉 융합시키는 어떠한 종합 — 내용의 조건들에 묶여 있는 결합 — 도 수립하지 않는 덮어씌우는 것이다. 하지만 두 가지 재생산 가운데 연상적 결합이 존재하면, 인식대상적으로 말해 어떤 재생산된 것이 다른 재생산된 것을 기억하면, 사태는 분명히 달라진다. 유사한 중개 항들이 어느 한 재생산한 것이 다른 재생산한 것으로 급변하도록, 또한 상대방의 일깨워진 중개 항이 인접한 중개 항으로 흘러가도록 허용하는 〔중개〕다리를 즉시 형성한다. 왜냐하면 이 경우 공통의 중개 항은 특별한 방식으로 합치되기 때문이다. 이 중개 항은 밀집성이 서로 다르지만 그 유사함에 따라 융합한다. 그 중개 항은, 이 항이 동등할 때, 심지어 이 항 속에 구성된 의미의 동일성을 통해 동일성의 일치에 도달할 때, 가장 밀접하게 합치한다.

재생산하는 연상의 이러한 경우를 그것이 발생되는 전개에서 고찰해보자. 여기에는 실로 생성되는 질서가 미리 지시된다. 연상해 재생산하는 것인 어떤 재생산하는 것 R은 그 중개 항 a를 통해 다른 재생산하는 것 R′를 일깨운다. 중개 항 a는 우선 합치하는 대립 항 a′를 일깨우는데, 대립 항 a′와 합치하는 중개 항 a가 대립 항 a′를 덮어씌울 뿐만 아니라 사태에 입각한 유사함을 통해 대립 항 a′와 융합하는 방식으로 일깨운다. 이때 덮어씌우는 것은 a′가 그 자신의 직관에 도달하지 않았다는 것, 자신의 고유한 존재에서 억압하는 양상으로 있으며 어쨌든 a를 유지하는 공통적 의미에 따라 이 의미 속으로 들어왔다는 것을 뜻한다.

a′에서 확장된 일깨움은 R′를 진전시키면서 (인접함의 결합계열에 따라) 직관으로 이끄는 경향이 있다. 점차 부분들이나 전체로 출현할 수 있는 직관은 직관 R과 충돌하는 가운데 출현할 수 있다.

이때 일치하지 않는 R과 R′의 영역도 합치하는 중이라는 점에 유념해야 한다. 우리는 a 또는 a′를 넘어 도달하는 R과 R′의 장(場)들이 불일치하는 것을 소극적인 〔의미의〕 합치함 또는 덮어 감춤으로 명확하게 일컬을 수 있다. 이 장들은 어떤 상응하는 것이 〔다른〕 상응하는 것과 충돌할 정도로, 어떤 것의 직관이 다른 것의 직관을 억압할 정도로 어떤 체계적 방식으로 서로 잇따라 상응하면서 관계를 맺는다. 그래서 특히 양쪽 모두에 공통적인 형식이 상응한다. 그래서 R의 '근원적 현재'인 시간의 형식은 이러저러한 '지금'에 따라 또 존재했던 것의 각 단계에 따라──공통적 형식을 통해 상응하는 것이 양립할 수 없게 덮어씌울 정도로──R′의 시간의 형식과 상응하는 관계에 있다. '지금'의 형식에서 재생산은 오직 한 번만 주어질 수 있고, 이 형식 속에 일깨워진 다른 것은 그동안 분명히 억압되어 남아 있다. 이러한 사정은 체험의 흐름을 통해 끊임없이 형식적으로 합치하는 가운데 관통해가는 공존의 형식, 즉 감각 분야에 속하는 감각 장의 형식 ─ 장소성을 지닌 시각적 장의 형식인 공간의 형식과 촉각적[3] 장의 공간의 형식 사이의 유비(Analogie) ─ 에서도 마찬가지다.

그러나 다른 한편 끊임없이 구성되는 초월적 사물의 세계에 관해서는, 공간의 형식, 게다가 끊임없이 이 형식의 방향이 정해지는 양상에서 공간의 형식도 마찬가지다. 이 형식들은, 직관적인 R을 통해 일깨워진 R′가 그 의미의 내용과 더불어 전혀 일깨워지지 않는 한, 결합을 수립한다. 오히려 R′의 의미의 내용에 불가피하게 속한 시간의 방향이 근원적으로 정해지는 형식, R′의 감각 분야에 속한 장의 형식들 ─ 이 모든 것은 직관적으로 생성된 R 속에 있는 그에 상응하는 형식적인 것에 필연적이며 근원적 친화성을 지니며, 그 형식적인 것과 지향적으로 합치된다. 그렇지만 R이 구체화되는 가운데 형성된 것은 R′가 구체화되는 가운데 형성된 것을 배제한다. 이것들은 오직 서로 잇달아서만 직관적이 될 수 있다.[4]

43 억압된 기억이 직관으로 돌파할 가능성. 더 높은 단계의 명석함으로 이행함으로써 가상을 드러내 밝히는 것

이제 만약 R이 촉발하는 힘과 그 내적 촉발의 연관이 지닌 촉발하

---

3) 원문에는 이 용어가 'haptisch'인데 그 뜻을 확인할 수 없다. 영역본에 'tactile'로 되어 있고, 문맥의 내용을 고려해 일단 '촉각적'으로 옮긴다.

4) 메모: 나는 이전에 예상 같은 성질의 지향에 대한 표제로 미래지향을 도입했다. 이 경우 기억 속에 내포된 공허한 지향은 ─ [내가] 이전에 논의한 것에서도 분명해지듯이 ─ 예상 같은 성질의 어떠한 미래지향도 아니라는 사실을 명확하게 강조해야 한다. 그것은 지각을 선취하는 것이 아니라 기억을 선취하는 것이다. 이 문제는 다시 숙고해야 한다. ─ 후설의 주.

는 힘을 그에 상응하는 R′의 힘을 지배하는 데까지 다 써버리면, 이
때 [다음과 같은] 서로 다른 가능성이 주어진다.

1) 그 하나—그리고 이것은 지극히 당연한 가능성이다—는, 결
합 항(項)이 희미함에서 불쑥 떠오르고, 재생산은 결합을 따라가면
서 거기에서부터 확장되고 상승하는 명석함으로 일어서며, 결국에
는 지나간 현재 전체가 완전히 생생해지는 가능성이다(생생한 각 단
편은 계기하고 공존하는 형식적 체계에 따라 상응하면서 그에 상응하는
R′의 단편을 밀어제친다). 여기에는 그에 속한 전체적 시간의 장이 구
체적으로 충족되어 있다는 사실, 그렇지만 직관하게 하는 가운데, 즉
직관하게 하는 것이 중개 항을 소급해 발산하는 가운데 중개 항은 자
신의 대응 항과 합치되는 것과 융합되는 것에서 떨어진다는 사실도
포함된다. 그런데 연상하는 상황, 현실적 현재 또는 일깨움이 출발했
던 최초의 기억의 상황 R은 완전히 가라앉는다.

2) 그렇지만 다른 것이 가능할 수도 있다. 자극하는 직관 R에서 연
관된 단편들이 그 촉발의 고유한 힘 덕분에 견뎌낸다. 다른 한편으로
연상된 상황에서 단편들이 뚫고 나오면서 또한 승리한다. 이 두 가지
는 결합되지 않고도 받아들여질 수 있고, 이 경우 이 '분산된 부분'
(disiecta membra) 각각은 밀어제쳐진 보충적 단편들의 미래지향의
지평을 의식에 따라 수반한다. 이때 테두리가 되는 확고한 형식은 R
과 R′의 내용에서 얼룩반점을 지니고 충족된다. 이것은 사실상 시각
장에서 일어나는 경쟁과 [어떤] 근거에 입각해 본질적으로 닮았다.
여기에서 우리는 평행하는—즉 그 자체로 통일적이며 일치하는 시
각적 상(像)이 각각 교체하면서 승리하는—현상을 지닌다. 그렇다
면 이것은 자기 자신도 혼란된 것으로 부여하는 얼룩반점을 지닌 혼
란된 현상이다. 그리고 최후에는 우리가 이제 재생산하는 경우에 발
견하는 현상도 연합된 상의 현상이다.

사실상 회상은 직관적으로 일치하는 상에서 서로 다른 기억의 단편이 결합되어 연합된 회상으로 결합될 수 있다. 융합을 '가상의 상' (Scheinbild)으로 성취하는 것은 통각의 힘이다. 즉 만약 존립요소인 a와 b가 현재 속에서 자주 결합되고 또 ─ 그 존립요소인 a와 b가 서로 겹쳐지는 기억들(그리고 겹쳐짐을 통해 순간적으로 융합되는 시간의 장의 형식들)이 갑자기 출현하는 여기에서 함께 직관적으로 등장하듯이 ─ 어떤 대상성의 통일체로 결합되면, 〔존립요소인〕 a와 b는 여기에서도 그와 같은 대상성의 통일체로 결합된 것으로 파악된다. 그러나 이 통일적 파악과 통일적 직관의 상은 가상이다. 즉 우선 일단 대략적으로 암시하면, 존립요소인 a와 b는 이전과 같이 변함없이 지향적 전체의 단편들이고, 가상 속에 a에서 b로 향한 또한 거꾸로 향한 요구에 대립해, 무엇보다 이것들이 상호충족시킴에 대립해 근본적 토대에서 저항하는 ─ 비록 이 저항이 너무 약하고, 명백한 의심이나 부정으로 충분히 이끌기에는 너무 소리가 작아도 ─ 억압된 보충의 단편들을 지닌다. 그렇지만 억압된 것의 촉발하는 힘이 더 생생해지고 이제 심지어 우세해지자마자, 촉발하는 힘이 재생산으로 전개되고 각각 진전하면서 이제 양쪽의 상황과 이것들이 격리된 시간의 장(場)들이 직관적으로 분리되고 그 각각이 완벽하고 명석하게 발전하자마자, 가상은 가상으로 밝혀진다. '가상의 상(像)'은 이렇게 이행하면서 바로 그 자체로 일치하는 서로 다른 기억의 상이 혼합된 것과 융합된 것으로 입증되며, 이 융합되는 것의 배후에서 융합되는 가운데 억압된 것과 그 신념의 힘이 생생하게 된다.

이러한 생각을 더 정밀하게 또 끝까지 끌고가면, 본질적인 것이 뚜렷이 나타난다. 우리는 관철될 수 있고 '들을 수' 있기에는 너무 약한 저항에 관해, 또한 억압된 저항이 어쩌면 '생생하게-되는 것'에 관해 이야기했다. 그런데 이와 같은 논의에 함축된 것은 무엇인가? 우리는 '기억의 상'의 통일체와 이에 상응하는—그와 같은 촉발의 변화가 교체되는 가운데 그 통일성을 포기하고 그 자신을 가상으로 간주해 불신해야만 하는—속이는 기억의 신념이 일치하는 것을 어떻게 이해하는가? 이렇게 불신하는 것(Diskreditieren) 자체, 〔기억의〕권리를 요구하는 것과 거부하는 것을 어떻게 이해하는가? 명백히 이 질문들에 대한 답을 구하는 데는 명석함의 등급이 큰 역할을 한다.

그래서 우리는 다음과 같은 물음을 제기한다. 즉 통일적 대상성이 그 속에서 공존하고 계기하는 것에 따라 직관되는 재생산하는 직관의 통일체인 어떤 기억이, 만약 이 기억이 줄곧 상승하는 명석함에서 동일하게 직관할 수 있는 동일하게 주어진 것으로 표상되어 남아 있다면, 도대체 의심스럽게 되고 또 부인된다는 것이 있을 수 있는가? 이념적으로 완벽한 명석함에 관한 재생산하는 직관이 그 어떤 촉발의 변화를 통해, 즉 다른 회상들과 그 어떤 종합을 통해 부인될 수 있다는 것이 있을 수 있는가?

이러한 물음을 제기하는 것은 곧 그 물음을 부정하는 것을 뜻한다. '가상의 상', 즉 서로 다른 회상에 분할될 수 있는 상을 제공하는 회상은 완벽하게 명석한 것일 수 없다. 혼합된 모든 것은 불명석한 양상으로 수행된다. 오직 불명석함에서만 동기부여·예상·잠재적 연관, 이들이 서로 감화되고 억제되는 것이 무력해질 수 있고, 그것들의 전체 층(層)은 어느 정도 흐려질 수 있으며, 이 층들은 촉발이 부각되는 것을 상실하고 하부토대 속에 희미해질 수 있다. 가상을 증명하는 것은 모두, 재생산된 직관을 증명하는 것이 모두 연속적 입증을 통해 더 낮은 명석한 단계에서 진행해가는 해명작용으로 움직이듯이, 더 높은 명석함의 단계로 이행하는 가운데 수행된다.

제2절

내재적으로 존재했던 것들의 체계에 참된 존재

44 한편으로 외적 지평으로 확장함으로써, 다른 한편으로
절대적 명석함의 이념에 접근함으로써 '스스로를
부여함'을 확인하는 것

우리는[5] 지난번 강의 말미에 회상의 영역 속에 기만(欺瞞)이나 가상을 드러내 밝히는 것을 이야기했다. 즉 가상은 오직 더 높은 명석함의 단계로 이행하는 가운데서만 원리적으로 가상으로 증명된다. 드러내 밝혀지지 않은 가상은 오직 상대적으로 더 낮은 명석함의 단계에 있는 스스로를 부여하는 의식 속에서만 존재할 수 있다. 그런데이 명제는, 여기에서 계속 상론하듯이, 기만과 기만을 드러내 밝히는 것에 대해 아주 일반적으로 타당하다.

모든 확인하는 것(Bewahrheitung)은 은폐된 것을 드러냄, '스스로를 부여함'(Selbstgebung)의 명석함으로 이끄는 것이다. 만약 '스스로를 부여함'이 자체적으로 다시 확인하는 작용을 허용하고 자유로운 자아가 이 확인하는 작용을 적극적으로 요구하고 갈망하면, 우리

---

5) 여기서부터 새로운 강의가 시작된다. ─편집자 주.

가 알고 있듯이, 이것은 '스스로를 부여함'도 일반적으로 은폐된 것을 내포한다는 사실, 즉 '스스로를 부여함' 속에 여전히 공허하거나 덮어 감춘 방식으로 놓여 있는 것이 명석함의 빛으로, 다시 말해 새로운 '스스로를 부여함'의 형식으로 공개될 수 있다는 사실을 함축한다.

더 나아가 확증하는 것(Bewährung)은 본질적으로 서로 관련된 두 가지 유형, 즉 긍정적 유형인 일치하게 확인하는 유형과 부정적 유형인 반박하는 유형으로 일어날 수 있다. 또한 이러한 과정은 불명석함—어쩌면 공허함, 단순한 사념—을 매개해 실행될 수 있다. 이 과정은 [확증하는 것] 스스로의 측면에서는—오직 '스스로를 부여함'이 작업을 수행하면서 '명백한 햇빛 속에' 대상적 계기(契機)들과 관계하는 한, 따라서 충족시키는 종합이 실제로 공허한 것으로 충만한 그 자신(Selbst)을 가져다주는 한—참인 것과 '참이-아닌 것'에 대한 '스스로를 부여함', 즉 확증된 존재자 또는 반박된 존재자, 무효한 것(Nichtiges)에 대한 '스스로를 부여함'이다. 그리고 이 과정은 마찬가지로 겹쳐짐으로써 생긴 혼합이나 억압된 것(따라서 직관적 타당성을 위해 노력하는 어느 한편)을 억압하는 것이 뚜렷해지는 한, 부정(否定)에 대한 '스스로를 부여함'이다. 그러므로 더욱더 새롭고 더욱더 풍부한 명석함, 게다가 '스스로를 부여함'에서 명석함으로 계속 이끌어가는 것은 이러한 방식으로 확인하는 과정의 본질에 속한다. 그러나 이 경우 더 이상의 명석함으로 계속 이끌어가는 것 일반, 즉 '스스로를 부여함'에서 [더 구체적인] '스스로를 부여함'으로 단순히 계속 이끌어가는 것뿐만 아니라, 더 높은 명석함의 단계로 계속 이끌어가는 것도 나름의 역할을 한다. 이것은 특히 가상을 드러내 밝히는 데 본질적인 역할을 한다.

이것을 더 판명하게 분석해보자. 공허한 표상을 확인하는 것은 그 자체로 다시 확인을 요구하는 스스로를 부여하는 표상으로 이끈다. 그러나 이제 다음의 두 가지가 '스스로를 부여함'을 확인하는 것에 속한다.

첫째, 단순히 '간접적으로 제시하고' 실제로 '직접 제시하지' 않는, 즉 관련된 대상성에 대해 실제로 확실히 스스로를 부여하지 않는 '스스로를 부여함'의 그 구성요소들에 관해 새롭게 스스로를 부여하는 직관을 종합적으로 첨부하는 것으로, 직관 속에 스스로를 부여하는 어떤 대상의 단편들이나 측면들은 본래의 '스스로를 부여함' 외부에 남아 있을 수 있다. 그래서 각각의 외적 지각의 경우, 예를 들어 어떤 집에서 그 집의 보이지 않는 측면이나 부분이 있다면, 우리는 실로 [한편으로] 본래 지각된 것, 즉 본래 직접 제시된 것과 [다른 한편으로] 단순히 함께 지각된 것, 하지만 본래 오직 공허하게 표상된 것을 구별한다. 우리는 공허한 외적 지평에 관해서도 이야기한다. 이것은 회상의 경우에도 아주 똑같다. 어떤 상황이나 시간 속에 상당히 연장된 경과가, 가령 어떤 교향곡이 직관적으로 떠오르지만, 더 정확하게 살펴보면, 그것은 단지 상황의 단편들, 우리가 어쨌든 전체를 '생각하는' 동안 본래의 스스로를 부여하게 되는 교향곡의 작은 구간[악절]들이다. 따라서 우리는 여기에서도 단순히 간접적으로 제시된 외적 시평을 삿는다.

둘째, 외적 지각과 같이 회상도 '내적 지평'──즉 이미 직접 제시된 것, 이미 스스로를 부여하게 된 것에 관해──을 갖는다. 이 본래의 '스스로를 부여함'도 여전히 확인하는 것을 가능하게 해준다. 그것은 구체적인 완전한 '스스로를 부여함'을 확인하는 것에 대해 단지 외적 지평으로 침투해 들어갈 것을 요구하고 이에 상응하는 본래의 '스스로를 부여함'을 통해 그것을 충족시키라고 요구하는데, [무엇보다] 이 모든 '스스로를 부여함'은 다시 확인, 즉 전진해가는 해명을 요구한다. '전진해가는'은 여기에서 명석함의 등급의 위치〔가 상승되는 것〕를 뜻한다.

　모든 '스스로를 부여함', 게다가 실제적인 직접 제시하는 것으로 제한된 모든 '스스로를 부여함'은 '명석함'의 등급의 법칙에 지배받는데, 이 법칙을 통해 우리는 가장 일반적으로 '스스로를 부여함'의 등급을 이해한다. 이 등급은 절대적이거나 '순수한' '스스로를 부여함'─절대적 명석함은 단지 이에 대한 다른 말일 뿐이다─속에 자신의 이념적 극한을 갖춘다. 이 '순수한'(rein)은 가령 〔같은〕 빨간색 뉘앙스의 계열이지만 완전히 다른 등급의 계열에 있는 '순수한 빨간색'과 같이 이해될 수 있다. 이 양쪽에는 '스스로를 부여함' 속에 연속으로 전진해 상승하는 의식, 그 속에 명증적으로 동기가 부여된 선취하는 것─결코 스스로를 부여하지 않는 등급인, 어쨌든 선취하는 것으로 명증적으로 동기가 부여된 극한─인 '이념'(Idee)[6]이 스스로 주어져 있다. 이렇게 상승하는 과정이 경과하면 할수록, 극한에 관해 '스스로를 부여함'은 그만큼 더 명석하고 더 순수하다. 나는 모든 '스스로를 부여함'이 그러한 등급으로 부착되어 있고 어쩌면 그러한 등급으로 움직인다고 말했다. 따라서 이것은 이것 때문에 의식 일반의 보편적 법칙이 중요하다는 것도 뜻한다. 왜냐하면 의식은 존재할 뿐만 아니라 '스스로를 부여함'─즉 지각의 형식으로 끊임없이 원본으로 '스스로를 부여함', 재생산적 기억의 형식으로 '스스로

---

6) 후설은 '이념'에 관한 칸트의 견해를 충실히 따른다. 칸트에 따르면 "그 어떤 경험도 결코 이념에 합치할 수 없다는 점에 바로 이념의 특성이 있다"(『순수이성비판』, B 649), "이념은 범주보다도 객관적 실재성에서 더 멀리 떨어져 있다. 이념이 구체적으로 표상되게 하는 어떠한 나타남[현상]도 발견될 수 없기 때문이다. 이념은 어떠한 가능한 경험적 인식도 도달하지 못하는 어떤 완전성을 포함한다"(같은 책, B 595~596).

를 부여함'——의 형식으로 존재하기 때문이다.

더 자세하게 주시해보면, 우리는 내재적 지각이 단지 가능한 내재적 회상과의 관계에서만 지각하는 '스스로를 부여함'이라는 사실을 알게 된다. 확실히 내재적 지각은 근원적으로 〔대상의〕그 자신 (Selbst)을 구성한다. 그러나 그 자신은 오직 그 자체로서는 철저하게 모든 '스스로를 부여함'이 지닌 등급의 법칙에 지배되는 가능한 회상의 다양체를 통해서만 자아에 대해 동일한 것이며 동일화할 수 있는 것이다. 우리는 하나의 대상인 그 자신은 오직 능동적 자아와의 관계에서만 현존하며, 능동적 자아에 대해 지속적으로 자유롭게 처리할 수 있는 것, 언제나 다시 동일화할 수 있는 것으로 '현존한다'고 이미 이전에 말했다.[7]

그리고 바로 이미 이전에 자유롭게 처리할 수 있는 조건이 미리 지시되었기 때문에 우리는 실로 수동적 영역에서 구성된 그 자신에 관해 이야기할 수 있다. 그 조건은 내적 지각의 내재적 구성에 대해 이에 상응하는 회상으로 미리 지시되고, 이 회상은 비록 제한된 범위이지만 자유롭게 산출할 수 있는 자유(Freiheit)의 영역, 즉——더욱더 새로운 회상의 계열에서 연속으로 속행하는 가운데 공허한 지향들을 충족시키는 형식으로 자유롭게 확장하는 영역과 같이——명석함으로 자유롭게 상승하는 영역이다. 근원적으로 건립되는 내재적인 그 자신은 능동적 자아에 관한 가능한 회상에 근거해 끊임없이 가능한 목적(Telos), 또는 보편적으로 가능한 목적인 존재자 그 자체 영역의 구성원이다. 그러나 이 목적으로 향한 길은 긍정적이든 부정적이든 확인하는 것으로 일컫는 목적을 달성하는 길이다. 위에서 상세하게 진술한 것에 따라 그것은 '스스로를 부여함'을 확산하는 이중의

---

7) 이 책의 제24항을 참조할 것. ——편집자 주.

길, 즉 〔한편으로〕 회상을 확장하는 길과 〔다른 한편으로〕 이미 획득
한 '스스로를 부여함'을 그 극한으로, 절대적 명석함의 이념으로 접
근시키는 길이다.

45 의식의 과거의 근원적인 초재(超在)와 그것이
완전한 '스스로를 부여함'의 이념

이때 다음과 같은 중요한 점에 주목해야 한다. 즉 여기 기억의 영
역—마찬가지로 모든 영역—에서 그 자신을 참된 또 동일하게 할
수 있는, 마음대로 처리할 수 있는 그 자신으로 뚜렷하게 만들어낼
임무가 주어진 모든 '스스로를 부여함'은 어떤 의미에서 '초월적으
로' 부여하는 지향적 체험이다. 이것은 능동적으로 동일할 수 있게
하는 가운데 일어나는 모든 '스스로를 부여함'에 관계하기 때문이
다. 회상의 체험은 '근원적 현재'의 내재 속에 등장하지만, 이 체험을
다시 현전화하는 것, 즉 지나간 것은 체험에 초월적이고, 근원적으로
현재 구성된 것의 존립요소 전체에 초월적이다. 그래서 그때그때 현
재 속에 새로운 회상을 통해 임의로 확장될 수 있는 고유한 의식의
과거 전체는 초월적으로 의식된다. 따라서 모든 '스스로를 부여함'
은 여기에서 그 자신의 초월적인 것(Transzendentes)을 지니며, 각각
의 그 자신은 근원적이며 충분한 의미에서 초월적이다. 물론 이러한
사실은 기묘한 역설을 제공한다.

원천에 따른 첫 번째 초월적인 것은 의식의 흐름과 그 내재적 시간
이다. 즉 의식의 흐름은 근원적으로 흐르는 현재의 내재 속에 근원적
으로 건립된 다음 회상을 통해 바로 이 현재 속에 자유롭게 처리되는
'스스로를 부여함'과 스스로를 확증하게 되는 초월적인 그 자신이
다. 의식의 흐름은 흘러감(Strömen)과 더불어 살아가며, 동시에 자신

의 자아에 대해 대상적으로, 즉 객관적으로 된다. 의식의 흐름은 그때그때 현재의 회상과 회상들이 종합되는 가운데 불완전하고 대략적인 '스스로를 부여함'에 이르는 초월적인 그 자신으로서의 자신이 된다. 자아에는 참된 그 자신의 이념, 즉 완전한 '스스로를 부여함'의 이념인 참된 의식의 과거의 이념이 상응한다. 이전에 일반적으로 말한 것에 따라 이 이념은, 의식의 흐름에 대해 전체적으로 그 자신이 문제가 되는 한, 명석함과 그 극한을 향한 방향과 〔의식의 영역이〕 확대되는 것을 향한 방향이라는 이중의 측면을 지닌다. 명백히 이 이념 자체는, 여기에서 대상, 즉 의식이 바로 그 자체로 언제나 새롭게 근원적으로 건립하는 하나의 흐름이기 때문에, 주목할 만한 방식을 따라 본질적으로 흐른다. 우리는 나중에 곧바로 회상의 '근원적 초재'(Urtranszendenz)에 적용되는 것 또는 내재적 시간의 보편적 형식으로 존재하는 의식의 흐름인 생생한 현재의 흘러감 속에 구성되는 '근원적 그 자신'(Urselbst), '근원적 대상성'(Urgegenständlichkeit)에 적용되는 것 ── 이것은 통상적인 의미에서 초재에도, 객관적 세계에도 적용되며, 이와 상관적으로 외적 지각의 영역에도 적용된다 ── 에 관해 이야기할 것이다. 따라서 공간적 세계의 초재는 두 번째 단계의 초재이며, 이 초재와의 관계에서 의식의 흐름은 내재적 대상성이라고 불린다.

어쨌든 내가 이 방향으로 계속 논의하기 전에, 회상의 근원적 영역에서 수행한 우리의 분석을 헛되지 않게, 게다가 명석함의 등급에 관해 완성하자. 모든 회상의 기초에는 처음부터 부각되거나 추후에 연상적 일깨움을 통해 부각된 과거지향이 놓여 있다. 기억의 기반에서 과거지향을 선별해내는 것은 일깨움이다. 과거지향은 회상 속에 일깨워진 '스스로를 부여함'이 되고, 이것은 본질적으로 다시 구성하는 것으로서 현재를 향해 적어도 어떤 구간을 연속으로 경과하는데,

그렇지만 이 경우 당연한 근거에 입각해 두 가지 방향에 따라 비약이 일어날 수 있다.

본질적으로 '스스로를 부여함'의 각 단편은 다소간에 명석하며, 명석함의 이러한 등급은 '그 자체로' 공허한 과거지향의 근거가 되는 이에 상응하는 계기를 충족시키는 등급, 그 공허한 의미를 '스스로를 직관하게 하는' 등급이다. 본질적으로 직관성은 일반적으로 일깨우는 힘뿐만 아니라 명석함의 단계에 상응해 증가하는 힘을 지녔기 때문에, 우리는 이 등급을 드러내 밝히는 등급이라고도 부른다. 이에 상응해 명석함이 증가함으로써 더욱더 의미의 차이가 뚜렷해지고, '스스로 주어지는' 가운데 뚜렷이 나타난다. 따라서 [의미의] 내적 지평은, 우리가 동일한 그 내적 지평의 반복된 회상들 속에서 명석하지 않은 '스스로를 부여함'에서 명석한 '스스로를 부여함'으로 상승해갈 때, 더욱더 드러나 밝혀진다. 그리고 어떠한 새로운 차이도 드러나지 않는 곳에서조차 상승에는 더 집중적으로 충족시킴이 놓여 있을 뿐만 아니라, 또 참된 그 자신에, 선취할 수 있는 완벽한 명석함의 이념적 극한, 즉 절대적으로 충족시킴이라는 이념의 극한에 접근하는 것이 놓여 있다. 동일성이 합치되는 종합, 즉 동일한 의미에 따라 또 상승하는 동일한 그 자신에 따라 합치되는 종합 또는 그 자신의 내용에 따라, 즉 진리의 내용에 따라 상승하는 종합은 의식의 통일 속에 수행된 그와 같은 각각의 상승하는 계열을 자명하게 관통해 간다. 우리는 다음과 같이 말할 수도 있다. 즉 그 자신(Selbst)의 양상으로 나타나는 것은 이 속에서 더 자세하게, 더 완전하게 규정되는 것(여기에서는 술어로 규정하는 것이 아닌 것)으로 의식된다.

따라서 덮어 감추는 정도는 각각의 '스스로를 부여함'을 관철하는 상대적으로 [아직] '규정되지 않은 것', 상대적 빈곤함, 공허함의 등급이라 할 수도 있다. '스스로를 부여함'은 언제나 불완전한 충만함

(Fülle), 즉 공허함을 통해 희박해진 충만함이다. 이것은 희박해지는 형식으로 공허한 내적 지평을 지닌다. 명석함이 상승하는 그러한 종합에서는 겹치는 합치 때문에 이행하는 가운데 의식된 결함도 생긴다. 그러므로 우리는 극한 속에 희박해지지 않은 그 자신의 이념, 더 이상 채울 수 없는 그 자신의 이념을 지닐 것이며, 이것은 [근사치로] 접근하는 모든 규범, 참으로 '존재했음'의 규범, 즉 모든 상정된 '존재했음'의 참을 지닌 그 자신이다.

그러나 입증되는 신념의 일치가 관통해가는 순수하게 상승하는 계열 대신 불일치하는 종합도 있을 수 있다. 명석함이 상승함으로써 바로 '스스로 주어진 것'의 어떤 부분이 전진적으로 충족되고 줄곧 [근사치로] 접근하는 의미 속에 전진해가는 사실뿐만 아니라, 이 위치에서 발산하는 '스스로를 부여함'을 확대하는 동반하는 과정이 해명을 통해 명석하고 더 명석한 [다른] 보충하는 단편 ──이 단편은 근원적으로 상대적으로 명석하지 않게 주어진 전체 상(像)에 상응하는 [다른] 단편과 충돌한다 ──으로 이끈다는 사실이 일어날 수 있기 때문이다. 그래서 [전체] 상은 두 가지 상으로 분열되고, 서로 다른 과거에 관련된 ──그 각각이 상승하는 명석함 속에 끝까지 견지되는──두 가지 회상으로 분열된다. 완벽한 내적 명석함의 상황에서는 오직 한 가지 회상만 일치할 수 있으며, 다른 모든 완전히 명석한 회상은 그것을 단순히 반복한 것이거나 함께 속하는 체계 속에 조화를 이루는 것이다. 이것은 다음과 같은 것을 뜻한다. 즉 그와 같은 모든 회상을 그 공허한 외적 지평을 충족시킴으로써 보완하고 계속 전개하며 이렇게 언제든 다시 전개하면, 이러한 조작은 모든 명석한 회상에 대해 하나의 동일한 완벽한 그 자신을 산출하게 된다. 즉 모든 명석한 회상을 완벽하게 하는 것은 내재적으로 존재했던 것의 동일한, 하나의 충족된 시간의 연관으로 이끈다.

다른 한편 충돌하는 것도 이념적으로 명석한 회상의 영역에 어떤 방식으로 속한다. 즉 의미의 공동체에서 이에 상응하는 조건의 경우 겹쳐지는 것과 부분적으로 합치되는 것, 부분적으로 억압되는 것이 산출될 수 있고, 충돌하는 종합이 수립될 수 있다. 그래서 이념적 명석함에서 혼합된 상(像)이 존재하다가도, 어쨌든 그것은 여기에서 필연적으로 말소된다. 이러한 것이 어떻게 가능한지 이해할 가장 간단한 방법은 여러분이 이른바 기억에 따라 표상된 어떤 집을 '상상을 통해' 다른 거리로 옮겨 놓고 —— 게다가 완전한 명석함에서, 물론 명증적으로 말소시킨 것으로 —— 머리에 떠올리는 것이다.

그러나 정상적인 회상을 받아들이면, 명석함의 등급으로 또 이념적인 그 자신으로 소급해 관계하는 것은 그 본질에 속한다. 그래서 〔한편으로〕 상세하게 규정하는 것, 다르게 규정하는 것, 그 자신에 확증하면서 접근하는 것 또는 〔다른 한편으로〕 부정하는 것이라는 두 가지 경우가 본질적으로 가능하다. 하지만 부정하는 경우에는 '스스로를 부여함'의 부분들이 확증하는 것을 통해 자신의 권리를 유지하며 말소하는 것이 함께 속하지 않는 것들을 함께 묶는 것에 관계한다는 사실이 필연적으로 속한다.[8]

이제까지 상론한 것은 회상에 관한 이론 그리고 어떤 자아의 가능한 회상들의 다양체를 본질적으로 완전히 지배하는 참된 존재의 규범에 관한 이론에서 단순히 특수성만 우리에게 제공해주지 않는다. 본질적으로 또 발생(Genesis)의 아프리오리한 법칙에 입각해 이해할 수 있듯이, 생생하게 흐르는 의식은 끊임없이 풍부해지지만 근원적으로 건립함을 통해 끊임없는 동일성에서 자기 자신과 더불어 남아

---

8) 여기에 속하는 여전히 중요한 보충적 상론은 [이 항] 다음 쪽을 참조할 것. —— 후설의 주.

있는 참된 존재의 영역, 활동적 자아와 그 능동적으로 포착하는 것·동일하게 하는 것·확증하는 것·반박하는 것에 대해 미리 주어진 대상성 그 자체의 영역을 그 자체로 내포한다. 생생하게 흐르는 의식은 단지 현실적인 경험 속에 현존할 뿐만 아니라, 실제적인 '경험-됨'이 어떤 방식으로든 우연적으로 그것에 정지해 있으면서 계속 남아 있는 '그 자체〔의 존재〕'(Ansich)로서 현존한다. 물론 의식의 흐름에서 이 그 자체의 존재는 그 미래가 '그 자체〔의 존재〕'와 똑같지 않다는 사실 때문에 〔'그 자체의 존재'와〕 다른 존재의 단계다.

우리는 이러한 상태의 기묘한 특성을 완전히 분명하게 해야만 한다. 의식은 단순히 그때그때 회상들이 떠오르는 흐르는 근원적 현재가 아니고, 이러한 근원적 현재의 끊임없는 형식을 관통하는 흐름 속에서 체험에 〔다른〕 체험이 단순히 모이는 것도 아니며, 질서가 세워진 계기하는 것에서, 즉 존재했던 흐름과 언제나 새로운 현재 속에 시기를 정하는 흐름의 통일체를 형성하는 확고한 시간의 형식에서 단순히 체험하는 것도 아니다. 오히려 의식의 그러한 점은 자아에 대해 현존하는 하나의 사실(Tatsache)이다. 의식〔자아〕이 능동적 자아로서 확인할 수 있다는 것은 진리다. '지금'까지의 의식의 흐름은 참된 존재이며, 의식의 흐름이 자아를 확립하든 않든, 자아에 대해 존재했다.[9] 존재했던 모든 체험은 그 자체로 존재했다. 어쨌든 자아에 대해 존재했고, 즉 존재했던 모든 체험이 자아에 대해 현존하는 것, 참으로 존재하는 것, 인식할 수 있는 것으로 존재했다. 만약 그렇지

9) 강의에서 언급한 내용: 최초의 우주(Universum)인, 대상들의 전체(Gegen-standall)인 객체화된 의식. 그러나 나는 이 모든 것(All)이 '지금'의 활동적인 종착점일 뿐만 아니라 ─문제로서─출발이라는 사실을 말하는 것을 잊어버렸다. 나는 〔한편으로〕 객관적 세계 전체와 〔다른 한편으로〕 이것이 의식의 우주와 소급해 관계하는 평행관계에 관해 암시적으로 이야기했다. ─후설의 주.

않았다면, 의식의 흐름에 관해서는 전혀 논의조차 할 수 없었을 것이다. 그리고 만약 '그 자체의 존재'(Ansich), 그 자신의 참된 존재를 그 자체로 지니는 것이 ── 능동적 인식을 가능케 하는 수동성의 근원적 조건에 따라 ── 의식의 흐름의 본질이 아니라면, 이때 이미 객관적-외적으로 구성된 세계 속에 어떤 자아도 의식의 흐름 그리고 우리가 이 의식의 흐름에 속하는 것으로 간주한 모든 것을 어떤 다른 자아에게 돌릴 수 없을 것이라는 사실을 쉽게 알 수 있다.

그러므로 '의식 삶인 흐르는 자아의 삶 속에 어떻게 이러한 삶 자체가 참된 존재 ── 즉 내가 말하듯이, 가능한 확증의 이념적 상관자인, 본질적 법칙에 따라 의식 속에, 더 자세하게는, 의식에 속한 '스스로를 부여함' 속에 놓여 있는 이념적 규범인 참된 존재 ── 로서 구성될 수 있는지'를 이해하는 것이 선험논리학(transzendentale Logik)의 가장 근본적인 문제다. 그리고 이 이념적 규범이 의식 속에 '함축적으로' 포함되어 있기 때문에, 자아는 그 후에 자신의 자유로 이 이념을 자신의 것으로 삼을 수 있고 이 이념을 뚜렷하게 부각시킬 수 있다. 이 경우 일치하게 해명하는 과정 속에 명백하게 밝혀질 수 있는 참된 그 자신은 본질적 법칙으로 단지 자신의 순간적 극한인 이러한 과정에 속하는 우연적이고 일시적인 것이 아니다. 두 가지의 '스스로를 부여함', 즉 동일성이 종합되는 가운데 동일한 지나가버린 것의 회상으로 등장하는 두 가지 회상은 본질적으로 서로 다른 것의 회상으로 명백하게 밝혀질 수 있다.

그러나 두 개의 항(項)이 연속적 동일성에서 끊임없이 극한에 접근하면서 자기 자신을 통해 확증되면, 결합하는 동일성이 의식은 본질적으로 폐기될 수 없다. 만약 A와 B가 평행하게 자신들의 극한에 접근하고 동일성이 순수하게 그 자신을 부여하는 가운데 양쪽이 참된 것으로 확증되면, 'A는 B와 동일하다'는 종합적 의식은 본질적으로 변화되며, 이때 동일성도 참된 그 자신으로 주어진다. 그에 따라 일단 뚜렷하게 부각된 모든 참된 존재에는 순수하게 '스스로를 부여함'을 반복하는 이념적 가능성이 속하고, 모든 반복은 동일하게 하는—바로 이 동일하게 하는 것에 따라 참된 것은, 이에 상응하는 동일성 자체와 같이, 동일한 것과 일회적인 것이다—종합으로 합쳐진다. 물론 이 모든 것은, 자아가 오직 수동성 속에서만 살아갈 경우, 은폐된 채 남겨질 것이고, 따라서 자아는 이 모든 것에 대해 정신적으로 맹목적일 것이다. 다른 한편 자아가 능동적으로 살아가면, 자아는 인식의 능동성을 행사할 필요가 없으며, 이때 자아는—자아가 스스로 활동하는 인식으로 이끌지 않은, 즉 자유로운 작용 속에 실제로 실행된 확증하는 자신의 것으로 이끌지 않은—'그 자체의 존재' 모두에 대해 맹목적이다. 그렇지만 모든 경우에, 또 이미 수동성 속에는 어쨌든 능동적 자아의 작업수행을 가능하게 하는 모든 것이 준비되어 있으며, 이것은 이러한 작업수행의 가능성을 이해할 수 있게 하는 확고한 본질적 법칙에 지배된다.

그래서 자아는 그 자체 존재의 첫 번째 영역, 즉 절대적으로 필연적이게 구성된 영역이며, 그것 없이는 자아가 결코 자아로서 생각해 볼 수 없는 절대적으로 확고한 참된 대상성의 첫 번째 영역을 구성한다. 〔한편으로〕 지금의 생생한 자아 그리고 근원적 인상, 과거지향의 변화와 〔과거지향의〕 지평이 종결되는 생생한 의식의 현재와 〔다른 한편으로〕 객관화된 의식, 즉 그 의식의 현재의 '근원적 내재'(Urimmanenz) 속에 부분적으로 불완전하고 불명석하게 제시되는, 어쩌면 방향이 정해짐—인식작용적(noetisch)으로는 회상, 즉 근원적 인상의 한계를 지닌 순간적인 신선한 과거지향—속에 거짓으로 입증할 수 있게 제시되는 체험들의 객관적인 시간적 체계가 분리된다.

그렇지만 근원적으로 생생한 의식 속에는 다른 객체성(Objektivität)도 제시되며, 게다가 그때그때 생생한 의식의 체험을 매개함으로써 제시된다. 이때 의식의 체험은 내재적 시간과 객체화된 내재의 구성으로 이끄는 지향성뿐만 아니라, 다른 대상성들과 다시 개별적 대상성들을 구성하는 2차적 지향성도 내포한다. 그래서 외적 지각, 외적 기억 등은, 이것들이 그 자체만으로 스스로 객체화된 주관성의 형식인 내재적 시간 속에 자신의 위치를 유지하는 한, 첫 번째 의미에서 자신들의 객관적 존재를 지니는 체험이다. 다른 한편 그것들은 사물·동물·인간 등에 관한 표상이고, 그것들이 이 표상 속에 표상하는 것은 그 자체로 존재하는 공간과 그 자체로 존재하는 객관적 시간 속에 있는 객체적인 것(Objektives)이다.

우리는 '의식이 자아의 모든 능동성에 앞서 어떻게 자기 자신을 객체화하게 되는지' 또는 '의식이 근원적 발생의 근본적 법칙에 따라 어떻게 그 자신의 과거 일반을 지닐 뿐만 아니라 이 과거 일반에 관한 인식을 획득할 수 있게 되는지'를 이해하게 되었다. 일련의 회상이 각각의 회상에 충족되는 일련의 형식으로 — 이 속에서 참된 지나간 존재는 명석함의 절대적 극한으로서 말소될 수 없게 구성된다 — 연속해서 일깨워질 수 있는 가능성은 본질적으로 의식의 발생에 속한다.

의식은 존재하고 생성된다. 그뿐만 아니라 이른바 의식에 타고난 본래의 것으로, 의식의 모든 회상에 대한 그리고 회상들의 완결된 모든 것(All)에 대한 절대적 규범이 있다. 물론 이 규범은 은폐된 채 남아 있는데, 만약 자아가 오직 수동성 속에서만 살아가면, 자아는 이러한 영역의 참된 존재에 대해 이른바 정신적으로 맹목적일 것이다. 그러나 자유로운 능동성의 가능성이 자아와 자아 삶의 본질에 속하면, 이 자유로운 능동성의 가능성이 본질적으로 회상에 펼쳐지면, 더 나아가 그와 같은 '스스로를 부여함'에 대해 충족시킴을 추구하고 참된 존재를 얻으려고 노력하는 것이 자아에 속하는 일이라면, 수동적 삶의 근본적 토대의 본질적 구조를 통해 자아의 과거영역에 관해 획득할 수 있는 진리는 그 자아에 대해 미리 지시된다. 자아에 대해 미리 지시된 것은 필연적으로 타당한 이념인 그 자아 자신의 지나간 삶의 참된 존재다. 이 이념은, 비록 준비되어 있고 필연적으로 타당한 것으로 이 이념을 깨닫기 위해 더 높은 사고의 과정이 필요하더라도, 준비되어 있다. 우리가 말했듯이, 이 모든 것은 의식의 과거에도 적용된다.

제3절

의식의 미래에서 참된 존재의 문제

46 예상의 본질적 계기인 실망시킬 가능성

이제까지 우리의 고찰은 미래를 향한 방향을 향하지 않았다. 흘러가는 의식은 끊임없이 앞을 향해 미래지향의 지평을 내던지지만, 이 '미리 지시하는 것'은 그렇게 규정되고 또 그렇게 강제적인 것이어서 우리가 미래에 대해 참된 존재의 규범이 구속력 있는 규범으로 확정된다고 말할 것이라는 사실을 예측할 수 없다. 내가 체험한 것은, 비록 내가 이것을 순간적으로 잊어버렸더라도, 실제로 존재했고, 나에게는 참된 실제성으로 남아 있다. 회상에서 〔다른〕 회상으로 진행해가면서 나는 그 회상을 다시 일깨울 수 있고 그 회상을 순수한 내재에서 증명할 수 있기 때문이다. 즉 순수한 내재에 관한 규범이 내 속에 확고하게 포함되어 있다. 그렇지만 미래에 대해서는 사정이 어떠한가?

예상은 오직 지각을 통해서만 실제로 충족될 수 있다. 따라서 예상이 모든 상황에서 실망시킬 수도 있다는 사실은 본질적으로 예상에 속한다. 지각은 새로운 것을 이끌어오는데, 이것은 지각의 본질이다. 물론 지각은 의식의 과거에서 어떤 것을 미리 지시할 수 있고, 새로

제3절 의식의 미래에서 참된 존재의 문제 353

운 것은 이미 '알려진 것'에 따라, 즉 과거에 구성된 것으로 이미 '알려진 것'에 따라 나에게 다가온다. 어쩌면 그 동기부여는 나에게 명증적일 수 있고, 대항하는 모든 힘을 압도하는 힘을 지닐 수 있다. 더구나 대항하는 어떠한 힘도 무효하고 대항하는 어떠한 힘도 지나가 버린 것 속에 제시되지 못할 수도 있다.

그렇지만 어쨌든 우선 지각이 결정한다는 사실, 또 새로운 것은 모든 예상의 얼굴을 때릴[예상을 크게 실망시킬] 수 있다는 사실은 명증적이다. 멜로디처럼 오직 미리 지시된 감각만 잇따르는 것을 생각해보자. 예상이 자체 속에 내포하는 '필연'(Das muβ)은 존재의 절대적 필연성이 아니라, 선취된 어떤 존재의 필연성이다. 우리는 '자아는 그럭저럭 살아가면서 다소간에 규정된 선취된 미래를 앞서 갖는다'고 말해야만 할 것 같다. 게다가 자아는 과거의 본보기에 따라 충족된 미래를 이렇게 미리 지시하는 테두리 속에 입안하는 직관적 가능성을 생생하게 그려내는 자유가 있다. 그러나 이 경우 오직 가능한 미래의 형식만, 또한 일반적으로 어떤 것이 다가올 것이라는 사실만 '아프리오리하게' 말소될 수 없는 것이다. 물론 미래를 향해 살아가는 자아는 다가올 것을 이것이 바로 현재에 생성되고 자아가 실제로 이것을 지각하는 그 순간에 경험한다. 이때부터 관련된 대상적인 것의 '그 자체의 존재'가 확보된다. 그렇지만 이 '그 자체의 존재'가 자유롭게 동일화될 수 있고 그 자신 속에 항상 증명될 수 있는 실제성으로 건립되는 것은 무엇보다도 여기, 즉 실제적인 지각 속에서다. 따라서 [아직] '알려지지 않은 것'은 [이미] '알려진 것'으로 변화되고, 어떤 방식으로 모든 대상은 자아에 대해 존재하는 대상, 자아에 대해 참된 대상 그리고 그 참된 존재에서 인식할 수 있는 대상, [이미] 알려진 대상이다.[10]

미래는 [아직] '알려지지 않은 것'의 영역이고, 이러한 것인 한, 그것은 우선 결코 '그 자체의 존재'의 영역이 아니며, 결코 참된 대상성의 영역도, 그것의 진리에서 자아에 미리 주어진 대상성의 영역도 아니다. 오히려 미래는, 규정하는 충족시킴이 나중에 어떤 대상성을 구성할 것이라는 사실이 확실한 한에서만, 자아가 대상성들과 더불어 점유하는 〔아직〕 '규정되지 않은 것'의 영역이다. 이것이 우리가 말해야만 할 것이리라. 그리고 어쨌든 예상은 대상성을 구성할 수 있고, 미래를 규정할 수 있다.

47 미래의 의식을 일정하게 미리 지시하는 것에 대한 그 의미에서 객관적 세계의 구성

내재적 의식의 흐름은 어떻게 미래를 규정하는가? 우리의 내적 삶은 이 일을 사실적으로 성취한다. 우리는 우리의 사실적 의식에서 ─ 물론 현상학적 환원 아래 ─ 의식의 본질적 유형, 즉 적어도 넓은 범위에서 또한 현재 과학의 확신처럼 보편적으로 객관적 미래가 구성되는 흘러가는 체험작용(Erleben)의 본질적 유형을 파악한다. 따라서 그것은 우리가 그 객관적 미래를 ─ 우리에게 대상이 되기 위해, 그래서 '그 자체의 존재'의 방식으로, 즉 확증하는 것의 미리 지

---

10) 인식이 활동하기 이전에 단적인 확실성에서 스스로 주어진 개별적 대상에 대한 경험은 감각자료처럼 그 자체로 고립된 것이 아니다. 이것은 실제로 파악된 것과 아직 주목받지 못했어도 친숙한 유형에 따라 앞으로 다양하게 인식될 형태와 함께 지각의 영역 속에 미리 놓여 있다. 즉 스스로 거기에 주어진 핵심을 넘어서 처음에는 주시하지 않았던 국면을 점차 밝혀줄 가능성을 지시하는 생생한 지평을 지닌다. 따라서 '아직 알려지지 않은 것은 동시에 이미 알려진 것의 한 양상'이다. 이와 같이 미리 아는 것, 미리 지시하는 것은 항상 불완전하고 내용상 규정되지 않았지만, 주어진 핵심을 넘어서 생각함으로써 앞으로 규정될 수 있는 가능성의 활동공간인 '공허한 지평'을 지닌다.

시된 길에서 참된 존재의 방식으로 증명될 수 있기 위해 또한 언제나 다시 동일한 것으로서 규범에 따라 규정될 수 있기 위해──실제로 체험할 때까지 우선 기다려야만 할 〔아직〕 규정되지 않은 미래가 아니다. 오히려 바로 미리, 실제적 경험작용(Erfahren)에 앞서 이러한 방식으로 규정할 수 있는 〔이미〕 규정된 미래다.

지금 나는 내재적 필연성에 따라 의식이 그렇게 형태가 만들어지고, 그래서 의식의 그와 같은 본질적 유형에 상응해야만 하는 것이 의식 일반의 본질에 속하는지를 심문하는 것이 아니다. 나는 우리의 주어진 의식과 그 본질적 유형이 ── 현재에 이르기까지 과거뿐 아니라 미래에 관해서도 자신의 고유한 시간적 존재를 객관적으로 구성하는 입증된 절대적 필연성이라는 의미에서 ──이처럼 불가사의한 특성을 지녔다는 사실을 확인할 뿐이다.

'흘러가는 의식이 어떻게 그러한 일을 하는가?' 하는 물음에 답변은 다음과 같다. 즉 의식은 그 자체 속에 초월적 지향성으로 객관적 세계를 구성한다는 사실을 통해 〔그러한 일을〕 한다. 공간적 사물의 경험에 관한 체험의 흐름은 체험의 흐름을 관통해가며, 끊임없이 지각이 계기하는 경과 속에 경험된 모든 사물은 그 자신의 신체에 관련되는 방식으로 〔체험의 흐름을〕 관통해간다. 이때 심리적 체험이라는 명칭으로 체험이 경과하는 가운데 등상하는 그 밖의 모든 것은 이 신체를 통해 규칙적으로 조직되어 구성된다. 즉 심리적 체험은 신체에 결합된 심리물리적 체험으로 규칙화된다.

이 경우 무엇보다 다음과 같은 중요한 사항을 주의해야만 한다. 즉 사물들은 내재적 체험 속에 구성되지만, 그것 자체는 지나간 것으로도 미래의 것으로도 체험으로 구성되지 않는다. 사물들은 본질적으로 지향적 통일체, 즉 실제적이거나 가능한 지각을 동일화할 수 있는 통일체로 구성된다. 그래서 사물들은 그때그때의 지각을 넘어서까지 ─ 경험된 과거와 미래를 경유해 경험되지 않은 과거와 미래까지, 동시에 경험된 과거와 현재를 경유해 미래까지도 게다가 객관적으로 ─ 도달하면서 그 지각들 속에서만 나타나는 지속하는 통일체다. 이 경우 사물은 〔일단〕 한 측면만 구성되지만, 사물은 내가 그 사물에 관해 본 것 이상이며, 지금 보이지 않지만 사물 그 자체에 걸맞은 측면들을 지닌다. 이와 마찬가지로 사물은 그 자체로 미래를 지니며, 본래 경험된 것이든 지금 본래 경험되든 상관없이 과거와 미래에 관해 '그 자체〔의 존재〕'일뿐만 아니라, 미래에 그것인 것, 즉 내가 그것에 관해 아는 것이 아무리 적더라도 이미 '그 자체〔의 존재〕'다.

따라서 이른바 외적으로 지각하는 나의 체험 속에 그와 같은 외적 현존재(Dasein)가 '그 자체〔의 존재〕'(Ansich)의 그러한 의미를 부여함으로써 구성된다. 이때 많은 것이 부분적으로는 그때그때 지각된 사물이나 사물의 복합체 속에, 부분적으로는 지평으로 줄곧 함께 구성되는 그 사물의 주변에 〔아직〕 규정되어 있지 않다. 어쨌든 여기에서 모든 것은 객관적인 것으로, '그 자체〔의 존재〕'로 구성되고, 모든 것은 규정할 수 있지만 〔아직〕 '규정되지 않은 것'(bestimmbare Unbestimmtheit)[11]으로 구성된다. 증명할 수 있는 존재, 그 자체로 참된 존재는 이 모든 것의 기초에 놓여 있고, 모든 오류, 모든 가상은 은폐되어 있지만 어쨌든 획득할 수 있는 참된 것 속에 자신의 규범〔기준〕을 지닌다.

실제적이거나 가능한 외적 지각의 객체성인 자연의 의미에 속하는 이러한 요구를 인정하면, 아무튼 이제 이러한 자연은 바로 그와 같은 지각들 ─ 따라서 의식 ─ 에 내재적 의미를 부여하는 가운데 구성된

---

11) 이에 관해 '공허한 지평'은 제1항의 주를, [이미] '알려져 있음'과 [아직] '알려져 있지 않음'의 구조에 관해서는 제13항과 제46항의 주를 참조할 것.

다는 사실을 숙고해야만 한다. 그래서 다음과 같은 것이 분명해진다. 즉 자연적인 객관적 태도에서 자연은 사물적인 객체와의 보편적 연관을 통해 제시되며, 이 연관 속에 객관적 과거·현재·미래는 그 자체로 규정된다. 이러한 요구에 따라 미래에서의 자연의 경과는 각각 경험된 현재에서 증명할 수 있으며, 결국 논리적으로 인식할 수 있고 계산[예측]할 수 있다. 이것은 객관적 태도에서 그러하다.

보편적 시간을 객관적으로 충만시키는 자연을 구성함으로써 체험작용과 지각작용의 규칙 ─ 의식 전체, 따라서 의식의 미래도 포괄하는 규칙 ─ 이 미리 지시된다는 사실은 이제 분명하다. 확증하는 규범들이 존재하며, 능동적 자아가 자유롭게 찾아내 조사할 수 있는 확증하는 것의 근원적으로 미리 지시된 방식들이 존재한다. 진정으로 확증하는 것이 언제든 가능하다는 사실은 모든 경험된 객체성(Objektivität) ─ 이 객체성을 구성적 원천에 입각해 이해하든 않든 ─ 의 의미에 포함되어 있다. 진정으로 확증하는 모든 것은 지각이 경과하는 것을, 즉 과거나 미래의 지각이 경과하는 것을 규정하는 규칙을 지정한다. 어떤 사물이 존재했다고 지각으로 그것을 계속 증명할 필요는 없다.

그렇지만 어떤 사물이 존재했다면, 이것으로 내가 언젠가 나의 운동감각의 자료를 통해 적절하게 훑어봄으로써 볼 수 있었던 것 또는 보아야만 했던 것이 미리 지시된다. 이와 마찬가지로 내가 그 사물을 볼 수 있었다는 사실, 내가 그 사물을 미래에 볼 수 있는 방식과 자세를 취하는 등 나의 신체를 적절하게 움직여감으로써 계속 그 사물을 존재하는 것으로 증명할 수 있는 방식도 미리 지시된다. 당연히 이것은 나의 지각이 나타나는 것을 규칙화하는 것, 이와 더불어 나의 현실적이거나 가능한 지각의 체험을 규칙화하는 것을 산출한다. 물론 이것은 우선 우리가 처음에 자기 뜻과 상관없이 우선적으로 다룬 좁은 영역에 관련된다. 즉 이 영역에서 우리는 신체성(Leiblichkeit)이 비정상적으로 기능하는 것을 참작하지 않았다.[12] 물론 신체성 그 자체는 오직 현상학적으로 구성된 것으로서만 고려된다.

모든 모습의 상(像)을 변경시키는 눈의 질병, 촉각의 나타남이 정상성의 규칙에서 벗어나게 하는 손의 화상 같은 비정상성도 단지 체험연관의 새로운 규칙을 뜻한다. 이 연관은 미리 형태가 정해진 거대한 구성적 연관에 함께 속하는데, 이 구성적 연관 속에 초월적 객체성, 즉 그 자체로 존재하는 세계인 세계의 보편적 객체성이 구성되며, 이와 함께 과거의 의식에서 미래의 의식에 확고한 규정을 미리 지시하는 체험의 경과를 포괄하는 보편적으로 규칙화하는 것이 확정된다. 세계의 객관적 현존재는 일치하며 계속 확증하는 경험의 통일성 속에 자신의 상관자(Korrelat)를 지니는데, 이 경험은 바로 이 현존재를 끊임없이 확증하는 방식으로만 경과할 수 있다. 경험의 가능성은 확증할 수 있는 계열로서 자아가 자유롭게 처리할 수 있는 것이며, 자아는 자신의 운동감각을 통해 경험의 경과를 연출한다.

따라서 우리는 자연이 일관되게 구성되는 의식의 흐름이 경탄할 만한 내적 조직(Organization)을 지녔다는 사실을 알게 된다. 이 조직은 우리가 끊임없이 외적 경험을 지닌다는 사실뿐만 아니라 실제로 일어나거나 자유롭게 경험할 수 있는 모든 가능한 경험에는 확고한 규칙이 미리 지시되어 있다는 사실에 포함되어 있다. 이 '미리 지시

---

12) 자연과의 상관관계에 있는 신체성의 모든 변화는 그것의 참됨, 즉 신체의 모든 인과적 변화를 지닌 이 세계가 그 자아의 주체에 대해 정당하게, 정상적인 (normal) 경험 속에 일치하게 구성된다는 것을 전제한다. 공동체의 세계가 구성되고 자아의 주체들이 서로 의사소통하면, 이것을 위해서 정상적인 유형으로 기능하는 지각의 최상의 체계로서 신체가 전제된다. 따라서 '정상적으로 기능하는 신체는 상호주관적 세계가 가능할 수 있는 조건'이다.

하는 것'은 맹목적으로 미리 지시하는 것이나 요컨대 외부에서 무의미하게 미리 지시하는 것이 아니라, 인식의 형식으로 '의식의-자아'에 도달할 수 있는 미리 지시하는 것이다. 이것은 자연의 객관적 실제성이 자아와 관련 없이 그 자체만으로 있는 사실(Tatsache)이 아니라, 자아에 대한 사실, 즉 실제적이거나 가능한 경험을 통한 또 이 경험 속에 미리 지시된 확증하는 것을 통한 사실이라는 것과 마찬가지다. 이렇게 확증하는 것은 초월적 세계가 그것이 '스스로를 부여함'에서 참된 존재를 확증하면서 증명하고 애써 만들어내는 일정한 방식에 관련된다. 따라서 공간적·시간적 세계와 의식의 흐름의 상관적인 규칙화—이것은 존재할 뿐만 아니라, 바로 자아에 대해 존재하며, 그것은 자아에 대해 '미리 주어진 것'으로, 즉 인식의 능동성에 따라오는 가능성을 준비하는 현존하는 것으로 존재한다.

따라서 의식은 그러한 조직 없이는 결코 생각해볼 수조차 없다. 왜냐하면 우리가 의식을 여전히 그렇게 규칙이 없는 것으로 생각하려고 해도, 또한 이때 우리가 모든 새로운 현재는 완전히 규칙이 없는 새로운 자료를 끌어온다고 생각하더라도, 어쨌든 의식 일반의 일반적 본질은 어떤 결합을 지정하고, 이 본질도 우리가 인식한 방식의 관점에서 각각의 근원적 인상으로 등장하는 것은 과거지향으로 유지된다는, 또 이러한 사실을 통해 자아에 대해 확고한 그 자신의 과거가 반드시 구성된다는 확고한 질서의 규칙을 지정하기 때문이다.

무한하고 훨씬 더 풍부하게 의식 전체를 또한 미리 미래에 대해 포괄하는 조직은, 우리가 이제 살펴보듯이, 객관적 세계를 구성하는 것(Konstitution)을 뜻한다. 그런데 우선 물리적 자연을 구성하는 것을 뜻한다. 그렇지만 이 구성하는 것은 단지 하부단계, 즉 우리에게 미리 주어진 세계 전체의 단지 구성적 하부 층(層)일 뿐이다. 이 세계도 심리물리적 세계다. 이 세계 속에 우리는 동물과 인간이 객관적으로 주어진 것을 발견하며, 이들의 객관적으로 경험된 '자연의 신체'(Naturleib)에 객관적으로 관련된 의식, 이른바 심리적 체험을 발견한다. 이 심리적 체험은 의식을 통해 객관적 공간과 객관적 시간에 통합되는 것을 유지한다. 따라서 우리가 이제까지 단지 일시적으로만 언급했고 더 상세하게 고찰하지는 않은 다른 종류의 의식 — 심정이나 의지 같은 의식 — 도 객관[객체]화하는 것(Objektivierung)에 관여하고, 우리가 이제까지 추적한 수동성(Passivität)의 기능뿐만 아니라 창조적 능동성(Aktivität)의 특수한 이성의 기능도 의미를 형태화하는 것에 관여한다.

그런데 우리에게 대립해 있는 세계는 단순히 심리물리적 자연이 아니라, 객체성들의 여러 가지 특수한 유형을 지닌 인격적 공동체의 세계와 문화의 세계다. 그 객체성들은 인격적 공동체의 세계와 문화의 세계를 경험하는 자아에 대해 현존하며, 자아 속에, 즉 자아의 의식의 흐름의 내재 속에 구성되며, 자아 속에 더욱더 높은 단계의 의식을 규제하는 것에 대한 지표다. 우리에 대해 현존하는 모든 종류의 객체성에 대해 우리는 실로 어떤 '스스로를 부여함'을 지니며, 이 경우 항상 초월적인 것으로서 자신의 일면성을 지닌 그에 상응하는 참된 존재를 증명하는 — 그것에 상응하면서 명백하게 속한 — 방식들을 지닌다. 그래서 가능한 의식의 경과에 언제나 새로운 규제들이 지시되며, 의식 자체 속에 발전되어 [객체성을 규제해 구성할] 준비된 것이 지시된다. 그렇지만 이렇게 규제하는 것은 각각의 모든 의식을 포괄하며, 심지어 심정의 의식과 의지의 의식도 포괄한다. 왜냐하면 이 의식도 구성하는 기능에 얽혀 있기 때문이다.

결론적 고찰

48 구성적 작업수행의 단계적 구조인 의식,
의식을 체계적으로 탐구하는 학과들

물론 초재(超在)를 구성하는 것이 미래의 의식을 미리 지시하기 ― 미래의 의식과 동일하게 할 수 있는 견고함인 객체성도 부여하기 ― 위한 수단이라는 〔점을 증명하기 위한〕 실마리로 사용하는 관점에서만 이 모든 것에 극히 관심을 둔 것은 아니다. 선험철학의 중요한 주제는 구성적 작업수행의 단계적 구조인 의식 일반이다. 이 작업수행을 통해 언제나 새로운 객체성, 즉 언제나 새로운 유형의 객체성은 언제나 새로운 단계 또는 층(層) 속에 구성되고, 언제나 새로운 '스스로를 부여함'이 전개되고, 이 '스스로를 부여함'에 속하는 언제나 새로운 종류로 증명할 수 있는 것 ― 참된 존재의 가능한 이념 ― 을 미리 준비하는 방식이 전개된다. 이때 더 높은 단계보다 낮은 다른 모든 단계는 지양되지만, 더 높은 단계 속에 상실되지 않고, 오히려 그 자체로 그에 상응하는 시선의 방향과 증명하는 것에 항상 준비되어 있다.

이 모든 것은 현상학적 방법으로, 따라서 순수 의식 속에 그리고

체계적인 질서로 이해할 필요가 있다. 그 중심적 사상은 다음과 같다. 즉

　이러한 의식이 본질적 법칙에 따라, 그래서 전적으로 폐기할 수 없는 법칙에 따라, 또한 그 질료적 존립요소의 재료(Material)에서 그에 상응하는 지향적 발생을 성취하지 않는다면, 의식의 흐름 속에 또는 의식의 흐름의 자아 속에 아무것도 의식될 수 없다. 또한 지향적 발생의 확정적 근거는 관련된 '객체의 의식'이고, 지향적 발생의 침전물은 관련된 과거지향의 체계인데, 지향적 객체성이라는 유형의 '그 자체[의 존재]'에 대한 또한 그것을 규범화하는 것에 대한 예비조건은 이 체계 속에 놓여 있다. 따라서 의식은 끊임없이 생성되는 것이다. 그렇지만 의식은 체험들이 단순히 잇따라 연속하는 것, 사람들이 객관적[대상적] 흐름을 머리에 떠올리는 것 같은 흐름이 아니다. 의식은 연속적 단계가 끊임없이 '전개되는' 가운데 객체성들을 끊임없이 구성함으로써 끊임없이 생성되는 것이다. 그것은 결코 중단되지 않는 역사(Geschichte)다. 그리고 역사는 내재적 목적론(Teleologie)[1]으로 지배되는, 더욱더 높은 의미의 형성물을 단계적 방식으로 구성하는 것이다. 그래서 모든 의미에는 진리와 진리의 규범이 속한다. 인간의 문화에 관한 통상적인 의미에서 역사는 단지 가장 높은 단계이지만, 이것도 미리 지시된 자신의 '그 자체[의 존재]'를 지닌다는

---

1) 후설현상학의 목적론은 아리스토텔레스와 같이 모든 실체의 변화가 목적(순수 형상)을 향해 미리 설정된 것도 아니며, 헤겔과 같이 의식이 변증접적 자기발전을 통해 파악한 절대정신이 이미 드러나 있는 것도 아니다. 그것은 정상적인 모든 인간에게 동일하게 기능하는 '이성'과 '신체'에 근거해 부단히 '사태 자체'로 되돌아가 경험의 지향적 지평구조를 해명할 뿐만 아니라, 이 경험이 발생하는 원천인 선험적 주관성의 자기구성을 되돌아가 물음으로써 궁극적 자기이해와 세계이해에 도달하려는 이중의 방향으로 전개된다. 요컨대 후설의 목적론은 인간성이 수행해야만 할 자기책임과 의지의 결단을 표명한 것이다.

것이 분명하다.

철저한 현상학적 연구의 길은 구성의 단계적 구조를 따라가야만 하며, 현상학적 연구 자체는 이 단계적 구조를 탐색하고 명백하게 밝혀내야만 한다. 물론 현상학적 연구는, 객관적 세계가 직접 또 소박하게 드러나듯이, 객관적 세계에서 출발할 수밖에 없다. 이때 객관적 세계에서 단순한 물리적 자연, 즉 '정신이 없는'(geistlos) 죽은 자연은 ── 이 자연의 구성에 자유로운 자아의 모든 창조적 작업수행이 관여하지 않은 채 남아 있고 세계를 고찰하는 것에서 그와 같은 모든 작업수행이 추상화되는 한 ── 상대적으로 쉽게 분리될 수 있는 하부 단계로서 부각된다. 따라서 당연하고도 그 자체로 실로 매우 어렵고 포괄적인 작업은 여기 다양한 외적 지각에서 자연이 '스스로를 부여함'으로 완성된 지향성에 대한 연구다.

우리가 크리스마스〔휴가〕전에 해설한 많은 것은 이러한 방향에서 고찰한 것으로, 그 해설은 외적 지각의 인식대상적(noematisch) 내용과 그래서 외적 자연의 완성된 현상에 대한 이른바 정적(statisch) 이해, 또는 오히려 인식대상적으로 결합시키고 그 경과 속에 공간적-시간적으로 무한한 현상적 통일체 그리고 인과적 종속성을 통해 엮인 자연의 현상적 통일체를 보여주는 현상이 법칙적으로 연관된 다양체에 대한 이해를 제공했다. 바로 이와 같은 분석은 신체성과 심리물리적 동물성의 모든 측면의 현상학으로 나아간다.

그러나 계속 고찰하면서 우리는 이것이 단지 출발점이었을 뿐이라는 사실을 알게 되었다. 신념에 관한 일반적 이론은 우리에게 길을 계속 지시했다. 일치하는 경험들의 연관에서 우선적 고찰은 양상화하는 것·분열되는 것·부정하는 것의 가능한 사건과 그런 다음 확증하는 사건을 고찰하는 것으로 대체되어야만 한다. 이러한 관점에서 모든 종류의 객관화하는 것에 대한 작업수행은 자신의 과거에 관해 의식이 스스로를 객관화하는 데서 비로소 명백해졌고 또 명백해진다. 동시에 가장 기초적이고 가장 원시적인 이 영역에서 우리가 외적 지각에서 착수한 발생(Genesis)의 문제도 감지된다. 이와 동일한 작업이 이제 자연을 구성하는 것에 대해서도 수행되어야만 한다. 자연이 일치하게 또는 불일치하게 가능하게 주어지는 것, 가능하게 확증하는 것과 반박하는 것의 이 전체 구조는 구성하는 의식의 역사[2]에 삽입되어야만 하며, '준비된 것이 그러한 구성적 연관들과 규범화하는 것을 진리의 이념에 따라 가능하게 하는 본질적 법칙에 따라 어떻게 의식 속에 생기는지'도 발생적으로 이해되어야만 한다.

우리는 적어도 문제제기를 뚜렷하게 부각시켰다는 데, 〔특히〕 실행된 분석의 단편들에서, 특히 가장 보편적인 동시에 가장 원시적인 내재적 시간성을 구성하는 작업을 실행하는 가운데 그와 같은 연구들의 양식(Stil)을 명확하게 이해했다는 데 만족해야만 한다. 여기에 속한 문제들의 엄청난 다양성을 통해 그러한 연구는 선험적 분과들 전체, 즉 자연에 관한 또는 오히려 가능한 자연 일반에 관한 선험적 학문, 우리가 말할 수 있듯이 ─ 완전히 파악해보면, 선험적 공간의 학문과 선험적 시간의 학문이 그 자체 속에 포함될 ─ 선험적 물리학, 동일한 의미에서 선험적 심리물리학과 심리학, 개별적 인격성과 더 높은 단계의 인격성을 포괄하는 인격성에 관한 선험적 학문, 따라서 가능한 인격적 공동체 일반에 관련된 선험적 사회학으로 이끈다. 이와 마찬가지로 그와 같은 연구는 가능한 공동체의 작업수행 일반에 관한 선험적 학문인 선험적 '문화의 학문'으로 이끈다. 이 학문들은 모두 그에 상응하는 구성적 문제들을 '정적으로' 그리고 '발생적으로' 다룬다.[3]

---

2) 의식의 역사에 관해서는 제9항의 주를 참조할 것.

이러한 분과들은 객체성에 관련된 영역들의 순수한 '본질' 또는 이 영역들에 속한 현존재의 형식들의 순수한 '본질'의 아프리오리(Apriori)를—단지 부분적으로만 순수하게 형성되어—설명하는 아프리오리한 학문들과 밀접한 관계에 있다. 이와 같은 학문들을 '존재론'(Ontologie)이라고 한다. 자연 일반의 본질, 자연의 순수한 이념은 이른바 소박하게 자연의 존재론을 전개하고, 특히 공간의 본질은 순수 기하학을, 시간의 본질은 순수 시간론을, 특수한 물리(Physis), 즉 물리적 물질성(Materialität)의 본질은 물리적 존재를 인과적으로 형태화하는 것에 관한 순수 학문인 순수 역학(力學)을 전개한다. 경험적 물리학의 근본개념, 즉 원리적 개념들의 가장 적확한 의미에서 근본개념은 자연의 존재론 또는 합리적 물리학의 주도적 개념일 뿐이다. 이 개념과 이 개념에 근거한 공리는 끊임없이 가능한 모든 물리적 존재에 대한, 또한 이러한 존재를 위해 수립할 수 있는 경험적 진리에 대한 규범으로 물리학자를 돕는다. 이 근본개념은, 우리가 소박하게-독단적으로 형성된 존재론이 앞에 놓여 있다는 점을 받아들이면, 선험적 실마리로 선험철학자(先驗哲學者)를 돕는다. 물리학자는 이론화하면서 경험에 따라 주어진 자연의 토대 위에 서 있으며, 이 자연을 그 참된 존재에 따라 이론적으로 규정하려고 한다. 합리적 물리학자, 일반적으로 말하면, 순수 기하학자와 역학자, 자연

---

3) 선험적 현상학을 근거로 자연과학·물리학·심리학·사회학 등으로 연구의 영역을 확장할 수 있듯이, 후설은 근대 이후 철학의 이념인 '보편수학'(mathesis universalis)을 시종일관 발전시켜 학문이론으로서 논리학을 완성하고자 했다. 따라서 정적 현상학과 발생적 현상학이 추구하는 이념은, 각기 의도한 목표가 다르더라도, 서로 배척하는 관계가 아니라 엄밀한 학문으로서 제일철학(보편수학)의 이념을 마치 어떤 건물의 전체 모습을 파악하는 데 서로 도움을 주는 평면도와 입면도처럼 서로 보완하는 관계다. 물론 더 복잡한 발생적 분석 이전에 정적 분석을 먼저 그리고 우선 다루는 것은 극히 상식적이다.

의 존재론자(Ontologe)는 공간·시간·가능한 자연 일반이 지닌 순수
이념의 본질이 주어져 있는 토대 위에 서 있다.

그러나 선험적 현상학자는 자연과 가능한 자연 일반을 순수하게
자연에 관한 의식의 상관자로 받아들인다. 물질적 객체는 선험적 현
상학자가 순수하게 이러한 상관관계나 현상학적 환원으로 고찰한
사념되거나 어쩌면 스스로 주어진 대상성의 유형을 지적한다. 원리
적으로 공간·객관적 시간·물질성의 본질을 설명하는 존재론의 근
본개념은 확증하는 일정한 체계를 위한 지표로서 선험적 현상학자
를 돕는다. 참된 그 자신 속에 지정하는 '스스로를 부여함'의 체계
적 계열은 이 참된 그 자신을 실로 인식대상적으로 부각된 '목표점'
(terminus ad quem)으로 간직하기 때문이다.

모든 참된 존재는 이념적 경계(Terminus)로서 인식대상적으로 '스
스로를 부여함'의 과정 속에 본질적으로 구성되어야만 한다는 일반
적 인식, 참된 존재 ─ 즉 '스스로를 부여함'의 구성적 연관들 ─속
에 고유한 계열들은 각기 본질적 계기에 상응해야만 한다는 일반적
인식은 우리가 물리적 자연 같은 객체의 유형에 관한 현상학적 연구
를 바로 '물리적 자연 같은 것에 본질적으로 속하는 것은 무엇인가?'
하는 물음과 함께 ─ 이때 '이러한 것이 어떻게 의식에 따라 주어지
고 의식 속에 자신의 모든 본질적 측면에 따라 확증하는 증명이 되는
지', 즉 '증명하는 이 연관들이 어떻게 인식작용(Noesis)과 인식대상
(Noema)에 따라 형성되어야만 하는지'를 주시하기 위해 ─숙고할
때 시작될 것이다. 그렇지만 어떤 존재의 영역에 대한 최고의 개념,
예컨대 '물질적 자연'이라는 개념을 체계적으로 설명하는 결코 사소
하지 않은 작업은 그에 상응하는 존재론 속에 이미 수행되었거나, 만
약 그 작업이 완벽하게 학문적으로 확립되었다면, 그에 상응하는 존
재론에서 수행되었을 것이다.

그러므로 현상학(Phänomenologie)과 존재론(Ontologie)은 일종의 동맹관계에 있다. 방법뿐 아니라 실로 작업의 토대에 관한 원리적 차이는 존재론자가 자연의 이념을 일종의 이념적 실제성으로 받아들인다는 사실, 존재론자가 자연의 특성을 탐구하기 위해 이러한 이념의 토대 위에 서 있다는 사실에서 비롯된다. 예를 들어 기하학자인 존재론자는 공간의 이념을 주어진 것으로 간주하고 본질적 특색과 이념적 형태들에서 무엇이 공간에 속하는지를 심문한다. 반면 선험적 현상학자는 자신의 주제를 존재하는 이념적 공간 속에서가 아니라, 어떤 대상성이 공간성의 형식으로 주어질 수 있는 의식 일반 속에서 찾는다. 선험적 현상학자는 아무런 기하학적 판단도 내리지 않고, 심지어 기하학적 판단과 기하학적으로 참된 판단의 가능성조차 그것에 의거하는 선험적 가능성 모든 것에 관한 판단을 내린다.

보충 논문

정적 현상학과 발생적 현상학의 방법[1]

우리는 발생(Genesis)의 법칙이라는 명칭에서 다음과 같이 구별해야만 한다. 즉

1) 체험흐름 속에 개별적 사건들이 잇달아 일어나는 것에 대한 법칙을 증명하는 발생의 법칙. 이것은 구체적 사건들이나 추상적 국면들에 관한 직접적인 필연적으로 잇따르는 법칙, 예를 들어 과거지향들이 경과된 체험에 필연적으로 연결되거나 과거지향의 국면들이 그때그때 인상적 국면에 필연적으로 연결되는 것처럼, 이러한 사건의 계기(契機)에 관한 직접적인 필연적으로 잇따르는 법칙이다. 또는 체험의 현재에 재생산한 것이 등장하는 것과 예상의 지향—충족되거나 충족되지 않은 앞서 지시하는 것과 소급해 지시하는 것인 가장 넓은 의미에서 공허한 지향—이 등장하는 것에 대한 법칙인 연상(Assoziation)의 법칙처럼, 간접적인 연속으로 잇따르는 법칙이다.

2) 통각이 형성되는 것을 규제하는 법칙성. 통각은 자신 속에 스스

---

1) 1921년 작성한 글.—편집자 주.

로 주어지지 않은 (완벽하지 않은) 어떤 것을 그 자체로 지각된 것으로 의식하는 지향적 체험인데, 통각은 자신 속에 실제로 스스로 주어진 그러한 것을 의식하고 있을지라도 ── 이러한 속성〔스스로 주어지지 않은 것을 그 자체로 지각된 것으로 의식하는 속성〕을 지니는 한 ── '통각'이라 부른다. 자신의 내재적 내용(Gehalt)을 초월하는 통각은, 연속으로 연결되는 구간에서 동일한 의식흐름 속에 충족시키는 체험이 가능하다는 사실에, 또한 이 체험은 충족의 종합에서 자신의 '스스로 주어진 것'[2]을 ── 의식의 다른 체험에서 '스스로 주어지지 않은 것'과 자신의 것(Selbiges)[3]을 ── 동일한 것으로 제시한다는 사실에 본질적으로 속한다. 바로 여기에 미래를 규제하는 법칙이 제시되어 있다. 그러나 그것은 단지 미래의 가능성에 대한 법칙, 의식흐름의 가능한 지속, 즉 이념적으로 가능한 지속에 관한 법칙이다.

이러한 일반성에서 정의해보면, 통각은 따라서 스스로를 부여하는 모든 의식, 즉 모든 직관적 의식을 포괄하는 개념이다.[4] 원본적 통

---

2) 내실적 또는 충전적으로 주어진 것이 아니라 본래 지각된 것을 뜻한다. ──후설의 주.

3) 여기에서 '자신의 것'은 곧 '스스로 주어진 것'을 뜻한다.

4) 통각의 개념이 어떻게 한정될 수 있는가 하는 문제가 숙고되어야 한다. 통각은 그 속에 스스로 주어진 것은 아닌 것(스스로 주어진 것은 내실적으로 지각 속에 포함되지 않는다)인 개별적인 것을 자체 속에 의식한 의식, 게다가 그것이 어떤 것을 자체 속에 스스로 부여했더라도 이러한 속성을 지니는 한, '통각'이라 한다. 즉 어떤 것은 통각으로 의식될 수 있고, 바로 이 통각작용보다 더 멀리 도달하는 동일한 의식 속에 동일한 것도 여전히 스스로 주어질 수 있다. 예를 들어 우리가 그에 따라 어떤 기호(Zeichen)의 의식을 '통각'이라 부르면, 어떤 의식의 통일 속에 기호의 의식과 더불어 기호화된 것도 스스로 주어질 수 있다. 또는 어떤 6면체-지각의 통일 속에 어떤 6면체의 표면과 동시에 다른 6면체의 표면이 나타난다. 그러나 그 가운데 하나는 다른 것을 지시함으로써 나타나고, 다른 것은 그 자체로 나타나는 것이다. 그리고 외면적으로 나타나는 것이 스스로 주어진 것의 구성요소에 관해서도 일반적으로 그러하다.

각은 지각이며, 통각의 모든 상상적 변화는 바로 이 변화의 형태에서 통각을 그 자체 속에 포함한다. 이제 모든 현재의 의식(체험흐름에 모든 현존Präsenz[5])의 구간)이 존재할 뿐만 아니라 지금 현재에 인상적으로 의식되어 있으며, 따라서 '지각되어' 있다는 사실을 숙고해보면, 모든 현재의 의식 속에는 어떤 '통각'이 놓여 있다고 말할 수 있다. 사실상 자신의 본질에 따라 〔어떤〕 현존에서 새로운 현존으로 향하는 흐름 속에 본래 현존된 것을 넘어서 포착하지 않는 것은 그 무엇도 떠올릴 수 없으며, 과거지향의 지평과 미래지향의 지평 없이,

---

모든 동기부여는 통각이다. 체험 A가 등장하는 것은 하나의 의식의 통일 속에 체험 B가 등장하는 것에 동기를 부여한다. A에 관한 의식은 함께 현존함(Mitdasein)을 '지시하는' 지향, 즉 〔자신을〕 넘어서 지시하는 지향을 통해 마련되어 있다. 그러나 여기에서 충족되지 않은 모든 지향, 충족되지 않은 모든 지평은 동기부여, 즉 동기부여의 체계를 내포한다고 말해야만 한다. 그것은 동기부여의 잠재성이다. 충족이 일어나면, 현실적 동기부여가 현존한다. 우리는 통각 자체는 하나의 동기부여이며, 통각은 언제나 충족시키면서 등장할 수 있는 것에 동기를 부여하고, 공허를 넘어서 동기를 부여한다고 말할 수도 있다. 어쨌든 여기에서 통각과 동기부여에 관한 더욱 확고한 정의가 중요한 문제가 된다. 어쨌든 우리는 기호가 표시가 아닐 경우 기호가 문자를 예를 들며 동기를 부여한다고 말할 수는 없을 것이다. 우리가 여기에서 통각에 관해 이야기하고자 하는지도 숙고해야 한다. 따라서 우리의 〔통각에 대한〕 개념은 대단히 넓게 파악된다. 이 부분을 더 깊게 연구할 필요가 있다. 통각에 관해 이야기하면, 지각(Perzeption)은 정립하는 의식을 필연적으로 표현하지 않는다. 왜냐하면 함께 지각된 것(Mitperzipiertes)은 이때 필연적으로 함께 정립된 것이 아니며, 하물며 '지각된 것'의 의미에서 지각된 것이 아니기 때문이다.

의식의 이론에 대해 기초적인 것은 자신을 넘어서 (그 자신을 넘어서) 사념하는 의식 ──여기에서는 '통각'이라 부른다── 의 연상에 대한 관계를 보편적으로 철저하게 연구하는 것이다. ──후설의 주.

5) '현존'은 원본의 지각이 생생한 '지금' 존재하는 것으로 정립하는, 시간화(Zeitigung)의 양상으로 직접 제시된, 현재화(Gegenwärtigung)다. 반면 '간접적 현존'(Appräsenz)은 근원적 현존과 함께 통각과 연상을 통해 예측으로 주어진 것으로, 기억이나 상상처럼 현존하지 않는 것을 다시 함께-현재하게 재현된 현전화(Vergegenwärtigung)다. 자세한 것은 『시간의식』, 17, 35쪽 참조할 것.

즉 의식[의]과거를 함께 의식함(비록 필연적으로 비직관적이더라도)과 다가오는 의식(이것 또한 [아직] 규정되지 않았더라도)에 관해 앞서 예상하지 않고는 그 무엇도 떠올릴 수 없다. 따라서 의식흐름 속에 일반적으로 어떤 것이 '[다른] 어떤 것에서 생긴다면' 통각은 필연적으로 [다른] 통각에서 생긴다. 의식흐름의 '출발'에서 세워질 수 있는 근원적 통각이 존재하는지를 여기서 숙고할 필요는 없다.

어쨌든 통각의 지평, 즉 의식 삶의 보편적 법칙성에 따라 실로 위의 예가 보여주듯이 [의식]흐름의 모든 위치에서 반드시 생기는 것과 같은 종류의 통각이 지향하는(나는 '간접적으로 현존하게 하는 지향'이라고도 말한다) 방식인 그와 같은 방식이 있다. 그러나 비록 필연적이 아니더라도, 즉 그 방식이 모든 위치에서 가능한 조건에 결합되어 있는 한, 흐름의 모든 위치에서 생길 수 있는 그러한 종류의 통각적 지향도 존재한다. 후자의 방식에는 일상적으로 '연상'이라는 명칭으로 문제가 되는 지향이 속한다. 비슷한 배열(나는 학문적으로 비로소 내용을 얻어야만 할 상투적 명칭을 선택한다)이 이전의 배열과 더불어 다시 수립되고, 이전의 비슷한 배열을 기억하며, 이것을 소급해 지시하고, 이것도 어쩌면 직관으로 이끌며, 그런 다음 충족으로서 현재의 배열과 종합적으로 통일된 것을 통해 보여주는 것 등이 흐름의 모든 위치에서 가능하다. 그러므로 실로 이 통각만 생길 수 있고, 특별한 방식의 다른 통각이 선행되었을 때 이 통각의 결합——어떤 결합된 현상의 통일체를 제시하고 그 결합은 통각을 전제하며 자체 속에 함께 포함하는 결합——도 마찬가지다.

(또한 우리는 통각을 다음과 같이, 즉 일반적으로 어떤 것을 자체 속에 의식했을 뿐만 아니라 동시에 그것을 다른 것에 대해 동기를 부여하는 것Motivants으로 의식했던 의식, 따라서 단순히 어떤 것을 의식했고 또한 여전히 그 속에 포함되지 않은 다른 것을 의식했던 것이 아니라 이

다른 것을 그것에 속하는 것, 그것을 통해 동기가 부여된 것으로 지시하는 의식으로 정의할 수는 없는가? 어쨌든 이것은 필연적으로 이전의 정의를 확장하고 그 정의를 더 자세하게 한정하는 것이 될 것이다.)

복잡한 통각의 유형도 생길 수 있다. 이 유형은, 일단 현존하면, 일반적으로 수립할 수 있는 조건들 아래 근원적 법칙에 따라 계속되는 의식의 흐름 속에 반복되고, 실로 끊임없이 이 의식의 흐름을 관통해가며, 모든 자연적 통각, 즉 모든 객관적 실재성의 통각도 마찬가지이지만, 어쨌든 이것은 그 자체로 자신의 본질에 따라 역사(Geschichte)를 지니며, 근원적 법칙에 따라 발생을 지닌다. 그러므로 일반적이고 원초적인 법칙──여기에는 근원적 통각에서 통각이 형성되는 것도 있다──을 수립하고, 체계적으로 가능하게 형성해내며, 그래서 주어진 모든 형성물을 그 기원에 따라 해명하는 것이 필연적 과제다.

이 의식의 '역사'(모든 가능한 통각의 역사)는 사실적 통각들에 대한 또는 사실적 의식의 흐름이나 모든 사실적 인간의 의식의 흐름 속에 사실적 유형들에 대한 사실적 발생──따라서 이것은 식물 종(種)과 동물 종의 발전과 비슷한 것이 결코 아니다──을 제시하는 것에 관계하지 않는다. 오히려 통각들의 각 형태는 본질의 형태이고, 본질 법칙에 따라 발생하며, 그래서 그와 같은 통각의 이념 속에는 통각이 '발생적으로 분석'되어야만 한다는 사실이 포함된다. 또한 그때그때 개별적 통각(이것이 사실로 생각될 경우)이 필연적으로 생성되는 것(Werden)이 주어지지 않고, 본질이 발생하는 것과 더불어 단지 발생하는 양상만 주어진다. 이것은 이러한 유형의 그 어떤 통각이 개별적 의식의 흐름 속에 (단숨에 또는 따로따로) 근원적으로 생겼음이 틀림없을 때 발생하는 양상이다. 또한 (이른바 근원적으로 건설하는 것으로서) 통각이 생긴 다음에, 동일한 유형의 개별적 통각들이 완전히 다르게, 즉 이전에 이미 형성된 통각이 발생적으로 추후에 영향을 미치는 것으로서—원초적 형식의 이해할 수 있는 법칙에 따라—생길 수 있다. 그래서 의식에 관한 이론은 단도직입적으로 통각에 관한 이론이다. 의식의 흐름이 끊임없는 발생의 흐름이고, 단순히 이어지는 것(Nacheinander)이 아니라 잇따르는 것(Auseinander), 필연적 경과의 법칙에 따라 생성되는 것이기 때문이다. 이 생성 속에 근원적 통각들에서 또는 원초적 방식의 통각의 지향들에서 서로 다른 유형학(Typik)의 구체적 통각들이 일어나며, 이 가운데는 세계의 보편적 통각을 일으키는 모든 통각이 포함된다.

모든 통각은 인식작용(Noesis)과 인식대상(Noema)의 구조를 지닌다. 모든 통각은 그 구조의 방식 속에 속견의 양상에서 의미를 부여하고 대상을 정립한다. 그것은 우리가 통각의 지향성을 자세히 규명하기 위해, 충족의 가능한 유형과 완벽하거나 연속적으로 완벽하게 되는 가능한 모든 측면에서 충족되는 체계를 인식작용적 구조와 인식대상적 구조에 따라 기술하기 위해 실행해야만 할 고유한 형식의 분석이다. 이렇게 구성적으로 기술하는 경우〔통각이 생성되는 것을〕설명하는 발생에 관한 어떠한 문제도 생기지 않는다. 우리가 모든 통각에 관계하는 일반적인 유형적 류(類)의 특성인 원본적 인상(지각)에서 과거지향·회상·예상 등 모든 양상의 변화를 기술하는 가운데 구성적 특성으로 이행하는 경우, 그래서 대상에 관한 최상의 류들(실제이거나 가능한 방식으로 실존하는 대상의 영역들)에 따라 통각들을 구분하는 것에 대립되는 통각들에 체계적 질서의 원리를 추구할 경우에도 마찬가지로〔통각의 생성을〕설명하는 발생에 관한 어떠한 문제도 생기지 않는다. 그러므로 의식에 관한 보편적 학설은 통각에 관한 보편적 학설이며, 가능한 대상들과 이것들이 범주적으로 변화하는 최상의 범주들에 관한 보편적 학설에 상관적이다. 이것은 보편적인 구성적 현상학이며, 통각의 모든 범주를 포괄하는 가장 일반적인 구조와 양상의 보편적 현상학은 이 보편적인 구성적 현상학에 선행한다. 그러나 이것에 덧붙여 발생의 보편적 이론이 있다.[6]

따라서 어떤 방식에서 [한편으로] 법칙에 따른 발생의 현상학인 '설명하는' 현상학과 [다른 한편으로] 비록 생성되었더라도 가능한 본질의 형태들을 순수 의식 속에 기술하고 그 목적론적 질서를 '대상'과 '의미'라는 명칭으로 가능한 이성(Vernunft)의 영역 속에 기술하는 현상학인 '기술하는' 현상학은 구별된다. [지난번] 강의에서 나는 '기술하는' 현상학이 아니라 '정적'(statisch) 현상학이라 말했다. 이 현상학은 지향적 작업수행, 특히 이성의 작업수행과 이것을 부정 (否定)하는 것을 이해하게 해준다. 이것은 대상적 의미들인 더 높은 단계의 기초가 세워진 통각들 속에 또 의미를 부여하는 기능 속에 등장하는 지향적 대상들의 단계에 서열을 보여주며, 이때 지향적 대상들이 어떻게 기능하는지 등을 보여준다.

그렇지만 이러한 연구에서 우리는 한편으로 통각의 형식, 즉 이 형식이 모든 모나드(Monade)[7]의 성립(지각·기억 등)에 반드시 속한

---

6) 현상학:
 ① 일반적인 의식구조의 보편적 현상학
 ② 구성적 현상학
 ③ 발생의 현상학 ── 후설의 주.

7) 라이프니츠의 '모나드'는 더 이상 나눌 수 없다는 점에서 물질적 '원자'와 같다. 그러나 양적 개념이 아니라 질적 개념이며, 결합·분리, 생성·소멸되는 것이 아니라 정신적인 것으로서 표상과 욕구를 통해 통일적 유기체로 구성된다. 그는 '지각'을 외부 세계를 반영하는 모나드의 내적 상태로 간주하고, 각 모나드는 자발적으로 변화하며, 그 자체만으로 완전해 외부와 교섭하는 창(窓)이 없지만, 근원적 모나드(Urmonade)[신]의 예정조화로 결합되어 있다고 했다. 후설은 선험적 주관성(자아)을 표현하는 데 라이프니츠에게서 받아들인 이 용어에서 '실체'의 성격을 제거함으로써 서로 의사소통하며 영향을 주고받는 상

다고 일반적으로 여기는 (그래서 그렇게 규정되지 않은 채 놓아둔) 의식의 방식을 취한다. 〔다른 한편으로〕 다른 통각의 형식은 다른 일반성과 필연성을 지닌다. 즉 '자연적 세계개념'에서 또 인식의 주체인 인간적 자아에서 출발하면, 형상적(形相的) 파악은 바로 이에 상응하는 개념의 '세계'에 관련된 모나드의 이념을 제공하고, 그래서 우리는 이 속에서 모나드의 순수한 외연을 지니게 되며, 이 모나드의 의식흐름 속에 그에 상응하는 통각의 유형(공간 시간적-인과적 사물·동물적 존재·인간)이 '필연적으로' 등장한다. 비록 이 유형이 어쩌면 모나드 일반의 이념에 필연적으로 속하지 않더라도, 이것은 어쨌든 처음부터 직접 '아프리오리하게' 확실한 것이 아니다.

게다가 자연적 태도에서 우리는 인간에 상응하는 모나드 속에 이성의 특유한 사건을 사실적인 개별적 형태로 발견한다. 우리는 '인간'과 '세계'의 이념을 현상학적-형상적으로 파악함으로써 우리에게 맡겨진 지향적 유형학을 이성의 모든 가능한 연관에 따라 (그러므로 그 맨 밑에는 관련된 대상성이 '일치하게' 입증되는 경험의 가능한 연관 속에 그 연관들과 결국 이 모나드들의 전체 세계를) 체계적으로 탐구하고 그 본질의 형태를 획득하고자 추구한다. 마찬가지로 우리는 가능성의 자유로운 영역 속에 형식적-논리적 이성 등 이성 일반의 형식적 법칙성의 본질구조를 탐구한다. 우리가 우리 자신 속에 그에 상응하는 생각을 형성하고 진리를 실현한다는 사실은 제외하고,

---

호주관적 특성을 강조했다. 그가 선험적 현상학을 독아론이라고 비판하는 이론들에 빌미를 제공할 수도 있을 이 용어를 굳이 사용한 것은 선험적 주관성이 생생한 현재뿐 아니라 과거와 미래의 지평을 지닌 습득성의 기체(基體)로서 그 자체 속에 구체적인 사회성과 역사성을 포함한다는 점을 강조하기 위해서였다. 그는 그러한 오해를 염려해 이 용어에 '상호주관적' '공동체화된' 등의 수식어를 첨가해 사용하기도 했다.

〔존재〕 가능한 이성의 주체가 생각하듯이, 우리는 이성을 통해 인식하고, 그럼으로써 〔아직〕 규정되지 않은 일반성에서 순수한 이성의 주체들과 그 이성이 활동하는 형태를 구축한다. 이 형태 속에 이성의 주체들은 참된 존재와 진리에 따라 살고, 그 목표를 달성하며, 마찬가지로 참된 가치와 선(善)의 목표를 달성한다. 그러나 이 모든 것으로도 우리는 어떤 모나드가 완벽함에서 이른바 어떻게 보이는지 또 그와 같이 완벽한 모나드의 개체성의 어떤 가능성이 미리 지시되고 개체화(Individuation)의 어떤 법칙성을 통해 미리 지시되는지에 대한 어떠한 인식도 획득하지 않는다.

이때 주목해야만 할 사실은 우리가 이성의 영역, 즉 활동하는 자아의 범위 속에 있다는 점, 활동하는 통각의 어떠한 형태(Gestalt)도, 즉 활동하는 형태로 만드는 것 — 이것은 의식의 통일체로서 지향적 형태로 만드는 것, 따라서 통각의 형태로 만드는 것이다 — 에 연관된 어떠한 통일체도, 이때 부단히 발생에 관해 논의하지 않으면, 기술될 수 없다는 점이다. 모든 추론작용은 활동하는 통각작용이며, 활동하는 형태로 만드는 것으로서 하나의 판단작용이다. 왜냐하면 다른 판단작용이 선행되었기 때문이다. 즉 어떤 판단을 다르게 내린 판단 위에 내리기 때문이다. 추론판단은 전제판단에서 비롯돼 산출되며, 체험은 — 비록 이때 다른 발생적 연관이 기초지우는 역할을 하더라도 — 근거 지우는 체험에서 발생적으로 비롯된다. 이렇게 모든 활동은 동기가 부여되고, 그래서 우리는 작용의 영역에서 순수한 발생을 — 작용을 실행하는 나는 내가 다른 작용을 지닌다는 사실을 통해 규정된 형식에서 — 순수한 작용의 발생(Aktgenesis)으로 지닌다. 〔그런데〕 우리는 촉발(Affektion)을 통해 또 능동적 영역 외부와 발생적 관련 속에 동기가 부여된 그 이상의 작용을 지닌다. 결국 우리는, 이때 이전의 능동성 속에 기원을 갖춘 형성물이 자신의 역할을 하더라도, 순수한 수동성의 영역 속에 발생을 지닌다. 그러나 이 형성물은 이제 그 자체로 수동적으로 떠오른 것이다.

그러므로 나는 발생에 관한 학설, 즉 '설명하는' 현상학에서 다음과 같은 것을 지닌다.

1) 수동성의 발생, 즉 수동성 속에서의 발생적 생성의 일반적 법칙성. 수동성은 항상 현존하고, 통각 자체처럼 의문 없이 계속 소급해 놓여 있는 근원을 지닌다. 수동적 발생의 일반적 이념에 속하는 특수한 유형.

2) 자아가-관여함 그리고 능동성과 수동성 사이의 관계.

3) 순수한 능동성의 연관, 형성, 이념적 대상성에 대한 능동적 작업수행이며 실재적으로 산출하는 것에 관한 작업수행인 발생. 2차적 감성(Sinnlichkeit). 습득된 것의 일반적 의식의 법칙. 모든 습득된 것은 수동성에 속한다. 따라서 습득된 능동적인 것도 마찬가지다.

4) 모든 종류의 발생과 그 법칙이 획득되면, 모나드의 개체성에 관한 것, 모나드의 '발전'의 통일체에 관한 것, 모든 개별적 발생의 본질에 따른 통일체를 어떤 모나드로 부여하는 법칙성에 관한 것을 우리는 어느 정도까지 진술할 수 있는지, 개체적 모나드의 어떤 유형들이 '아프리오리하게' 가능하며 구축할 수 있는지가 숙고되어야 한다.

5) 그리고 우리는 이 모든 것과 다음의 문제, 즉 어떤 의미에서 어떤 모나드의 발생이 다른 모나드의 발생 속으로 들어가〔그 모나드의 발생을〕포착할 수 있고, 그 발생의 통일체가 어떻게 다수의 모나드를 법칙적으로 결합할 수 있는지 하는 문제를 결합시킨다. 한편으로 수동적 발생은 인간학의 (또는 동물의) 세계를 구성하는 경우 구성된 생리학적 과정을, 또한 물리적 세계와 이에 대응하는 신체의 통일체 속에 그 과정의 조건을 지시한다. 다른 한편 능동적 발생은 나

의 사유작용·가치의 평가작용·욕구작용이 다른 사람을 통해 동기를 부여받는 형식이다. 따라서 모나드의 개체성에 관한 고찰은 공존하고 서로 함께 발생적으로 결합된 다수의 모나드의 개체성에 관한 문제로 이어진다. 즉 '우리의' 세계에 관해서는, 그 고찰은 심리-물리적 세계와 공동체 세계를 모나드 이론으로 이해할 수 있게 하는 문제로 이어진다.[8]

6) 또한 이와 연관된 문제는 다음과 같은 모나드의 발생적 설명에 관한 것이다. 즉 어떻게 모나드 속에 어떤 통일적 자연과 세계 일반이 발생적으로 구성되고, 이것이 모나드의 삶 전체를 통해 또는 부각된 삶의 어떤 기간을 통해 구성되어 남아 있으며, 더 나아가 동물과 인간을 포함한 하나의 세계가 끊임없는 증명 속에 구성되는지에 관한 것이다.

선행된 것은 세계[에 대한]통각과 이 속에서 실행된 의미를 부여하는 것을 정적으로 해명하는 것이다. 그러나 절대적 세계[에 대한] 고찰, 즉 '형이상학'을 관철하고 세계의 가능성을 이해하는 것은 개체화에 관한 발생적 고찰을 통해서야 비로소 가능하다.

7) 나의 수동성은 다른 모든 사람의 수동성과 연결되어 있다. 즉 하나의 동일한 사물의 세계가 우리에 대해 구성되고, 하나의 동일한 시간은 이 시간을 통해 나의 '지금'과 다른 모든 사람의 '지금' 그래서 다른 모든 사람의 삶의 현재(모든 내재와 더불어)와 나의 삶의 현재가 객관적으로 '동시'(同時)라고 불릴 만큼 객관적 시간으로 구성된다. 계속 객관적으로 경험되고 입증된 나의 장소와 다른 모든 사람의 장소가 같은 장소이며, 이것은 동일한 장소이고, 분리된 질서가 아니

---

8) 정적 현상학과 발생적 현상학에서 모나드의 개체성에 관한 더 상세한 논의는 1921년 6월 작성한 유고(『상호주관성』제2권, 34~42쪽) 참조할 것.

라 '동일한 시간' 속에 조정된 질서로서 나와 다른 사람의 현상적 체계의 질서에 대한 지표다. 즉 나의 삶과 다른 어떤 사람의 삶은 단지 둘로 존재하는 것이 아니라, 그 하나는 다른 하나로 '향해 있다'. 자연이 반드시 발생의 법칙에 따라 구성되어야만 할 만큼 감각들은 이러저러한 질서로 내 속에 등장되고, 이 자연은 일관되게 견지되며, 이때 유형적으로 확고한 신체가 중재된다. 나의 신체와 유사한 사물들이 나에게 주어진 자연 속에 발견되는 가능성도 실현된다. 더 나아가 그에 따라 감정이입(Einfühlung)[9]이 일어날 뿐만 아니라, 그 감정이입은 다른 〔사람의〕 자아의 내면적 삶이 규칙화되어 표현되고 그런 다음 나의 간접적 현존들이 언제나 다시 새롭게 규정되고 입증된다는 사실을 통해 입증된다.

발생의 근원적 법칙은 근원적 시간의식의 법칙, 재생산의 근원적 법칙 게다가 연상과 연상적 예상의 근원적 법칙이다. 더구나 우리는 능동적 동기부여에 입각해 발생도 지닌다.

만약 정적 연관과 발생적 연관을 대립시키면, '인식작용과 인식대상의 정적 연관처럼 정적 연관의 체계적 현상학을 성취할 수 있는지', 따라서 '발생적인 것이 이때 완벽하게 배제될 수 있는지' 하는 문제가 발생한다. 그것은 일반적으로 '그러한 연구에 어떻게 질서가 세워질 수 있는지' 하는 문제다. 우리가 우선, 이미 위에서 말했듯이, 부분적으로는 필연적으로 일어나며 부분적으로는 가능성으로 제시될 개별적 근본의 유형에서 출발할 것이라는 사실은 분명하다. 〔결

---

9) 타자의 몸(물체)은 원본적으로 주어지지만, 그 신체(심리)는 감정이입, 즉 유비적으로 만드는 통각의 의미전이(意味轉移)로, 간접적 제시(Appräsentation)로, 함께 파악함(comprehensio)으로써 주어진다. 후설은 이 용어를 의식경험을 심리학주의로 기술했던 립스(Th. Lipps)에게서 받아들였지만 오히려 심리학주의를 비판하고 타자경험의 구성을 해명하는 선험적 분석에 적용했다.

국) 문제는 체계학(Systematik)의 실마리에 관한 문제다. 그 문제로서 대상의 유형들이, 따라서 실마리가 존재론에서 제공된다. 이와 더불어 구성적 목적론(Teleologie)[10]이 제공된다. 이것에서 일치하게 주어져 있음이라는 이념적 가능성이 엮이고, 어떤 작업수행의 통일체가 그 속에 구성되는 모나드의 흐름이라는 이념적 가능성과 그 밖에 다른 가능성이 대립된 형식으로서 숙고된다.

또 다른 실마리는 발생의 통일체인 어떤 모나드의 통일체이고, 그다음으로는 가능한 모나드들에 대한 유형학(Typik)의 탐구, 즉 개체적 모나드의 통일체 ─ 개체적 자아의 통일체, 개체적 자아가 (그 환경세계에서) 발견해야만 하는 것의 통일체 ─ 의 가능한 유형들의 탐구 그리고 개체적 자아가 자기 자신을 발견했어야만 할 방식 또는 개체적 자아가 이때 (어쩌면 다른 특성들의 속성을 통해) 인식할 수 있게 될 개체적 특성들의 속성을 규제하는 것을 자체 속에 지니는 방식의 탐구다.

자연적 태도[11]와 더불어 시작하면서 '자연적 세계개념'을 실마리로 삼을 수도 있다. 우리는 자연적 세계를 형상적인 것(Eidetisches)으로 고양시키고, 층을 쌓고, 구성하는 대상들의 유형을 부각시키고, 구성하는 의식의 발생을 고려하지 않으면서 결국 세계라는 이러한 유형이 구성되는 것을 기술한다.

---

10) 이에 관해서는 본문 제48항의 주를 참조할 것.

11) 후설은 세계가 존재함을 소박하게 믿는 '자연적' 태도와 이것을 반성하는 '선험적' 태도로, 다시 전자에서 일상생활의 자연스러운(natural) '인격주의적' 태도와 객관적 자연과학의 방법으로 의식을 자연(사물)화하는 인위적인 '자연주의적' 태도(이것도 습관화되면 자연스러운 자연적 태도가 된다)로, 후자에서 주관으로 되돌아가지만 여전히 세계가 존재함을 자연스레 전제하는 '심리학적' 태도와 이 토대 자체를 철저하게 되돌아가 물음으로써 선험적 주관성을 해명하는 '현상학적' 태도로 구분한다.

아마 다음과 같이 기술하면 명석하게 이해할 수 있을 것이다. 즉

개방된 체험의 영역에서 필연적 연속. 즉 이때 다가올 것은 단지 다가오는 것이 아니라, 필연적 연속을 통찰하는 법칙에 따라 필연적으로 생기는 것이다. 물론 우리는 이것을 '발생의 법칙'으로 부를 수 있다.

당연히 이러한 방식으로 모든 '지평' 또는 모든 '통각'이 일어난다. 그러나 '정적' 고찰에서 우리는 '완성된' 통각을 지니며, 통각은 등장하고 또 완성된 것으로 일깨워지고 멀리 소급해 놓여 있는 '역사'를 지닌다. 구성적 현상학은 통각의 연관을 고찰할 수 있으며, 이 연관 속에 형상적으로 동일한 대상은 구성되고, 대상이 경험되고 경험할 수 있는 것으로서 자신의 구성된 '자신다움'(Selbstheit) 속에 분명해진다.

발생의 현상학인 다른 '구성적' 현상학은 역사, 즉 이렇게 객체화하는 필연적 역사 그리고 이와 함께 가능한 인식의 객체인 객체 자체의 역사를 추적한다.[12] 객체의 근원적 역사는 질료적 객체와 내재적 객체 일반으로 소급해 이끌고, 따라서 근원적 시간의식 속에 동일한 것〔질료적 객체와 내재적 객체〕이 발생하는 것으로 소급해 이끈다. 모나드의 보편적 발생에는 이 모나드에 대해 현존하는 객체들이 구성되는 역사가 포함되고, 발생의 보편적인 형상적 현상학은 이 동

---

12) 구성적 현상학에서 정적 현상학과 발생적 현상학이 구분된다는 이러한 진술에서도 알 수 있듯이, '정적'과 '발생적' 사이에는 의식체험의 흐름을 고찰하고 분석해 기술하는 방법상의 차이가 있을 뿐이다. 따라서 정적 현상학과 발생적 현상학은 서로 충돌하고 배척하는 관계가 아니라, 마치 어떤 건물에 대한 평면적 파악과 입체적 조망처럼, 선험적 현상학의 전체적 모습을 이해하는 데 필수불가결한 상호보완적인 관계다. 요컨대 후설이 후기 저술이나 유고에서 발생적 분석을 집중적으로 다룰 때에도 정적 분석이나 정적 현상학을 거부한 적은 결코 없었다.

일한 것이 생각해낼 수 있는 모나드에 관련된 생각해낼 수 있는 모든 객체에 대해 수행된다. 그리고 거꾸로 우리는 객체〔객관〕적 단계에 상응하는 모나드들이 연속되는 단계를 획득한다.

만약 내가 모든 내재적인 것을 '구성적으로' 고찰하면, 의식의 구조에 관한 학설과 구성적 고찰을 여전히 구별하는 것을 더욱 분명하게 드러내기 위해, 나는 일단 『이념들』〔제1권〕을 지금 검토해야만 한다.

후설 연보

1. 성장기와 재학 시절(1859~87)

1859년   4월 8일 오스트리아 프로스니츠(현재 체코 프로스초프)에서 양품점을 경영하는 유대인 부모의 3남 1녀 중 둘째로 출생함.

1876년   프로스니츠초등학교와 빈실업고등학교를 거쳐 올뮈츠고등학교를 졸업함.

1876~78년 라이프치히대학교에서 세 학기(수학, 물리학, 천문학, 철학)를 수강함.

1878~81년 베를린대학교에서 바이어슈트라스와 크로네커 교수에게 수학을, 파울센 교수에게 철학을 여섯 학기 수강함.

1883년   변수계산에 관한 논문으로 박사학위를 받은 후 바이어슈트라스 교수의 조교로 근무함.

1883~84년 1년간 군복무를 지원함.

1884년   4월 부친 사망함.

1884~86년 빈대학교에서 브렌타노 교수의 강의를 듣고 기술심리학의 방법으로 수학을 정초하기 시작함.

1886년   4월 빈의 복음교회에서 복음파 세례를 받음.

1886~87년 할레대학교에서 슈툼프 교수의 강의를 들음.

1887년   8월 6일 말비네와 결혼함.

        10월 교수자격논문 「수 개념에 관하여」가 통과됨. 할레대학교 강사로 취임함.

2. 할레대학교 시절(1887~1901)

1891년   4월『산술철학』제1권을 출간함.

1892년   7월 딸 엘리자베트 출생함.

1893년   프레게가『산술의 근본법칙』에서『산술철학』을 비판함.

           12월 장남 게르하르트 출생함(법철학자로 1972년에 사망함).

1895년   10월 차남 볼프강 출생함(1916년 3월 프랑스 베르됭에서 전사함).

1896년   12월 프러시아 국적을 얻음.

1897년   『체계적 철학을 위한 문헌』에「1894년부터 1899년까지 독일에서 발표된 논리학에 관한 보고서」를 게재함(1904년까지 4회에 걸쳐 발표함).

1900년   『논리연구』제1권(순수논리학 서설)을 출간함.

1901년   4월『논리연구』제2권(현상학과 인식론의 연구)을 출간함.

3. 괴팅겐대학교 시절(1901~16)

1901년   9월 괴팅겐대학교의 원외교수로 부임함.

1904년   5월 뮌헨대학교에 가서 립스 교수와 그의 제자들에게 강의함.

1904~05년   「내적 시간의식의 현상학」을 강의함.

1905년   5월 정교수로 취임이 거부됨.

           8월 스위스 제펠트에서 뮌헨대학교 학생 팬더, 다우베르트, 라이나흐(Adolf Reinach), 콘라트(Theodor Conrad), 가이거(Moritz Geiger) 등과 토론함.

1906년   6월 정교수로 취임함.

1907년   4월 제펠트의 토론을 바탕으로 일련의 다섯 강의를 함.

1911년   3월『로고스』창간호에「엄밀한 학문으로서의 철학」을 발표함.

1913년   4월 책임편집인으로 참여한 현상학 기관지『철학과 현상학 탐구 연보』를 창간하면서『순수현상학과 현상학적 철학의 이념들』제1권을 발표함(기술적 현상학에서 선험적 현상학으로 이행함). 셸러도『철학과 현상학 탐구연보』에『윤리학의 형식주의와 실질적 가치윤리학』제1권을 발표함(제2권은 1916년『철학과 현상학 탐구연보』제2권에 게재됨).

10월『논리연구』제1권 및 제2권의 개정판을 발간함.

1914년   7월 제1차 세계대전이 일어남(12월 두 아들 모두 참전함).

4. 프라이부르크대학교 시절(1916~28)

1916년   3월 차남 볼프강이 프랑스 베르됭에서 전사함

4월 리케르트(Heinrich Rickert)의 후임으로 프라이부르크대학교 교수로 취임함.

10월 슈타인이 개인조교가 됨(1918년 2월까지).

1917년   7월 모친 사망함.

1917년   9월 스위스 휴양지 베르나우에서 여름휴가 중 1904~1905년 강의 초안 등을 검토함(1918년 2~4월에 베르나우에서 보낸 휴가에서 이 작업을 계속함).

1919년   1월 하이데거가 철학과 제1세미나 조교로 임명됨.

1921년   『논리연구』제2-2권 수정 2판을 발간함.

1922년   6월 런던대학교에서「현상학적 방법과 현상학적 철학」을 강의함.

1923년   일본의 학술지『개조』(改造)에「혁신, 그 문제와 방법」을 발표함.

6월 베를린대학교의 교수초빙을 거절함. 하이데거가 마르부르크 대학교에, 가이거가 괴팅겐대학교에 부임함. 란트그레베가 1930년 3월까지 개인조교로 일함.

1924년   『개조』에「본질연구의 방법」과「개인윤리의 문제로서 혁신」을 발표함.

5월 프라이부르크대학교의 칸트 탄생 200주년 기념축제에서「칸트와 선험철학의 이념」을 강연함.

1926년   4월 생일날 하이데거가『존재와 시간』의 교정본을 증정함.

1927~28년   하이데거와 공동으로『브리태니커백과사전』'현상학' 항목을 집필하기 시작함(두 번째 초고까지 계속됨).

1927년   하이데거가『철학과 현상학 탐구연보』제8권에『존재와 시간』을 발표함.

1928년   1904~1905년 강의수고를 하이데거가 최종 편집해『철학과 현상

학 탐구연보』 제9권에 『시간의식』으로 발표함.

3월 후임에 하이데거를 추천하고 정년으로 은퇴함.

5. 은퇴 이후(1928~38)

1928년　4월 네덜란드 암스테르담에서 '현상학과 심리학'과 '선험적 현상
학'을 주제로 강연함.

8월 핑크가 개인조교로 일하기 시작함.

11월 다음 해 1월까지 『형식논리학과 선험논리학』을 저술함.

1929년　2월 프랑스 파리의 소르본대학교에서 '선험적 현상학 입문'을 주
제로 강연함.

3월 귀국길에 스트라스부르대학교에서 같은 주제로 강연함.

4월 탄생 70주년 기념논문집으로 『철학과 현상학 탐구연보』 제10권
을 증정받음. 여기에 『형식논리학과 선험논리학』을 발표함.

1930년　『이념들』 제1권이 영어로 번역되어 출간됨. 이 영역본에 대한 「후
기」(後記)를 『철학과 현상학 탐구연보』 최후판인 제11권에 발표함.

1931년　「파리강연」의 프랑스어판 『데카르트적 성찰』이 출간됨.

6월 칸트학회가 초청해 프랑크푸르트, 베를린, 할레대학교에서
'현상학과 인간학'을 주제로 강연함.

1933년　1월 히틀러가 집권하면서 유대인을 박해하기 시작함.

5월 하이데거가 프라이부르크대학교 총장에 취임함.

1934년　4월 미국 사우스캘리포니아대학교의 교수초빙 요청을 나이가 많
고 밀린 저술들을 완성하기 위해 거절함.

8월 프라하철학회가 '우리 시대에 철학의 사명'이라는 주제로 강
연을 요청함.

1935년　5월 빈문화협회에서 '유럽인간성의 위기에서 철학'을 주제로 강
연함.

11월 프라하철학회에서 '유럽학문의 위기와 심리학'을 주제로 강
연함.

1936년　1월 독일정부가 프라이부르크대학교의 강의권한을 박탈하고 학
계활동을 탄압함.

9월 「프라하강연」을 보완해 유고슬라비아 베오그라드에서 창간한 『필로소피아』에 『위기』의 제1부 및 제2부로 발표함.

1937년　8월 늑막염과 체력약화 등으로 발병함.

1938년　4월 27일 50여 년에 걸친 학자로서의 외길 인생을 마침.

6. 그 이후의 현상학 운동

1938년　8월 벨기에 루뱅대학교에서 현상학적 환원에 관한 학위논문을 준비하던 반 브레다 신부가 자료를 구하러 후설 미망인을 찾아 프라이부르크를 방문함.

10월 루뱅대학교에서 후설아카이브 설립을 결정함.

11월 유대인저술 말살운동으로 폐기처분될 위험에 처한 약 4만 5,000여 매의 유고와 1만여 매의 수고 및 2,700여 권의 장서를 루뱅대학교으로 이전함. 후설의 옛 조교 란트그레베, 핑크 그리고 반 브레다가 유고정리에 착수함.

1939년　『위기』와 관련된 유고 「기하학의 기원」을 핑크가 벨기에 『국제철학지』에 발표함.

3월 유고 『경험과 판단』을 란트그레베가 편집해 프라하에서 발간함.

6월 루뱅대학교에 후설아카이브가 정식으로 발족함(이 자료를 복사하여 1947년 미국 버펄로대학교, 1950년 독일 프라이부르크대학교, 1951년 쾰른대학교, 1958년 프랑스 소르본대학교, 1965년 미국 뉴욕의 뉴스쿨에 후설아카이브가 설립됨).

1939년　파버가 미국에서 '국제현상학회'를 창설함. 1940년부터 『철학과 현상학적 연구』를 창간하기 시작함.

1943년　사르트르가 『존재와 무: 현상학적 존재론의 시도』를 발표함.

1945년　메를로퐁티가 『지각의 현상학』을 발표함.

1950년　후설아카이브에서 유고를 정리해 『후설전집』을 발간하기 시작함.

1951년　브뤼셀에서 '국제현상학회'가 열리기 시작함.

1958년　후설아카이브에서 『현상학총서』를 발간하기 시작함.

1960년　가다머가 『진리와 방법』을 발표함.

1962년	미국에서 '현상학과 실존철학협회'가 창설됨.
1967년	캐나다에서 '세계현상학 연구기구'가 창립됨. '영국현상학회'가 『영국현상학회보』를 발간하기 시작함.
1969년	'독일현상학회'가 창립되고 1975년부터 『현상학탐구』를 발간하기 시작함. 티미니에츠카(Anna-Teresa Tymieniecka)가 '후설과 현상학 국제연구협회'를 창설하고 1971년부터 『후설연구선집』을 발간하기 시작함.
1971년	미국 듀케인대학교에서 『현상학연구』를 발간하기 시작함.
1978년	'한국현상학회'가 창립되고 1983년부터 『현상학연구』(이후 『철학과 현상학 연구』로 개명함)를 발간하기 시작함.

후설의 저술

1. 『후설전집』

1. 『성찰』(*Cartesianische Meditationen und Pariser Vorträge*), S. Strasser 편집, 1950.

『데카르트적 성찰』, 이종훈 옮김, 한길사, 2002; 2016.

2. 『이념』(*Die Idee der Phänomenologie*), W. Biemel 편집, 1950.

『현상학의 이념』, 이영호 옮김, 서광사, 1988.

3. 『이념들』 제1권(*Ideen zu einer reinen Phänomenologie und phänomenologischen Philosophie I*), W. Biemel 편집, 1950. K. Schuhmann 새편집, 1976.

『순수현상학과 현상학적 철학의 이념들』 제1권, 이종훈 옮김, 한길사, 2009.

4. 『이념들』 제2권(*Ideen zu einer reinen Phänomenologie und phänomenologischen Philosophie II*), M. Biemel 편집, 1952.

『순수현상학과 현상학적 철학의 이념들』 제2권, 이종훈 옮김, 한길사, 2009.

5. 『이념들』 제3권(*Ideen zu einer reinen Phänomenologie und phänomenologischen Philosophie III*), M. Biemel 편집, 1952.

『순수현상학과 현상학적 철학의 이념들』 제3권, 이종훈 옮김, 한길사, 2009.

6. 『위기』(*Die Krisis der europäischen Wissenschaften und die transzendentale Phänomenologie*), W. Biemel 편집, 1954.

『유럽학문의 위기와 선험적 현상학』, 이종훈 옮김, 한길사, 1997; 2016.

7. 『제일철학』 제1권(*Erste Philosophie(1923~24) I*), R. Boehm 편집, 1956.

8. 『제일철학』 제2권(*Erste Philosophie(1923~24) II*), R. Boehm 편집, 1959.

9. 『심리학』(*Phänomenologische Psychologie(1925)*), W .Biemel 편집, 1962.

『현상학적 심리학』, 이종훈 옮김, 한길사, 2012.

10. 『시간의식』(*Zur Phänomenologie des inneren Zeitbewußtseins(1893~1917)*), R. Boehm 편집, 1966.

『시간의식』, 이종훈 옮김, 한길사, 1996; 2018.

11. 『수동적 종합』(*Analysen zur passiven Synthesis(1918~1926)*), M. Fleischer 편집, 1966.

『수동적 종합』, 이종훈 옮김, 한길사, 2018.

12. 『산술철학』(*Philosophie der Arithmethik(1890~1901)*), L. Eley 편집, 1970.

13. 『상호주관성』 제1권(*Zur Phänomenologie der Intersubjektivität I(1905~20)*), I. Kern 편집, 1973.

14. 『상호주관성』 제2권(*Zur Phänomenologie der Intersubjektivität II(1921~28)*), I. Kern 편집, 1973.

15. 『상호주관성』 제3권(*Zur Phänomenologie der Intersubjektivität III(1929~35)*), I .Kern 편집, 1973.

16. 『사물』(*Ding und Raum(1907)*), U. Claesges 편집, 1973.

17. 『형식논리학과 선험논리학』(*Formale und transzendentale Logik*), P. Janssen 편집, 1974.

『형식논리학과 선험논리학』, 이종훈 · 하병학 옮김, 나남, 2010.

18. 『논리연구』 제1권(*Logische Untersuchungen I*), E. Holenstein 편집, 1975.

『논리연구』, 제1권 이종훈 옮김, 민음사, 2018.

19. 『논리연구』 제2권(*Logische Untersuchungen II/1*), U .Panzer 편집, 1984.

『논리연구』 제2-1, 2-2권, 이종훈 옮김, 민음사, 2018.

20-1. 『논리연구』 보충판 제1권(*Logische Untersuchungen. Ergänzungsband.I*), U. Melle 편집, 2002.

20-2. 『논리연구』 보충판 제2권(*Logische Untersuchungen Ergänzungsband.II*), U. Melle 편집, 2005.

21. 『산술과 기하학』(*Studien zur Arithmetik und Geometrie(1886~1901)*), I. Strohmeyer 편집, 1983.

22. 『논설』(*Aufsätze und Rezensionen(1890~1910)*), B. Rang 편집, 1979.

23. 『상상』(*Phantasie, Bildbewußtsein, Erinnerung(1898~1925)*), E. Marbach 편집, 1980.

24. 『인식론』(*Einleitung in die Logik und Erkenntnistheorie(1906~07)*), U. Melle 편집, 1984.

25. 『강연 1』(*Aufsätze und Vorträge(1911~1921)*), Th. Nenon & H.R. Sepp 편집, 1986.

26. 『의미론』(*Vorlesungen über Bedeutungslehre(1908)*), U. Panzer 편집, 1986.

27. 『강연 2』(*Aufsätze und Vorträge(1922~1937)*), Th. Nenon & H.R. Sepp 편집, 1989.

28. 『윤리학』(*Vorlesung über Ethik und Wertlehre(1908~1914)*), U. Melle 편집, 1988.

29. 『위기-보충판』(*Die Krisis der europäischen Wissenschaften und die transzendentale Phänomenologie(1934~37)*), R.N. Smid 편집, 1993.

30. 『논리학과 학문이론』(*Logik und allgemeine Wissenschaftstheorie(1917~18)*), U. Panzer 편집, 1996.

31. 『능동적 종합』(*Aktive Synthesen(1920~21)*), E. Husserl & R. Breeur 편집, 2000.

32. 『자연과 정신』(*Natur und Geist(1927)*), M. Weiler 편집, 2001.

33. 『베르나우 수고』(*Die Bernauer Manuskripte über das Zeitbewußtsein(1917~18)*), R. Bernet & D. Lohmar 편집, 2001.

34. 『현상학적 환원』(*Zur phänomenologische Reduktion(1926~1935)*), S. Luft 편집, 2002.

35. 『철학 입문』(*Einleitung in die Philosophie(1922~23)*), B. Goossens 편집, 2002.

36. 『선험적 관념론』(*Transzendentale Idealismus(1908~1921)*), R.D Rollinger & R. Sowa 편집, 2003.

37. 『윤리학 입문』(*Einleitung in die Ethik(1920~1924)*), H. Peucker 편집, 2004.

38. 『지각과 주의를 기울임』(*Wahrnehmung und Aufmerksamkeit(1893~1912)*), T. Vongehr & R. Giuliani 편집, 2004.

39. 『생활세계』(*Die Lebenswelt(1916~1937)*), R. Sowa 편집, 2008.

40. 『판단론』(*Untersuchungen zur Urteilstheorie(1893~1918)*), R.D. Rollinger 편집, 2009.

41. 『현상적 변경』(*Zur Lehre vom Wesen und zur Methode der eidetischen Variation (1891~1935)*), D. Fonfaral 편집, 2012.

42. 『현상학의 한계문제』(*Grenzprobleme der Phänomenologie(1908~1937)*), R. Sowa & T. Vongehr 편집, 2014.

2. 『후설전집』에 수록되지 않은 저술

1. 『엄밀학』(*Philosophie als strenge Wissenschaft*) in 『로고스』 제1권, W. Szilasi 편집, Frankfurt, 1965.
   『엄밀한 학문으로서의 철학』, 이종훈 옮김, 지만지, 2008.

2. 『경험과 판단』(*Erfahrung und Urteil*), L. Landgrebe 편집, Prag, 1939.
   『경험과 판단』, 이종훈 옮김, 민음사, 1997; 2016.

3. 『인가르덴에게 보낸 편지들』(*Briefe an Roman Ingarden*), R. Ingarden 편집, The Hague, 1968.

3. 후설 유고의 분류

A 세속적(mundan) 현상학

   Ⅰ. 논리학과 형식적 존재론—(41, 이하 괄호 안의 숫자는 묶은 편수를 뜻함)

   Ⅱ. 형식적 윤리학, 법철학—(1)

   Ⅲ. 존재론(형상학形相學과 그 방법론)—(13)

   Ⅳ. 학문이론—(22)

   Ⅴ. 지향적 인간학(인격과 환경세계)—(26)

   Ⅵ. 심리학(지향성 이론)—(36)

   Ⅶ. 세계통각의 이론—(31)

B 환원

   Ⅰ. 환원의 길—(38)

   Ⅱ. 환원 자체와 그 방법론—(23)

   Ⅲ. 잠정적인 선험적 지향적 분석학—(12)

Ⅳ. 현상학의 역사적 및 체계적 자기특성 — (12)

C 형식적 구성으로서 시간구성 — (17)

D 원초적 구성(근원적 구성) — 18)

E 상호주관적 구성
   Ⅰ. 직접적 타자경험의 구성적 기초학 — (7)
   Ⅱ. 간접적 타자경험의 구성(완전한 사회성) — (3)
   Ⅲ. 선험적 인간학(선험적 신학, 목적론 등) — (11)

F 강의들과 강연들
   Ⅰ. 강의들과 그 부분들 — (44)
   Ⅱ. 강연들과 부록들 — (7)
   Ⅲ. 인쇄된 논문들과 그 부록들의 수고(手稿)들 — (1)
   Ⅳ. 정리되지 않은 원고 — (4)

K 1935년 비판적으로 선별할 때 수용하지 않았던 속기 필사본
   Ⅰ. 1910년 이전 수고들 — (69)
   Ⅱ. 1910년부터 1930년까지의 수고들 — (5)
   Ⅲ. 1930년 이후 『위기』와 관련된 수고들 — (33)
   Ⅸ~Ⅹ. 후설 장서에 기재한 난외 주석들의 사본

L 1935년 비판적으로 선별할 때 수용하지 않았던 흘림체 필사본(베르나우 초고)
   Ⅰ. — (21)
   Ⅱ. — (21)

M 필사체 수고 사본 및 1938년 이전 후설의 조교들이 타이프친 원고
   Ⅰ. 강의들 — (4)

Q 스승들의 강의를 들을 때 후설이 작성한 메모

R 편지들
  Ⅰ. 후설이 쓴 편지들
  Ⅱ. 후설에게 보낸 편지들
  Ⅲ. 후설에 관한 편지들
  Ⅳ. 후설 사후(1938년) 후설 부인의 편지들

X 기록 문서들
  Ⅰ. 임명장들
  Ⅱ. 광고 포스터들
  Ⅲ. 강의 안내문들
  Ⅳ. 일지들

옮긴이의 말

한국현상학회는 1978년 창립되어 저명한 원로교수님들과 젊은 학자들을 중심으로 알찬 논문과 학회지를 꾸준히 발표해왔다. 이러한 활동의 결과 이제 현상학에 대한 관심은 다양한 학문 분야로 크게 확산되어 철학과 인문·사회과학뿐만 아니라 예술·체육·간호·상담 심리, 심지어 질적(質的) 연구방법 분야에서도 각광받고 있다. 그렇지만 정작 가장 기본적인 물음, 즉 '현상학은 무엇인가?'라는 물음 앞에 서면 어디서부터 어떻게 말해야 할지 누구도 당혹스럽지 않을 수 없다. 왜 그러한가?

우선 현상학의 창시자인 후설의 사상에 충실하게 선험적 주관성을 해명하는 선험적 현상학(철학)과 선험적 자아를 추상적이라고 거부하고 본질직관만 받아들이는 다른 현상학자들의 세속적 현상학(방법론)을 명확하게 구별하지 않기 때문이다. 이러한 흐름 속에 한국현상학회에서 점차 한국하이데거학회, 한국해석학회, 한국프랑스철학회 등이 독립해나갔다. 이들 학회에서 동시에 활동하는 학자들이 지금도 많지만, 이들 학회와 비교해 한국현상학회의 정체성은 과연 무엇인지 짙은 의구심이 든다.

더구나 한국현상학회에는 후설현상학을 단절된 도식적 틀 속에서 기계적으로 이해하는 근거 없는 편견과 오해가 오랫동안 지배해왔다. 예를 들어 후설현상학이 의식의 본질을 지향적으로 기술하는 단계(기술적 현상학)에서 출발해 현상학적 방법을 통해 선험적 주관성을 추구하는 단계(선험적 현상학)를 거쳐 구체적 경험으로 주어지는 생활세계를 해명한 단계(생활세계 현상학)로 나아갔다는 견해나, 의식과 대상의 상관관계에 대한 정적(靜的) 분석에서 시간을 통한 발생적(發生的) 분석의 단계로 서로 무관하게 일방적으로 발전해갔다는 주장이다.

후설이 마지막 저술 『위기』(1936)에서 생활세계의 본질과 존재론을 분석한 것은, 『위기』의 3부 A. 제목에서도 명백하게 드러나듯이, 선험철학에 이르는 단지 하나의 길이다. 그런데도 '생활세계가 후설현상학에서 통과점인가 도달점인가' 하는 외국학자의 뜬금없는 논의를 탁월한 견해인 것처럼 버젓이 소개하기도 한다. 생활세계는 객관적 자연과학이 망각한 의미의 기반으로, 『엄밀한 학문』(1911)에서 공허한 단어분석을 버리고 '사태 그 자체로' 되돌아가라는 직관적 경험세계를 구체화한 것이다.

또한 후설은 '1904~1905년 강의'를 정리한 『시간의식』에서 시간적으로 발생하는 모든 의식체험의 지향적 지평구조와 침전된 역사성을 해명할 기초를 확보했다. 만약 후설현상학이 정적 분석에서 완전히 벗어나 발생적 분석으로 발전해갔다면, 의식의 심층에서 해명하는 발생적 분석이 등장한 이후에는 표층에서 파악하는 정적 분석이 사라져야 당연하다. 그런데 『이념들』 제1권(1913)이나 『데카르트적 성찰』(1931)은 정말 그러한가? '정적 현상학의 이념'과 '발생적 현상학의 이념'이 단지 그 방법이 겨냥한 목표가 아니라면, 그 각각의 이념은 도대체 무엇이고 어떤 관계인가?

더구나『논리연구』제1권(1900)을 주관적 심리학주의를 비판한 객관주의로, 제2권(1901)을 의식체험의 본질구조를 밝힌 주관주의로 이해한 '주관 대 객관'의 이원론은 의식을 항상 '⋯⋯에 관한 의식'이라는 '지향성'으로 파악하는 것만으로도 말끔하게 해소된다. 물론 '『이념들』제1권의 선험적 자아(이성) 대 제2권의 자연적 경험(감성)'이라는 대립 역시 이 둘이 의식의 끊임없는 흐름 속에 하나이며, 주관적 속견(Doxa)은 객관적 인식(Episteme)에 대립된 낮은 단계가 아니라 객관적 인식의 의미의 원천이자 타당성의 토대라는 점에서 분명하게 극복된다.

그런데 만약 후설이 1898년경 초고를 완성한『논리연구』제1권과 제2권을 동시에 출간했다면 그리고 1912년경 초고를 작성한『이념들』제1권과 제2권을 동시에 출간했다면, 아니『이념들』제2권이 제1권을 발표한 이후 40년이나 지난 1952년에서야 뒤늦게 출간되지 않았다면, 마지막으로『시간의식』이 적어도 후설이 그의 연구조교였던 슈타인과 함께 집중으로 검토해 수정했던 1917년에 발표되었다면, 이와 같은 공허한 논의와 소모적 논쟁은 결코 일어나지 않았을 것이다.

나는 이러한 시각을 몇 차례 한국현상학회에서 발표했으나, 지지든 반박이든 아무 반응이 없었다. 그래서 다양하고 폭넓은 계층의 학자들 및 학문의 후속세대와 논의하기 위해 2017년『후설현상학으로 돌아가기』를 발표했다. 그러면서『논리연구』에서『위기』에 이르는, 즉 이른바 중기에서 후기에 이르는 기간을 제대로 연결해 후설현상학 전체를 올바로 파악하는 것은 후설 자신이 이 문제의식으로 고군분투했던 1910년대 말에서 1920년대 말까지의 자료를 검토하는 데 달렸음을 절감했다. 그 가운데 빼놓을 수 없는 것이 바로 이 책『수동적 종합』이다.

형식논리학에서 다루는 판단의 기체 'S'나 'p'를 형식화해 주어나 술어에 대입시킬 수 있는 것은 아무 제한도 없는 임의의 것이 아니라, 사실이든 상상이든 경험할 수 있는 모든 것의 총체인 세계의 통일 속에 있는 동일한 존재자, 즉 '세계-속에-있는 것'(In-der-Welt-Sein)이다. 그리고 자유로운 상상으로 변경하는 것에 설정된 확고한 한계에 기초해서만 판단은 유의미할 수 있으며, 이때 논리학은 사유형식을 다루는 논리학뿐 아니라 '세계 속에 있는 존재자(세계)의 논리학', 즉 참된 철학적 논리학이 된다.

이처럼 선험적 현상학은 지각이 수용되는 수동적 감성(pathos)을 분석하는 선험적 감성론에서 능동적 이성(logos)이 술어로 판단하는 형식논리학을 정초하는 선험논리학으로 상승해가야만 한다. 이것은 곧 선험적 주관성이 스스로를 구성하는 것과 그 원초적 영역을 해명함으로써 자기 자신과 세계를 궁극적으로 이해하는 '현상학을 함'(Phänomenologisieren)이며, 학문과 인간성의 이념에 부단히 접근해야 할 책임과 목적을 지닌 현상학적 이성비판이다.

흔히 철학은 일반적으로 당연하다고 간주하는 것도 왜 그러한지 그 근거와 의미를 캐묻는 작업이라고 한다. 그런데 우리가 하는 일상적인 경험은 매우 단순해, 마치 감각자료가 그 자체로 직접 주어지듯이, 최종적이고도 근원적인 것이라고 생각한다. 후설은 이 경험이 수용되고 파악되는 지각의 보편적 구조를 분석했다. 즉 술어 이전에 감각되는 지각을 분석하고 생활세계의 심층구조를 통해 선험적 주관성을 해명한 후설현상학은 희미하고 어두운 '애매성(ambiguity)의 철학'이 아니라, 이제까지 어둠에 가려져 은폐된 곳을 밝히려고 햇불을 치켜든 '여명(黎明)의 철학'이며, 과거의 철학들이 당연하게 간주한 것 자체를 문제 삼아 그 근원을 캐물어간 '철학 가운데 철학'이다.

이 책과 더불어『논리연구』제1권 그리고 곧 출판될 제2-1권과 제2-2권을 통해『후설현상학으로 돌아가기』에서 기존의 후설현상학 해석이 근본적으로 잘못된 왜곡이라고 주장하며 근거로 제시했던 후설의 원전 중 그때까지 번역되지 않아 아쉬웠던 부분을 보충했다고 생각하니 매우 뿌듯하다. 그러나 이 책을 과연 얼마나 이해하고 번역했는지 생각하면 몹시 두렵다. 나름대로 최선을 다했으나 지금도 부족하고 아쉬운 점이 많다. 결정적인 오역이나 실수가 없기만 바랄 뿐이다. 이러한 점을 지속적으로 고쳐나갈 것이라는 다짐으로 위안을 삼는다.

　끝으로 이 책을 출판하는 데 많은 수고를 선뜻 떠맡아주신 한길사 김언호 대표님과 편집부에 고마운 마음을 전한다. 그리고 학문적 능력이 부족한데도 이제껏 공부할 수 있게 도와준 아내 조정희와 그동안 무척 힘든 시절을 굳게 견디어준 두 아들 윤상이와 윤건이도 잊을 수 없다.

　2018년 3월
　이종훈

찾아보기

지은이 에드문트 후설

에드문트 후설(Edmund Husserl, 1859~1938)은 1859년 오스트리아
프로스니츠에서 유대인 상인의 아들로 태어났다. 20세기 독일과 프랑스
철학사에 커다란 영향을 미친 현상학의 창시자로서 카를 마르크스,
지그문트 프로이트, 프리드리히 니체와 더불어 현대사상의 원류라 할 수 있다.
1876년부터 1882년 사이에 라이프치히대학교와 베를린대학교에서
철학과 수학, 물리학 등을 공부했고, 1883년 변수계산에 관한 논문으로
박사학위를 받았다. 1884년 빈대학교에서 후설현상학에 커다란 영향을 미친
프란츠 브렌타노 교수에게 철학강의를 듣고 기술심리학의 방법으로 수학을
정초하기 시작했다.
1887년 할레대학교에서 교수자격논문 「수 개념에 관하여」가 통과되었으며,
1901년까지 할레대학교에서 강사로 재직했다. 1900년 후설현상학의
제1주저인 『논리연구』가 출간되어 당시 철학계에 적지 않은 관심을 불러일으켰다.
많은 연구서클의 결성으로 이어진 후설현상학에 대한 관심은 곧
『철학과 현상학적 탐구연보』의 간행으로 이어졌으며, 여기에 그의 제2주저인
『이념들』제1권을 발표해 선험적 관념론의 체계를 형성했다.
1916년 신칸트학파의 거두 하인리히 리케르트의 후임으로 프라이부르크대학교
정교수로 초빙되어 1928년 정년퇴임할 때까지 이 대학교에서 재직했다.
세계대전의 소용돌이와 1930년대 나치 정권의 권력장악은 유대인 후설에게
커다란 시련이었으나, 지칠 줄 모르는 연구활동으로 이후에도
저술작업과 후진양성에 힘썼다.
주저로『유럽학문의 위기와 선험적 현상학』『데카르트적 성찰』『시간의식』
『엄밀한 학문으로서의 철학』등이 있다.
후설현상학은 마르틴 하이데거와 장 폴 사르트르, 모리스 메를로퐁티 등의
실존철학자는 물론 동시대 프랑크푸르트학파의
비판이론가들에게도 지대한 영향을 미쳤다.
아울러 자크 데리다, 미셸 푸코, 장프랑수아 리오타르 등 탈현대 철학자들과
마르셀 프루스트, 제임스 조이스, 버지니아 울프 등의
모더니즘 문학에도 많은 영향을 주었다.

옮긴이 이종훈

이종훈(李宗勳)은 성균관대학교 철학과를 졸업하고 동 대학원에서
후설현상학으로 박사학위를 받았다. 한국현상학회 회장(2011~12)을 지냈고,
춘천교육대학교 윤리교육과 교수로 재직하고 있다. 지은 책으로는
『철학을 하는 길』『현대사회와 윤리』『후설의 현상학과 현대문명 비판』
『후설현상학으로 돌아가기』 등이 있다.
후설의 저서 『순수현상학과 현상학적 철학의 이념들』
『유럽학문의 위기와 선험적 현상학』『시간의식』『데카르트적 성찰』
『현상학적 심리학』『형식논리학과 선험논리학』『엄밀한 학문으로서의 철학』
『경험과 판단』『논리연구』를 옮기는 등 후설현상학을
국내에 소개하는 데 많은 노력을 기울였다.
그 외에 옮긴 책으로는 『소크라테스 이전과 이후』(콘퍼드),
『언어와 현상학』(수전 커닝햄) 등이 있다.

HANGIL GREAT BOOKS 153

수동적 종합
1918~1926년 강의와 연구원고

지은이 에드문트 후설
옮긴이 이종훈
펴낸이 김언호

펴낸곳 (주)도서출판 한길사
등록 1976년 12월 24일
주소 10881 경기도 파주시 광인사길 37
홈페이지 www.hangilsa.co.kr
전자우편 hangilsa@hangilsa.co.kr
전화 031-955-2000~3 **팩스** 031-955-2005

부사장 박관순 **총괄이사** 김서영 **관리이사** 곽명호
영업이사 이경호 **경영이사** 김관영
편집 김광연 백은숙 노유연 김지연 김대일 김지수
관리 이중환 김선희 문주상 이희문 원선아
디자인 창포 031-955-9933
CTP출력·인쇄 오색프린팅 **제본** 광성문화사

제1판 제1쇄 2018년 4월 30일

값 30,000원

ISBN 978-89-356-6468-9 94080
ISBN 978-89-356-6427-6 (세트)

• 한길그레이트북스는 계속 간행됩니다.